आर. गुप्ता® कृत

आधुनिक निबंध

तथा

- ◆ पत्र लेखन
- ◆ अनुच्छेद लेखन
- ◆ संवाद लेखन
- ◆ अपठित गद्यांश
- ◆ संक्षिप्तीकरण
- ◆ मुहावरे
- ◆ लोकोक्तियाँ
- ◆ पर्यायवाची शब्द
- ◆ विलोम शब्द
- ◆ भाववाचक संज्ञाएं
- ◆ समास
- ◆ सन्धि आदि

रमेश पब्लिशिंग हाउस, नई दिल्ली

प्रकाशक:
ओ॰पी॰ गुप्ता, **रमेश पब्लिशिंग हाउस**
प्रशासनिक कार्यालय:
12-H, न्यू दरियागंज रोड, ऑफिसर्स मेस के सामने,
नई दिल्ली-110002 ☏ 23261567, 23275224, 23275124

E-mail: info@rameshpublishinghouse.com
Website: www.rameshpublishinghouse.com

विक्रय केन्द्र:
- बालाजी मार्किट, नई सड़क, दिल्ली-6 ☏ 23253720, 23282525
- 4457, नई सड़क, दिल्ली-6, ☏ 23918938

© सर्वाधिकार प्रकाशकाधीन हैं।

इस पुस्तक में प्रयुक्त समस्त सामग्री के सभी व्यावसायिक अधिकार प्रकाशक के पास सुरक्षित हैं। अतः इस पुस्तक या इसके किसी भी अंश का पुनर्मुद्रण या व्यावसायिक पुनर्प्रस्तुतिकरण अवैधानिक माना जायेगा।

Indemnification Clause: *This book is being sold/distributed subject to the exclusive condition that neither the author nor the publishers, individually or collectively, shall be responsible to indemnify the buyer/user/possessor of this book beyond the selling price of this book for any reason under any circumstances. If you do not agree to it, please do not buy/accept/use/possess this book.*

28th Edition : 1711
Book Code: R-474
ISBN: 978-93-5012-615-8
HSN Code: 49011010

विषय-सूची

निबंध लेखन

नवीनतम विषय

- ब्रिक्स का शियामेन सम्मेलन–2017 .... (ix)
- पनामा पेपर्स .... (x)
- तीन तलाक असंवैधानिक घोषित .... (xii)
- जी.एस.एल.वी.-मार्क-III : पहली विकासात्मक उड़ान .... (xiv)

विज्ञान से संबंधित

1. देश में वैज्ञानिक विकास 1
2. विज्ञान से लाभ व हानि 3
3. कम्प्यूटर क्रान्ति : लाभ व हानि 5
4. उपग्रह के माध्यम से संचार क्रान्ति 7
5. भारत का मंगल अभियान सफल 9
6. दूरदर्शन की लोकप्रियता से उपजे सवाल 11

राष्ट्रीय समस्याएं

7. बढ़ती आबादी : समस्या व समाधान 13
8. दहेज का दानव 14
9. बेरोजगारी की समस्या व समाधान 15
10. भ्रष्टाचार का बढ़ता मर्ज 17
11. राजनीति का अपराधीकरण 19
12. महंगाई और आम आदमी 20
13. प्रदूषण की समस्या 22
14. आरक्षण : समस्या व समाधान 23
15. कश्मीर समस्या 24
16. हड़तालों से उपजे सवाल 26
17. निरक्षरता : एक अभिशाप 27

प्राकृतिक आपदाएं

18. भूकम्प 28
19. दुर्भिक्ष (सूखा) 29
20. बाढ़ की चुनौती 30

देश के प्रमुख पर्व

राष्ट्रीय पर्व

21. गणतंत्र-दिवस (26 जनवरी) 32
22. स्वतंत्रता-दिवस (15 अगस्त) 33
23. महात्मा गांधी का जन्म-दिवस (2 अक्टूबर) 34
24. जवाहरलाल नेहरू का जन्म-दिवस (बाल-दिवस) 35

अन्य पर्व

25. दीपावली 36
26. होली 37
27. ईद 39
28. श्रीरामनवमी 40
29. श्री कृष्ण-जन्माष्टमी 42
30. विजयदशमी (दशहरा) 44
31. महाशिवरात्रि 45
32. रक्षा-बन्धन 46
33. महावीर जयन्ती 47
34. बुद्ध पूर्णिमा 48
35. क्रिसमस 49

महापुरुष

36. नेताजी सुभाष चन्द्र बोस 50
37. सरदार वल्लभभाई पटेल 51
38. डॉ॰ भीमराव अम्बेडकर 52
39. पं॰ जवाहरलाल नेहरु 53
40. लाल बहादुर शास्त्री 55
41. पूर्व राष्ट्रपति डॉ॰ एस॰ राधाकृष्णन् 56
42. पंजाब केसरी – लाला लाजपत राय 57
43. 'भारत कोकिला' सरोजिनी नायडू 59

44. स्वामी रामतीर्थ 60
45. योगी अरविंद 62
46. कविवर रवीन्द्रनाथ ठाकुर 64
47. स्वामी विवेकानन्द 66
48. झांसी की रानी लक्ष्मीबाई 68
49. आचार्य विनोबा भावे 69
50. प्रथम राष्ट्रपति डॉ॰ राजेन्द्र प्रसाद 70
51. क्रान्तिकारी चन्द्रशेखर आजाद 72
52. भगवान गौतम बुद्ध 73
53. महर्षि वाल्मीकि 75
54. महाकवि कालिदास 77
55. वीर सावरकर 79
56. मदर टेरेसा 81
57. कैलाश सत्यार्थी : शांति के नोबेल पुरस्कार विजेता 82
58. सचिन तेंदुलकर 83
59. श्रीमती इन्दिरा गांधी 85
60. गुरुनानक देव 86

कल्पनात्मक विषय पर निबंध

61. यदि मैं प्रधानमंत्री होता! 88
62. यदि मैं करोड़पति होता! 89
63. यदि मैं प्रधानाचार्य होता! 90
64. यदि मैं डॉक्टर होता! 91

आत्मकथात्मक निबंध

65. सैनिक की आत्मकथा 93
66. चाय की आत्मकथा 94
67. पुस्तक की आत्मकथा 95
68. नदी की आत्मकथा 96
69. रुपए की आत्मकथा 97

हिन्दी साहित्य एवं साहित्यसेवी

70. वीरगाथा काल 98
71. भक्तिकाल 99
72. रीतिकाल 101
73. आधुनिक काल 102
74. महाकवि तुलसीदास 104
75. सूरदास 106
76. संत कबीरदास 107
77. कविवर बिहारी 109
78. भारतेंदु बाबू हरिश्चन्द 110
79. कविवर जयशंकर प्रसाद 111
80. पं॰ सूर्यकान्त त्रिपाठी 'निराला' 112
81. उपन्यास सम्राट् प्रेमचन्द 114

विविध निबंध

82. भारतीय संस्कृति (भारत में विविधता में एकता) 116
83. लोकतन्त्र और चुनाव 118
84. आधुनिक भारत 119
85. भारतीय रुपए का नया प्रतीक चिह्न '₹' 120
86. संयुक्त राष्ट्र संघ 121
87. समाचार-पत्र व पत्रिकाओं के महत्व 122
88. विज्ञान और धर्म 124
89. राष्ट्रभाषा हिन्दी 126
90. विश्व के सात नए आश्चर्य 127
91. प्रत्यक्ष लाभ अन्तरण योजना 129
92. पंचायती राज 130
93. समय का सदुपयोग 131
94. सदाचार-सच्चरित्रता 132
95. राष्ट्रीय एकता 133
96. स्वदेश प्रेम 134
97. स्वावलम्बन (आत्मनिर्भरता) 135
98. परोपकार 137

पत्र और आवेदन-पत्र लेखन

1. मित्र को पत्र 138
2. जन्मदिन पर उपहार 139
3. उपहार के लिए धन्यवादसूचक पत्र 139
4. विद्यालय के वार्षिकोत्सव के संबंध में पिता के नाम पत्र 139
5. दिल्ली में गणतंत्र दिवस की शोभा के संबंध में मित्र को पत्र 140
6. 'ऋतुराज वसंत पधारे', विद्यालय में सम्पन्न वसन्तोत्सव विषयक अपने छोटे भाई को पत्र 141
7. मद्यपान से बचने की सीख 142
8. मित्र को जन्मदिन पर बधाई 142
9. पुस्तकें भेजने का पुस्तक विक्रेता से अनुरोध 143
10. वैवाहिक निमन्त्रण-पत्र 144
11. खेती से सम्बन्धित उपज के बारे में सूचना 145
12. वी॰पी॰पी॰ मिलने की पावती भेजना 145
13. रेल से आने की सूचना भेजना 146
14. दीपावली के पावन पर्व पर हार्दिक शुभकामनाएं 146
15. ईद के अवसर पर मुबारकबाद 147
16. नई नौकरी प्राप्त करने पर बधाई संदेश 147
17. मोहल्ले की सफाई के लिए स्वास्थ्य अधिकारी को पत्र 148
18. तार का तार द्वारा उत्तर 149
19. बढ़ती हुई गुंडागर्दी को रोकने के लिए थाना प्रभारी को शिकायती पत्र ... 149
20. डाकपाल को पोस्टमैन के विरुद्ध शिकायती-पत्र 150
21. स्वदेशी वस्तुओं की महत्ता पर मित्र को पत्र 150
22. छात्रावास में रहने का आनन्द 151
23. जीवन का लक्ष्य, पिता की पुत्र को सीख 152
24. गर्मी की छुट्टियां कैसे बिताईं इस विषय में अपने चाचाजी को एक पत्र लिखिए 153
25. ज्यादा सिनेमा देखने की हानियों के संबंध में छोटे भाई को पत्र ... 154
26. मित्र को विदेश-यात्रा का अवसर मिलने पर उसे शुभकामना-पत्र भेजना ... 155

अनुच्छेद लेखन

1. महात्मा गांधी 156
2. दिल्ली का लाल किला 156
3. कुतुबमीनार 157
4. लक्ष्मीनारायण मन्दिर 157
5. गंगा नदी 157
6. गणतंत्र दिवस 158
7. हमारा स्वतंत्रता दिवस — (15 अगस्त) 158
8. पराधीन सपनेहु सुख नाहीं .. 159
9. का बरखा जब कृषि सुखानि 160
10. हिमालय........................ 160
11. प्रातःकाल का दृश्य 161
12. जीवन और स्वास्थ्य 161
13. चरित्र ही सच्चा धन है 161
14. परिश्रम प्रगति की सीढ़ी है .. 162
15. हमारा राष्ट्रीय ध्वज 162
16. भारतीय किसान 163
17. वृक्षों का महत्व 163
18. धर्म और विज्ञान 164
19. क्रिसमस (बड़ा दिन) 164
20. कबड्डी का खेल............. 165
21. सत्य और असत्य 165
22. विद्यार्थी और राजनीति 166

संवाद लेखन

1. दो मित्रों में 'विद्यालय के पारितोषिक वितरण समारोह' के संबंध में संवाद 167
2. बहन और भाई के बीच संवाद (डाकघर के विषय में) 168
3. दो पड़ोसी मित्रों में 'राजघाट' के सम्बन्ध में संवाद 169
4. "तैराकी में प्रतियोगिता" पर दो सखियों में वार्तालाप/संवाद 169
5. वस्तु का वजन कम तोलने पर ग्राहक तथा दुकानदार के बीच संवाद 170
6. डॉक्टर तथा रोगी के बीच वार्तालाप/संवाद 171

अपठित गद्यांश 172

संक्षिप्तीकरण 177

व्याकरण

मुहावरे और उनका सटीक प्रयोग 180
लोकोक्तियों (कहावतों) का प्रयोग 200
पर्यायवाची (समानार्थक) शब्द 208
विलोम (विपरीतार्थक) शब्द 217
भाववाचक संज्ञाएँ 224
समास 226
सन्धि 229
अनेक शब्दों/वाक्यांशों/वाक्यों के लिए एक शब्द 234
अनेकार्थक शब्द 239

नवीनतम विषय

ब्रिक्स का शियामेन सम्मेलन–2017

ब्रिक्स क्षेत्रीयता, विचारधारा, गुटीयता आदि से निरपेक्ष संगठन है। यह न तो क्षेत्रीय भौगोलिक सीमाओं से बंधा है और न ही किसी विचारधारा का पोषक है। यह न तो कोई गुट है, न ही यह कोई रणनीतिक सामरिक मंच। यह साझे हितों से प्रेरित पांच उभरती अर्थव्यवस्थाओं का एक आर्थिक मंच है, जो आपसी सहयोग के माध्यम से विकास संभावनाओं में वृद्धि की लालसा से आपस में जुड़े हैं। वर्ष 2009 के प्रथम शिखर सम्मेलन की तुलना में आज इस संगठन की व्यापकता, विश्वसनीयता एवं प्रभावशीलता में काफी वृद्धि आ चुकी है। आज ब्रिक्स न केवल आपसी विकास हेतु कार्यरत है, अपितु समस्त अल्पविकसित एवं विकासशील अर्थव्यवस्थाओं का प्रतिनिधित्व करता भी नजर आ रहा है। विश्व परिदृश्य में भी ब्रिक्स का कद कम नहीं है। यह विश्व के सकल भू-क्षेत्र के 26.46 प्रतिशत, विश्व जनसंख्या के 42.58 प्रतिशत तथा विश्व जीडीपी (2015) के 22.53 प्रतिशत का प्रतिनिधित्व करता है। ब्रिक्स देश संयुक्त रूप से विश्व बैंक की 'मत शक्ति' (Voting Power) में 13.24 प्रतिशत, जबकि अंतर्राष्ट्रीय मुद्रा कोष के कोटा में 14.91 प्रतिशत की हिस्सेदारी भी रखते हैं।

आज ब्रिक्स मंच पर वार्ता मुद्दों का दायरा भी काफी व्यापक एवं बहुमुखी हो गया है। साझे आर्थिक हितों के लक्ष्य से प्रारंभ होकर यह व्यापार, वित्त, व्यवसाय, कृषि, शिक्षा, स्वास्थ्य, विज्ञान एवं प्रौद्योगिकी, संस्कृति, मैत्री शहर, बौद्धिक सहयोग (Think Tank) आदि सहित अनेकों मुद्दों तक विस्तारित हो चुका है। अब तक इस संगठन के 9 शिखर सम्मेलन संपन्न हो चुके हैं। इसका नौवां शिखर सम्मेलन 3-5 सितंबर, 2017 के मध्य चीन के शियामेन शहर में आयोजित किया गया।

3-5 सितंबर, 2017 के मध्य चीन के शियामेन शहर में आयोजित 9वें ब्रिक्स शिखर सम्मेलन की थीम **"ब्रिक्स : उज्ज्वल भविष्य के लिए मजबूत साझेदारी"** (BRICS : Stronger Patnership for Brighter Future) थी। इस सम्मेलन की अध्यक्षता चीनी राष्ट्रपति शी जिनपिंग ने की। इस सम्मेलन में भारत के प्रधानमंत्री नरेंद्र मोदी, ब्राजील के राष्ट्रपति मिशेल टेमर, रूस के राष्ट्रपति व्लादिमीर पुतिन एवं दक्षिण अफ्रीका के राष्ट्रपति जैकब जुमा ने प्रतिभाग किया। सम्मेलनोपरांत शियामेन घोषणा-पत्र जारी किया गया।

शियामेन घोषणा-पत्रः शियामेन शिखर सम्मेलन में ब्रिक्स देशों को वैश्विक विकास के इंजन के रूप में रेखांकित करते हुए एक बहुध्रुवीय, न्यायशील, समता आधारित, निष्पक्ष, लोकतांत्रिक तथा प्रतिनिधित्वपूर्ण अंतर्राष्ट्रीय आर्थिक एवं राजनीतिक व्यवस्था के निर्माण हेतु सामूहिक प्रयास का आह्वान किया गया। इन लक्ष्यों की प्राप्ति हेतु आपसी सहकारिता पर बल दिया गया। इस मंच से विकास को बढ़ावा देने हेतु रणनीतिक आदान-प्रदान, बाजार एवं वित्त की संलग्नता तथा आधार संरचनात्मक सहयोग को प्रमुख रणनीति के रूप में रेखांकित किया गया। इस सम्मेलन में ब्रिक्स को और अधिक प्रतिनिधित्वपूर्ण एवं समावेशी बनाने हेतु ब्रिक्स प्लस (BRICs Plus) संगठन की संकल्पना को साकार करने हेतु भी विमर्श किया गया। सम्मेलन में अनेक मुद्दों जैसे आर्थिक सहयोग, ऊर्जा, पर्यावरण एवं कृषि, वैश्विक आर्थिक शासन, अंतर्राष्ट्रीय शांति एवं सुरक्षा इत्यादि पर भी वार्ता की गई।

सम्मेलन की उपलब्धियांः ब्रिक्स का शियामेन सम्मेलन अनेक दृष्टियों से महत्वपूर्ण रहा। इस मंच से पहली बार इतनी मुखरता से आतंकवाद की भर्त्सना की गई। इसके अतिरिक्त शांतिपूर्ण अंतरिक्ष की आवश्यकता पर बल, शरणार्थी समस्या के समाधान हेतु अंतर्राष्ट्रीय नियमन की आवश्यकता का रेखांकन, ऊर्जा एवं आपदा प्रबंधन पर सहयोग, साइबर सुरक्षा पर सहयोग आदि भी सम्मेलन की प्रमुख उपलब्धियां थीं। इस सम्मेलन की एक खास उपलब्धि आर्थिक सहयोग से आगे बढ़कर सांस्कृतिक सहयोग पर बनी सहमति को भी माना जा सकता है। ब्रिक्स की यह पहल जहां आपसी विश्वास को बढ़ाएगी, वहीं नृजातीय संघर्ष को कम करने हेतु एक आदर्श भी प्रस्तुत करेगी। कुल मिलाकर ब्रिक्स का 9वां शिखर सम्मेलन विश्व व्यवस्था में सुधार तथा आर्थिक विकास को त्वरित करने वाला सिद्ध होगा।

पनामा पेपर्स

पनामा स्थित विधि फर्म मोसेक फोंसेका (Mossack Fonseca) जो एक वित्तीय सलाहकारी संस्था के रूप में विश्व के 35 देशों में कार्यरत है, के 1.5 करोड़ से अधिक दस्तावेज लीक हो गए। इन दस्तावेजों में 2.14 लाख विदेशी कंपनियों की खुफिया जानकारी है जिनका न्यायाधिकार 21 देशों में है। इन दस्तावेजों में वर्ष 1977 से वर्ष 2015 के मध्य पनामा, ब्रिटिश वर्जिन आइलैंड तथा बहामास आदि देशों में हुए निवेशों की जानकारी है। उल्लेखनीय है कि इन देशों में आसान कर कानून एवं निवेशकों की गोपनीयता के कारण

विदेशी निवेशक आकर्षित होते हैं। ऐसे देशों को 'कर स्वर्ग' भी कहा जाता है। इन दस्तावेजों को जर्मन अखबार सैद्यूश जैतुंग (Suddeutsche Zeitung) ने प्राप्त किया था तथा उसने इसे ICIJ (International Consortium of Investigative Journalists) के साथ साझा किया। दुनिया भर के 107 मीडिया हाउसेस के 370 पत्रकारों (भारतीय भी शामिल) ने विश्लेषणोपरांत काले धन को वैध बनाने की विधि तथा काला धन धारकों के नामों का खुलासा किया।

वर्ष 1977 में स्थापित मोसेक फोंसेका का मुख्यालय पनामा में है। यह दुनिया भर की कंपनियों/लोगों को वित्तीय मामले में सलाह देती है। सलाह की आड़ में यह फर्म मोटी फीस लेकर आसान कर प्रणाली वाले देशों में ऑफशोर कंपनियों का निर्माण करती है। ऑफशोर कंपनियां संबंधित देशों के कर कानून से तो चलती हैं परंतु इनके जरिए वास्तविक स्वामित्व को छिपा लिया जाता है। इन्हीं ऑफशोर कंपनियों के माध्यम से काले धन को वैधता प्रदान की जाती है।

मोसेक फोंसेका जैसी फर्म मोटी फीस लेकर अपने ग्राहकों के काले धन को कर स्वर्ग (Tax Haven) देशों में खोली गई ऑफशोर कंपनियों के माध्यम से कानूनी वैधता प्रदान कराती है। ये फर्म किसी कर स्वर्ग देश में एक शेल कंपनी (Shell Company) खोलती है। उसका एक कार्यालय स्रोत देश (जहां काला धन सृजित हुआ है) में भी खोला जाता है। स्रोत देश से अर्जित काले धन को उसी देश में स्थित शेल कंपनी के क्षेत्रीय कार्यालय में कमीशन, फीस आदि किसी भी रूप में जमा करा दिया जाता है। अब इस अर्जित आय पर शेल कंपनी द्वारा अपने मुख्यालय देश (कर स्वर्ग) में कर अदा किया जाता है, जो कि शून्य या अतिन्यून होता है। चूंकि स्रोत देश एवं कर स्वर्ग देश के बीच दोहरा कराधान बचाव करार (DTAA-Double Taxation Avoidance Agreement) होता है, अत: कर का भुगतान किसी एक ही देश में किया जाता है। इस तरह कर स्वर्ग में स्थित शेल कंपनी को कम कर देना पड़ता है। इससे कर की बचत होती है।

अगले चरण में शेल कंपनी द्वारा बचाए गए धन को विदेशी निवेश, अनुदान, फीस, कमीशन आदि रूप में स्रोत देश में स्थित उसी व्यक्ति की किसी अन्य कंपनी में हस्तांतरित कर दिया जाता है। अब यह एक वैध धन है। इस तरह कानूनी प्रक्रिया का पालन करते हुए काले धन को वैधता प्रदान की जाती है। चूंकि शेल कंपनी का स्वामित्व गोपनीय होता है अत: यह अंकेक्षण (Audit) के दौरान पकड़ में नहीं आती है।

पनामा पेपर्स के प्रथम खुलासे में ICIJ ने 500 से अधिक भारतीयों के नामों का उल्लेख किया था। ICIJ के ताजा रहस्योद्घाटन में भारत की 22 ऑफशोर कंपनियों, 1046 अधिकारियों या निजी खातों, 42 मध्यस्थों तथा 828 पतों की जानकारी सामने आई है। ये पते दिल्ली, मुंबई, कोलकाता और चेन्नई के पॉश इलाकों से लेकर छोटे कस्बों जैसे—हरियाणा के सिरसा, बिहार के मुजफ्फरपुर, मध्य प्रदेश के मंदसौर और भोपाल के हैं। इसके अतिरिक्त पूर्वोत्तर राज्यों के पतों का भी उल्लेख है।

उल्लेखनीय है कि पनामा पेपर्स डेटाबेस में भारत से जुड़े करीब 30 हजार दस्तावेज हैं। इन भारतीय खातों की जांच हेतु एक बहुएजेंसी जांच दल जिसमें रिजर्व बैंक ऑफ इंडिया, वित्त मंत्रालय की वित्तीय सूचना इकाई (FIU), विदेशी कर एवं शोध (FT&TR) डिवीजन तथा आयकर विभाग शामिल हैं, का गठन किया गया है। यह जांच दल पूर्व में काला धन के संदर्भ में एम.बी. शाह की अध्यक्षता में गठित विशेष जांच दल के अतिरिक्त है, जो पनामा पेपर्स में उल्लिखित भारतीय खातों की वैधता की जांच करेगा।

तीन तलाक असंवैधानिक घोषित

अगस्त, 2017 में सर्वोच्च न्यायालय ने ऐतिहासिक फैसला सुनाते हुए एक बार में तीन तलाक यानी 'तलाक-ए-बिद्दत' को असंवैधानिक करार दिया है। दरअसल, इस मुद्दे को लेकर दायर की गई याचिकाओं पर पाँच न्यायाधीशों की संवैधानिक पीठ इस वर्ष के मई से सुनवाई कर रही थी, इस दौरान न्यायालय ने तीन तलाक के सभी पहलुओं पर विचार किया। इससे पूर्व केन्द्र सरकार ने भी तीन तलाक को मुस्लिम महिलाओं के अधिकारों का हनन बताया था। न्यायालय का कहना है कि 'तलाक-ए-बिद्दत' इस्लाम का अभिन्न अंग नहीं है, अतः इसे अनुच्छेद 25 के तहत धार्मिक स्वतंत्रता के अधिकार का संरक्षण प्राप्त नहीं हो सकता। इसी के साथ न्यायालय ने शरीयत कानून, 1937 की धारा-2 में दी गई 'एक बार में तीन तलाक' की मान्यता को रद्द कर दिया। देश की सबसे बड़ी अदालत ने तीन-दो के बहुमत से 'एक बार में तीन तलाक' को असंवैधानिक बताते हुए इस पर 6 महीने की रोक लगा दी है। इस फैसले में उच्चतम न्यायालय के मुख्य न्यायाधीश जे.एस. खेहर और जस्टिस अब्दुल नजीर ने कहा कि यह 1400 साल पुरानी परंपरा है जो इस्लाम का अभिन्न हिस्सा है, अतः न्यायालय को इसमें हस्तक्षेप नहीं करना चाहिए। वहीं दूसरी तरफ, जस्टिस कुरियन जोसेफ, जस्टिस आर.ए.एफ. नरीमन और

जस्टिस यू.यू. ललित 'एक बार में तीन तलाक' को असंवैधानिक ठहराते हुए इसे खारिज कर दिया। इन तीनों न्यायाधीशों ने तीन तलाक को संविधान के अनुच्छेद 14 का उल्लंघन माना है। विदित हो कि संविधान का अनुच्छेद 14 सभी नागरिकों को 'विधि के समक्ष समानता' का अधिकार प्रदान करता है। तीन तलाक पर 6 माह के लिए रोक लगाने के साथ ही न्यायालय ने यह भी कहा कि संसद इस पर कानून बनाए, और यदि इस अवधि में ऐसा कानून नहीं लाया जाता है तब भी तीन तलाक पर रोक जारी रहेगी। दरअसल, उत्तराखंड की रहने वाली शायरा नाम की एक महिला को उसके पति ने तीन बार तलाक शब्द के उच्चारण मात्र से तलाक दे दिया था। फलस्वरूप शायरा ने तीन तलाक, निकाह हलाला और बहु-विवाह के विरुद्ध सर्वोच्च न्यायालय का दरवाजा खटखटाया।

तीन तलाक पर सुनवाई हेतु संवैधानिक पीठ

वर्ष 2016 में देहरादून के मुस्लिम समुदाय की एक महिला 'शायरा बानो' द्वारा दाखिल याचिका पर सुनवाई करते हुए 30 मार्च, 2017 को सर्वोच्च न्यायालय की तीन सदस्यीय पीठ द्वारा तीन तलाक के मामले को पांच न्यायाधीशों की संवैधानिक पीठ को सौंप दिया गया। न्यायालय के अनुसार, यह मामला अत्यधिक संवेदनशील है, इसीलिए सभी पक्षों से 30 मार्च, 2017 तक उनके तर्कों को लिखित में अटॉर्नी जनरल के पास जमा कराने को कहा गया था। उल्लेखनीय है कि सर्वोच्च न्यायालय ने पूर्व केंद्रीय मंत्री सलमान खुर्शीद को इस मामले में सहयोग के लिए न्यायालय मित्र (Amicus Curiae) नियुक्त किया था। 11 मई, 2017 से तीन तलाक के मुद्दे पर संवैधानिक पीठ ने सुनवाई शुरू की। इस संवैधानिक पीठ की सबसे बड़ी विशेषता इसके पांच न्यायाधीशों का पांच भिन्न धार्मिक विश्वासों से संबद्ध होना है। इनमें मुख्य न्यायाधीश जे.एस. खेहर (सिख), न्यायमूर्ति कुरियन जोसेफ (ईसाई), आर.एफ. नरीमन (पारसी), उदय उमेश ललित (हिंदू) और अब्दुल नजीर (मुस्लिम) शामिल हैं। सुनवाई शुरू होते ही मुख्य न्यायाधीश जगदीश सिंह खेहर ने स्पष्ट किया कि इस मामले को तीन बिंदुओं के तहत समझा जा सकता है—पहला, क्या तीन तलाक इस्लाम के मूल में है, अगर ऐसा है, तो हमें यह देखना होगा कि क्या हम हस्तक्षेप कर सकते हैं? दूसरा, क्या यह सांस्कारिक है या नहीं और तीसरा, क्या एक प्रवर्तनीय मौलिक अधिकार का उल्लंघन हो रहा है?

न्यायालय मित्र (Amicus Curaie) सलमान खुर्शीद ने सुनवाई के दौरान कहा कि इस्लाम के तहत निकाह में एक पुरुष और एक महिला के अधिकार एवं उत्तरदायित्व

विभाजित हैं। कुरान, तलाक के लिए मध्यस्थता और सुलह के अवसर प्रदान करने के लिए तीन महीने की प्रक्रिया निर्धारित करता है। उन्होंने कहा कि ऑल इंडिया मुस्लिम पर्सनल लॉ बोर्ड के अनुसार, तीन तलाक पाप है, फिर भी वैध है। मैं व्यक्तिगत रूप से किसी ऐसे धर्म की कल्पना नहीं कर सकता जो पाप को वैधता प्रदान करता हो। अल्लाह द्वारा निर्धारित शरिया में तीन तलाक या तुरंत तलाक को स्थान नहीं मिल सकता है। जो कुछ भी पाप है या घृणित है, उसे मानव निर्मित कानून द्वारा मान्य नहीं किया जा सकता है।

जी.एस.एल.वी.-मार्क-III : पहली विकासात्मक उड़ान

भारतीय अंतरिक्ष अनुसंधान संगठन (इसरो) की कामयाबियां लगातार देशवासियों के लिए फख्र का मौका बनी हैं। हाल में ऐसे गर्व के अवसर इतनी बार आए हैं कि अब इसरो की असाधारण सफलताओं पर किसी को आश्चर्य नहीं होता। वर्ष 2008 में चंद्रयान-I के बाद वर्ष 2013 में मंगलयान का प्रक्षेपण हो या जून, 2016 में एकल मिशन में 20 उपग्रहों को अंतरिक्ष में भेजने के अपने ही रिकॉर्ड को एक वर्ष के अंदर ही ध्वस्त कर फरवरी, 2017 में 104 उपग्रहों के प्रक्षेपण के माध्यम से विश्व कीर्तिमान स्थापित किए जाने की घटना या फिर अधिकतम 2.5 टन वजनी उपग्रहों के प्रक्षेपण की मौजूदा क्षमता में वृद्धि कर जीएसएलवी मार्क-III के द्वारा अब 4 टन तक के संचार उपग्रहों को लांच करने में आत्मनिर्भरता प्राप्त करने की सफलता। इन सभी उदाहरणों से स्पष्ट है कि इसरो की परियोजनाएं बीते कुछ समय में लगातार बड़ी और महत्वाकांक्षी होती गई हैं। कहावत है कि 'हर एक सफलता पहले से बड़ा लक्ष्य हासिल करने की महत्वाकांक्षा भी देती है', दरअसल इसरो के साथ भी यही हुआ है। हालांकि सफलताओं के इस क्रम में इसरो के समक्ष कई चुनौतियां भी रहीं।

भू-तुल्यकालिक उपग्रहों को प्रक्षेपित करने में सक्षम जीएसएलवी (GSLV : Geosynchronous Satellite Launch Vehicle) के विकास हेतु 'क्रायोजेनिक तकनीक' में महारत हासिल करने की दिशा में इसरो को न केवल तकनीकी चुनौतियों बल्कि भू-राजनीतिक प्रतिबंधों का सामना भी करना पड़ा था लेकिन तमाम अवरोधों एवं चिंताओं से उबरते हुए इसरो ने न केवल स्वदेशी क्रायोजेनिक इंजन के विकास में सफलता प्राप्त की, बल्कि इस इंजन से लैस जीएसएलवी मार्क-III द्वारा अब भारत को 4 टन वजनी संचार उपग्रहों के प्रक्षेपण में आत्मनिर्भर बना दिया है।

भारत ने अपने पहले स्वदेशी क्रायोजेनिक इंजन CE-7.5 को जीएसएलवी मार्क-II में संलग्न करके 2-2.5 टन वजनी संचार उपग्रहों को भू-तुल्यकालिक अंतरण कक्षा (GTO) में स्थापित करने की क्षमता तो विकसित कर ली, लेकिन इससे अधिक वजनी उपग्रहों को प्रक्षेपित करने के लिए उसे अभी भी विदेशी अंतरिक्ष एजेंसियों की शरण में जाना पड़ता है। दरअसल, दूरसंचार के 'दिन दूने रात चौगुने' विकास ने दुनिया के अंतरिक्ष बाजार में 3500 किग्रा. से अधिक वजन वाले उपग्रहों की मांग अचानक बढ़ा दी है।

भारत ने 2.5 टन से अधिक वजनी उपग्रहों को पृथ्वी की सतह से 36000 किमी. की ऊंचाई पर स्थित भू-तुल्यकालिक अंतरण कक्षा में स्थापित करने में आत्मनिर्भरता हासिल करने के लिए वर्ष 2002 में अत्यधिक प्रणोदन प्रदान करने वाले क्रायोजेनिक इंजन (High Thrust Cryogenic Engine) CE-20 का विकास आरंभ किया था। उल्लेखनीय है कि भारत के पहले स्वदेशी क्रायोजेनिक इंजन CE-7.5 की डिजाइन पर रूस से आयातित क्रायोजेनिक इंजनों पर गहरा प्रभाव था, जबकि CE-20 पूर्णतः स्वदेशी डिजाइन पर आधारित है। CE-7.5 में एससीसी (SCC : Staged Combustion Cycle) का प्रयोग किया गया था जबकि CE-20 गैस जेनरेटर चक्र पर आधारित है। CE-20 लगभग 20 टन तक का प्रणोदन प्रदान करने में सक्षम है जो इसके पूर्ववर्ती CE-7.5 की तुलना में कहीं अधिक है। इसी CE-20 क्रायोजेनिक इंजन को देश के सबसे शक्तिशाली रॉकेट जीएसएलवी मार्क-III के सबसे ऊपरी तीसरे चरण में संलग्न करके भारत को 4 टन वजनी उपग्रहों के प्रक्षेपण में सक्षम बनाने की परिकल्पना की गई है।

उल्लेखनीय है कि जीएसएलवी मार्क-III एक तीन खंडों वाला रॉकेट है। इसके प्रथम चरण में दो ठोस रॉकेट बूस्टर (S200) संलग्न है जो लिफ्ट-ऑफ के लिए आवश्यक प्रणोदन प्रदान करते हैं। प्रथम चरण में ठोस प्रणोदक एचटीपीबी (HTPB : Hydroxyl-Terminated Polybutadience) भरा जाता है। दो विकास इंजनों द्वारा संचलित दूसरे चरण (L110) में द्रव प्रणोदक [(UDMH : Unsymmetrical Di-Methyl Hydrazine) एवं N_2O_4 (Nitrogen Tetra Oxide)] इस्तेमाल किया जाता है, जबकि तीसरा चरण क्रायोजेनिक चरण है। तीसरा चरण ही रॉकेट को सर्वाधिक प्रणोदन प्रदान करता है।

तेरह मंजिला इमारत जितना ऊंचा और लगभग 300 करोड़ रुपये की लागत से बना देश का सबसे भारी और शक्तिशाली स्वदेशी रॉकेट जीएसएलवी मार्क-III 5 जून, 2017 को अंतरिक्ष में सफलतापूर्वक प्रक्षेपित कर दिया गया। लगभग साढ़े पच्चीस घंटे की उल्टी गिनती पूरी होने के बाद 640 टन वजनी जीएसएलवी मार्क-III ने सतीश धवन अंतरिक्ष

केंद्र शार, श्रीहरिकोटा के द्वितीय लांच पैड से अपराह्न 5:28 बजे उड़ान भरी और लिफ्ट-ऑफ के 16 मिनट बाद संचार उपग्रह जीसैट-19 को भू-तुल्यकालिक अंतरण कक्षा (GTO) में स्थापित कर दिया।

उल्लेखनीय है कि यह जीएसएलवी मार्क-III की पहली विकासात्मक उड़ान (GSLV-MK III-D1) थी। जीएसएलवी मार्क-III भू-तुल्यकालिक अंतरण कक्षा में 4 टन तक तथा 600 किमी. की ऊंचाई पर स्थित पृथ्वी की निचली कक्षा (LEO) में 8.10 टन तक पेलोड या उपग्रह को ले जाने की क्षमता रखता है। हालांकि सद्यः उड़ान में यह जिस जीसैट-19 को अपने साथ ले गया है, उसका वजन मात्र 3136 किग्रा. है, फिर भी जीसैट-19 भारतीय धरती से प्रक्षेपित किया गया अब तक का सबसे वजनी उपग्रह है। जीएसएलवी मार्क-III से इस उपग्रह के अलग होने के पश्चात कर्नाटक के हासन स्थित इसरो की मास्टर कंट्रोल फसिलिटी ने इसका नियंत्रण अपने हाथ में ले लिया। तत्पश्चात् चार चरणों में उपग्रह की 'द्रव अपभू मोटर' (LAM : Liquid Apogee Motor) को दाग कर इसके कक्षोन्नयन की प्रक्रियाएँ संपन्न की गईं और जीसैट-19 भू-तुल्यकालिक अंतरण कक्षा (GTO) से अंतिम वृत्ताकार भू-स्थिर कक्षा (GSO) में स्थानांतरित कर दिया गया।

ऐसी उम्मीद व्यक्त की गई है कि एक और सफल विकासात्मक उड़ान के बाद जीएसएलवी मार्क-III का परिचालन पूर्णतः प्रारंभ हो जाएगा। जीएसएलवी मार्क-III के कामकाज शुरू करने के बाद भारत अपने ही रॉकेट से 4 टन तक वजनी उपग्रहों को अंतरिक्ष में ले जाने में सक्षम हो जाएगा, जिससे न केवल विदेशी अंतरिक्ष एजेंसियों को इस काम के लिए दिए जाने वाले पैसे को बचाया जा सकेगा, बल्कि यह भारत के लिए विदेशी मुद्रा अर्जन के नए दरवाजे भी खोल देगा। जीएसएलवी मार्क-III को पीएसएलवी जैसी स्वीकार्यता मिलने पर निश्चय ही उपग्रह प्रक्षेपण के अंतर्राष्ट्रीय बाजार में भारत की हिस्सेदारी बढ़ेगी।

विज्ञान से संबंधित

देश में वैज्ञानिक विकास

1947 में ब्रिटिश दासता के चंगुल से मुक्त होने के बाद पदासीन हुए देश के प्रथम प्रधानमंत्री पं॰ जवाहरलाल नेहरू ने विज्ञान के विकास पर अत्यधिक बल दिया। नेहरू जी के बुनियादी प्रयासों का ही यह नतीजा है कि आज देश सूई के निर्माण से लेकर उपग्रह प्रौद्योगिकी के विकास तक में आत्मनिर्भर बन चुका है। पंडित जवाहरलाल नेहरू के नेतृत्व में 1952 में प्रथम पंचवर्षीय योजना (Five Year Plan) का श्रीगणेश हुआ। इस योजना में विज्ञान व प्रौद्योगिकी के विकास पर सर्वाधिक बल दिया गया। इस प्रकार देश के वैज्ञानिक विकास की जो आधारशिला श्री नेहरू ने रखी, उस परंपरा का निर्वाह बाद में अन्य प्रधानमंत्रियों लालबहादुर शास्त्री, इंदिरा गांधी, मोरारजी देसाई, राजीव गांधी, वी. पी. सिंह, चन्द्रशेखर, पी. वी. नरसिम्हा राव, देवेगौड़ा, आई. के. गुजराल, अटल बिहारी वाजपेयी और मनमोहन सिंह ने भी किया। वर्तमान प्रधानमंत्री नरेन्द्र मोदी भी इसी परंपरा का निर्वाह कर रहे हैं। श्रीमती इंदिरा गांधी व राजीव गांधी का कार्यकाल देश की वैज्ञानिक प्रगति के मामले में अपनी एक अलग पहचान रखता है।

इंदिरा गांधी ने देश में परमाणु ऊर्जा (Atomic Energy) के विकास पर कुछ ज्यादा ही बल दिया। जिसके परिणामस्वरूप 1974 में राजस्थान के पोखरन क्षेत्र में देश के वैज्ञानिकों ने पहला सफल परमाणु परीक्षण किया। 1974 के इस परमाणु परीक्षण के बाद देश अंतरराष्ट्रीय परमाणु क्लब का विश्व में छठवां सदस्य बन गया। गौरतलब है कि इससे पूर्व परमाणु बम बनाने की प्रविधि और परमाणु ऊर्जा के विभिन्न प्रयोगों की जानकारी व क्षमता सिर्फ दुनिया के पांच देशों – संयुक्त राज्य अमेरिका, रूस, ब्रिटेन, फ्रांस और चीन के पास ही थी। इन देशों को ही अंतरराष्ट्रीय परमाणु क्लब का सदस्य माना जाता था।

इसी तरह जहां राजीव गांधी के कार्यकाल में देश में कंप्यूटर क्रांति और सूचना तकनीक क्रांति (Information Technology Revolution) का सूत्रपात हुआ वहीं 1998 में अटल बिहारी वाजपेयी के कार्यकाल में देश ने परमाणु ऊर्जा से संबंधित अगली शृंखला के सफल प्रयोग किए। इस प्रकार 'परमाणु ऊर्जा' के इस वैज्ञानिक क्षेत्र में देश आत्मनिर्भर हो गया है। भारत विश्व समुदाय को पहले ही यह बात स्पष्ट कर चुका है कि वह अणु ऊर्जा का इस्तेमाल शांतिपूर्ण कार्यों के लिए ही करेगा।

वैज्ञानिक प्रतिभाओं के मामले में भारत आज दुनिया की बड़ी शक्तियों में एक है। अमेरिका स्थित विश्व के सबसे बड़े वैज्ञानिक संगठन 'नासा' में अनेक उच्च पदों पर भारतीय मूल के वैज्ञानिक नियुक्त हैं। इसे देश का दुर्भाग्य ही कहा जाएगा कि राजनीति के क्षेत्र में भाई-भतीजावाद, सिफारिशवाद के चलते और नौकरी के घटते अवसरों के कारण प्रतिभावान युवक विकसित देशों में जाकर बसने लगे हैं। इन मेधावी युवकों के देश से पलायन करने की इस प्रवृत्ति को 'प्रतिभा निकास' (Brain Drain) की संज्ञा से अभिहित किया गया है।

1968 में जीव विज्ञान की एक शाखा आनुवांशिकी के क्षेत्र में नोबेल पुरस्कार प्राप्त करने वाले भारतीय मूल के वैज्ञानिक हरगोविन्द खुराना को जब देश में नौकरी नहीं मिली, तो काम की तलाश में वे अमेरिका जा बसे। सरकार को 'प्रतिभा निकास' की इस प्रवृत्ति को रोकने के लिए देश के मेधावी युवकों को रोजगार के अवसर उपलब्ध कराने के लिए कारगर नीति बनानी पड़ेगी, तभी इस समस्या से निजात मिल सकती है।

इन विसंगतियों के बावजूद वैज्ञानिक अनुसंधान और विकास के कई क्षेत्रों में भारत की प्रगति फिर भी प्रशंसनीय रही है। रक्षा आयुध कारखानों में आधुनिक ढंग के लड़ाकू विमान बन रहे हैं, जिनकी तुलना संसार के उत्तम विमानों से की जा सकती है। देश में परमाणु बिजली के सात केन्द्र चल रहे हैं। हैवी वाटर के आठ कारखाने कार्यरत हैं। पिछले दशक में भारत ने परमाणु विस्फोट के पांच परीक्षण करके अपनी परमाणु क्षमता को उजागर कर दिया है। अंतरिक्ष अनुसंधान के क्षेत्र में भारत अब बहुत आगे पहुंच चुका है। 22 अक्टूबर 2008 को अपने मानवरहित यान चन्द्रयान-1 को अंतरिक्ष में भेजकर तथा 24 सितम्बर, 2014 को अपने प्रथम मंगलयान को उसकी कक्षा में सफलतापूर्वक स्थापित कर अब वह विश्व के अग्रणी देशों की कतार में शामिल हो गया है। इन अभियानों की कामयाबी के बाद भारत अपना जमीन से चाँद की ओर पहला मानवयुक्त अभियान भेजने की तैयारी में लग गया है। भारत ने नाग, पृथ्वी, त्रिशूल, आकाश और अग्नि मिसाइलों का सफल परीक्षण कर लिया है। देश का सौभाग्य है कि हमें डॉ॰ कलाम, डॉ॰ चिदम्बरम और डॉ॰ संथानम जैसे वैज्ञानिकों की प्रतिभा का लाभ मिला है। इन वैज्ञानिक उपलब्धियों और इन भारतीय वैज्ञानिकों पर भारत को गर्व है। इन क्षेत्रों में भारत विकासोन्मुख देशों में अग्रणी देश बन गया है परन्तु राडार यंत्र, वायुयान, हैलीकॉप्टर आदि बनाने के क्षेत्र में अभी भी भारत की प्रगति बहुत अच्छी नहीं है।

भारत के अन्य क्षेत्रों में वैज्ञानिक विकास की स्थिति ज्यादा खराब नहीं है। सर्जरी का सामान, वैज्ञानिक प्रयोग संबंधी उपकरण, रॉकेट, उपग्रह, टेलीविजन, इलेक्ट्रॉनिक

सामान, घड़ियां, मोटर कारें, रेलवे इंजन आदि बनाने में भारत किसी से पीछे नहीं है। भारत की साइकिलें, मोटर साइकिलें और घड़ियां देश-विदेश में काफी तादाद में बिकती हैं तथा लोग उन्हें पसन्द भी करते हैं। हमारे वैज्ञानिक उपकरण यदि बहुत ऊंची तकनीक वाले नहीं हैं तो वे स्पर्द्धा में किसी से कम भी नहीं हैं तथा उनकी कीमत भी अन्य देशों की तुलना में काफी कम है।

कृषि-विज्ञान के क्षेत्र में भारत ने जो प्रगति की है, उसका लोहा विदेशी भी स्वीकार करते हैं। भारत का बासमती चावल सारी दुनिया में बेजोड़ माना जाता है। यहां के दशहरी, चौसा, लंगड़ा तथा आम्रपाली आम विश्व भर में प्रसिद्ध हैं। पपीता, नींबू एवं सेब उगाने में भी भारत ने आशातीत सफलता प्राप्त की है। अनेक प्रतिभावान लोग सुविधाओं के अभाव में दब गए हैं। इन सबको हमें ऊपर उठाना होगा तथा प्रतिभाओं की कद्र करनी पड़ेगी तभी हम अपेक्षित स्तर तक विज्ञान का विकास करने में सफल होंगे।

विज्ञान से लाभ व हानि

बीसवीं शताब्दी के महानतम वैज्ञानिक और भौतिकी में नोबेल शास्त्र का पुरस्कार जीतने वाले अल्बर्ट आइंस्टीन का कहना था कि विज्ञान के विभिन्न आविष्कार जहाँ मनुष्यता के लिए वरदान हैं, वहीं अभिशाप भी हैं। आंइस्टीन की यह बात अपनी जगह सौ फीसदी सत्य है। विभिन्न वैज्ञानिक अविष्कारों–रेडियो, टेलीविजन, सिनेमा, कंप्यूटर, रेल, हवाई जहाज, टेलीफोन, चिकित्सा के क्षेत्र में अनेक उपकरणों व औषधियों के निर्माण आदि — से मनुष्य को काफी राहत मिली है। उससे समय की बचत हुई है और अब उसे पहले के मुकाबले श्रम भी उतना नहीं करना पड़ता। वहीं दूसरी ओर 'परमाणु शक्ति' के दुरुपयोग को लेकर आज दुनिया आतंकित है। विनाशकारी हथियारों व आयुधों के निर्माण के कारण ऐसा लगता है कि आज दुनिया बारूद के ढेर पर बैठी है। कहने का आशय यह है कि वैज्ञानिक आविष्कारों का नकारात्मक प्रयोग करना एक सीमा के बाद अभिशाप भी बन जाता है।

विगत दस दशकों में विज्ञान की अभूतपूर्व समुन्नति हुई है। चिकित्सा के क्षेत्र में, आवागमन के क्षेत्र में, युद्ध सामग्री निर्माण के क्षेत्र में, वस्तुओं के परिरक्षण के क्षेत्र में, छपाई के क्षेत्र में, संचार साधनों तथा प्रसारण के क्षेत्रों में, सुविधापूर्ण जीवन जीने के क्षेत्र में और न जाने कितने क्षेत्रों में विज्ञान ने अपनी उपादेयता प्रमाणित की है। आज सैकड़ों

लोगों द्वारा सम्पन्न किया जाने वाला भारवाही कार्य क्रेनें मिनटों में कर देती हैं। अरबों-खरबों के जोड़, घटा, गुणा, भाग सेकण्डों में कम्प्यूटर अथवा संगणक कर डालता है।

लम्बी दूरियां हवाई जहाज द्वारा अल्प समय में तय कर ली जाती हैं। रक्त ट्रांसफ्यूजन द्वारा मरणासन्न व्यक्ति की जान बचाई जा सकती है। डाइलेसिस पर रक्तशोधन करके विषाक्त रक्त को शुद्ध किया जाता है और आदमी काफी समय तक जीवित रह सकता है।

इसके अतिरिक्त, संगीत तथा मनोरंजन के इतने साधन बाजार में उपलब्ध हो गए हैं कि आप बड़े-से-बड़े स्वर साधक तथा कलाकार को घर बैठे ही सुन सकते हैं, देख सकते हैं तथा उसकी साधना का आनन्द उठा सकते हैं। यह सब संभव कैसे हुआ? विज्ञान के द्वारा।

विज्ञान मानव श्रम को बचाता है, उसे इतनी सुविधाएं देता है कि वह अन्ततः सुविधाभोगी ही रहना चाहता है। परिश्रम करने से वह घबराने लगता है, थक जाता है और पुनः सुविधाओं की खोज में जुट जाता है।

विज्ञान का दुरुपयोग होने से भी कई हानियां होती हैं। परमाणु शक्ति का उपयोग बमों को बनाने हेतु होता देखकर पूरा विश्व आतंकित है। परमाण्विक अस्त्रों की यह दौड़ हमें कहां पहुंचायेगी, हमें ज्ञात नहीं है। विज्ञान के वरदान–टी॰वी॰, द्रुतगामी वाहन, मनोरंजन के साधन, इन्टरनैट, डी॰टी॰एच॰ आदि बड़े पैमाने पर प्रयुक्त हो रहे हैं। अतः वे सब वरदान होने की बजाय अभिशाप बनकर हमारी युवा पीढ़ी तथा बच्चों की मानसिकता पर कुप्रभाव डाल रहे हैं। विज्ञान के आविष्कारों व कुप्रयोग से गरीबों व अमीरों के बीच का अन्तर भी बढ़ा है। लोग भुक्त-भोगी, विलासी तथा कर्महीन पाषाण बनकर रह गये हैं। यह तथ्य मानवजाति के उज्ज्वल भविष्य की ओर इंगित नहीं करते।

आंकड़े बताते हैं कि भारत में सुविधाएं बढ़ जाने के कारण, वैज्ञानिक चिकित्सा उपकरण आम जनता को भी सुलभ होने की वजह से लोगों के जीवन की गुणवत्ता में काफी सुधार आ गया है। पहले औसत आयु यदि 48 वर्ष थी तो अब वह 63 वर्ष तक के स्तर को छूने लगी है। किन्तु, इस क्रान्ति का फायदा उठाने वाले भी साधन सम्पन्न तथा ऊंची पंहुच वाले लोग हैं। चाहे अखिल भारतीय आयुर्विज्ञान संस्थान हो, सफदरजंग, लोहिया या लोकनायक अस्पताल हो, जान-पहचान होने वालों की कोई पंक्ति नहीं होती, कोई नम्बर नहीं होता। गरीब अपना नम्बर आते-आते परलोकगामी जाते हैं और साधन सम्पन्न लोग अपने साधनों के बल पर गरीबों की आयु, उनके गुर्दे, आंखें, हाथ और पैर सब कुछ छीन लेते हैं।

संस्कृत में एक बहुत बढ़िया कहावत है– ''अति सर्वत्र वर्जयेत्'' अर्थात् किसी वस्तु का सीमा से ज्यादा उपयोग/उपभोग नहीं करना चाहिए। विज्ञान के उपयोग के क्षेत्र में भी यही कहावत लागू होती है। विज्ञान को भी सीमा के भीतर ही अपनाना गुणकारी होगा। सीमा से ज्यादा इसका उपयोग किया जाएगा तो राष्ट्र आलसी, निकम्मा एवं विवेकशून्य होता चला जाएगा। उसमें संघर्ष करने की शक्ति नहीं रहेगी। ऐसी दशा आने पर हमें प्रत्येक दिशा से निराशा ही मिलेगी।

वैसे तो विज्ञान का अत्यधिक उपयोग हर देश के लिए विनाशकारी है, किन्तु, भारत जैसे विकासशील देश के लिए यह और भी अनिष्टकर है। आजकल हमारे देश में मोटरकारों तथा स्वचालित वाहनों का उपयोग काफी बढ़ रहा है। इसकी वजह से प्रदूषण भी बढ़ रहा है। लेकिन प्रदूषण की चिन्ता इसलिए नहीं की जा रही कि उसका प्रभाव अकेले एक पर ही नहीं, पूरे समाज पर पड़ता है जबकि कार का सुख केवल एक व्यक्ति और उसका परिवार भोगता है। अतः कार रखना जरूरी है। चीन में ऐसा नहीं है, वहां कार खरीदने की भी स्वीकृति लेनी पड़ती है जिसमें यह देखा जाता है कि जो व्यक्ति कार खरीदना चाहता है, उसका व्यवसाय क्या है, उसे तत्काल गन्तव्य तक पहुंचना कहां तक जरूरी है और कार खरीदने के लिए उसने बचत किस प्रकार की है। कहीं उसने सरकारी टैक्सों की चोरी तो नहीं की है। संबंधित व्यक्ति के पास क्या इतनी जगह है कि वह कार खड़ी कर सके, यह सब जांच होने पर ही कार खरीदने की अनुमति दी जाती है। यहां सब विपरीत है।

निष्कर्ष यह है कि अनावश्यक रूप से वैज्ञानिक सुविधाओं अथवा विज्ञान के उपहारों का उपयोग हममें अनेक प्रकार के दुर्गुणों तथा दुर्भावनाओं को जन्म देता है। इसलिए इसके लाभों को हमें एक सीमा तक ही अपनाना चाहिए; क्योंकि लाभों के साथ-साथ विज्ञान की ऊपर लिखी हानियां भी कम नहीं हैं।

कंप्यूटर क्रांति : लाभ व हानि

हमारे देश में सर्वप्रथम 1961 में कंप्यूटर का प्रयोग शुरू हुआ, किंतु राजीव गांधी के प्रधानमंत्रित्व काल (1984-1989) के दौरान विविध क्षेत्रों में कंप्यूटर का जिस बड़े पैमाने पर प्रचलन बढ़ा, उसे मद्देनजर रख पर्यवेक्षकों ने उनके कार्यकाल को कंप्यूटर क्रांति की संज्ञा दी।

लेखन तथा गणना के क्षेत्र में विगत पांच दशकों में आश्चर्यजनक प्रगति हुई है। कम्प्यूटर भी इन्ही आश्चर्यजनक आविष्कारों में से एक है। कम्प्यूटर शब्द को हिन्दी भाषा

में शामिल कर लिया गया है। वैसे इसका हिन्दी पर्याय कामिल बुल्के ने अपने अंग्रेजी-हिन्दी शब्दकोश में परिकलक दिया है। आज दफ्तरों, स्टेशनों, बड़ी-बड़ी कम्पनियों, टेलीफोन एक्सचेंजों आदि अन्य अनेक ऐसे कल-कारखानों में जहां गणना करने अथवा काफी मात्रा में छपाई का काम करने की जरूरत होती है, वहां भी कम्प्यूटर लगाए गए हैं ताकि कर्मचारियों की संख्या में कटौती की जा सके। कम्प्यूटर अब वह काम भी करने लगे हैं जो मानव के लिए काफी श्रम साध्य तथा समय लेने वाले हैं।

कम्प्यूटर की पहली परिकल्पना सन् 1642 में साकार हुई जब जर्मन वैज्ञानिक ब्लेज़ पॉस्कल ने संसार का पहला सरल कम्प्यूटर तैयार किया था। इस कम्प्यूटर में ऐसी कोई खास जटिलता नहीं थी, फिर भी अपने समय में यह आम लोगों के लिए एक कौतूहल का विषय अवश्य था। समय बीता और अन्य लोग भी इस पिटारेनुमा कम्प्यूटर से प्रभावित और उत्साहित हुए। सन् 1680 में जर्मनी में ही विलियम लैबनिट्ज ने एक ऐसे गणना-यंत्र का आविष्कार किया जिसके माध्यम से जोड़, घटाना, गुणा, भाग और वर्गमूल तक निकाले जा सकते थे। खोज का काम नहीं रुका; यह कभी चला, कभी आगे बढ़ा और सन् 1801 में उक्त मशीन से प्रेरित होकर जोजेफ एम॰ जाकवार्ड ने एक ऐसा करघा यंत्र बनाया जिससे कम्प्यूटर के विकास को काफी सहायता मिली। वर्तमान कम्प्यूटर डॉ. हरमन के प्रयासों का अति आधुनिक विकसित रूप है।

कम्प्यूटर का निरन्तर विकास हो रहा है। ई॰सी॰जी॰ रोबोट, मानसिक कम्पन, रक्तचाप तथा न जाने कितने जीवन-रक्षक कार्यों के लिए कम्प्यूटर का उपयोग किया जाता है। अमेरिका, फ्रांस, जर्मनी, रूस, हालैण्ड, स्वीडन, ग्रेट ब्रिटेन जैसे समृद्ध देशों में इसका स्थान मनुष्य के दूसरे दिमाग के रूप में माना जाता है। भारत में भी कम्प्यूटर विज्ञान की निरंतर प्रगति होती जा रही है। शायद वह दिन दूर नहीं जब भारत भी इस क्षेत्र में समुन्नत देशों की बराबरी करने लगेगा।

कम्प्यूटर एक जटिल गणना प्रणाली का नाम है। इस प्रणाली के अनेक रूप हैं। वर्ड प्रोसेसर, इलेक्ट्रॉनिक टाइपराइटर तथा उसमें मेमोरी आदि का प्रावधान कम्प्यूटर चालन के सिद्धान्तों पर आधारित है। कल-पुर्जे तैयार करने, डाक छांटने, बेलबूटे बनाने, रेल पथ संचालन हेतु संकेत देने, अंतरिक्ष अनुसंधान, वायुयान की गति, ऊंचाई आदि का निर्देशन, टिकट बांटने, मुद्रण, वीडियो खेल आदि अनेकानेक कार्यों के लिए कम्प्यूटर का प्रयोग बढ़ता ही जा रहा है।

आज कम्प्यूटर के विविध तथा बहुक्षेत्रीय उपयोग हो रहे हैं। भारत में कम्प्यूटर कितने लाभप्रद तथा कितने अलाभकारी हैं– इस पर भी विचार करना जरूरी है। यह बात तो हमें स्वीकार कर ही लेनी चाहिए कि कम्प्यूटर भी मानव निर्मित उपकरण है, जिसमें आंकड़े, सूचनाएं, अंक, हिसाब-किताब आदि मानव के द्वारा ही भरे जाते हैं। अतः यदि मानव से कोई त्रुटि हो जाए तो वह कम्प्यूटर में बार-बार तब तक होती रहेगी जब तक वह सुधारी न जाए। अतः यह कहना कि कम्प्यूटर गलती नहीं करता, एक गम्भीर तथ्य को अस्वीकार करना है। भारत जैसा विकासशील देश भी विविध क्षेत्रों में कम्प्यूटर का उपयोग करने लगा है। इससे उन सभी क्षेत्रों में उत्पादकता व कार्यकुशलता बढ़ी है। इन क्षेत्रों में विज्ञान, शिक्षा, व्यवसाय, सूचना, प्रौद्योगिकी आदि प्रमुख हैं।

हमारा देश विकासशील देश है जहां प्रतिवर्ष हजारों नहीं लाखों की संख्या में बेकार युवक बढ़ते जा रहे हैं। बेकारी घटाने का उचित तरीका तो यही होगा कि अधिक-से-अधिक लोगों को रोजगार दिया जाए। उन्हें विविध उत्पादक कार्यों में लगाया जाए ताकि देश में युवा लोगों का उपयोग हो सके और उन्हें अनेक क्षेत्रों में काम करने के अवसर देकर देश की प्रगति में सहभागी बनाया जा सके।

कम्प्यूटरों का बहुक्षेत्रीय उपयोग मानव मस्तिष्क को पंगु बना देता है और उसे अपने कार्य में सहज निरंतर प्रगति करते रहने की भावना में बाधा डालता है। ऐसा देखने में आया है कि निरंतर हिसाब-किताब तथा ड्राफ्टिंग करने वाले लोग मिनटों में बड़े-बड़े हिसाब-किताब हल कर डालते हैं। ऐसा वे अपने सतत अभ्यास के बल पर करते हैं। गणित से सम्बद्ध कार्यों, ड्राफ्टिंग तथा अन्य क्षेत्रों में अनुभवी लोगों के करिश्मे आए दिन अखबारों में पढ़ने को मिलते हैं। कम्प्यूटरीकरण इन सब प्रगति के लिए बाधक और भयावह है।

विज्ञान के उपहारों को नकारना आज के युग में संभव नहीं है। इसलिए कम्प्यूटरीकरण भी आज समय की मांग बन चुका है। भारत में लगभग सभी निजी व्यावसायिक संस्थानों, बैंकों, कई सरकारी संस्थानों व सेवाओं को कम्प्यूटरीकृत किया जा चुका है। भविष्य में भी यह प्रक्रिया जारी रहेगी।

उपग्रहों के माध्यम से संचार क्रांति

उपग्रह अंग्रेजी के सैटेलाइट शब्द का हिन्दी रूपान्तर है। उपग्रहों की रचना करके इन्हें अन्तरिक्ष में स्थापित किया जाता है। अमेरिका आदि देश अन्तरिक्ष अनुसंधान कार्यों पर अरबों रुपए खर्च कर रहे हैं। इसका कारण केवल यह है कि हम प्रकृति के गुप्त रहस्यों

को जानना चाहते हैं तथा जो कुछ हमें पता चलता है उसे हम दूसरों को बताना भी चाहते हैं। अन्तरिक्ष अनुसंधान के जरिए हम यह भी जानना चाहते हैं कि हमारे जैसे लोग अन्य कौन से ग्रहों पर रह रहे हैं। यद्यपि इस बात का पता अभी तक नहीं चल सका है।

इन कृत्रिम उपग्रहों को अन्तरिक्ष में स्थापित करने से हमें अनेक लाभ प्राप्त होते हैं। मौसम के बारे में हमें उपग्रहों से सही जानकारी प्राप्त हो जाती है। समुद्री तुफान, बाढ़, भूकम्प, ज्वालामुखी विस्फोट आदि जैसी प्राकृतिक आपदाओं की पूर्व सूचना भी हमें इन्हीं उपग्रहों से प्राप्त होती है।

भारत अन्तरिक्ष अनुसंधान के क्षेत्र में काफी उन्नति कर चुका है। 26 मई, 1999 को भारत ने पी॰एस॰एल॰वी॰-सी 2 उपग्रह प्रक्षेपण वाहन के द्वारा दो विदेशी तथा एक स्वदेशी उपग्रह को अन्तरिक्ष में पहुंचाया। इसके अलावा, भारत इन्सैट-3E उपग्रह को लगभग एक वर्ष पूर्व ही उसकी अन्तरिक्ष कक्षा में स्थापित कर चुका था। अब अन्य देश भी अन्तरिक्ष विज्ञान के क्षेत्र में भारत पर निर्भर कर रहे हैं।

पांच मई, 2005 को बंगाल की खाड़ी के तट पर स्थित श्रीहरिकोटा के सतीश धवन अंतरिक्ष केन्द्र से प्रक्षेपित ध्रुवीय उपग्रह प्रक्षेपण यान 'पीएसएलवी सी-6' ने अत्याधुनिक दूर संवेदी उपग्रह 'कार्टोसैट-1' और हैमसेट को सफलतापूर्वक ध्रुवीय और समस्थैतिक कक्षा में स्थापित कर भारतीय अंतरिक्ष कार्यक्रम को नई बुलंदियों पर पहुँचा दिया है। कार्टोसैट की भूमिका इसलिए भी अह्म हो गई है कि भारत ने राष्ट्रीय प्राकृतिक संसाधन प्रबंधन प्रणाली (एनएनआरएमएम) की स्थापना की है। 28 अप्रैल, 2008 को भारत ने ध्रुवीय प्रक्षेपण यान 'पीएसएलवी-सी 9' के द्वारा 10 उपग्रहों का सफल प्रक्षेपण किया। इसमें से आठ उपग्रह विदेशी हैं। भारत ने 20 अप्रैल, 2009 को माइक्रोवेब तकनीक से संचालित देश के पहले उपग्रह रिसैट-2 का पीएसएलवी-सी 12 द्वारा सफल प्रक्षेपण किया। भारत ने 28 अप्रैल 2016 को अपने अंतिम नौवहन उपग्रह आईआरएनएसएस-1जी का सफल प्रक्षेपण कर अंतरिक्ष के क्षेत्र में इतिहास रच दिया है। इस कामयाबी से भारत का अपने स्वदेशी जीपीएस का सपना भी साकार हो गया है। भारत ने पीएसएलवी सी-37 के द्वारा एक ही अभियान के अंतर्गत एक साथ 104 उपग्रह प्रक्षेपित कर अंतरिक्ष अनुसंधान के इतिहास में नया अध्याय लिखा। उल्लेखनीय है कि भारत ने मार्च, 1998 में अपना पहला दूर संवेदी उपग्रह आईआरएसएए प्रक्षेपित किया था। उसके बाद से भारतीय दूरसंवेदी (आईआरएस) उपग्रहों का एक लंबा सिलसिला है। फिलहाल अंतरिक्ष में भारत के 20 से ज्यादा दूरसंवेदी उपग्रह हमें आंकड़े मुहैया करा रहे हैं। दूरसंवेदी उपग्रहों से मिलने वाले आंकड़ों का इस्तेमाल विविध रूप में किया जाता है। उनका

इस्तेमाल कृषि जलवायु क्षेत्र नियोजन के लिए भू-उपयोग और भू-आच्छादन मैपिंग या नक्शानवीसी के अतिरिक्त बंजर भूमि नक्शानवीसी, वनाच्छादन नक्शानवीसी, आर्द्र भूमि नक्शानवीसी और फसल रकबा एवं उत्पादन आकलन के लिए किया जाता है। दूरसंवेदी उपग्रहों का इस्तेमाल तटीय क्षेत्र नियमन नक्शानवीसी और राष्ट्रीय नदी कार्ययोजना के लिए भी किया जाता है।

विश्व व भारत में उपग्रहों द्वारा संचार के क्षेत्र में क्रान्ति आ रही है। भारत अब अपने उपग्रह के द्वारा कई क्षेत्रों में प्रसारण को सार्वदेशिक बनाने के लिए सक्षम हो चुका है व उसने अपने प्रसारणों को सार्वभौम बनाने में सफलता प्राप्त की है। यह कहा जा सकता है कि उपग्रह संचार प्रौद्योगिकी आने वाले समय में संचार के क्षेत्र में नये आयामों का सृजन करेगी।

भारत का मंगल अभियान सफल

24 सितंबर, 2014 की भोर भारत के लिए अंतरिक्ष में कामयाबी की नई लालिमा लेकर आई। 10 महीने की यात्रा के बाद मार्स ऑर्बिटर मिशन को मंगल ग्रह की कक्षा में पहुंचाने के साथ ही भारतीय अंतरिक्ष अनुसंधान संगठन (इसरो) के वैज्ञानिकों ने एक नया इतिहास लिख दिया। मंगलयान मंगल के धरातल पर नहीं उतरेगा बल्कि उसकी कक्षा में चक्कर लगाएगा। इसरो के बेंगलुरु केन्द्र में इस ऐतिहासिक क्षण के साक्षी बने प्रधानमंत्री नरेंद्र मोदी ने मंगल और मंगलयान के मिलन को ऐतिहासिक उपलब्धि करार देते हुए सीमित साधनों के बावजूद इस कामयाबी के लिए वैज्ञानिकों का अभिनंदन किया। कुल 450 करोड़ की लागत वाले मंगलयान को अपनी श्रेणी का सबसे किफायती और कामयाब मिशन भी उन्होंने बताया। पहले ही प्रयास में मंगल मिशन की सफलता के प्रति प्रसन्नता व्यक्त करते हुए प्रधानमंत्री नरेन्द्र मोदी ने कहा कि मंगल के लिए अब तक के कुल 51 वैश्विक मिशनों में से 21 मिशन ही सफल हुए हैं, जबकि भारतीय वैज्ञानिकों ने यह सफलता अपने पहले ही प्रयास में प्राप्त की है। इस उपलब्धि के लिए 'इसरो' व पूरे देश को राष्ट्रपति प्रणब मुखर्जी ने भी बधाई दी। मंगल की कक्षा में मंगलयान के प्रवेश के 12 मिनट, 28 सेकेण्ड बाद ही इससे संकेत मिलना शुरू हो गए हैं। 'नासा' (NASA) के केनबरा व गोल्डस्टोन स्थित डीप स्पेस नेटवर्क स्टेशनों की मदद से इन संकेतों को बेंगलुरु में प्राप्त किया गया। मंगलयान ने पहुंचने के दो घंटे बाद पहली तस्वीर भी भेज दी।

मंगल मिशन की कामयाबी पर हरेक भारतीय का सिर गर्व से ऊंचा हो गया है। भारत अब दुनिया का पहला ऐसा देश बन गया है, जिसने अपने पहले ही प्रयास में यह सफलता हासिल की है। चीन और जापान के अब तक के सारे प्रयास विफल रहे हैं, जबकि अमेरिका

को मंगल तक पहुंचने के लिए सात कोशिशें करनी पड़ी थीं। मंगल की कक्षा में यान को सफलतापूर्वक पहुंचाने के बाद भारत इस लाल ग्रह की कक्षा में या जमीन पर यान भेजने वाला चौथा देश बन गया है। अब तक यह उपलब्धि केवल अमेरिका, यूरोप और रूस को हासिल हुई थी। मंगलयान को 5 नवंबर, 2013 को इसरो के श्रीहरिकोटा अंतरिक्ष केंद्र से रवाना किया गया था और 1 दिसंबर को यह पृथ्वी के गुरुत्वाकर्षण से बाहर निकल गया था। लगभग 10 माह की यात्रा के पश्चात् मंगल के गुरुत्वाकर्षण क्षेत्र के निकट पहुँचने पर इस ग्रह की कक्षा में इसे प्रवेश कराने के लिए इसकी गति को 22.14 किमी प्रति सेकेण्ड से घटाकर 4.4 किमी प्रति सेकेण्ड किया गया, ताकि लाल ग्रह उसे अपनी ओर खींच ले। इस दिशा में मामूली चूक भी मंगलयान को उसके पथ से भटकाकर अनन्त अंतरिक्ष में धकेल सकती थी। इस मिशन के लिए हमारे अंतरिक्ष वैज्ञानिकों ने दिन-रात मेहनत की है। हमारा यह प्रोजेक्ट लगभग पूरी तरह स्वदेशी है और किफायती भी। इस पर 450 करोड़ रुपये की लागत आई है, जो मंगलयान के जरा ही पहले वहां पहुंचे अमेरिकी यान 'मैवन' की लागत का दसवां हिस्सा है। जाहिर है, हम बेहद कम खर्च में ही एक महत्वपूर्ण अभियान को आगे बढ़ा रहे हैं। इस कोशिश ने हमें चोटी का स्पेस पावर तो बना ही दिया है, भविष्य में यह हमें कई और तरह के फायदे भी पहुंचाने वाला है।

मंगलयान में पांच प्रमुख अंतरिक्ष उपकरण, जैसे कि मार्स कलर कैमरा, मिथेन सेंसर, लाइमन अल्फा फोटोमीटर, थर्मल इंफ्रारेड स्पेक्ट्रोमीटर और मार्स स्पेक्ट्रोमीटर भेजे गए हैं। इन उपकरणों का वजन लगभग 15 किलोग्राम है। इन तमाम उपकरणों की मदद से मंगलयान मंगल ग्रह की परिक्रमा करते हुए ग्रह की जलवायु, आंतरिक बनावट, जीवन की उपस्थिति, ग्रह की उत्पत्ति, विकास आदि के बारे में जानकारी जुटाकर पृथ्वी पर भेजेगा। भारत का चंद्रयान-1 मिशन कामयाब होने के बाद ही इसरो ने मंगल ग्रह के अध्ययन की योजना बनाई थी। इसके लिए इसरो के वरिष्ठ वैज्ञानिकों ने गहन विचार-विमर्श करने के बाद व्यापक ब्यौरा पेश किया। इससे जुड़े पैनल में इसरो के पूर्व अध्यक्ष यूआर राव, अंतरिक्ष विज्ञानी रोद्दाम नरसिम्हा और आईआईटी, बेंगलुरु के कई प्रोफेसर भी शामिल थे। सरकार से सहमति मिलने के बाद इसरो ने इस दिशा में काम करना शुरू किया था। मंगलयान अभियान में अमेरिका का नेशनल एयरोनॉटिक्स एण्ड स्पेस एडमिनिस्ट्रेशन (नासा) पूरी मदद कर रहा है। नासा की जेट प्रोपेल्शन लेबोरेट्री अपने डीप स्पेस नेटवर्क फैसिलिटी के माध्यम से संचालन और संदेश भेजने में मदद कर रही है।

इसरो ने अंतरिक्ष में मानव मिशन भेजने के लिए आरंभिक तैयारियां 2015 में पूरी कर दी हैं। इसके लिए वैज्ञानिक अध्ययन का कार्य करीब-करीब पूरा कर लिया गया है। कुछ आवश्यक मंजूरियां मिलने के बाद अंतरिक्ष यान के निर्माण की प्रक्रिया शुरू की जाएगी। अंतरिक्ष में जाने वाली इसरो की पहली मानव फ्लाइट में दो यात्री होंगे। यह फ्लाइट अंतरिक्ष में सौ से नौ सौ किलोमीटर ऊपर तक जाएगी। इसी प्रकार चंद्रयान-2

एवं आदित्य मिशन को अंतरिक्ष कार्यक्रम की सलाहकार समिति पहले ही अपनी स्वीकृति प्रदान कर चुकी है। चंद्रयान-2 मिशन में एक रोवर (रोबोटिक उपकरण) को चांद की सतह पर उतारना है। जबकि आदित्य उपग्रह को सूर्य की कक्षा में भेजा जाना है, जो सूर्य के बारे में अध्ययन करेगा। ये दोनों इसरो के भावी बड़े मिशन हैं। जाने-माने वैज्ञानिक प्रोफेसर यशपाल के अनुसार इसरो एक-एक कदम बढ़ाकर अपनी क्षमता में विकास कर रहा है। इसलिए एक सफलता के बाद दूसरे बड़े लक्ष्य के दरवाजे खुल रहे हैं।

दूरदर्शन की लोकप्रियता से उपजे सवाल

विज्ञान के आविष्कारों में दूरदर्शन का एक महत्त्वपूर्ण स्थान है। दूरदर्शन (टेलीविजन) ने समाचारों व घटनाओं के माध्यम का दृश्यीकरण प्रस्तुत कर समस्त विश्व को इतना करीब ला दिया है कि मानो ऐसा लगता हो कि दुनिया एक गांव बन गयी है। अमेरिका व जापान में घटने वाली घटनाओं को आप घर बैठे तुरंत देख सकते हैं। संप्रति दूरदर्शन मनोरंजन का एक सस्ता व सहज माध्यम है। इस माध्यम की अपनी तमाम खूबियाँ हैं। इसके बावजूद इस माध्यम का दुरुपयोग भी हो रहा है। दूरदर्शन पर कुछ ऐसे कार्यक्रमों का प्रस्तुतीकरण भी किया जा रहा है, जिसका प्रभाव नवयुवकों व बच्चों के दिलोदिमाग पर बुरा पड़ रहा है। खैर, यह तो रही इस माध्यम के दुरुपयोग की बात, जिसके लिए इस वैज्ञानिक आविष्कार को दोषी करार नहीं दिया जा सकता। इसके लिए दूरदर्शन के कार्यक्रम बनाने वाले और सरकार ही कसूरवार है।

टेलीविजन का आविष्कार करने का श्रेय जॉन बेयर्ड को दिया जाता है जो स्कॉटलैण्ड के निवासी थे। उनके द्वारा यह आविष्कार सन् 1926 में किया गया था। सन् 1936 में बी॰बी॰सी॰ लन्दन से टी॰वी॰ का प्रसारण शुरू हुआ। इसके आविष्कार का श्रेय यद्यपि जॉन बेयर्ड को प्राप्त हुआ है; किन्तु अन्य लोगों ने भी इस आविष्कार में प्रकारान्तर से अपनी विशेष भूमिका निभाई थी। ऐसे लोगों में मोर्स, कार्लस्टाईन, प्रोटोविज, ग्राहम बैल, जगदीश चन्द्र बसु और मार्कोनी का नाम उल्लेखनीय है।

भारत में टेलीविजन कितना उपयोगी और लाभकारी है यदि इस पर विचार किया जाए तो पक्ष में अधिक और विरोध में कम तर्क सामने आएंगे।

दूरदर्शन मनोरंजन का श्रेष्ठ साधन होने के साथ-साथ कलाओं का उन्नायक भी है। दूरदर्शन में दिखाए जाने वाले नाटकों, प्रहसनों, मनोरंजक कार्यक्रमों के जरिये हमारे दूर-दराज के ग्रामवासी भी आनन्दित होते हैं। जो कार्यक्रम तथा शास्त्रीय नृत्य कभी राजदरबारों तथा दरबार के विशिष्ट व्यक्तियों को सुलभ थे अब आम जनता को भी सुलभ हो गए हैं। अतः दूरदर्शन के कार्यक्रमों को हम लोकरंजक कार्यक्रम कह सकते हैं।

दूरदर्शन से जहां कला के क्षेत्र में चेतना जगी है, वहीं व्यापार के क्षेत्र में इसका योगदान कम नहीं है। दूरदर्शन पर दिखाए जाने वाले कुछ विज्ञापनों की शैली काफी प्रभावशाली होती है जिसे दर्शक बरबस देखना चाहता है। इन आकर्षणों की वजह से विज्ञापनदाताओं के उत्पादों की बिक्री भी बढ़ जाती है। इसीलिए टेलीविजन पर विज्ञापन की दरें काफी अधिक होती हैं तथा बहुत नपा-तुला समय विज्ञापनदाताओं को दिया जाता है।

दूरदर्शन से हमें अपनी प्राचीन गरिमा का बोध होता है। महाभारत और रामायण की कथाएं, नेहरू जी की लिखी भारत की खोज ऐसे कार्यक्रम टी॰वी॰ ने दिखाए हैं जिनकी वजह से लोगों के मन में अपनी संस्कृति के प्रति काफी अनुराग जागा है। टी॰वी॰ आज के समय में ऐसी अनोखी ईजाद है जो मानव को अनेक प्रकार से लाभ दे रही है। इन सब लाभों के होते हुए भी टी॰वी॰ के अवगुणों की संख्या भी कम नहीं है। कुछ विचारकों का मत है कि टी॰वी॰ अधिक देखने से लोगों की वैयक्तिक विचारशक्ति कुंठित होने लगती है। टी॰वी॰ के कार्यक्रम एक घिसी-पिटी परम्परा पर आधारित होते हैं जिनमें केवल कुछ लोगों का ही योगदान होता है। इसलिए अधिक टी॰वी॰ देखने से मनुष्य की स्वतंत्र चिंतन की शक्ति में अवरोध आने लगता है जो चिन्ता का विषय है।

भारत एक निर्धन देश है। बहुत से लोग तो केवल एक कमरे अथवा कोठरी या झुग्गी में रहकर ही गुजारा करते हैं। वे टी॰वी॰ तो खरीद लेते हैं किन्तु उसे जितनी दूरी से देखना चाहिए, उतनी दूरी से उसे नहीं देखते। फलतः निरंतर ऐसा करने से नेत्र-ज्योति पर अन्तर आने लगता है। विशेषज्ञों का मत है कि ब्लैक एण्ड व्हाइट टी॰वी॰ के अपेक्षा रंगीन टी॰वी॰ आंखों के लिए ज्यादा हानिप्रद है। मनोवैज्ञानिकों का विचार है कि मन्दमति बालकों के लिए टी॰वी॰ देखना ज्यादा हानिप्रद हो सकता है। 'अति सर्वत्र वर्जयेत्' कहावत को ध्यान में रखते हुए टी॰वी॰ को एक सीमा के अन्दर तथा निर्धारित दूरी से देखना ही उचित माना गया है। भारतीय टी॰वी॰ (दूरदर्शन) पर फिल्में दिखाने का प्रचलन कुछ ज्यादा ही हो गया है। इन फिल्मों के चयन में पूरी सावधानी न बरतने के कारण कभी-कभी घटिया और बचकानी फिल्में भी दूरदर्शन में दिखाई जाती हैं। कला के नाम पर देर रात को दिखाई जाने वाली फिल्मों में कभी-कभी कुरूपता को दिखाने में भी सतर्कता नहीं बरती जाती जिससे दर्शकों की मानसिकता पर अस्वस्थ प्रभाव पड़ता है।

सारांश यह है कि वर्तमान समय में दूरदर्शन की उपयोगिता बहुत अधिक है। उसके अनेक लाभ हैं, किन्तु उससे होने वाली हानियां भी कम नहीं हैं। अच्छा हो कि दूरदर्शन हानियों से सावधान रहने के विषय में भी अपने कार्यक्रम दिखाए।

❑❑❑

राष्ट्रीय समस्याएं

बढ़ती आबादी : समस्या व समाधान

सन् 2011 के पूर्वार्द्ध में हुई जनगणना के अनुसार भारत की जनसंख्या 1,21,08,54,977 थी। दुनिया में भारत चीन के बाद सबसे अधिक जनसंख्या वाला देश है। क्षेत्रफल व आकार के अनुपात में देश की जनसंख्या कहीं ज्यादा है। इस बढ़ती हुई आबादी का ही यह दुष्प्रभाव है कि आज देश में बेरोजगारों की तादाद दिनोंदिन सुरसा के मुख सदृश बढ़ती जा रही है। सरकार जो भी विकास योजनाएं बनाती है, उसके अच्छे प्रभावों को यह बढ़ी हुई आबादी निष्फल बना देती है। यही नहीं इस बढ़ी हुई आबादी के कारण ही नागरिक सुविधाओं व जनसुविधाओं की हालत दिनोंदिन खस्ता होती जा रही है। यही नहीं इस बढ़ती हुई आबादी के दुष्परिणामस्वरूप आवासीय समस्या व खाद्यान्न का संकट भी विकराल रूप लेता जा रहा है। इसके अतिरिक्त प्राकृतिक संतुलन–हवा, पानी व प्रकृति प्रदत्त सुविधाएं भी बिगड़ रही हैं।

आंकड़ों के आईने में देखा जाए तो संसार के कुल क्षेत्रफल का मात्र 2.4 प्रतिशत भू-भाग भारत के पास है, जबकि दुनिया की कुल आबादी का 16.7 प्रतिशत भाग देश में निवास करता है। स्पष्ट है, भारत में क्षेत्रफल व जनसंख्या का अनुपात असमान है। इस कारण बढ़ती जनसंख्या का विषय और भी जटिल हो जाता है। हमारे देश में जनसंख्या घनत्व 382 प्रति वर्ग कि॰मी॰ है। इस एक अरब से अधिक आबादी में प्रति 1000 पुरुषों पर 943 स्त्रियों का अनुपात है। प्रतिवर्ष 1.70 करोड़ नागरिक अतिरिक्त रूप से हमारी आबादी में सम्मिलित हो जाते हैं। 2011 की जनगणना के अनुसार 2001-2011 में जनसंख्या की वृद्धि दर 17.7 प्रतिशत रही।

हमारे देश में सन् 1975 में जनसंख्या को कारगर तरीकों से रोकने के उपाय किए गए थे परन्तु उन उपायों को लेकर काफी हाय-तौबा मची थी। इसका परिणाम यह हुआ कि सरकार ही बदल गई। जिस ढंग से परिवार नियोजन के कार्यक्रम लागू किए गए उन्हें जनता ने पसन्द नहीं किया।

हमारे देश का दुर्भाग्य यह रहा है कि यहां के नेताओं की सत्ता लिप्सा ने कर्त्तव्य पालन की भावना को नकार दिया है। चीन में इसके विपरीत स्थिति होने से वह एक महाशक्ति बन गया है। जनसंख्या को नियंत्रित करने में उसके द्वारा जो कार्रवाई की गई है वह भारत के लिए अनुकरणीय है।

जनसंख्या वृद्धि को रोकने के लिए सरकार तथा जनता दोनों को मिलकर काम करना होगा; तभी इसमें सफलता मिल पाएगी। प्रत्येक पंचवर्षीय योजना में परिवार नियोजन के लिए अपार धनराशि निर्धारित करनी पड़ेगी। इस बात का भी ध्यान रखना होगा कि परिवार नियोजन कार्यक्रमों के अन्तर्गत जो लाभ दिए जाने हों, वे केवल उन्हीं को दिए जाएं जो वास्तव में परिवार नियोजन को व्यावहारिक रूप दे रहे हों। गर्भ निरोधक औषधियां, निरोध, स्वास्थ्य संबंधी परामर्श की व्यवस्था इतने अन्तर पर करनी चाहिए ताकि दम्पतियों को उचित सलाह लेने के लिए भागना न पड़े और उनका ज्यादा समय खराब न हो।

एक अन्य उपाय और है जिसके द्वारा परिवार नियोजन को सफल बनाकर जनसंख्या को नियंत्रित किया जा सकता है वह है सरकारी लाभों को सीमित करना। सरकार की तरफ से ऐसा ऐलान होना चहिए कि राशन, चिकित्सा, ऋण आदि की सुविधाएं केवल उन दम्पतियों को मिलेंगी जिनके दो सन्तानें होंगी। इससे अधिक जितनी सन्तानें होंगी उनके लिए माँ-बाप को अपने स्तर पर बाजार भाव से राशन खरीदना होगा। चिकित्सा खुद खर्च करके करवानी होगी। शिक्षा संस्थाओं में ज्यादा फीस देने पर प्रवेश मिलेगा। सरकारी नौकरी में भी उन्हीं लोगों को तरक्की दी जानी चाहिए जिनके दो से अधिक बच्चे न हों। यदि इस प्रकार के कुछ नियम बनाए जाएं तथा कुछ अवरोध लगाए जाएं, तो एक दशक के भीतर जनसंख्या पर काफी सीमा तक काबू किया जा सकता है। चीन में इस प्रकार के कुछ नियम बनाए गए हैं जिसके शुभ परिणाम सामने आने लगे हैं।

दहेज का दानव

देश में व्याप्त दहेज की कुप्रथा का स्वरूप अत्यंत प्राचीन है। प्राचीनतम धर्मग्रंथ मनुस्मृति में उल्लिखित है, ''माता-पिता कन्या के विवाह के समय दान भाग के रूप में धन-संपत्ति व गाएं आदि कन्या को प्रदत्त कर वर को समर्पित करें।'' पर इस संदर्भ में स्मृतिकार मनु ने इस बात का कोई उल्लेख नहीं किया कि यह भाग कितना होना चाहिए। कालांतर में स्वेच्छा से कन्या को प्रदत्त किया जाने वाला धन वरपक्ष का अधिकार बन गया और बाद में इस प्रथा ने एक कुप्रथा या बुराई का रूप धारण कर लिया।

दहेज प्रथा आज के मशीनी युग में एक दानव का रूप धारण कर चुकी है। यह ऐसा काला सांप है जिसका डसा पानी नहीं मांगता। इस प्रथा के कारण विवाह एक व्यापार प्रणाली बन गया है। यह दहेज प्रथा हिन्दू समाज के मस्तक पर एक कलंक है। इसने कितने ही घरों को बर्बाद कर दिया है। अनेक कुमारियों को अल्पायु में ही घुट-घुट कर मरने पर

विवश कर दिया है। इसके कारण समाज में अनैतिकता को बढ़ावा मिला है तथा पारिवारिक संघर्ष बढ़े हैं। इस प्रथा के कारण समाज में बाल-विवाह, बेमेल- विवाह तथा विवाह-विच्छेद जैसी अनेकों कुरीतियों ने जन्म ले लिया है।

दहेज की समस्या आजकल बड़ी तेजी से बढ़ती जा रही है। धन की लालसा बढ़ने के कारण वरपक्ष के लोग विवाह में मिले दहेज से संतुष्ट नहीं होते हैं। परिणामस्वरूप वधुओं को जिन्दा जला कर मार दिया जाता है। इसके कारण बहुत से परिवार तो लड़की के जन्म को अभिशाप मानने लगे हैं। यह समस्या दिन-प्रतिदिन विकराल रूप धारण करती जा रही है। धीरे-धीरे सारा समाज इसकी चपेट में आता जा रहा है।

इस समाजिक कोढ़ से छुटकारा पाने के लिए हमें भरसक प्रयत्न करना चाहिए। इसके लिए हमारी सरकार द्वारा अनेकों प्रयत्न किए गए हैं जैसे 'हिन्दू उत्तराधिकार अधिनियम' पारित करना। इसमें कन्याओं को पैतृक सम्पत्ति में अधिकार मिलने की व्यवस्था है। दहेज प्रथा को दण्डनीय अपराध घोषित किया गया तथा इसकी रोकथाम के लिए 'दहेज निषेध अधिनियम' पारित किया गया। इन सबका बहुत प्रभाव नहीं पड़ा है। इसके उपरान्त विवाह योग्य आयु की सीमा बढ़ाई गई है। आवश्यकता इस बात की है कि इसका कठोरता से पालन कराया जाय। लड़कियों को उच्च शिक्षा दी जाए, युवा वर्ग के लिए अन्तर्जातीय विवाह संबंधों को बढ़ावा दिया जाए ताकि वे इस कुप्रथा का डट कर सामना कर सकें। अतः हम सबको मिलकर इस प्रथा को जड़ से ही समाप्त कर देना चाहिए तभी हमारा समाज प्रगति कर सकता है।

बेरोजगारी की समस्या व समाधान

प्रमुख राष्ट्रीय समस्याओं में बेरोजगारी का स्थान अव्वल नंबर पर है। सरकार ने इस समस्या को नकेल देने के लिए जितने भी प्रयास किए वे नाकाफी साबित हुए हैं। असल में इस समस्या ने अनेक सामाजिक व कानूनी पहलुओं पर प्रश्नवाचक सवाल भी खड़े कर दिए हैं। बेरोजगारी के कारण युवकों में फैले आक्रोश व असंतोष ने समाज में हिंसा, तोड़फोड़, मारधाड़ व अनेक तरह के आर्थिक अपराधों को जन्म दिया है। औद्योगिकीकरण, यंत्रीकरण व मौजूदा दौर में चल रही सरकार की आर्थिक उदारीकरण की नीति ने इस समस्या के स्वरूप को और भी जटिल बना दिया है।

राष्ट्रपिता महात्मा गांधी का विचार था कि यदि देश के ग्रामीण क्षेत्रों में कुटीर उद्योगों (Cottage Industries) का विकास किया जाए तो देश की दो तिहाई आबादी को रोजगार मिल सकता है। पर इस क्रम में विडंबना यह है कि देश के नीतिनिर्धारकों-राजनेताओं आदि

ने ग्रामीण क्षेत्रों के कुटीर उद्योगों के विकास के लिए अपेक्षित प्रोत्साहन नहीं दिया। यही वजह है कि ग्रामीण क्षेत्रों से आबादी का पलायन तेजी से शहरों की ओर हो रहा है।

भारत में जनसंख्या का आधिक्य, बेकारी की समस्या को जटिल बनाता है। अन्न, आवास, कपड़े, शिक्षा सभी पर जनसंख्या का प्रभाव पड़ता है। थोड़ी-सी आमदनी से दर्जनों बच्चों का पालन कैसे संभव हो सकता है। जनसंख्या नियंत्रण का कार्यक्रम भारत में फेल हो चुका है। इस पर नियंत्रण पाने के लिए कई पूर्वाग्रही तथा एक सम्प्रदाय विशेष के लोग रोड़ा अटकाते हैं और मजहब की दुहाई देकर ज्यादा बच्चे पैदा करना अपना जन्मसिद्ध अधिकार मानते हैं। स्व॰ संजय गांधी ने एक बार इस दिशा में सही कदम उठाया था किन्तु दैवी दुर्घटना के कारण एक संकल्परत युवक असमय ही काल के गाल में चला गया और जनसंख्या पर जो रोक लगाई जा रही थी वह कालान्तर में प्रभावहीन हो गई।

जनसंख्या पर नियंत्रण पाने से हमारी अनेक समस्याएं हल हो सकती हैं। बेकारी की समस्या को हल करने में तो इससे काफी मदद मिलेगी। लेकिन कठिनाई यही है कि जिस देश के कुछेक राज्यों के मुख्यमंत्री तक परिवार नियोजन अपनाने में संकोच करते हैं तो फिर दूसरों से प्रभावी कदम उठवाने की उम्मीद हम कैसे कर सकते हैं।

पंचवर्षीय योजनाओं की असफलता भी बेकारी बढ़ने का एक कारण है। योजनाओं के कार्यान्वयन के लिए जो समय-सीमा तथा लक्ष्य रखें जाते हैं, वे बहुत कम पूरे हो पाते हैं। नतीजा यह निकलता है कि राष्ट्रीय आमदनी का एक बड़ा भाग तो शहरों को सजाने -संवारने में खर्च हो जाता है और गांवों को हम पीने का पानी भी उपलब्ध नहीं करा पाते। वहां के बेचारे युवक रोजी-रोटी की तलाश, बीमार मां-बाप की चिकित्सा, नवजात शिशु को मामूली-सा दूध उपलब्ध कराने की आशा में शहर भागते हैं जहां आकर वे हैवान उद्योगपतियों के चंगुल में पड़कर दिन-रात मशक्कत करते हैं, रिक्शे चलाते हैं और जब परिश्रम करके थोड़े पैसे समेटकर गांव पहुंचते हैं तब तक वे शहर की कोई महाव्याधि– टी॰बी॰, आंत्रशोथ, कैंसर का शिकार बन चुके होते हैं, और मर जाते हैं। मानवता के साथ यह मजाक देश में बेकारी बढ़ने के कारण किया जा रहा है। इसको रोकने का काम सरकार का है, किन्तु आज सरकार बेकारी और गरीबी हटाने का नाटक तो करती है परन्तु उनकी राजनीति तो वोट बटोरने की ओर ज्यादा रहती है। इसीलिए कभी उर्दू लागू होती है, कभी संस्कृत हटाई जाती है और कभी हिन्दी की उपेक्षा की जाती है। कभी गणित अनिवार्य होता है कभी गणित वैकल्पिक बन जाता है। शिक्षा नीतियां रोज बदलती हैं, छात्र दुखी होते हैं। अस्थिर शिक्षा नीति के कारण वे न तो इधर के रहते हैं और न उधर के। अंग्रेजी पढ़ने वालों की बन आती है। निम्न श्रेणी लिपिक से लेकर आई॰ए॰एस॰ तक वे ही पहुंच पाते हैं जो सुविधाभोगी वर्ग के होते हैं।

विडम्बना यह है कि सरकार शिक्षा, स्वास्थ्य, सफाई, जनसहयोग एवं सहकारिता, कुटीर उद्योगों की उपेक्षा करती है। इनके लिए स्थिर नीति निर्धारित नहीं की जाती और प्रतिवर्ष हजारों बच्चे स्कूल-कॉलेज की शिक्षा पूरी करके रोजगार केन्द्रों के चक्कर काटने के लिए मजबूर हो जाते हैं।

पूर्ववर्ती यूपीए सरकार द्वारा लागू राष्ट्रीय ग्रामीण रोजगार गारंटी कानून हालांकि इसी समस्या से निजात पाने के लिए लागू किया गया है। एनडीए सरकार के द्वारा भी इस दिशा में महत्वपूर्ण प्रयास किए जा रहे हैं।

भ्रष्टाचार का बढ़ता मर्ज

भ्रष्टाचार (Corruption) रूपी बुराई ने कैंसर की बीमारी का रूप अख्तियार कर लिया है। 'मर्ज बढ़ता गया, ज्यों-ज्यों दवा की' वाली कहावत इस बुराई पर भी लागू हो रही है। संसद ने, सरकार ने और प्रबुद्ध लोगों व संगठनों ने इस बुराई को खत्म करने के लिए अब तक के जो प्रयास किए हैं, वे अपर्याप्त सिद्ध हुए हैं। इस क्रम में सबसे बड़ी विडंबना यह है कि समाज के नीति-निर्धारक राजनेता भी इसकी चपेट में बुरी तरह आ गए हैं।

असल में भ्रष्टाचार का मूल कारण नैतिक मूल्यों (Moral Values) का पतन, भौतिकता (धन व पदार्थों के अधिकाधिक संग्रह और पैसे को ही परमात्मा समझ लेने की प्रवृत्ति) और आधुनिक सभ्यता से उपजी भोगवादी प्रवृत्ति है।

भ्रष्टाचार संस्कृत भाषा के दो शब्द 'भ्रष्ट' और 'आचार' से मिलकर बना है। 'भ्रष्ट' का अर्थ होता है – नीच, गिरा हुआ, पतित, जिसने अपने कर्त्तव्य को छोड़ दिया है तथा 'आचार' शब्द का अर्थ होता है – आचरण, चरित्र, चाल-चलन, व्यवहार आदि। अतएव भ्रष्टाचार का अर्थ है – गिरा आचरण या चरित्र और भ्रष्टाचारी का अर्थ है – ऐसा व्यक्ति जिसने अपने कर्त्तव्य की अवहेलना करके निजी स्वार्थ के लिए कुछ कार्य किए हैं, जिनकी उससे अपेक्षा नहीं थी। आजकल स्वतंत्र भारत में यह शब्द प्रायः नेताओं, जमाखोरों, चोरबाजारियों, मुनाफाखोरों आदि के लिए ज्यादा प्रयोग किया जाता है। अंग्रेजी के 'करप्शन' (Corruption) शब्द को ही हिन्दी में भ्रष्टाचार कहा जाता है।

भ्रष्टाचार अनेक प्रकार का होता है तथा इसके करने वाले भी अलग-अलग तरीके से भ्रष्टाचार करते हैं। जैसे, आप किसी किराने वाले को लीजिए, जो पिसा धनिया या हल्दी बेचता है। वह धनिया में घोड़े की लीद तथा हल्दी में मुल्तानी मिट्टी मिलाकर अपना मुनाफा बढ़ाता है और लोगों को जहर खिलाता है। यह मिलावट का काम भ्रष्टाचार है। दूध में आजकल यूरिया और डिटर्जेन्ट पाउडर मिलाने की बात सामने आने लगी है, यह भी भ्रष्टाचार है। बिहार में भ्रष्टाचार के कई मामले सामने आए हैं। यूरिया आयात घोटाला

भी एक भ्रष्टाचार के रूप में सामने आया है। केन्द्र के कुछ पूर्व मंत्रियों के काले-कारनामे चर्चा का विषय बने हुए थे। सत्ता के मोह ने बेशर्मी ओढ़ रखी है। लोगों ने राजनीति पकड़कर ऐसे पद हथिया लिए हैं, जिन पर कभी इस देश के महान नेता सरदार बल्लभभाई पटेल, श्री रफी अहमद किदवई, पं॰ गोविन्द बल्लभ पंत जैसे लोग सुशोभित हुए थे। आज त्याग, जनसेवा, परोपकार, लोकहित तथा देशभक्ति के नाम पर नहीं, वरन् लोग आत्महित, जातिहित, स्ववर्गहित और सबसे ज्यादा समाज विरोधी तत्वों का हित करके नेतागण अपनी कुर्सी के पाए मजबूत कर रहे हैं।

भ्रष्टाचार करने की नौबत तब आती है, जब मनुष्य अपनी लालसाएं इतनी ज्यादा बढ़ा लेता है कि उनको पूरा करने की कोशिशों में उसे भ्रष्टाचार की शरण लेनी पड़ती है। बूढ़े-खूसट राजनीतिज्ञ भी यह नहीं सोचते कि उन्होंने तो भरपूर जीवन जी लिया है, कुछ ऐसा काम किया जाए जिससे सारी दुनिया में उनका नाम उनके मरने के बाद भी अमर रहे। रफी साहब की खाद्य नीति को आज भी लोग याद करते हैं। उत्तर प्रदेश के राजस्व मंत्री के रूप में उनका किया गया कार्य 64 वर्ष बीतने के बाद भी किसान गौरव के साथ याद करते हैं। आज भ्रष्टाचार के मोतियाबिन्द से हमें अच्छाई नजर नहीं आ रही। इसीलिए सोचना जरूरी है कि भ्रष्टाचार को कैसे मिटाया जाए। इसके लिए निम्नलिखित उपाय काफी सहायक सिद्ध हो सकते हैं–

(1) लोकपालों को प्रत्येक राज्य, केन्द्रशासित प्रदेश तथा केन्द्र में अविलम्ब नियुक्त किया जाए, जो सीधे राष्ट्रपति के प्रति उत्तरदायी हों। उसके कार्य-क्षेत्र में प्रधानमंत्री तक को शामिल किया जाए। (2) निर्वाचन व्यवस्था को और भी आसान तथा कम खर्चीला बनाया जाए ताकि समाज-सेवा तथा लोककल्याण से जुड़े लोग भी चुनावों में भाग ले सकें। (3) भ्रष्टाचार का अपराधी चाहे कोई भी व्यक्ति हो, उसे कठोर से कठोर दण्ड दिया जाए। (4) भ्रष्टाचार के लिए कठोर दण्ड देने का कानून बनाया जाए तथा ऐसे मामलों की सुनवाई ऐसी जगह की जाए, जहां भ्रष्टाचारियों के कुत्सित कार्यों की आम जनता को भी जानकारी मिल सके और वह उससे सबक भी ले सके। (5) हाल ही में बनाए गए सूचना के अधिकार कानून का सफलतापूर्वक प्रयोग किया जाए तथा सभी संबंधित लोगों द्वारा जवाबदेही सुनिश्चित की जाए।

आज भ्रष्टाचारियों को महिमामण्डित करने तथा उन्हें ऊंचे से ऊंचे पद पर प्रतिष्ठित करने का रिवाज चल पड़ा है तथा लोग जातिवाद प्रभाव के कारण ऐसे लोगों का सामाजिक बहिष्कार करने के बजाय उन्हें वोट देकर ऊंचे आसन पर प्रतिष्ठित करके उनकी पूजा करते हैं। यह स्थिति शोचनीय है। न्यायपालिका तो अपना काम करेगी ही, किन्तु समाज को भी अपने दायित्व का बोध होना चाहिए तथा भ्रष्टाचारियों के खिलाफ जनाक्रोश प्रकट

करने में उसे तनिक भी संकोच नहीं करना चाहिए, चाहे कोई कितना भी बड़ा नेता क्यों न हो।

सामाजिक बहिष्कार कानून से भी ज्यादा प्रभावकारी होता है। ऐसे लोगों के खिलाफ जगह-जगह प्रदर्शन तथा आन्दोलन किए जाने चाहिए, ताकि भ्रष्टाचारियों को पता चले कि उनके काले कारनामे दुनिया जान चुकी है और जनता उनसे नफरत करती है।

राजनीति का अपराधीकरण

देश के लिए इससे बड़ा दुर्भाग्य क्या होगा कि मौजूदा राजनीति में आपराधिक पृष्ठभूमि वाले अनेक व्यक्ति दाल में नमक की मानिंद घुल गए हैं। संसद व विधानसभाओं में ऐसे कई सांसद व विधायक हैं, जिनके खिलाफ विभिन्न अपराधों के आरोप हैं। या फिर ऐसे लोगों जिनकी पृष्ठभूमि (Background) आपराधिक रही है। बिहार, उत्तर प्रदेश व देश के अन्य राज्यों में कई ऐसे विधायक व विधान परिषद सदस्य (एम॰एल॰सी॰) हैं, जो आपराधिक आरोपों की पृष्ठभूमि के बावजूद मंत्री-पद सरीखे अन्य महत्त्वपूर्ण पदों को 'सुशोभित' कर रहे हैं। हाल ही में ऐसे कई सांसदों व विधायकों को आजीवन कारावास तक की सजा हो चुकी है।

राष्ट्रपिता महात्मा गांधी की दृष्टि में राजनीति सेवा व लोककल्याण का एक सशक्त माध्यम है। वे कहा करते थे कि जो लोग समाज को कुछ देना चाहते हैं, या समाज या राष्ट्र के लिए स्वार्थ लिप्सा को छोड़कर त्याग करना चाहते हैं, ऐसे निर्मल चरित्र वाले लोगों को ही राजनीति में पदार्पण करना चाहिए। किंतु आज गांधीजी की ये सारी बातें दफना दी गई हैं। आज के दौर में राजनेताओं के लिए राजनीति किसी भी कीमत पर सत्ता प्राप्ति और अपनी स्वार्थलिप्सा की पूर्णता का माध्यम बन गई है। ऐसा नहीं है कि सभी राजनेता भ्रष्ट हैं। पर 1975 के बाद से राजनीति में जिस तरह से आपराधिक पृष्ठभूमि वाले लोगों का प्रवेश हुआ है और हो रहा है, वह बात गहन चिंता का विषय है।

राजनीतिक पर्यवेक्षकों व प्रबुद्ध व्यक्तियों का मानना है कि सन् 1975 के बाद चुनावी राजनीति में जिस तरह से आपराधिक पृष्ठभूमि वाले लोगों ने शिरकत करनी शुरू की उसी का नतीजा है कि मौजूदा राजनीति अपराधीकरण की गिरफ्त में जा पहुंची।

असल में राजनीति में अपराधीकरण की इस प्रवृत्ति के लिए किसी एक राजनीतिक पार्टी को दोष देना बेकार है। कहावत है कि जैसा पानी कुएं में होगा, वही बाल्टी में आएगा। निःसंदेह 1975 के बाद देश के राजनेताओं की सोच, प्रवृत्ति व उनके दृष्टिकोण में काफी नकारात्मक बदलाव आए। 1947 में आजादी मिलने के बाद से लेकर कमोबेश

1975 तक राजनेता चुनाव जीतने के लिए हर तरह के हथकंडे नहीं अपनाते थे। उन्हें अपने कृतित्व व जनता के लिए किए गए सेवा-कार्य पर भरोसा था।

कालांतर में राजनेताओं ने किसी भी तरह से चुनाव जीतने को ही अपना साध्य बना लिया। वोट बैंक की जातिवादी राजनीति की पृष्ठभमि में आपराधिक पृष्ठभूमि वाले लोगों को राजनेताओं के करीब आने का मौका मिला। वही कुछ राजनेता (जिन्हें खुद पर भरोसा नहीं था) भी येन-केन-प्रकारेण (By hook or by crook) चुनाव जीतने की प्रवृत्ति के आदी हो गए। मतपत्रों की लूट व मतदाताओं को डरा-धमका, मतदान से वंचित करने में आपराधिक पृष्ठभूमि वाले लोग काफी सहायक हो सकते थे। नतीजतन आपराधिक पृष्ठभूमि वाले लोगों की सियासत में शिरकत बढ़ने लगी। वहीं कतिपय नेतागण भी अपने प्रतिद्वंद्वियों को सबक सिखाने या उन्हें नीचा दिखाने के लिए ऐसे लोगों का इस्तेमाल करने लगे। दूसरी ओर आपराधिक पृष्ठभूमि वाले ऐसे लोगों को कतिपय राजनीतिज्ञों से संरक्षण प्राप्त हुआ। नतीजतन बेखौफ हो अपनी कारस्तानियों को अंजाम देने लगे।

राजनीति में आपराधिक पृष्ठभूमि के लोगों के प्रवेश पर नकेल लगाने के लिए निर्वाचन आयोग (Election Commission) ने भी अपनी चिंता जताई है। आयोग के दिशा-निर्देश के अनुसार दोष सिद्ध (Convicted) व्यक्ति चुनाव लड़ने के लिए अयोग्य है। पर इस क्रम में सुलगता सवाल यह है कि हमारे देश में किसी आपराधिक मामले के सिद्ध होने में भी वर्षों का समय लग जाता है, तब कहीं न्यायालय अपना फैसला सुना पाते हैं।

इस समस्या के समाधान में राजनीतिक दलों को पहल करनी चाहिए। यदि सभी राजनीतिक दल यह तय कर लें कि उन्हें आपराधिक पृष्ठभूमि वाले व्यक्तियों को चुनाव में टिकट नहीं देना है, तो इस समस्या का हल सहजता से निकल सकता है। इसी तरह जनता को भी आपराधिक पृष्ठभूमि वाले लोगों को चुनाव में वोट नहीं देने चाहिए।

महंगाई और आम आदमी

मौजूदा दौर में चीजों की बढ़ती कीमतों ने आम मेहनतकश आदमी की कमर ही तोड़ दी है। इस महंगाई ने आम आदमी के जीवन को बोझिल बना दिया है।

असल में महंगाई की समस्या भी भारत के लिए एक बड़ा सिरदर्द साबित हो रही है। अर्थशास्त्र के नियमानुसार महंगाई का प्रमुख कारण उपभोक्ता वस्तुओं का अभाव तथा मुद्रास्फीति है। जीवन के लिए आवश्यक वस्तुओं की कमी कई बातों पर निर्भर करती है। इनमें से कई तो दैवी होती हैं, जैसे—भारी वर्षा, हिमपात, अल्पवर्षा, अकाल, तूफान, फसलों

को रोग लग जाना, विपरीत मौसम, ओले पड़ना आदि। इसके अलावा कृत्रिम अथवा मानव द्वारा की गई काली करतूतों द्वारा भी जीवनोपयोगी वस्तुओं का कृत्रिम अभाव पैदा किया जाता है और फिर उन वस्तुओं को ज्यादा कीमत वसूल करके बेचा जाता है। इस प्रकार के काम आमतौर पर व्यापारियों द्वारा किए जाते हैं। वे किसी वस्तु विशेष की जमाखोरी करके बनावटी अभाव पैदा करते हैं और फिर उस वस्तु को जरूरतमंद के हाथों बेचकर मनमाने दाम वसूल करते हैं।

महंगाई बढ़ने का एक बड़ा कारण और है कि भारत में उपभोक्ता संगठनों में सक्रियता नहीं है। कहा जाता है कि एक बार अमेरिका के मांस उत्पादकों ने बिना समुचित कारण बताए मांस के दाम बढ़ा दिए। उपभोक्ताओं का आपस में संगठन था। उन्होंने कई दिनों तक मांस ही नहीं खरीदा। कीमतें अपने आप नीचे आ गईं, करोड़ों टन उत्पादन बरबाद हुआ, उत्पादक मजबूर हुए और उन्हें बढ़ाई गई कीमतें कम करनी पड़ीं। दुर्भाग्य है कि इस देश में न तो ऐसा कोई प्रभावी संगठन है और यदि कभी एकाध आदमी आवाज भी उठाता है तो निर्णय में अनावश्यक देर हो जाती है।

उत्पादन का एकाधिकार भी महंगाई का एक कारण बनता है। एक जमाना था जब स्कूटर का उत्पादन एक खास कम्पनी ही करती थी। एक या दो अन्य कम्पनियां उस स्तर का स्कूटर नहीं बना पाती थीं। नतीजा यह था स्कूटर पर ब्लैक थी। तीन-तीन, चार-चार साल में नम्बर आता था। दुगुने दामों पर स्कूटर बिकता था। लेकिन अब एकाधिकार खत्म हो गया। आप आज ही बाजार जाइए और अपना मनचाहा स्कूटर खरीद कर ले आइए। लेकिन यहां भी एक प्रकार से उपभोक्ता अभी घाटे में हैं क्योंकि स्कूटर उत्पादकों का संगठन है। उन्होंने आपसी समझौता करके कीमतों में केवल मामूली अन्तर रखकर ही अपना व्यवसाय कर रखा है, जबकि उपभोक्ताओं का अपना कोई ऐसा संगठन नहीं है जो स्कूटर का एक मानक मूल्य तय करा सकें।

यदि हमने जनसंख्या वृद्धि को महंगाई का एक कारण नहीं बताया तो अन्याय होगा। देश की आबादी निरंतर बढ़ती जा रही है। इसके सभी अंकुश कुंद हो चुके हैं। सरकार जोर-जबरदस्ती करने से कतराती है और इन्दिरा गांधी के अनुभव को याद कर लेती है। ऐसी दशा में जमीन को तो बढ़ाना मुश्किल है, दाम का बढ़ाना आसान हो जाता है। मकानों के किराये में वृद्धि, खाद्य सामग्री के मूल्यों में वृद्धि, कपड़ों के दामों में वृद्धि, सरकार द्वारा उपलब्ध कराई जा रही सुविधाओं-बिजली, पानी, आवास, यातायात, रेल, हवाई जहाज आदि के दामों में वृद्धि का प्रकारान्तर से बहुत बड़ा कारण जनसंख्या में वृद्धि है। इस पर काबू पाने से हर सीमा तक कीमतों पर काबू पाया जा सकता है।

भारत में महंगाई निरंतर बढ़ती जा रही है। सरकार द्वारा उत्पादित माल में तथा सरकारी उपक्रमों के उत्पादनों में वृद्धि अबाध गति से हो रही है। प्राइवेट सेक्टर के उत्पादनों की कीमतों पर प्रतिबंध लगाने तथा लाभ की सीमा तय करने में सरकार असमर्थ है। देश में भ्रष्टाचार बढ़ता जा रहा है जिसका भरपूर लाभ जमाखोर तथा मुनाफाखोर उठा रहे हैं।

अर्थशास्त्री कहते हैं कि देश विकास की ओर अग्रसर होता है तो चीजों के भाव स्वतः बढ़ने शुरू हो जाते हैं। इस बात में कहां तक सच्चाई है, इसके जांचने का अधिकार तो अर्थशास्त्रियों को ही है किन्तु जहां तक व्यवहारिकता की बात है, कीमतों के बढ़ने के साथ-साथ उसी अनुपात में रोजगार के अवसरों एवं लोगों की आय में भी वृद्धि होनी चाहिए। सरकारी कर्मचारियों के लिए वेतन आयोग की सिफारिशों के अनुसार वेतन और भत्तों में हुई भारी वृद्धि का लाभ उठाकर उत्पादकों ने सभी प्रकार के उत्पादों की कीमतें काफी बढ़ा दीं। सरकार ने महंगाई पर अंकुश लगाने के जो भी प्रयास किए, उनका किसी भी क्षेत्र में कोई असर नहीं हुआ। आगे हालत क्या होगी कुछ कह पाना कठिन है।

प्रदूषण की समस्या

प्रदूषण की विकराल होती समस्या ने आधुनिक जन-जीवन को संकट में डाल दिया है। स्थानीय संगठनों व व्यक्तियों से लेकर संयुक्त राष्ट्र संघ (U.N.O) तक इस समस्या से चिंतित हैं।

प्रदूषण महात्रासदी का रूप धारण कर चुका है। वायु, जल, भोजन तथा ध्वनि का प्रदूषण विश्व के नगरों और बड़े कस्बों में अपनी विकराल शक्तियों व सीमाओं का प्रदर्शन कर रहा है। देश की राजधानी दिल्ली दुनिया का तीसरा सर्वाधिक प्रदूषित नगर है। प्रदूषण के चलते हमारे वन, जीव-जन्तु और जीवाणु संसार के छोटे-छोटे नागरिक भी इस त्रासदी के शिकार बनते जा रहे हैं।

वायु में प्रदूषण कारखानों, वाहनों और घरों के चूल्हों से फैलता है। यह प्रदूषण मानव-जीवन के लिए एक बड़ा खतरा बन चुका है। इसके कारण नगरों में रहने वाले लोग फेफड़ों के कैंसर, दमा, आंखों के रोगों और चर्मरोगों के शिकार बनते जा रहे हैं। पूरे भारत की नदियां प्रदूषित हो चुकी हैं। गंगा एक दूषित जलधारा बन गई है और अन्य मुख्य नदियों का भी यही हाल है। दूषित जल पीने व नहाने के काम आता है और फलस्वरूप हैजा, वाईरल बुखार, आंत्रशोध व अमीबियॉसिस जैसे भंयकर रोग मानव को जकड़ लेते हैं। विषाक्त

जल भोजन को भी दूषित करता है। इसके अलावा भोजन, हवा, खादों व रसायनों की वजह से भी दूषित हो रहा है। पूर्व की एक घटना में दिल्ली में 35 व्यक्तियों की मृत्यु हो गई क्योंकि उन्होंने सरसों के तेल का सेवन किया था, जिसमें आर्गेमोन की मिलावट थी।

ध्वनि प्रदूषण का सबसे अधिक प्रकोप शहरों व मुख्य राजमार्गों पर नजर आता है। अधिक शोर की वजह से हजारों व्यक्ति अपनी श्रवण शक्ति खो बैठे हैं या कम सुनने लगे हैं। उच्च शोर के स्तरों से दिमागी बीमारियां और उच्च रक्तचाप हो सकते हैं। व्यक्ति अपना संतुलन भी खो सकता है।

प्रदूषण को रोकने के कई उपाय किये गये हैं। कारखानों को नगरों के बाहर विस्थापित किया गया है। आठ वर्षों से पुराने व्यापारिक वाहनों के चलाने पर रोक लगा दी गई है। दुपहिया वाहनों, तिपहिया वाहनों व मोटरकारों तथा ट्रकों के प्रदूषण स्तरों की नियंत्रित जांच हो रही है। वातावरण को शुद्ध रखने के लिए वृक्षारोपण अभियान समय-समय पर आयोजित होते हैं। ये प्रयास सराहनीय हैं। परन्तु अभी हमें बहुत कुछ करना बाकी है। विद्युत चालित वाहनों और सूर्य की ऊर्जा पर अधिक निर्भर करना होगा। यह प्रवृत्ति विश्वभर के लोगों द्वारा अपनायी जानी चाहिए। सरकारें, संयुक्त राष्ट्र संघ और गैर-सरकारी संस्थान इस विषय में काफी कार्य कर रहे हैं। परन्तु कड़े निर्णयों की आवश्यकता है नहीं तो हमारा उपग्रह मानव जाति, वनस्पतियों एवं जीवों को सम्बल नहीं दे पायेगा।

आरक्षण : समस्या व समाधान

सरकारी नौकरियों में आरक्षण को लेकर उठा बखेड़ा जब-तब अपना सिर उठाता रहता है। पूर्व प्रधानमंत्री विश्वनाथ प्रताप सिंह के कार्यकाल (1989-90) में पिछड़े वर्गों को आरक्षण दिए जाने के संदर्भ में गठित किए गए 'मंडल आयोग' की रिपोर्ट को संस्तुत किए जाने के बाद देश में विभिन्न स्थानों पर आरक्षण विरोधी आंदोलन हुए थे, जिसमें अनेक युवकों ने आत्मदाह तक कर लिया था।

डॉ॰ भीमराव अंबेडकर ने संविधान में दलितों के लिए आरक्षण का प्रावधान फकत 10 वर्षों के लिए किया था। 10 वर्षों की यह अवधि संविधान के लागू होने (26 जनवरी, 1950) से मानी गयी थी। पर परवर्ती कांग्रेस सरकारें वोट बैंक की राजनीति के तहत इस अवधि को कालांतर में बढ़ाती रहीं। दलित वर्गों के लिए लगभग 22.5 फीसदी आरक्षण सुनिश्चित किया गया था। किंतु आरक्षण को लेकर उठने वाले विवाद पिछड़े वर्गों (Backward classes) को लेकर हैं।

आरक्षण को लेकर उठे विवाद की पृष्ठभूमि में सर्वोच्च न्यायालय यह फैसला दे चुका है कि किसी भी स्थिति में आरक्षण कुल रिक्तियों का 50 प्रतिशत से अधिक नहीं होना चाहिए। बावजूद इसके विभिन्न राजनीतिक दलों ने वोट बैंक व जातीय राजनीति की फसल को काटने के लिए विभिन्न जातियों की आबादी के अनुसार आरक्षण लागू किए जाने की वकालत की।

असल में नौकरियों में आरक्षण योग्यता व गुणवत्ता का हनन करता है। यदि दलितों और पिछड़े वर्गों के व्यक्तियों को शैक्षिक दृष्टि से उठाना ही है, तो उन्हें बेहतर शैक्षिक सुविधाएं सरकार की ओर से मुहैया करायी जानी चाहिए। दलित व पिछड़े वर्गों के छात्रों में प्रतिभा का अभाव नहीं है। जरूरत इन प्रतिभाओं को साधन उपलब्ध कराने की है। संविधानवेत्ता व प्रख्यात कानून विद् डॉ॰ अंबेडकर ने बगैर किसी आरक्षण के ही सफलता के सोपान तय किए थे।

असल में आरक्षण को कुछ राजनीतिक दलों ने जातीय वोट बैंक को हासिल करने का जरिया बना लिया है, जिसका जीता जागता उदाहरण है कि राजनीतिक दलों ने अपनी दुकान चलाए रखने के लिए प्राइवेट सेक्टर में भी आरक्षण की मांग कर विवाद छेड़ दिया है, इसके कारण समाज के विभिन्न वर्गों के बीच रिश्तों में खटास पड़ने लगी है। आरक्षण की समस्या का समाधान 'योग्यता' व गुणवत्ता के पैमाने को आधार बनाकर ही किया जा सकता है।

कश्मीर समस्या

कश्मीर भारत का अभिन्न अंग है। कश्मीर के तत्कालीन महाराजा हरिसिंह ने स्वेच्छा से भारत में अपने राज्य का विधिवत विलय किया था। इस संदर्भ में गौरतलब है कि 1947 में देश की सत्ता हस्तांतरण के वक्त ब्रिटिश शासकों ने देशी रियासतों को यह अधिकार दिया था कि वे यदि चाहें तो स्वतंत्र देश के रूप में अपना अस्तित्व बरकरार रख सकते हैं या फिर वे भारत या पाकिस्तान के साथ अपना विलय कर सकते हैं। तकरीबन 600 देशी रियासतों ने स्वेच्छा से भारत के साथ अपने राज्यों का विलय किया। जूनागढ़ व कश्मीर ही ऐसी रियासतें थीं, जिनका विलय कुछ असहजपूर्ण स्थितियों में अंततः भारतीय संघ के साथ हुआ।

असल में कश्मीर भारत के लिए कोई समस्या नहीं है। कश्मीर की समस्या को पाकिस्तान ने ही जबरिया पैदा किया है। कश्मीर को छीनने-झपटने के कुप्रयास में पाकिस्तान ने 1948 में भारत पर धावा भी बोला था। यही नहीं, कश्मीर मुद्दे की आड़ लेकर ही पाकिस्तान ने 1965 व 1971 में भारत पर हमला किया था। तथा पाकिस्तान द्वारा छेड़ा गया कारगिल युद्ध भी कश्मीर समस्या के प्रति उसके आक्रोश को ही दर्शाता है।

1948 के युद्ध में पाकिस्तान कश्मीर के एक तिहाई भाग पर कब्जा करने में सफल रहा। इस पाक अधिकृत कश्मीर को गुलाम कश्मीर कहा जाता है। 1948 के पाकिस्तानी हमले के बाद तत्कालीन प्रधानमंत्री जवाहरलाल नेहरू इस मामले को संयुक्त राष्ट्र संघ ले गए। राष्ट्रसंघ ने इस क्रम में कश्मीरी जनता को आत्मनिर्णय व जनमत संग्रह कराने की संस्तुति की।

असल में विलय के बाद कश्मीर के मामले को संयुक्त राष्ट्र संघ में ले जाना पंडित नेहरू की एक सियासी चूक थी। राष्ट्रसंघ ने जनमत संग्रह कराने के लिए जिन शर्तों को रखा था, उन्हें पाकिस्तान ने कभी भी पूरा नहीं किया। जैसे पाक अधिकृत गुलाम कश्मीर से पहले पाकिस्तान अपनी फौजों को वापस बुलाए आदि-आदि।

अब भारत सरकार की दोटूक राय है कि कश्मीर में जनमत संग्रह कराये जाने की कोई आवश्यकता नहीं है। क्योंकि इस राज्य का विधिवत विलय भारतीय संघ (Indian Union) में हो चुका है। भारत सरकार कश्मीरियों के मामले में आत्मनिर्णय के अधिकार की बात को भी निरर्थक मानती है।

असल में जब पाकिस्तान कश्मीर को छीनने-झपटने में नाकाम रहा, तब उसने गुरिल्ला-आतंकी युद्ध की रणनीति बनाई। भाड़े के सिपाहियों व आतंकवादियों को प्रशिक्षित कर उसने सीमापार से उन्हें भारत भेजना शुरू किया। इन पाकिस्तान प्रशिक्षित आतंकवादियों ने कश्मीर घाटी में हिंसा का नंगा नाच दिखाया। पाक प्रायोजित इस आतंकवाद में अब तक लाखों बेगुनाह कश्मीरी मारे जा चुके हैं।

आगरा में पूर्व प्रधानमंत्री अटल बिहारी वाजपेयी और पाकिस्तान के पूर्व राष्ट्रपति जनरल परवेज मुशर्रफ के मध्य जो शिखर वार्ता संपन्न हुई थी, वह विफल रही। इस वार्ता की विफलता का सेहरा मुशर्रफ के सिर ही बंधता है। मुशर्रफ की दलील थी कि कश्मीर समस्या के समाधान के बगैर किसी अन्य द्विपक्षीय पहलू पर बात करना बेमानी होगा। वे वार्ता के दौरान कश्मीर-कश्मीर की ही रट लगाए रहे। दूसरी ओर अटल बिहारी वाजपेयी ने दोटूक शब्दों में कहा कि पहले पाकिस्तान को सीमापार से होने वाले आतंकवाद पर रोक लगानी चाहिए। कश्मीर भारत का अभिन्न अंग है। प्रधानमंत्री नरेन्द्र मोदी भी कश्मीर के मामले में आत्मनिर्णय की बात को असंगत मानते हैं।

संप्रति कश्मीर की सियासी हालत काफी उथल-पुथल भरी एवं जटिल हो गई है। कश्मीर में पाकिस्तान की खुफिया एजेंसी 'आई.एस.आई.' द्वारा प्रायोजित आतंकवाद का सामना करने के लिए भारत सरकार को दृढ़ता का परिचय देना होगा।

हड़तालों से उपजे सवाल

किसी भी संस्था के लोग जब किसी भी कारणवश सामूहिक रूप से कार्य करना बन्द कर देते हैं तो उसे हड़ताल कहा जाता है। यह वह प्रक्रिया है जो प्रायः अनाचार के विरोध में अथवा अधिकारों की मांग के लिए की जाती है। यह अधिकारों की मांग को पूरा करने का अमोघशस्त्र है।

आज के युग में जीवन का कोई ऐसा क्षेत्र नहीं जहाँ हम अपने अधिकारों के लिए हड़ताल का सहारा न लेते हों। ज्यों-ज्यों मानव जीवन में राजनीति का प्रवेश बढ़ता जा रहा है त्यों-त्यों अधिकार की भावना बढ़ती जा रही है। फलस्वरूप हड़ताल की प्रवृत्ति भी जोर पकड़ती जा रही है। पहले तो ये हड़ताल के नारे केवल औद्योगिक संस्थान तक ही सीमित थे परन्तु आजकल तो शिक्षण संस्थाएं तक भी इससे अछूती नही हैं, ऐसा लगता है कि जल्दी ही इसके नारे से घर का कोना-कोना गूँजने लगेगा।

आज ज्ञान तो नहीं है कि हड़ताल का जन्म कब और कहां हुआ था, परन्तु आज के जन-जीवन में हड़ताल इतनी घुलमिल गई है कि छोटे-बड़े, शिक्षित व अशिक्षित, पुरुष व नारी सभी इससे परिचित हैं। ऐसा देखा जाता है कि आजकल कहीं-न-कहीं हड़ताल होती रहती है। कभी-कभी तो यह इतना भंयकर रूप धारण कर लेती है कि इसके कारण पुलिस के डंडे और गोलियां भी चल जाती हैं। पुलिस को अश्रु-गैस का सहारा भी लेना पड़ जाता है। भारतवर्ष में तो सबसे पहले गांधीजी के असहयोग आंदोलन के फलस्वरूप अंग्रेजों के शासन और अत्याचारों के विरोध में हड़तालें हुई थी।

स्वतंत्रता के बाद तो हड़ताल का प्रसार बहुत तेज गति से हो रहा है। श्रमिकों तथा निर्धनों के कंठ में तो इसका वास होता है, क्योंकि उन्हें अपने अधिकारों को मनवाने में तथा अत्याचारों के विरोध स्वरूप इसका सहारा लेना पड़ता है। हड़तालें प्रायः शासन के विरुद्ध, अत्याचारों के विरुद्ध तथा वेतन, छुट्टी और मजदूरी आदि के लिए की जाती रही हैं। शासन के विरुद्ध हड़तालें बड़े व्यापक रूप में होती हैं क्योंकि इनको प्रायः जनता का समर्थन प्राप्त होता है। इनके अतिरिक्त अन्य हड़तालें वेतन तथा मजदूरी बढ़वाने, छुट्टी करवाने व महंगाई भत्ता बढ़वाने के लिए औद्योगिक संस्थानों में होती रहती हैं। सन् 1942 ई॰ में अंग्रेजों के अत्याचारों के विरोध में देश के महान् नेताओं के संरक्षण में देशव्यापी हड़ताल हुई थी जिसके कारण अंग्रेज भारत को स्वतंत्र करने पर बाध्य हुए थे।

हड़ताल से जहाँ हमें कुछ लाभ मिलते हैं वहाँ इसकी हानियां भी कम नहीं हैं। देश के उत्पादन पर इसका बुरा प्रभाव पड़ता है। पूरे राष्ट्र में तोड़-फोड़ होने लगती है जिससे राष्ट्र की सम्पत्ति नष्ट हो जाती है। छात्रों में अनुशासनहीनता बढ़ती जाती है। अतः इनको नियन्त्रित करने के लिए औद्योगिक संस्थानों के स्वामियों को चाहिए कि वे श्रमिकों के हितों

का ध्यान रखें तथा आपस में बैठकर समस्या का समाधान ढूढें। समझौते की भावना से कार्य करने में श्रमिकों का भी हित है।

निरक्षरता : एक अभिशाप

निरक्षरता का सामान्य अर्थ है – अक्षरों की पहचान तक न होना। निरक्षर व्यक्ति के लिए तो 'काला अक्षर भैंस बराबर' होता है। जो व्यक्ति पढ़ना-लिखना एकदम नहीं जानता, अपना नाम तक नहीं पढ़-लिख सकता, सामने लिखी संख्या तक को नहीं पहचान सकता है उसे निरक्षर कहा जाता है। निरक्षर व्यक्ति न तो संसार को जान सकता है और न ही अपने साथ होने वाले लिखित व्यवहार को समझ सकता है, इसीलिए निरक्षरता को अभिशाप माना जाता है।

आज के अर्थात् इक्कीसवीं सदी में प्रवेश करने वाले ज्ञान-विज्ञान के इस प्रगतिशील युग में भी कोई व्यक्ति या देश निरक्षर हो तो इसे एक त्रासदी के अलावा कुछ नहीं कहा जा सकता। परन्तु यह तथ्य सत्य है कि स्वतंत्र भारत में शिक्षा का विस्तार हो जाने पर भी भारत में निरक्षरों तथा अनपढ़ों की बहुत अधिक संख्या है। इस बात को भली-भांति जानते हुए कि निरक्षर व्यक्ति को तरह-तरह की हानियां उठानी पड़ती हैं, उन्हें कई तरह की विषमताओं का शिकार होना पड़ता है, वे लोग साक्षर बनने का प्रयास नहीं करते हैं। यदि हम प्रगति तथा विकास-कार्यों से प्राप्त हो सकने वाले सकल लाभ को प्राप्त करना चाहते हैं तो हम सबको साक्षर बनना होगा अर्थात् निरक्षरता को समाप्त करना होगा।

व्यक्तिगत स्तर पर भी निरक्षर व्यक्ति को कई तरह के कष्टों का सामना करना पड़ता है। वह न तो किसी को स्वयं कुशल-क्षेम जानने वाला पत्र ही लिख सकता है और न ही किसी से प्राप्त पत्र को पढ़ ही सकता है। निरक्षर व्यक्ति न तो कहीं मनीआर्डर भेज सकता है, और न ही कहीं से आया मनीआर्डर अपने हस्ताक्षरों से प्राप्त कर सकता है, ऐसी दोनों स्थितियों में वह ठगा जा सकता है। देहाती निरक्षरों से तो अंगूठे लगवाकर जमीदार व महाजन उनकी जमीनों के टुकड़े तक हड़प कर चुके हैं। ऐसा अनेकों बार होता देखा गया है, इसीलिए निरक्षरता को अभिशाप माना जाता है।

इस निरक्षरता के अभिशाप को मिटाने के लिए आजकल साक्षरता का अभियान जोर-शोर से चलाया जा रहा है। महानगरों, नगरों, कस्बों व देहातों में लोगों को साक्षर बनाने के लिए अनेक कार्यक्रम चलाये जा रहे हैं। अधिकतर निरक्षर लोग मेहनत-मजदूरी करने वाले लोग होते हैं इसलिए उनके लिए सुबह-शाम घरों के पास पढ़ाई की व्यवस्था की जाती है। गृहणियों के लिए दोपहर के खाली समय में पढ़-लिख पाने की मुफ्त व्यवस्था की जाती है। इनके लिए पुस्तक कापी की भी मुफ्त व्यवस्था की जाती है। यहाँ तक घर-घर जाकर भी साक्षर बनाने के अभियान चलाये जा रहे हैं। इन सबसे लाभ उठाकर हम निरक्षरता के अभिशाप से मुक्ति पा सकते हैं। साक्षर होना या साक्षर बनाना आज के युग की विशेष आवश्यकता है।

प्राकृतिक आपदाएं

भूकंप

पृथ्वी का अपनी धुरी से हिलकर कम्पन करने की स्थिति को भूकम्प या भूचाल कहा जाता है। कभी-कभी तो यह स्थिति बहुत भयावह हो जाती है। इसके परिणामस्वरूप पृथ्वी के ऊपर स्थित जड़-चेतन हर प्राणी और पदार्थ का या तो विनाश हो जाता है या फिर वह सर्वनाश की-सी स्थिति में पहुंच जाता है। जापान के विषय में तो प्रायः सुना जाता है कि वहां तो अक्सर भूकम्प आकर विनाशलीला प्रस्तुत करते ही रहते हैं। इस कारण लोग वहां लकड़ियों के बने घरों में रहते हैं। इसी प्रकार का एक भयानक भूकम्प बहुत वर्षों पहले अविभाजित भारत के कोटा नामक स्थान पर आया था। उसने शहर के साथ-साथ हजारों घर-परिवारों का नाम तक भी बाकी नहीं रहने दिया था।

अभी कुछ वर्षों पहले गढ़वाल और महाराष्ट्र के कुछ भागों को भूकम्प के दिल दहला देने वाले हादसों का शिकार होना पड़ा था। प्रकृति की यह कैसी लीला है कि वह मानव-शिशुओं के घर-घरौंदों को तथा स्वयं उनको भी कच्ची मिट्टी के खिलौनों की तरह तोड़-मरोड़कर रख देती है। पहले यह भूकम्प गढ़वाल के पहाड़ी इलाकों में आया था, जहां इसने बहुत नुकसान पहुंचाया था। थोड़े दिन पश्चात् महाराष्ट्र के एक भाग में फिर एक भूकम्प आया जिसने वहां सब कुछ मटियामेट कर दिया था। महाराष्ट्र में धरती के जिस भाग पर भूकम्प के राक्षस ने अपने पैर फैला दिए थे वहाँ तो आस-पास के मकानों के खण्डहर बन गए थे। उन मकानों में फंसे लोग कुछ तो काल के असमय ग्रास बन गए थे, कुछ लंगड़े-लूले बन चुके थे। एक दिन बाद समाचार में पढ़ा कि वहां सरकार और गैर-सरकारी स्वयं-सेवी संस्थाओं के स्वयंसेवक दोनों राहत कार्यों में जुटे हुए थे। ये संस्थाएं अपने साधनों के अनुरूप सहृदयता का व्यवहार करती हुई पीड़ितों को वास्तविक राहत पहुंचाने का प्रयास कर रही थीं।

भूकम्प कितना भयानक था यह दूरदर्शन में वहां के दृश्य देखकर अन्दाजा हो गया था। जिन भागों पर भूकम्प का प्रकोप था वहां सब कुछ समाप्त हो चुका था। हल जोतने वाले किसानों के पशु तक नहीं बचे थे। दुधारू पशुओं का अन्त हो चुका था। सैकड़ों लोग मकानों के ढहने और धरती के फटने से मृत्यु को प्राप्त हो गए थे। इस प्रकार हंसता-खेलता संसार वीरान होकर रह जाता है। सब ओर गहरा शून्य तथा मौत का-सा

सन्नाटा छा जाता है। कभी-कभी मैं सोचता हूं कि जापान के लोग कैसे रहते होंगे जहां इस प्रकार के भयावह भूकम्प आए दिन आते रहते हैं।

26 जनवरी, 2001 को गुजरात सहित पूरे भारत ने भूकंप का कहर देखा। भुज सहित संपूर्ण गुजरात में भारी जान-माल का नुकसान हुआ। 25 अप्रैल, 2015 को नेपाल और भारत के कुछ राज्यों उत्तर प्रदेश, बिहार और पश्चिम बंगाल में दिल दहला देने वाला जो भूकंप आया उसमें जहाँ नेपाल में 10 हजार से ज्यादा और भारत में 100 से अधिक लोग काल के गाल में समा गए, वहीं लाखों लोग घायल हुए। अरबों रुपए की संपत्ति की हानि हुई।

भूकंप वैज्ञानिकों का कहना है कि अभी तक ऐसा कोई उपकरण-यंत्र विकसित नहीं हुआ है, जिससे यह बात पता चल सके कि अमुक-अमुक क्षेत्रों में भूकंप आने वाला है। भूकंप के आते समय 'रिक्टर स्केल' पर सिर्फ उसकी क्षमता का ही माप लिया जा सकता है।

जापान, पेरू व अमेरिका के कुछ राज्यों में जहां भूकंप के झटके अकसर महसूस किए जाते हैं, वहां के वैज्ञानिकों ने भूकंपरोधी मकानों (Earthquake Resistance) का निर्माण किया है। भारत के भूकम्प प्रमाणित क्षेत्रों में भी 'भूकंपरोधी' मकानों के निर्माण की प्रक्रिया शुरू करने के लिए सरकार को कारगर नीति बनानी चाहिए।

दुर्भिक्ष (सूखा)

दुर्भिक्ष या अकाल प्रायः अभाव की स्थिति को कहा जाता है। सामान्य रूप से मनुष्यों के लिए खाने-पीने की वस्तुओं का अभाव तथा पशुओं के लिए चारे-पानी के अभाव को अकाल या दुर्भिक्ष कहा जाता है। दुर्भिक्ष के मूल रूप से दो कारण हुआ करते हैं – एक बनावटी तथा दूसरा प्राकृतिक। बनावटी अकाल प्रायः उत्पादकों व व्यापारियों द्वारा पैदा कर दिए जाते हैं, इसके अतिरिक्त जब अन्न, जल व चारे आदि का अभाव प्राकृतिक कारणों से होता है तो वह प्राकृतिक अकाल कहलाता है।

ब्रिटिश सरकार ने अपने शासन काल में एक बार बंगाल में बनावटी अकाल पैदा कर दिया था। उसने भारतीयों को सबक सिखाने के लिए भारतीय अनाज उत्पादकों और व्यापारियों को अपने साथ मिलाकर खाद्य पदार्थों का कृत्रिम अभाव पैदा कर दिया था जिसका परिणाम था कि बंगाल में हजारों लोग भूख से तड़प-तड़प कर मर गए थे। उस समय मुट्ठीभर अनाज के लिए माताओं ने अपनी सन्तान को तथा युवतियों ने अपने तन को सरेआम बेच दिया था। उस समय चारे-पानी के अभाव में न जाने कितने पशु बेमौत मारे गए थे। बनावटी अकाल पैदा करने के लिए मुनाफाखोर व्यापारी अपने माल को गोदामों में छिपाकर कृत्रिम अभाव पैदा कर देते हैं। उनका उद्देश्य काले बाजार में माल को बेचकर अधिक मुनाफा कमाना होता है। यह बात दूसरी है कि इस प्रकार के अकाल

के इतने भयंकर परिणाम न निकलते हों परन्तु सामान्य मनुष्य को तंगी का सामना तो करना ही पड़ता है।

दूसरा और सबसे महत्त्वपूर्ण कारण है प्राकृतिक रूप से अकाल या दुर्भिक्ष का पड़ना; जैसे वर्षा का इतना अधिक समय-असमय होते रहना कि बोया हुआ बीज अधिक पानी के कारण सड़-गल जाय या पक्का अनाज बदरंग होकर खाने लायक न रह जाए। इसी प्रकार सूखा पड़ने अर्थात् वर्षा के बहुत कम होने या न होने से खेती नहीं हो पाती है तो भी मनुष्य व पशुओं के लिए अन्न व चारे तथा पानी की समस्या का उत्पन्न हो जाना भी दुर्भिक्ष कहलाता है। ऐसी स्थिति में मनुष्य की प्यास बुझाने वाले स्रोत कुएं आदि सूख जाते हैं। पशुओं की प्यास बुझाने वाले जोहड़-तालाब आदि सूख जाते हैं। चारों ओर हा-हाकार मच जाता है। वर्षा का अभाव घास-पत्तों तक को सुखाकर धरती को नंगी और बंजर जैसी बना दिया करता है। धरती धूल बनकर उड़ने लगती है। यहां-वहां मरे पशुओं व मनुष्यों की लाशों को मांसाहारी पशु नोचने लगते हैं। अशक्त हुए लोग अपने किसी सगे-सम्बन्धी का अन्तिम संस्कार कर पाने में समर्थ नहीं रह पाते हैं। परिणामतः उनकी लाशें घरों में पड़ी सड़ने लगती हैं। इसके कारण हमारा पर्यावरण भी दूषित होने लगता है। ऐसी स्थिति में यदि सरकारी सहायता भी न मिले तो सोचो क्या हाल हो!

बाढ़ की चुनौती

जल प्रकृति का वह तरल पदार्थ है जो मनुष्य के लिए जीवन स्वरूप है क्योंकि न तो जल के बिना जीवन की रचना ही सम्भव है और न ही जीवन उसके बिना रह सकता है। मनुष्य के अतिरिक्त धरती के अन्य सभी छोटे-बड़े जीव, पेड़-पौधे और वनस्पतियां आदि सभी का जीवन जल है। और यदि जल नहीं है या इसका अभाव है तो मृत्यु भी निश्चित है। परन्तु यही जीवन देने वाला जल जब बाढ़ का रूप धारण कर लेता है तो यह प्रकृति का एक क्रूरपरिहास बनकर रह जाता है।

बाढ़ अर्थात् जल-प्रलय आने के प्रायः दो ही कारण होते हैं। एक तो वर्षा का आवश्यकता से अधिक होना तथा दूसरा कारण है यदि कभी किसी समय नदी या बांध में दरारें पड़कर टूट जाते हैं और चारों ओर जल-प्रलय का-सा दृश्य उपस्थित हो जाता है। पहला कारण प्राकृतिक है तथा दूसरा कारण अप्राकृतिक है, परन्तु दोनों ही स्थितियों में जन-हानि के अतिरिक्त खलिहानों, पशुधन और मकानों आदि के नाश के रूप में धन-हानि हुआ करती है। कई बार तो उस भयावह, करुण एवं दारुण दृश्य का स्मरण

करते भी रोंगटे खड़े हो जाते हैं जब जल-प्रलय में डूब रहे मनुष्य, पशु आदि को देखना पड़ता है और वह बच पाने के लिए कितना सोचता तथा हाथ-पैर मारता होगा।

ऐसा ही बाढ़ का एक भयावह दृश्य मुझे देखने को मिला। उस दृश्य को सोचकर शरीर में कंपकंपी-सी हो जाती है। बरसात का मौसम था। चारों ओर घनघोर वर्षा हो रही थी। कई दिनों से लगातार वर्षा होने के कारण नदी-नालों में पानी लबालब भर गया था। उधर ताजेवाले हैड से यमुना में लगातार पानी छोड़ा जा रहा था। जब पानी की निकासी का कोई रास्ता नहीं रहा तो पानी नालों के द्वारा घरों में भरने लगा। हम लोग यह सोच कर सो गए थे कि वर्षा थमने पर पानी स्वतः ही कम हो जाएगा। परन्तु ऐसा नहीं हुआ। आधी रात तक पानी सभी क्वार्टरों में घुटनों तक भर गया। बिजली जलाकर जब हमने देखा तो रात का वह दृश्य बड़ा ही भयावह था। गन्ध मारता पानी तथा जल-जीवों, सांपों आदि के साथ सांय-सांय कर रहा था। हम अपने को बचाने के लिए छत पर चढ़े तो ऐसा लगा पानी भी हमारा पीछा कर रहा है। जीवन की सुरक्षा की सम्भावनाएं घटती जा रही थीं। औरतें बच्चों को गोदी में उठाए राम-राम करती हुई एक दूसरे की तरफ निरीह आंखों से देख रही थीं। कुछ समय बाद नावों में सवार होकर स्वयंसेवक आए और हमें वहां से निकाल कर ले गए। तब कहीं जाकर हमने चैन की सांस ली। वह जल-प्रलय का दृश्य आज तक भी भुलाए नहीं भूलता है।

हमारे देश में प्रतिवर्ष कहीं न कहीं बाढ़ आती रहती है। वर्ष 2008 में बिहार के नेपाल से सटे इलाकों तथा उड़ीसा सहित भारत के कई राज्यों ने बाढ़ का कहर देखा। जान-माल की हानि तो हुई ही साथ ही साथ प्रगतिशील अर्थव्यवस्था भी इससे प्रभावित हुई। लगभग प्रत्येक वर्ष इस जल-प्रलय बाढ़ (Flood) के चलते हजारों लोग बेघरवार हो जाते हैं। प्रभावित क्षेत्र के लोगों को अनेकानेक मुसीबतों का सामना करना पड़ता है। क्या केंद्रीय सरकार व राज्य सरकारें मिलकर बाढ़ को रोकने के संदर्भ में ऐसी कोई कारगर नीति नहीं बना सकतीं, जिससे इस प्राकृतिक आपदा को काफी हद तक नियंत्रित किया जा सके? बाढ़ प्रभावित क्षेत्रों में मंत्रियों का हवाई जहाज से किया गया सर्वेक्षण इस समस्या का समाधान नहीं है।

❑❑❑

देश के प्रमुख पर्व

राष्ट्रीय पर्व

गणतंत्र-दिवस (26 जनवरी)

शताब्दियों की परन्त्रता के उपरान्त भारत 15 अगस्त, 1947 को स्वतंत्र हुआ। स्वतंत्र होने पर देश के कर्णधारों ने भारत के नवीन संविधान को लागू किया। तभी से भारत का सर्वोच्च शासक राष्ट्रपति कहलाया। भारत का नवीन संविधान 26 जनवरी, 1950 को लागू किया गया और यह दिन भारत का गणतन्त्र-दिवस कहलाया। भारत इस संविधान के अनुसार गणराज्य घोषित किया गया और तभी से 26 जनवरी का दिन प्रतिवर्ष गणतन्त्र-दिवस के रूप में सारे भारतवर्ष में बड़ी धूमधाम से मनाया जाने लगा।

26 जनवरी की तिथि का स्वतंत्रता संग्राम के इतिहास में अपना विशेष महत्त्व है। सन् 1930 में रावी नदी के तट पर कांग्रेस के लाहौर अधिवेशन में स्वर्गीय पं॰ जवाहरलाल नेहरू ने पूर्ण स्वतंत्रता की घोषणा की। 26 जनवरी, 1930 को उन्होंने प्रतिज्ञा की कि "जब तक हम पूर्ण स्वतंत्रता प्राप्त न कर लेंगे तब तक हमारा स्वतंत्रता आंदोलन चलता रहेगा और इसे प्राप्त करने के लिए हम अपने प्राणों की आहुति दे देंगे।" इसी कारण 26 जनवरी का दिन ही भारत के गणतन्त्र की घोषणा के लिए चुना गया।

26 जनवरी, 1950 को भारत पूर्णरूपेण गणतन्त्र राज्य घोषित कर दिया गया। इसी दिन हम पूर्ण रूप से स्वाधीन हो गए। उस दिन लार्ड माउण्टबेटन (गवर्नर जनरल) के स्थान पर डॉ॰ राजेन्द्र प्रसाद हमारे राष्ट्र के प्रथम राष्ट्रपति बने। आज भी यह पर्व बड़ी धूमधाम से मनाया जाता है। इस दिन भारत की राजधानी नई दिल्ली में राष्ट्रपति की राजकीय सवारी निकाली जाती है। विजय चौक पर राष्ट्रपति जी जल, थल एवं वायु सेना की सलामी लेते हैं। तीनों सेनाओं की टुकड़ियां मार्च करती हुई लाल किले तक पहुंचती हैं। अनेक प्रांतों से आए लोक-नर्त्तक अपनी-अपनी वेशभूषा में अपने-अपने लोक-नृत्य-प्रदर्शन तथा विभिन्न प्रकार की झांकियों से अपनी प्राचीन संस्कृति व प्रगति का परिचय देते हैं।

26 जनवरी की सायं को आतिशबाजी छोड़ी जाती है तथा रात्रि के समय सरकारी भवनों पर रोशनी की जाती है। देश के सभी गांवों, नगरों, स्कूलों व कॉलेजों में सभाएं की जाती हैं। इन सभाओं में देश की एकता, अखण्डता व स्वतन्त्रता को बनाए रखने की प्रतिज्ञा की जाती है।

32 *आधुनिक निबन्ध*

इस प्रकार 26 जनवरी, 1950 को देश में अपना संविधान, अपना राष्ट्रपति, अपनी सरकार तथा अपना राष्ट्रीय ध्वज हो जाने पर भारतवर्ष संसार का सबसे बड़ा गणतन्त्र राष्ट्र बन गया।

स्वतंत्रता-दिवस (15 अगस्त)

15 अगस्त भारतवर्ष का एक राष्ट्रीय त्यौहार है। 15 अगस्त, 1947 का दिन भारत देश के इतिहास में स्वर्णाक्षरों से लिखा गया है। इस शुभ दिन हमारा देश सैकड़ों वर्षों की अंग्रेजी पराधीनता से स्वतंत्र हुआ था। तभी से भारत के करोड़ों नागरिक इस त्यौहार को 'स्वतंत्रता-दिवस' के रूप में बड़े हर्षोल्लास से मनाते हैं। इस अवसर पर सभी विद्यालय, कार्यालय, कारखाने, संस्थान और बाजार बन्द रहते हैं। इस दिन प्रत्येक वर्ष भारतवर्ष की राजधानी दिल्ली में लालकिले की प्राचीर पर प्रधानमंत्री राष्ट्रीय ध्वज फहराते हैं तथा देशवासियों के नाम सन्देश देते हैं। राष्ट्रीय ध्वज को 21 तोपों की सलामी दी जाती है, तत्पश्चात् राष्ट्रगान होता है।

स्वतंत्रता तथा समृद्धि का प्रतीक यह दिवस भारत के कोने-कोने में बड़ी धूम-धाम से मनाया जाता है। 15 अगस्त की सुबह राष्ट्रीय स्तर के नेतागण पहले राजघाट आदि समाधियों पर जाकर महात्मा गांधी आदि राष्ट्रीय नेताओं तथा स्वतंत्रता-सेनानियों को श्रद्धांजलि अर्पित करते हैं। फिर लाल किले के सामने पहुंच कर सेना के तीनों अंगों (वायु, जल व स्थल सेना) तथा अन्य बलों की परेड का निरीक्षण करते हैं तथा उन्हें सलामी देते हैं।

15 अगस्त को सभी सरकारी कार्यालयों पर राष्ट्रीय ध्वज फहराया जाता है तथा सभी लोग अपने घरों व दुकानों पर राष्ट्रीय-ध्वज फहराते हैं। इस दिन रात्रि के समय सरकारी कार्यालयों व अनेक विशेष स्थानों पर विद्युत-प्रकाश किया जाता है। इसकी सुन्दरता के कारण भारत की राजधानी दिल्ली एक नववधू-सी लगने लगती है। सभी स्कूलों व कॉलेजों में यह पर्व एक दिन पूर्व अर्थात् 14 अगस्त को ही मना लिया जाता है। इस दिन स्कूलों में बच्चों को फल, मिठाइयां आदि वितरित की जाती हैं।

15 अगस्त भारत के गौरव व सौभाग्य का पर्व है। यह पर्व हम सभी के हृदयों में नवीन स्फूर्ति, नवीन आशा, उत्साह तथा देश-भक्ति का संचार करता है। यह स्वतंत्रता-दिवस हमें इस बात की याद दिलाता है कि इतनी कुर्बानियां देकर जो आजादी हमने प्राप्त की है, उसकी रक्षा हमें हर कीमत पर करनी है। चाहे हमें उसके लिए अपने प्राणों की आहुति

ही क्यों न देनी पड़े। इस प्रकार पूरी उमंग और उत्साह के साथ इस राष्ट्रीय पर्व को मानकर हम राष्ट्र की स्वतंत्रता तथा सार्वभौमिकता की रक्षा का प्रण लेते हैं।

महात्मा गांधी का जन्म-दिवस (2 अक्टूबर)

राष्ट्रपिता मोहन दास कर्मचंद गांधी (महात्मा गांधी) का जन्म 2 अक्टूबर, 1869 को गुजरात के काठियावाड़ प्रांत में पोरबंदर नामक स्थान पर हुआ था। महात्मा गांधी के इस जन्म-दिवस को समूचा राष्ट्र एक राष्ट्रीय पर्व के तौर पर मनाता है। इस दिन सरकारी कार्यालयों, संस्थानों व स्कूलों में अवकाश रहता है।

2 अक्टूबर के दिन राजधानी दिल्ली में स्थित राजघाट, जहां पर गांधीजी की समाधि है, पर राष्ट्रपति, प्रधानमंत्री व अन्य गण्यमान व्यक्ति जाते हैं और वे वहां पर अपनी श्रद्धांजलि अर्पित करते हैं। इसी तरह अन्य सरकारी व गैर-सरकारी संस्थानों, स्कूलों व शैक्षिक संस्थानों में गांधीजी की राष्ट्र के प्रति की गयी सेवाओं का स्मरण किया जाता है और उन्हें श्रद्धांजलि दी जाती है।

भारत के राष्ट्रपिता, नव राष्ट्र के निर्माता एवं भाग्य विधाता महात्मा गांधी एक ऐसे अनूठे व्यक्ति थे जिनके बारे में नाटककार बर्नार्ड शॉ ने उचित ही कहा था कि "आने वाली पीढियां बड़ी मुश्किल से विश्वास कर पाएंगी कि कभी संसार में ऐसा व्यक्ति भी हुआ होगा।" वे सत्य, अहिंसा और मानवता के पुजारी थे। वे उन महान् पुरुषों में से थे जो इतिहास का निर्माण किया करते हैं।

महात्मा गांधी के पिता राजकोट रियासत के दीवान थे। उनकी माता पुतलीबाई धार्मिक विचारों वाली सरल-सीधी महिला थीं। उनकी प्रारम्भिक शिक्षा पोरबन्दर तथा राजकोट में हुई। वे 18 वर्ष की अवस्था में यहां से मैट्रिक की परीक्षा पास करके बैरिस्टरी पढ़ने के लिए इंग्लैंड गए। उनका विवाह तेरह वर्ष की अवस्था में ही कस्तूरबा से हो गया था। जब वे बैरिस्टर बनकर स्वदेश लौटे तो उनकी माता का साया उनके सिर से उठ चुका था।

संयोगवश वकालत करते समय एक गुजराती व्यापारी का मुकदमा निपटाने के लिए गांधीजी को दक्षिण अफ्रीका जाना पड़ा। वहां जाकर उन्होंने गोरों द्वारा भारतीयों के साथ किए जा रहे दुर्व्यवहार को देखा। वहां पर गोरों ने उनके साथ भी दुर्व्यवहार किया। उन्होंने निडरता के साथ गोरों के इन अत्याचारों का विरोध किया, जिसके लिए उन्हें जेल भी जाना पड़ा। अन्त में उन्हें इसमें सफलता ही मिली।

1915 ई॰ में दक्षिण अफ्रीका से भारत लौटने पर उन्होंने स्वतंत्रता के लिए अनेक कार्यक्रमों में भाग लिया। उन्होंने अंग्रेजों के रोलट एक्ट का विरोध किया। सम्पूर्ण राष्ट्र ने उनका साथ दिया। स्वतंत्रता प्राप्ति के लिए उन्होंने सत्य और अहिंसा का मार्ग अपनाया। वे अनेक बार जेल भी गए। उन्होंने सत्याग्रह भी किए। बिहार का नील सत्याग्रह, डाण्डी यात्रा या नमक सत्याग्रह व खेड़ा का किसान सत्याग्रह गांधीजी के जीवन के प्रमुख सत्याग्रह हैं। गांधीजी ने भारतीयों पर स्वदेशी अपनाने के लिए जोर डाला। उन्होंने सन् 1942 में "भारत छोड़ो" आंदोलन चलाया। गांधीजी के अथक प्रयत्नों से 15 अगस्त, 1947 को भारत स्वतंत्र हुआ। गांधीजी भारत को एक आदर्श राम-राज्य के रूप में देखना चाहते थे।

गांधीजी छूतछात में विश्वास नहीं रखते थे। उनका सारा जीवन अछूतोद्धार ग्राम सुधार, नारी शिक्षा और हिन्दू-मुस्लिम एकता के लिए संघर्ष करने में बीता। 30 जनवरी सन् 1948 को दिल्ली की एक प्रार्थना-सभा में जाते समय एक हत्यारे नाथूराम गोडसे ने गांधीजी पर गोलियां चला दीं। उन्होंने वहीं पर 'हे राम' कहते हुए अपने प्राण त्याग दिए। गांधीजी मर कर भी अमर हैं।

जवाहरलाल नेहरू का जन्म-दिवस (बाल-दिवस)

'बाल दिवस' का अर्थ है 'बच्चों का दिन'। बच्चे ही किसी देश की वास्तविक सम्पत्ति हुआ करते हैं। ये ही बच्चे आने वाले कल के कर्णधार हैं। बच्चे जो आज की कोमल कलियाँ हैं वे ही कल के खिलने वाले फूल हुआ करते हैं। कहने का तात्पर्य है कि आज भी बच्चों का है और कल भी। अतः प्रत्येक देश का कर्त्तव्य है कि वह अपने देश के बच्चों के सर्वांगीण विकास की ओर समुचित ध्यान दे। इन्हीं बातों को ध्यान में रखकर हमारे देश में प्रतिवर्ष 14 नवम्बर को 'बाल दिवस' के रूप में मनाया जाता है।

14 नवम्बर स्वतंत्र भारत के प्रथम प्रधानमंत्री स्वर्गीय पण्डित जवाहर लाल नेहरू जी का जन्मदिन भी है। पं॰ नेहरू को गुलाब के फूल और गुलाब के फूल के समान खिले रहने वाले प्यारे-प्यारे बच्चे बहुत अधिक प्रिय थे। इसीलिए उन्होंने अपने जन्मदिन को बच्चों का दिन 'बाल दिवस' के रूप में मनाया। स्वयं बच्चे भी नेहरू जी को बहुत अधिक प्यार किया करते थे और वे उन्हें प्यार से 'चाचा नेहरू' कह कर पुकारते थे। नेहरू जी प्रायः बच्चों के बीच घुल-मिल जाते थे। पं॰ नेहरू जी को बच्चों से इतना अधिक प्यार था कि वे बहुत अधिक व्यस्त रहने पर भी बच्चों के लिए समय अवश्य निकाल लेते थे। यही

नहीं कभी-कभी तो वे रास्ते में किसी क्षण किसी भी बच्चे को देखकर अपनी गाड़ी रुकवा कर उस बच्चे को गोदी में उठाकर पुचकारते थे तथा उससे बातें करने लग जाते थे।

'बाल-दिवस' मनाने का प्रयोजन यह भी है कि बच्चे अपने देश का भविष्य हुआ करते हैं अतः उनके लालन-पालन, शिक्षा-दीक्षा, प्रगति और विकास आदि पर विशेष ध्यान दिया जाना चाहिए। उनका किसी भी स्तर पर शोषण नहीं होना चाहिए। इन उद्देश्यों की पूर्ति के लिए भी 'बाल दिवस' का आयोजन होता है।

इस अवसर पर विद्यालयों में समारोहों का आयोजन होता है। इस अवसर पर बच्चों द्वारा कविता, गीत, नाटक, भाषण आदि के कार्यक्रम किए जाते हैं तथा कई विद्यालयों में क्रीड़ा-प्रतियोगिताएँ भी आयोजित की जाती हैं। उन प्रतियोगिताओं मे विजयी छात्रों को पुरस्कृत भी किया जाता है। दिल्ली में शिक्षा विभाग की ओर से यह दिवस सामूहिक रूप से नेशनल स्टेडियम में मनाया जाता है, जहाँ सभी विद्यालयों से चुने हुए विद्यार्थी एकत्रित होते हैं तथा अपने चुने हुए कार्यक्रम दर्शकों के सम्मुख प्रस्तुत करते हैं।

बहुत-से बच्चे इस दिन अपने प्रिय चाचा नेहरू की समाधि पर 'शान्ति वन' में जाकर श्रद्धा-सुमन चढ़ाते हैं तथा चाचा नेहरू के बताए हुए मार्ग पर चलने की प्रतिज्ञा करते हैं। इस दिन बच्चों को नेहरू जी का स्मृति-चिन्ह् 'गुलाब का फूल' तथा मिठाइयाँ दी जाती हैं। इस प्रकार प्रसन्नता और मनोरंजन के साथ 'बाल दिवस' का आयोजन सम्पन्न होता है।

अन्य पर्व

दीपावली

दीपावली अंधकार पर प्रकाश की विजय का प्रतीक-पर्व है। यह हिन्दुओं का एक प्रमुख त्यौहार है। इसे प्रतिवर्ष कार्तिक कृष्ण अमावस्या को मनाया जाता है। दीपावली एक ऐसा पर्व है जिसके आगे-पीछे कई पर्व मनाए जाते हैं। धनतेरस से इस पर्व का आरंभ होता है, जिस दिन लोग लक्ष्मी, गणेश, बरतन तथा पूजा की सामग्री खरीदते हैं। धनतेरस को धन्वन्तरि जयन्ती के रूप में भी मनाया जाता है। धन्वन्तरि वैद्यों के शिरोमणि थे। धनतेरस के दूसरे दिन नरक चतुर्दशी होती है। इस दिन व्यापक रूप से सफाई की जाती है तथा भगवती लक्ष्मी के आगमन के लिए घर-बाहर काफी सजावट की जाती है। इसे छोटी दीपावली कहने का भी गौरव प्राप्त है। इस दिन घर में आसपास सरसों के तेल के दीये जलाकर रखे जाते हैं तथा दूसरे दिन भगवती लक्ष्मी के आह्वान के लिए स्तुति व पूजन

किया जाता है। धनतेरस, नरक चतुर्दशी के पश्चात् चिर प्रतीक्षित दीपावली का महापर्व आता है।

प्रातःकाल से ही दीपावली के पूजन तथा घरों को सजाने-संवारने का काम शुरू होता है। कुछ लोग दीपावली के दिन रात 12 बजे भी भगवती लक्ष्मी की पूजा करते हैं।

दीपावली के पर्व की शुरुआत कब से हुई इसके विषय में अनेक कथाएं हैं, जिनमें सबसे ज्यादा प्रचलित तथा मानने योग्य कथा यह है कि रावण का वध करने के उपरान्त जब भगवान राम अयोध्या वापस आए थे, तो लोगों ने उनके स्वागत के लिए घर-बाहर सभी जगह दीपक जलाए थे। दीपक जलाने का रिवाज तभी से चला आ रहा है। इस अवसर पर श्रीराम की पूजा करने का विधान होना चाहिए था, लेकिन आजकल लोग लक्ष्मी, गणेश की पूजा करते हैं। हिन्दू धर्मशास्त्रों के अनुसार लक्ष्मी समृद्धि तथा धन-सम्पत्ति की देवी हैं। भगवान गणेश की भी यही विशेपता है।

दीपावली के त्योहार में जहां अनेक गुण है, वहीं इस त्योहार के कुछ दुर्गुण भी हैं दीपावली खर्चीला त्योहार है। कुछ लोग कर्ज लेकर भी इस त्योहार को धूमधाम से मनाते हैं। नए कपड़े पहनते हैं, कार्ड भेजते हैं तथा डटकर मिठाई छानते हैं। नतीजा यह होता है कि यदि त्योहार महीने के बीच या महीने के शुरू में पड़ता है। तो आम नागरिक को पूरा महीना आर्थिक दिक्कतों से काटना पड़ता है। इस प्रकार यह त्योहार आम लोगों के लिए सुखकारी होने की जगह दुःख(ऋण) कारी सिद्ध होता है।

दीपावली पर्व के विषय में एक आम धारणा यह भी है कि इस त्योहार के लिए जुआ खेलने से लक्ष्मीजी प्रसन्न होती हैं तथा वर्ष-भर धन आता रहता है। कितना बड़ा अंधविश्वास लोगों के मन में समाया हुआ है। इस अंधविश्वास के कारण लक्ष्मी और गणेश पूजन का यह महापर्व लोगों के आकस्मिक संकट का कारण बन जाता है। कुछ लोग जुए में अपना सर्वस्व एक ही रात में गंवा बैठते हैं।

समय तथा परिस्थितियों के कारण इस पर्व के मनाने में जो तमाम पैसा पटाखों, फुलझड़ियों में बरबाद किया जाता है, वह रोका जाना चाहिए। इससे हमारा पैसा तो आग के सुपुर्द होता ही है, इसके साथ-साथ कभी-कभी ऐसी दुर्घटनाएं भी हो जाती हैं, जो जीवन-भर के लिए व्यक्ति को अपंग बना देती हैं।

होली

रंगों का त्योहार होली, हिन्दुओं के चार बड़े पर्वों में से एक है। यह पर्व फाल्गुनी पूर्णिमा को होलिका दहन के पश्चात् चैत्र कृष्ण प्रतिपदा को धूमधाम से मनाया जाता है। वसन्त

ऋतु वैसे भी ऋतुराज के नाम से जानी जाती है। इसी प्रकार फाल्गुन का महीना भी अपने मादक सौन्दर्य तथा वासन्ती पवन से लोगों को हर्षित करता है।

हमारा प्रत्येक पर्व किसी-न किसी प्राचीन घटना से जुड़ा हुआ है। होली के पीछे भी एक ऐसी ही प्राचीन घटना है, जो आज से कई लाख वर्ष पहले सत्ययुग (सतयुग) में घटित हुई थी। उस समय हिरण्यकश्यप नाम का एक दैत्यराजा आर्यावृत में राज्य करता था। वह स्वयं को परमात्मा कहकर अपनी प्रजा से कहता था कि वह केवल उसी की पूजा करें। निरुपाय प्रजा क्या करती, डर कर उसी की उपासना करती। उसका पुत्र प्रह्लाद, जिसे कभी नारद ने आकर विष्णु का मंत्र जपने की प्रेरणा दी थी, वही अपने पिता की राय न मानकर रामनाम का जप करता था। 'ॐ नमो भगवते वासुदेवाय', उसका प्रिय मंत्र था।

अपने पुत्र के द्वारा की जाने वाली राजाज्ञा की यह अवहेलना हिरण्यकश्यप से सहन न हुई और वह अपने पुत्र को मरवाने के लिए नाना प्रकार के कुचक्र रचने लगा। कहते हैं जब प्रह्लाद किसी प्रकार भी उसके काबू में नहीं आया, तो एक दिन उसकी बहन होलिका, जो आग में जल नहीं सकती थी – अपने भतीजे प्रह्लाद को लेकर जलती आग में कूद गई। किन्तु प्रह्लाद का बाल-बाँका नहीं हुआ और होलिका भयावह आग में जलकर राख हो गई। इस प्रकार होली एक भगवद्भक्त की रक्षा की स्मृति में प्रतिवर्ष मनाई जाने लगी। होली पूजन वस्तुतः अग्निपूजन है, जिसके पीछे भावना यह होती है कि हे अग्नि देव! जिस प्रकार आपने निर्दोष प्रह्लाद को कष्टों से उबारा, उसी प्रकार आप, हम सबकी दुष्टों से रक्षा करें, प्रसन्न हों।

होली पूजन का एक रहस्य यह भी है कि फाल्गुन के पश्चात् फसल पक जाती है और खलिहान में लाकर उसकी मड़ाई-कुटाई की जाती है। इस मौके पर आग लग जाने से कभी-कभी गांव के गांव तथा खलिहान जलकर राख हो जाते हैं। होलिका पूजन के द्वारा किसान अग्नि में विविध पकवान, जौ की बालें, चने के पौधे आदि डालकर उसे प्रसन्न करते रहे हैं कि वह अपने अवांछित ताप से मानव की रक्षा करे। कितना ऊँचा शिव संकल्प था।

होली का त्योहार वैसे लगभग पूरे भारत में मनाया जाता है, किन्तु ब्रज मण्डल में मनाई जाने वाली होली का अपना अलग ही रंग-ढंग है। बरसाने की लट्ठमार होली देखने के लिए तो देश से क्या, विदेशों से भी लोग आते हैं। इसमें नन्द गांव के होली खेलने वाले पुरुष जिन्हें होरिहार कहते हैं, सिर पर बहुत बड़ा पग्गड़ बांधकर बरसाने से आई लट्ठबन्द गोरियों के आगे सर से रागों में होली गाते हैं और बरसाने की महिलाओं की टोली उनके ऊपर

लाठी से प्रहार करती हैं। पुरुष स्वयं को वारों से बजाते हुए होली गाते हुए आगे बढ़ने का प्रयास करते हैं। एकाध बार भूल से चोट लग जाने के अलावा सारा वातावरण रसमय होता है तथा लोग आपस में प्रेम और स्नेह से मिलकर पकवान खाते हैं। यह सिलसिला काफी समय से चला आ रहा है तथा हर साल इसे देखने के लिए कई हजार स्त्री-पुरुष जमा होते हैं।

ब्रज की होली के अतिरिक्त नाथद्वारा में होली का ठाट-बाट ज्यादा राजसी होता है। मथुरा, वृन्दावन में भी होली का सुन्दर रूप देखने को मिलता है तथ लोग नाचरंग करते हुए होली गाते और आनन्द मनाते हैं।

होली सामाजिक तथा विशुद्ध रूप से हिन्दुओं का त्योहार है, किन्तु ऐसे प्रमाण मिलते हैं जिनसे पता चलता है कि मुसलमान शासक भी इस रंगारंग त्योहार को धूमधाम से मनाते थे। लखनऊ में वाजिद अली शाह का नाम ऐसे शासकों में अग्रणी माना जाता है। वे कृष्ण पर कविता करते, होली लिखते तथा होली के अवसर पर कैसर बाग में नाच-गाने की व्यवस्था कराते थे। वाजिद अली, हिन्दू-मुसलमानों के बीच स्नेह और प्यार को प्रोत्साहन देने वाले एक बहुत अच्छे शासक थे।

होली का शहरों में स्वरूप गांवों से थोड़ा भिन्न होता है। कुछ शहरों में तो होली मनाने का तरीका अभद्रता की सीमा पार कर जाता है, जिसे रोका जाना जरूरी है। होली के अवसर पर कुछ लोग ज्यादा मस्ती में आ जाते हैं। वे मादक द्रव्यों का सेवन करके ऐसी हरकतें करते हैं, जिनको कोई सभ्य समाज क्षमा नहीं कर सकता।

ईद

'ईद का चाँद' जैसे मुहावरे का सम्बन्ध ईद के त्योहार से ही है। क्योंकि ईद की गणना और आगमन चन्द्रमा के उदय होने पर ही निर्भर होता है। यह त्यौहार मुस्लिम भाइयों का एकमात्र ऐसा त्योहार है जिस दिन वे सबसे अधिक प्रसन्न रहते हैं। इसीलिए 'ईद' शब्द प्रसन्नता का द्योतक है। यह प्रसन्नता, सुन्दरता तथा पारस्परिक मधुर-मिलन के भाव को प्रकट करने वाला त्योहार है।

ईद का त्योहार प्रतिवर्ष एक बार नहीं, बल्कि दो बार आता है। पहले यह फाल्गुन (फरवरी-मार्च) महीने में आता है, तब इसे 'ईद-उल-फितर' नाम से पुकारते हैं। दूसरी बार यह त्योहार ज्येष्ठ (मई) मास में आता है, तब से 'ईद-उल-जुहा' नाम दिया जाता है। परन्तु यह सर्वथा निश्चित नहीं है कि यह त्योहार प्रतिवर्ष इन्हीं महीनों में आए क्योंकि इसमें तिथि

की गणना हिजरी कैलेंडर के हिसाब से तथा चांद के उदय होने के साथ घटती-बढ़ती है। कई बार तो यह त्योहार अलग-अलग स्थान पर अलग-अलग दिनों में मनाया जाता है। इन दो ईदों में से एक 'शाकाहारी' ढंग से मनाई जाती है तो दूसरी 'मांसाहारी' ढंग से। शाकाहारी ईद को ईद या मीठी ईद (ईद-उल-मिलाद) नाम दिया जाता है। इस दिन सिवइयाँ व मिठाइयां आदि खाने-खिलाने की परम्परा है। मांसाहारी ईद को 'बकरीद' नाम दिया जाता है। इस दिन बकरे हलाल कर उनका मांस एक तरह से शिरनी या प्रसाद के रूप में बांट कर खाने-खिलाने की परम्परा है।

ईद से पहले रमजान का पवित्र महीना हुआ करता है। रमजान के महीने में धार्मिक प्रवृत्ति वाले मुसलमान लोग सूर्योदय से पूर्व कुछ खा-पीकर दिनभर रोजा (व्रत) रखा करते हैं। पूर्णतया साफ-पाक रह कर दिन में पांच बार नमाज अता करते हैं तथा सायंकाल में सूर्यास्त के बाद दान-पुण्य करके तथा निर्धनों आदि को भोजन खिलाकर तथा बाद में स्वयं खाकर रोजे (व्रत) को समाप्त करते हैं।

ईद के दिन बच्चे, बूढ़े, स्त्री-पुरुष सभी प्रसन्नचित्त दिखाई पड़ते हैं। ये सभी मेलों में जाकर अपनी आवश्यकतानुसार खरीददारी करते हैं। सभी जन आपस में एक-दूसरे से प्रेमपूर्वक मिलते हैं तथा एक-दूसरे को बधाइयां देते हैं। इस प्रकार यह त्योहार आकर प्रसन्नता, समानता, भाई-चारे व निःस्वार्थ मेल-मिलाप का सन्देश दे जाया करता है। इससे इस्लामिक जीवन-पद्धति एवं संस्कृति की एक झलक मिल जाती है।

श्रीरामनवमी

रामनवमी हिन्दुओं का सांस्कृतिक पर्व है। यह पर्व मर्यादापुरुषोत्तम भगवान राम के जन्मदिन के रूप में प्रति वर्ष चैत्र शुक्ल नवमी को धूमधाम से मनाया जाता है। भगवान राम अयोध्या में आज से हजारों वर्ष पहले राजा दशरथ के पुत्र के रूप में उत्पन्न हुए थे। उनकी माता का नाम कौशल्या तथा शेष तीन भाइयों के नाम क्रमशः भरत, लक्ष्मण तथा शत्रुघ्न थे। भरत की माता कैकेयी तथा शत्रुघ्न और लक्ष्मण की मां सुमित्रा थीं।

राजकुमार श्रीराम तथा उनके भाइयों की शिक्षा-दीक्षा का प्रबंध वशिष्ठ मुनि के आश्रम में हुआ। वे उनके पूज्य गुरु थे। कुछ विशेष शस्त्रास्त्रों की जानकारी उन्हें महर्षि विश्वामित्र से प्राप्त हुई थी। विश्वामित्र जी के साथ ही वे अपने भाई लक्ष्मण के साथ महाराज जनक की राजधानी मिथिला में हो रहे धनुषयज्ञ में शामिल होने के लिए गए थे।

यहां पर भगवान शंकर का दिया हुआ एक दिव्य धनुष जनक के पास था। जनक ने घोषणा की थी कि जो राजकुमार इस धनुष पर प्रत्यंचा चढ़ा देगा, उसके साथ वे अपनी पुत्री सीता का विवाह कर देंगे। दैवयोग से वहां आए राजपुत्रों में से कोई भी यह दुष्कर कार्य नहीं कर सका। जनक निराश थे, अन्त में उन्हें कहना पड़ा–

तजहु आस निज निज गृह जाहू।
लिखा न विधि वैदेहि विवाहू।।

तभी उचित अवसर जानकर विश्वामित्र जी ने राम से कहा कि वे उठकर धनुष भंग करके जनक की परेशानी को दूर करें–

उठहु राम भंजहु भव चापू।
मेटहु तात जनक परितापू।।

राम ने शीघ्र ही मंच पर जाकर बिना किसी विशेष श्रम के धुनष को उठा लिया और ज्योंही उस पर डोरी चढ़ाने लगे, वह टूट गया। सारी सभा आश्चर्यचकित देखती रही। जनक को काफी प्रसन्नता हुई। जनकपुत्री सीता ने श्रीराम के गले में जयमाला डाल दी।

इसी बीच धनुष के टूटने की आवाज सुनकर भगवान परशुराम भी मिथिला की यज्ञशाला में आ गए। वे धनुष के टूटने से प्रसन्न नहीं थे, क्योंकि शिव का दिया हुआ वह धनुष जनक के पास एक अमानत के रूप में था, जिसका इस प्रकार से तोड़ा जाना उचित नहीं था। दूसरी बात यह थी कि परशुराम भगवान शंकर के शिष्य थे और एक शिष्य को उसके गुरु के धनुष को इस प्रकार तोड़ा जाना कैसे सुखद लगता। फलतः जनक की सभा में उनके आने से खलबली मच गई और बड़ी मुश्किल से उनका कोप शान्त हुआ।

इधर महाराज जनक ने दूतों द्वारा राजा दशरथ को संदेश भेजा कि वे बारात लेकर मिथिला पधारें। अयोध्या में आनन्द छा गया। पूरी धूमधाम से बारात मिथिला पहुंची।

चार पुत्र-वधुओं सहित बारात वापस अयोध्या आ गई। अयोध्या आनन्द और उत्साह से भर गई। इसी बीच भरत तथा शत्रुघ्न को अपनी नानी के यहां से बुलावा आया और वे दोनों महाराज कैकेय के साथ वहां चले गए। राजदरबार में एक प्रस्ताव आया कि राम को युवराज घोषित किया जाए। शुभ मुहूर्त ज्यादा समय तक टालना ठीक न समझकर गुरुप्रेरणा से राम को युवराज बनने का मुहूर्त निश्चित हो गया। इसी बीच मंथरा के समझाने पर दशरथ की रानी कैकेयी ने अपने पुत्र को युवराज घोषित करने के लिए राजा से हठ किया। वह यह भी चाहती थी कि राम को 14 वर्षों के लिए जंगल में भेज दिया जाए। होनहार टलती नहीं हैं। श्रीराम, अपने भाई लक्ष्मण तथा सीता को साथ लेकर जंगल में चले गए और उनके पिता दशरथ इस व्यथा को न सह सकने के कारण दिवंगत हो गए।

राज-परिवार में संकट के बादल घिर आए थे। भरत को ननिहाल से बुलाया गया। उन्होंने अपनी माता की करतूत को आड़े हाथों लिया तथा पिता का अन्तिम संस्कार करने के उपरान्त वे राम को वापस अयोध्या लाने के लिए दल-बल के साथ चित्रकूट पहुंचे। महाराज जनक भी संकट के समय राज-परिवार के साथ अयोध्या आए थे। वे भी भरत के साथ चित्रकूट पहुंचे। अन्ततः निर्णय हुआ कि श्रीराम वापस अयोध्या नहीं आएंगे। भरत राम की खड़ाऊँ लेकर अयोध्या वापस आ गए और नित्यप्रति नन्दिग्राम में रहकर वे खड़ाऊँ की पूजा करते और राजकार्य चलाते रहे।

चौदह वर्ष के बनवास की अवधि पूरी करके तथा सीताहरण करने के अपराध में रावण व अन्य राक्षसों का वध करके विजयी राम जब अयोध्या आए, तो प्रजा ने उनका अत्यन्त उल्लास से स्वागत किया। अनेक वर्ष उन्होंने राज्य किया तथा प्रजा को सुखी बनाकर परलोकवासी हुए। रामराज्य आदर्श राज्य था। गांधीजी भी रामराज्य लाने के अभिलाषी थे, किन्तु उनका सपना पूरा नहीं हो सका।

रामनवमी को राम का जन्मदिवस मानकर हिन्दू लोग उस दिन व्रत रखते हैं। राम का जन्म दोपहर को अभिजित नक्षत्र में हुआ था, अतः ठीक 12 बजे मन्दिरों में आरती होती है तथा प्रसाद वितरण किया जाता है। कई मन्दिरों में रामचरितमानस का अखण्ड पाठ होता है तथा ब्रह्मभोज और कुमारियों को हलवा तथा पूड़ी का भोजन कराया जाता है।

चैत्र नवरात्र का अन्तिम दिन होने के कारण इस दिन विधिवत् दुर्गाजी का पूजन होता है।

श्रीकृष्ण जन्माष्टमी

जन्माष्टमी का पर्व भगवान श्रीकृष्ण की स्मृति में उनके जन्मदिन के रूप में मनाया जाता है। यह त्योहार हिंदू पंचांग के भाद्रपद (भादों) माह में कृष्ण पक्ष की अष्टमी तिथि को मनाया जाता है। लगभग पांच हजार वर्ष पूर्व इसी दिन भगवान श्रीकृष्ण का जन्म मध्य रात्रि के समय हुआ था। इस पर्व के दिन श्रद्धालुजन व्रत रखते हैं और रात्रि को मंदिरों में जाकर पूजा अर्चना करते हैं। मध्य रात्रि के समय श्रीकृष्ण जन्म के उपलक्ष्य में भक्तजन शंख, घंटे-घड़ियाल आदि बजाकर अपना हर्ष प्रकट करते हैं।

जन्माष्टमी के दिन गांवों व नगरों में अनेक स्थानों पर मंदिरों में कृष्ण के जीवन से संबंधित झाकियों का प्रदर्शन किया जाता है। श्रीकृष्ण जन्माष्टमी ज्यादा व्यापक स्तर पर मनाने के कई कारण रहे हैं। कृष्ण का अवतार राम की अपेक्षा ज्यादा नवीन है। कृष्ण सामान्य स्तर के परिवारों के साथ रहे तथा उनके नित्य नैमित्तिक कामों में स्वयं भागीदार बने, जैसे गोचारण, गोदोहन, गोरस का विक्रय और उपयोग, यमुना पुलिन की सफाई,

साज-सज्जा एवं मनोविनोद स्थली के रूप में उसका विकास, यमुना में जल कन्दुक क्रीड़ा (Water polo), गोप बालाओं को विवेकी तथा आत्मनिर्भर बनाने के लिए उनके द्वारा किए गए कार्य सखाओं, मित्रों एवं समवयस्कों के साथ आत्मीयतापूर्ण बरताव। ग्रामीण युवकों को स्वस्थ बनाने के लिए दूध-दही की बिक्री पर रोक लगाना। उल्लंघन करने वाले का दूध-दही लूट लेना। दीन-दुखी असहाय तथा संकटग्रस्त लोगों की हमेशा मदद करना और अपने 'सांकरे के साथी' नाम को सफल बनाना।

श्रीराम साहित्य की अपेक्षा संस्कृत तथा हिन्दी में श्रीकृष्ण साहित्य की रचना ज्यादा हुई जिसके कारण कृष्णभक्ति का प्रचार भी काफी हुआ। कृष्णभक्ति के प्रचार के रूप में वल्लभाचार्य जैसे महान् आचार्य और उनके अनुयायी चैतन्य महाप्रभु जैसे अनेक कृष्णभक्त, कवि एवं अष्टछाप के कवियों की रचनाओं के कारण भी कृष्णभक्ति का व्यापक प्रचार हुआ।

कविवर व्यास, शुकदेव, श्रीचरणदास, मीरा, सहजो, दयाबाई, रसखान, रहीम, सूरदास तथा रीति काल के कवियों में चिन्तामणि, मतिराम, देव, बिहारी, घनानन्द आदि ने कृष्णभक्ति और उनकी लीलाओं को जन-जन तक पहुंचाने में बहुत बड़ा योगदान किया था। मुसलमान सन्तों में नजीर, अनीस आदि कई ऐसे कवि हुए, जिन्होंने कृष्ण की बाल लीलाओं पर रीझकर मनभावन छन्द लिखे हैं। 'ताज' नाम की मुसलमान कवयित्री ने तो यहां तक लिखा–

> सांवरा सलोना सिरताज सिर कुल्ले दिए,
> तेरे नेह दाघ में निदाघ ह्वै दहूंगी मैं।
> नन्द के कुमार कुरबान तेरी सूरत पै,
> हौं तो मुगलानी हिन्दुआनी ह्वै रहूंगी मैं।

भगवान कृष्ण का संदेश कर्म का संदेश था। उन्होंने युद्धक्षेत्र में निराश, हताश अर्जुन को जो संदेश दिया, वह सदा-सदा केवल भारत को ही नहीं, अपितु सारे संसार को अपने कर्तव्य पर अडिग रहने की प्रेरणा देता रहेगा। आधुनिक युग के शीर्षस्थ राजनेता तथा विचारक लोकमान्य बाल गंगाधर तिलक ने गीता पर अपना कर्मयोग भाष्य लिखा। इस प्रकार वे जन-जन के मानस को आन्दोलित करने में कामयाब रहे हैं। भारत की स्वाधीनता उनकी प्रेरणा का परिणाम है।

गांधीजी भी श्रीराम और श्रीकृष्ण दोनों अवतारों से बहुत प्रभावित थे। राम का आदर्श राजत्व जहां उनकी राजनैतिक साधना का लक्ष्य और रामराज्य की स्थापना उनका संकल्प था। वहीं वे अपने सभी कार्यों का निष्पादन अनासक्त भाव से करते थे। गीता पर उनके

द्वारा 'अनासक्ति योग' नाम से लिखी गई व्याख्या 'तिलक जी' के कर्मयोग शास्त्र का उत्तर भाग मानी जा सकती है।

विजयदशमी (दशहरा)

अधर्म पर धर्म की विजय का प्रतीक पर्व दशहरा प्रतिवर्ष आश्विन मास के शुक्ल पक्ष की दशमी को विजयदशमी के रूप में मनाया जाता है। हमारे देश में विजयदशमी का महत्त्व दो तरह से है। प्रथम तो यह पर्व उस महान् स्मृति का प्रतीक है, जिस दिन दुराचारी, पापात्मा रावण का वध मर्यादा पुरुषोत्तम भगवान श्रीराम ने किया था और इस प्रकार अधर्मी का अंत करके और लंका में धर्म की पताका फहराकर श्रीरामचन्द्र अपनी भार्या सीताजी और भाई श्रीलक्ष्मण के साथ वापस अयोध्या दीपावली के दिन आए थे। दूसरा महत्त्व इसलिए है कि हमारे देश के बंगाल राज्य में शारदीय नवरात्रों का विशिष्ट महत्त्व है तथा जगह-जगह दुर्गाजी की प्रतिमाएं स्थापित करके उनकी नियमित पूजा की जाती है। विजयदशमी को दोपहर 12 बजे पूजा पूरी होती है तथा शाम को प्रतिमाओं का जलाशय अथवा नदी में विसर्जन कर दिया जाता है।

हो सकता है भगवती महाशक्ति पुंज दुर्गाजी ने भी शुंभ-निशुंभ नामक दैत्यों का वध इसी दिन किया हो। इस प्रकार दोनों तरह से दशहरा शक्ति का एक महान् पर्व है। गोस्वामी तुलसीदास ने श्रीराम के चरित्र को जन-जन में फैलाने के लिए श्रीरामलीला करने की प्रेरणा दी थी। काशी में सर्वप्रथम रामलीला शुरू हुई थी और अब तो लगभग सम्पूर्ण भारत में श्रीरामलीलाएं होती हैं और आश्विन शुक्ल प्रतिपदा से लेकर एकादशी पर्यन्त रामलीला का आयोजन धूमधाम से होता है। दिल्ली में तो जवाहरलाल नेहरू मार्ग पर स्थित एक पुराना मैदान श्रीरामलीला मैदान के नाम से जाना जाता है। कहते हैं कि इस मैदान में रामलीला मुगलों के जमाने से हर वर्ष होती आ रही है।

विजयदशमी का चरम उत्कर्ष होता है दशमी के दिन, अर्थात् जिस दिन रावण मारा जाता है। इस दिन प्रायः सभी रामलीलाओं के प्रबंधक रावण, कुंभकर्ण एवं मेघनाथ के काफी बड़े-बड़े पुतले बनाते हैं। इन पुतलों के अन्दर काफी बारूद भरी होती है। बारी-बारी से इन पुतलों में राम के बाण द्वारा आग लागई जाती है। आग लगते ही पुतलों में कारीगरी के साथ भरी बारूद में विशेष चमक पैदा होती है और ऐसा लगता है कि क्षणभर के लिए मानो पुतलों ने कीमती जेवर और रत्न पहन रखे हों। किन्तु क्षणभर बाद ही बारूद अपना रंग लाती है और पुतले धू-धू कर जलने लगते हैं। मान्यता है कि पुतलों का पीठ के बल गिरना अच्छा नहीं होता। पुतले प्रायः सामने राम को नमन करते हुए गिरते हैं।

दिल्ली की मुख्य रामलीलाओं में कई बड़े-बड़े नेता भी रामलीला देखने के लिए आते हैं। डॉ॰ जाकिर हुसैन जैसे राष्ट्रपति भी रामलीला में आकर राजा राम को तिलक करते थे। पं॰ जवाहरलाल नेहरू रामलीला मैदान में रामलीला देखने जरूर आते थे। वे जीप में बैठकर रामलीला मैदान में बैठे लोगों का अभिवादन स्वीकार करते थे।

दशहरा अथवा विजयदशमी का त्योहार ऐसा त्योहार है जो हमें यह बताता है कि हमेशा अधर्म पर धर्म की विजय होती है। पाप पर हमेशा पुण्य की विजय होती है। सच्चाई का उद्घाटन अवश्य होता है तथा एक-न-एक दिन लोगों को असलियत का पता अवश्य लग जाता है।

दशहरा के बारे में यह भी कहा जाता रहा है कि यह क्षत्रियों का त्योहार है। ऐसा कहना उचित नहीं है। त्योहारों के बीच जातियों के आधार पर कोई विभाजन रेखा खींचना अनुचित होगा। रक्षाबंधन को कभी ब्राह्मणों का त्योहार माना जाता था। प्राचीन काल में आमतौर से ब्राह्मण जंगलों में रहा करते थे। वे लोककल्याण की भावना से यज्ञ करते थे और यज्ञ करने के उपरान्त यजमान वर्षभर स्वस्थ रहे, इसके लिए उसके हाथ में एक रक्षा सूत्र बांधते थे, जिसे रक्षाबंधन कहा जाता था। वे परम्पराएं लुप्त हो गई हैं और अब रक्षाबंधन विशुद्ध रूप से भाई-बहन के त्योहार के रूप में जाना जाता है।

विजयदशमी भी अब दुर्गापूजा का चरमोत्कर्ष है अथवा रामलीला का आखिरी दिन। देश-काल एवं परिस्थितियों के अनुकूल पर्वों के स्वरूप भी बदले हैं। दशहरा भी अब तक सार्वजनिक त्योहार बन गया है, जो श्रीराम के वीरत्व, उनकी न्यायप्रियता एवं दयालुता का संदेश प्रतिवर्ष देता है।

महाशिवरात्रि

भारतवर्ष में हिन्दुओं के तैंतीस करोड़ देवी-देवता हैं जिन्हें वे मानते तथा पूजते हैं परन्तु उनमें से प्रमुख स्थान भगवान शिव का है। भगवान शिव को मानने वालों ने शैव नामक सम्प्रदाय चलाया। शैव सम्प्रदाय के अधिष्ठाता एवं प्रमुख देवता भगवान शिव ही माने जाते हैं। भगवान शिव को शंकर, भोलेनाथ, पशुपति, त्रिनेत्र, पार्वतीनाथ आदि अनेक नामों से जाना व पुकारा जाता है।

शिव पुराण के अनुसार भगवान शिव सभी जीव-जन्तुओं के स्वामी एवं अधिनायक हैं। ये सभी जीव-जन्तु, कीट-पतंग भगवान शिव की इच्छा से ही सब प्रकार के कार्य तथा व्यापार किया करते हैं। शिव-पुराण के अनुसार भगवान शिव वर्ष में छः मास कैलाश पर्वत पर रहकर तपस्या में लीन रहते हैं। उनके साथ ही सभी कीट-पतंग भी अपने बिलों में बन्द हो जाते हैं। उसके बाद छः मास तक कैलाश पर्वत से उतर कर धरती पर श्मशान

घाट में निवास किया करते हैं। इनके धरती पर अवतरण के साथ ही सारे कीट-पंतग भी धरती पर विचरण करते लगते हैं। भगवान शिव का यह अवतरण प्रायः फाल्गुन मास के कृष्ण पक्ष की त्रयोदशी तिथि को हुआ करता है। अवतरण का यह महान् दिन शिवभक्तों में महाशिवरात्रि के नाम से जाना जाता है।

महाशिवरात्रि के दिन शिव मन्दिरों को बड़ी अच्छी तरह से सजाया जाता है। भक्तगण सारा दिन निराहार रहकर व्रतोपवास किया करते हैं। अपनी सुविधानुसार सायंकाल में वे फल, बेर, दूध, आदि लेकर शिव मन्दिरों में जाते हैं। वहां दूध-मिश्रित शुद्ध जल से शिवलिंग को स्नान कराते हैं। तत्पश्चात् शिवलिंग पर फल, पुष्प व बेर तथा दूध भेंट स्वरूप चढ़ाया करते हैं। ऐसा करना बड़ा ही पुण्यदायक माना जाता है। इसके साथ ही भगवान शिव के वाहन नन्दी की भी इस रात बड़ी पूजा व सेवा की जाती है। महाशिवरात्रि के दिन गंगा-स्नान का भी विशेष महत्त्व है क्योंकि ऐसी मान्यता है कि भगवान शिव ने गंगा के तेज प्रवाह को अपनी जटाओं में धारण करके इस मृत्युलोक के उद्धार के लिए धीरे-धीरे धरती पर छोड़ा था।

रक्षा-बन्धन

रक्षा-बन्धन हमारे देश का महान् और पावन पर्व है। इसे हिन्दू लोग बड़ी श्रद्धापूर्वक मनाते हैं। यह पर्व प्रत्येक वर्ष श्रावण मास की पूर्णिमा को सारे देश में बड़े हर्षोल्लास के साथ मनाया जाता है। इस पर्व को सारे राष्ट्र में अनेक नामों से पुकारा जाता है। अधिकार यह ''श्रावणी', 'राखी' व 'सलूनों' आदि नामों से जाना जाता है। भाई-बहन के पवित्र स्नेह का प्रतीक यह त्योहार अपने आप में एक महान् पर्व है। इस दिन सभी बहनें अपने भाइयों को तिलक करके उनकी कलाइयों पर राखी बांधती हैं। भाई भी अपनी बहनों को राखी बांधने के बदले में अपनी सामर्थ्य के अनुसार धनराशि तथा अन्य प्रकार के उपहार देते हैं। इस दिन बहनें अपने भाइयों के दीर्घ जीवन की मंगलकामना करती हैं तथा भाई अपनी बहनों की रक्षा का वचन देते हैं।

इस पर्व के अवसर पर प्रत्येक घर में अनेक प्रकार के पकवान बनाए जाते हैं। सभी बच्चे, स्त्री व पुरुष नए-नए वस्त्र धारण करते हैं। इस दिन धार्मिक लोग नदियों में स्नान करते हैं तत्पश्चात् यज्ञ करते हैं तथा नया यज्ञोपवीत धारण करते हैं। ब्राह्मण लोग भी अपने यजमानों के हाथ में राखी व धागा बांधते हैं तथा उनकी दीर्घायु होने की प्रार्थना करते हैं और उनसे दक्षिणा प्राप्त करते हैं।

इस पर्व का अपना एक ऐतिहासिक महत्त्व भी है। ऐसा कहा जाता है कि जब सुल्तान बहादुरशाह ने चारों ओर से चित्तौडगढ़ को घेर लिया था तब चित्तौड़ की महारानी कर्मवती

ने अपनी रक्षा के लिए हुमायूं के पास राखी भेजी थी। तब राखी के बन्धन में बंधा हुआ हुमायूं अपने वैर-भाव को भुला कर महारानी की रक्षा के लिए दौड़ पड़ा।

इस प्रकार प्रेम, त्याग तथा पवित्रता का सन्देश देने वाला यह पर्व बड़े हर्षोल्लास के साथ सम्पन्न होता है। इस पर्व पर रक्षा के धागों में बहन का प्यार और मंगल कामनाएं एकत्र करके कलाइयों में बांधने की पवित्र प्रथा युगों-युगों से इस देश में चली आ रही है। आजकल रक्षा-बन्धन का यह पर्व भी अन्य सभी पर्वों की तरह एक लकीर को पीटे जाना ही प्रतीत होता है अर्थात् अब यह मात्र एक परम्परा का निर्वाह व एक औपचारिकता बन कर ही अधिक रह गया है। इसका वास्तविक महत्त्व प्रायः लुप्त-सा हो गया है।

महावीर जयन्ती

वर्द्धमान महावीर स्वामी का जन्म आज से करीब 2500 वर्ष पूर्व बिहार के वैशाली जिले के कुण्ड नामक ग्राम में हुआ था। किसी समय में कुण्ड ग्राम जान्तरिक नामक क्षत्रियों का गणराज्य था। महावीरजी के पिताश्री उक्त गणराज्य के अधिपति थे। उनकी माता त्रिशाला देवी, लिच्छवी गणराज्य की शासन-सत्ता के प्रधान चेतक की बहन थीं, इस प्रकार महावीरजी के पिता तथा माता दोनों ही राजवंश से सम्बंधित थे।

महावीरजी के युवा होने पर उनका विवाह यशोदा नाम की एक सुंदर राजकुमारी से किया गया, जिसने कालान्तर में एक कन्या को जन्म दिया था। वर्द्धमान की आयु केवल 30 वर्ष की थी जब उनके माता-पिता का स्वर्गवास हो गया था। माता-पिता के देहावसान के बाद अपने बड़े भाई से आज्ञा लेकर वर्द्धमान गृहत्याग करके तपस्या करने के लिए घोर जंगल में चले गए। 12 वर्ष तक अखण्ड तपस्या करने के पश्चात् उन्हें ज्ञान की प्राप्ति हुई। ज्ञान प्राप्ति के उपरान्त उन्हें अर्हत कहा जाने लगा। अर्हत का अर्थ पूजनीय होता है। उन्होंने अपनी इन्द्रियों पर विजय प्राप्त कर ली थी, इसलिए उन्हें जितेन्द्रिय अथवा 'जिन' भी कहा जाता है। तपस्या के दौरान कुछ लोगों के द्वारा सताये अथवा आहत किए जाने के कारण वे विचलित नहीं हुए इसलिए उन्हें महावीर कहा गया।

महावीर स्वामी ने पांच सिद्धान्त स्थापित किए थे जो इस प्रकार हैं –
(1) अहिंसा, (2) सत्य, (3) अस्तेय, (4) अपरिग्रह, (5) ब्रह्मचर्य।

महावीर स्वामी द्वारा बताए गए पापों की संख्या 18 है। इन पापों के अन्तर्गत निम्नलिखित को शामिल किया गया है–

(1) हिंसा, (2) झूठा, (3) चोरी (4) मैथुन, (5) परिग्रह, (6) क्रोध, (7) मोह, (8) माया, (9) लोभ, (10) राग, (11) द्वेष, (12) कलह, (13) दोषारोपण, (14) चुगली, (15)

निन्दा, (16) छलकपट, (17) मिथ्या दर्शन, (18) असयंम रति और संयम में अरति। उन्होंने संन्यासियों के लिए तम, योग और यज्ञ बताए हैं और गृहस्थों के लिए अहिंसा, सत्य (झूठ न बोलना), अस्तेय (चोरी न करना), अपरिग्रह (अर्थात् किसी वस्तु में आसक्ति का न होना) एवं ब्रह्मचर्य अर्थात् सब प्रकार की वासनाओं से दूर रहना।

महावीर स्वामी ने आचरण को मुख्य स्थान दिया है। उनके कथनानुसार अच्छे आचरण के द्वारा ही मनुष्य अपना भविष्य बना सकता है।

महावीर स्वामी के मतानुसार गृहस्थों को निर्वाण की प्राप्ति नहीं हो सकती। निर्वाण प्राप्ति के लिए हर प्रकार का त्याग करना जरूरी है। इस त्याग में सभी प्रकार के बंधन-परिवार, घर-बार, धन-धान्य यहां तक वस्त्रादिक भी माने गए हैं। इसी वजह से दिगम्बर मुनि वस्त्र धारण नहीं करते। श्वेताम्बर विचारधारा वाले जैनी उक्त विचार को न मानकर श्वेत वस्त्र धारण करते हैं। आरंभिंक जैन साधक गर्म तथा सर्द नंगी पत्थर की चट्टानों पर बैठकर साधना करते-करते अपने शरीर को त्याग दिया करते थे।

महावीर स्वामी 30 वर्ष तक अपने अनुभवों तथा मान्यताओं का प्रचार करते रहे। उनका महाप्रयाण पटना के निकट पावा पुरी नामक स्थान में ईसा से 427 वर्ष पूर्व हुआ था। इस प्रकार मात्र 70 वर्ष की आयु में महावीर स्वामी ने भारत-भ्रमण करके अपने सिद्धान्तों का प्रचार किया तथा उनके उपरान्त सुधर्मन जैन धर्म के प्रधानाचार्य बने।

भारत में जैन धर्मावलम्बियों की संख्या यद्यपि अधिक नहीं है, परन्तु इस धर्म के मानने वाले आस्थावान लोग हैं और ज्यादातर बनिज-व्यापार में लगे हुए हैं। यही कारण है कि भारत में प्रति वर्ष चैत्र शुक्ल द्वादशी को भगवान महावीर स्वामी की जयन्ती काफी धूमधाम से मनाई जाती है। भगवान महावीर का जीवन और संदेश केवल जैनियों के लिए ही नहीं वरन् प्रत्येक भारतवासी के लिए प्रेरणाप्रद है। भारत के महापुरुषों एवं अवतारों में महावीर स्वामी सदा अग्रणी पंक्ति में प्रतिष्ठित रहेंगे।

बुद्ध पूर्णिमा

बौद्ध धर्म के संस्थापक भगवान गौतम बुद्ध के जन्मदिवस को 'बुद्ध पूर्णिमा' के पर्व के रूप में मनाया जाता है। गौतम बुद्ध का जन्म लगभग 563 ईसा पूर्व में हुआ था। ऐसी मान्यता है कि जिस दिन बुद्ध जन्मे उस दिन 'पूर्णिमा' थी।

बुद्ध पूर्णिमा के दिन बौद्ध मतावलंबी बौद्ध मठों व विहारों में जाते हैं। इस दिन वे भगवान गौतम बुद्ध की शिक्षाओं व सीख का स्मरण कर उन्हें श्रद्धा सुमन अर्पित करते हैं।

यह सही है कि इस समय भारत में बौद्ध धर्म के मानने वाले अल्पसंख्यक है। इसके बावजूद यह भी तथ्य है कि भारत के अलावा चीन, जापान, श्रीलंका, कंबोडिया और अन्य देशों में बौद्ध धर्म काफी फूला-फला। जापान में तो बुद्ध पूर्णिमा के पर्व को धूमधाम से मनाया जाता है।

भारत में बुद्ध पूर्णिमा के दिन सर्वाधिक रंगारंग कार्यक्रम सारनाथ (वाराणसी) में होता है। 'सारनाथ' वही स्थल है, जहां गौतम बुद्ध ने सबसे पहले अपने धर्म का शिष्यों के समक्ष प्रवर्तन किया था।

क्रिसमस

क्रिसमस ईसाई धर्म के संस्थापक ईसा मसीह का जन्मदिन है। विश्व के अन्य ईसाई धर्मावलंबियों के साथ भारत के ईसाई भी इस त्योहार को प्रतिवर्ष 25 दिसंबर के दिन धूमधाम से मनाते हैं।

दिलचस्प तथ्य यह है कि ईसा मसीह के जन्म के बाद की दो शताब्दियों तक क्रिसमस मनाने का चलन नहीं था। इसके उपरांत प्रभु ईसा (यीशु) के जन्मदिन को मनाये जाने का रिवाज पड़ा। पर विभिन्न देशों के ईसाई संत व पादरीगण इस पर्व को एक सुनिश्चित तिथि को मनाए जाने के विषय में 'एकमत' नहीं थे। कुछ देशों के ईसाई इस त्योहार को 6 जनवरी को मनाते तो वहीं कुछ ईसाई समुदाय 26 मार्च को मनाते। ईसाइयों के 'कैथोलिक समुदाय' का एक बड़ा वर्ग क्रिसमस को 25 दिसंबर के दिन ही मनाता। किंतु बाद में दुनियाभर के ईसाई संतों व धार्मोपदेशकों व धर्मगुरु 'पोप' ने एकमत हो यह तय किया कि 'क्रिसमस' के पर्व को 25 दिसंबर के दिन ही मनाना जाना चाहिए।

क्रिसमस के दिन प्रत्येक ईसाई अपने घर को साफ-सुथरा कर सजाता-संवारता है। गिरजाघरों में रंग-बिरंगी पताकाओं और 'प्रकाश व्यवस्था' के बीच सामूहिक प्रार्थनाएं की जाती हैं।

क्रिसमस पर प्रत्येक ईसाई अपने घर में 'क्रिसमस ट्री' लगाता है। ईसाईगण सरु की टहनियों से निर्मित एक पेड़ की आकृति पर जगमग प्रकाश व्यवस्था करते हैं। इस सजे-संवरे पेड़ पर मोमबत्तियां भी जलाई जाती हैं। क्रिसमस पर लोग एक-दूसरे को बधाई पत्र (काडे) भी भेजते हैं। इसी तरह इस अवसर पर लोग उपहारों का पारस्परिक आदान-प्रदान भी करते हैं।

बच्चे इस दिन 'सेंटा क्लॉज' जिन्हें 'फादर क्रिसमस' कहा जाता है, की प्रतीक्षा करते हैं। यह परंपरा ठीक उसी प्रकार है, जैसे कि दीपावली के दिन लोग रात्रि में लक्ष्मी के 'आगमन' की प्रतीक्षा करते हैं। ❑❑❑

महापुरुष

नेताजी सुभाष चन्द्र बोस

ब्रिटिश साम्राज्यवाद के खिलाफ सशक्त रूप से बगावत का परचम लहराने वाले और "तुम मुझे खून दो, मैं तुम्हें आजादी दूंगा।" के नारे की गर्जना करने वाले क्रांतिवीर सुभाष चंद्र बोस का जन्म उड़ीसा प्रांत के कटक नामक नगर में 23 जनवरी, 1897 को हुआ था।

उनके पिता रायबहादुर जानकी नाथ बोस वहां के नगरपालिका एवं जिला बोर्ड के प्रधान तो थे ही, नगर के एक प्रमुख वकील भी थे। उनकी आरम्भिक शिक्षा कटक के एक अंग्रेजी स्कूल में हुई थी। कलकत्ता विश्व विद्यालय से मैट्रिक परीक्षा उत्तीर्ण करने के बाद स्कॉटिश चर्च कॉलेज में पढ़कर वहीं से बी. ए. ऑनर्स की डिग्री प्राप्त की। वे सन् 1919 ई. में आई. सी. एस. की परीक्षा पास करने इंग्लैण्ड गए। वहां से लौटकर एक सरकारी नौकरी में अधिकारी नियुक्त हुए। बाद में उन्होंने नौकरी छोड़कर देश-सेवा का व्रत ले लिया और बंगाल के प्रसिद्ध देशभक्त बाबू चितरंजन दास के प्रभाव में आकर उनके सेवा दल में भर्ती हो गए।

सन् 1921 ई. में जब से स्वतंत्रता प्राप्ति के लिए स्वयंसेवक संगठित करने लगे तो अंग्रेज सरकार ने उन्हें पकड़ कर जेल में बंद कर दिया। कांग्रेस में नरम तथा गरम दो प्रकार के दल हुआ करते थे। बाबू सुभाष गरम दल के नेता थे परन्तु महात्मा गांधी नरम दल के नेता थे। गांधीजी के साथ सुभाष के विचार नहीं मिलते थे फिर भी वे गांधीजी का सम्मान करते थे और उनके साथ मिलकर काम करते रहे। सन् 1929 ई. में नमक कानून तोड़ो आंदोलन का नेतृत्व उन्होंने ही किया। वे सन् 1938 और सन् 1939 ई. में कांग्रेस के अध्यक्ष चुने गए। नेताजी ने बाद में विचारों में मतभेद के कारण कांग्रेस से त्याग-पत्र दे दिया और फारवर्ड ब्लाक की स्थापना की, जिसका लक्ष्य था पूर्ण स्वराज्य और हिन्दू-मुस्लिम एकता। सन् 1940 ई. में अंग्रेज सरकार ने उन्हें बन्दी बना लिया परन्तु शीघ्र ही अस्वस्थ होने के कारण जेल से निकाल कर घर में नजरबन्द कर दिया तथा चारों तरफ कड़ा पहरा बैठा दिया।

एक दिन सुभाष बाबू भेष बदल कर तथा ब्रिटिश सरकार को धोखा देकर काबुल के रास्ते से जर्मनी जा पहुंचे। फिर सन् 1942 में जर्मनी से टोकियो (जापान) जा पहुंचे। वहां रहकर उन्होंने भारत को स्वतंत्र कराने के लिए 'आजाद हिन्द फौज' का संगठन किया।

साधनों के कम होने पर भी उन्होंने अंग्रेजी सेना से डटकर लोहा लिया। इम्फाल में उनके बीच जमकर लड़ाई हुई, जिसमें उन्होंने ब्रिटिश साम्राज्य के छक्के छुड़ाए तथा बर्मा एवं मलाया तक अंग्रेजों को पराजित कर मार भगाया। परन्तु बाद में विवश होकर 'आजाद हिन्द फौज' को हथियार डालने पड़े।

23 अगस्त, 1945 को टोकियो रेडियो ने शोक समाचार प्रसारित किया कि सुभाष बाबू एक विमान दुर्घटना में मारे गए। परन्तु लोगों को इस पर विश्वास नहीं हुआ। परिणामतः इनकी मृत्यु आज तक भी रहस्य बनी हुई है। आज भी 'जय हिन्द' का तथा 'कदम-कदम बढ़ाये जा' गीत हमारे कानों में गूंज रहे हैं। उनकी वाणी में जादू तथा व्यक्तित्व में एक आकर्षण था।

सरदार वल्लभभाई पटेल

भारतीय राजनीति में लौह पुरुष के नाम से प्रसिद्ध 'भारत रत्न' सरदार वल्लभभाई पटेल अद्वितीय महापुरुष थे, जिनकी रीति-नीति, प्रबंध-पटुता, प्रशासनिक क्षमता एवं दूरदर्शिता को यदि उनके कार्यकाल के दौरान स्वीकार कर लिया जाता, तो शायद भारत को इतनी परेशानी न उठानी पड़ती। पाकिस्तानी उत्पात, सीमाओं की अस्थिरता, मैकमोहन लाइन का चीन द्वारा न माना जाना, तिब्बत का चीन के कब्जे में फंसा होना, कश्मीर की दुर्दशा, आतंकवाद का फैलाव आदि ऐसी जटिलताएं हैं, जिन्होंने भारत को चीन जैसी महाशक्ति बनने से रोका है। काश! नेहरूजी तथा उनकी सरकार ने स्वतंत्रता के आरंभिक दिनों में महापुरुष पटेल की बात मान ली होती, तो कश्मीर का एक बड़ा हिस्सा पाकिस्तानी कब्जे में न होता। यह सरदार पटेल के राजनीतिक कौशल का ही नतीजा था कि लगभग 600 देशी रियासतों को उन्होंने अपनी कूटनीति से 'भारतीय संघ' में मिलाया।

अंग्रेज भारत के भीतर ही छोटे-छोटे स्वतंत्र राज्य बना गए थे और उनको स्वायत्तता दे दी गई थी। कुछ अपने सिक्के भी चलाते थे तथा आन्तरिक यातायात के साधन भी खुद जुटाते थे। ग्वालियर, जयपुर, जोधपुर, बीकानेर, अलवर, ट्रावनकोर, मैसूर आदि ऐसे ही राज्य थे, जिनके शासक स्वयं को महाराजा लिखते थे और अंग्रेज भी अपने इन एजेन्टों को 'हिज हाइनेस' की पदवी से सम्बोधित करते थे। 15 अगस्त, 1947 को स्वतंत्रता तो मिली, किन्तु रजवाड़ों की वजह से देश फिर भी अलगाववाद के कुचक्र में फँसा हुआ था। पटेल ने बुद्धिमानी की तथा सभी देशी नरेशों से कहा कि वे भारत संघ में स्वेच्छा से शामिल हो जाएँ। यदि वे ऐसा करते हैं, तो उन्हे प्रति वर्ष 'प्रिवीपर्स' के नाम से एक अच्छी धनराशि

मिलती रहेगी और यदि वे पसन्द करेंगे, तो उन्हें अपने सम्बन्धित राज्य का राज्य-प्रमुख भी बनाया जाएगा। कई महाराजाओं ने इसे स्वेच्छा से स्वीकार कर लिया था और सरकार ने भी उनके साथ उदारता से व्यवहार किया था। लेकिन निजाम जैसे कुछ लोगों ने रजाकर आदि संगठित करके सरकार से लोहा लेने की ठानी थी, जिन्हें दूरदर्शी, सशक्त उपप्रधानमंत्री श्री पटेल ने विफल कर दिया था।

सरदार पटेल का जन्म 31 अक्टूबर, 1875 में गुजरात के करमसद नामक स्थान में एक सम्भ्रान्त कृषक परिवार में हुआ था। आपके पिता श्री झाबेरभाई पटेल महारानी लक्ष्मीबाई की सेना के सैनिक रह चुके थे और पूर्ण निर्भीक, स्वाभिमानी राष्ट्रभक्त थे। पिता की निर्भीकता तथा करुणामयी माँ की धार्मिकता, दोनों ही गुण सरदार वल्लभभाई पटेल में विद्यमान् थे। आपके बड़े भाई श्री विट्ठल भाई पटेल, जिन्होंने स्वयं इंग्लैण्ड जाकर बैरिस्ट्री पढ़ी थी, विदेश से वापस आकर अपनी वकालत अच्छी तरह जमा ली और इसके पश्चात् वल्लभभाई पटेल को विलायत बार-एट-लॉ करने भेजा। पूरी मेहनत से आपने इंग्लैण्ड में रहकर अपनी शिक्षा पूरी की और परीक्षा में प्रथम श्रेणी लेकर स्वदेश वापस लौटे। आपने वकालत करने के लिए अहमदाबाद को अपना व्यवसाय केन्द्र चुना था।

श्री विट्ठलभाई एवं श्री वल्लभभाई पटेल दोनों में ही राष्ट्र के प्रति सच्ची श्रद्धा थी। इसीलिए वे अंग्रेजी जमाने में अपनी जमी जमाई हजारों रुपए महीने की आमदनी छोड़कर स्वदेशी आन्दोलन में कूद पड़े।

इसे देश का दुर्भाग्य ही कहना चाहिए कि उप प्रधानमंत्री के रूप में तथा एक दूरदर्शी स्वराष्ट्र मंत्री के रूप में भारत को उनकी सेवाएँ लंबे समय तक सुलभ न हो सकीं। स्वतंत्रता के अभी चार वर्ष भी पूरे नहीं हुए थे कि क्रूर काल ने उन्हें हम सभी से छीन लिया। पंद्रह 15 दिसम्बर, 1950 को उन्होंने सदा के लिए हम सबसे विदा ले ली।

डॉ॰ भीमराव अंबेडकर

भारत में दलितों एवं पिछड़े वर्गों की लड़ाई लड़कर अपनी योग्यता एवं सक्रिय कार्यशक्ति के आधार पर 'भारत रत्न' की उपाधि से सम्मानित डॉ॰ भीमराव अम्बेडकर का जन्म 14 अप्रैल, 1891 को महाराष्ट्र की महू-छावनी में एक दलित परिवार में हुआ था। वे अपने माता-पिता की चौदहवीं सन्तान थे। सोलह वर्ष की अल्पायु में मैट्रिक परीक्षा पास करते ही उनका विवाह रमाबाई नामक किशोरी से कर दिया था। उनके पिता रामजी मौलाजी एक सैनिक स्कूल में प्रधानाध्यापक थे। उनके पिता चाहते थे कि उनका पुत्र शिक्षित होकर

समाज में फैली हुई छुआछूत जात-पात तथा संकीर्णता जैसी कुरीतियों को दूर कर सके। डॉ॰ भीमराव बचपन से ही कुशाग्र बुद्धि बालक थे। वे विद्या-अध्ययन में बहुत रुचि रखते थे। उन्होंने सन् 1912 ई॰ में बी॰ए॰ की परीक्षा उत्तीर्ण की, तथा सन् 1913 ई॰ में बड़ौदा के महाराजा से छात्रवृत्ति पाकर वे उच्च शिक्षा पाने के लिए अमेरिका चले गए। वे सन् 1913 से 1917 तक चार वर्ष अमेरिका और इंग्लैण्ड में रह कर वहां से एम॰ए॰, पी-एच॰डी॰ और एल॰एल॰बी॰ की परीक्षाएं उत्तीर्ण कर भारत लौट आए। भारत आने पर महाराजा बड़ौदा ने इन्हें सचिव पद पर नियुक्त किया किन्तु वहां इन्हें छूतछात के भेदभाव का सामना करना पड़ा। वे इस अपमान को सहन नहीं कर पाए तो यह पद छोड़कर बम्बई में अध यापन कार्य में लग गए। इसके बाद वकालत प्रारम्भ कर दी। इसी बीच इन्होंने छूतछात के विरुद्ध लड़ने की प्रतिज्ञा कर ली और तभी से इस कार्य में जुट गए। तभी उन्होंने एक 'मूक' शीर्षक पत्रिका का प्रकाशन प्रारम्भ किया। इस पत्रिका में दलितों की दशा और उद्धार के बारे में उन्होंने जो लेख लिखे, उनका भारतीय दलित वर्गों तथा अन्य शिक्षित समाज पर बड़ा गहरा प्रभाव पड़ा।

सन् 1947 ई॰ में स्वतंत्रता प्राप्ति के बाद बने प्रथम केन्द्रीय मंत्रिमण्डल में इन्हें विधिमंत्री के रूप में सम्मिलित किया गया। इसी वर्ष देश के संविधान-निर्माण के लिए जो समिति बनाई गई, डॉ॰ अम्बेडकर उसके अध्यक्ष निर्वाचित हुए। इनके प्रयासों से ही भारतीय संविधान में जाति, धर्म, भाषा और लिंग के आधार पर सभी तरह के भेदभाव समाप्त कर दिए गए। बाद में जाने किन कारणों से डॉ॰ अम्बेडकर का मन अपने मूल धर्म से विचलित होता गया और उन्होंने अपने जीवन के अन्तिम दिनों में बौद्ध धर्म में दीक्षा ग्रहण कर ली थी। इसके बाद वे बौद्ध धर्म के प्रचार में लग गए। बाद में उन्होंने 'भगवान बुद्ध और उनका धर्म' नामक एक ग्रन्थ की भी रचना की।

उनका निधन 6 दिसम्बर सन् 1956 ई॰ को नई दिल्ली में हुआ। भारत सरकार ने उनकी सेवाओं को देखते हुए उन्हें मरणोपरान्त भारत रत्न की सर्वोच्च उपाधि से सम्मानित किया।

पं॰ जवाहर लाल नेहरू

महात्मा गांधीजी यदि स्वतंत्र भारत के राष्ट्रपिता हैं, तो पण्डित जवाहर लाल नेहरू को आधुनिक भारत का निर्माता माना जाता है। राजसी परिवार में जन्म लेकर तथा सभी तरह की सुख-सुविधा भरे वातावरण में पल कर भी उन्होंने राष्ट्रीय स्वतंत्रता एवं आन-बान की रक्षा के लिए अपना सर्वस्व त्याग दिया।

पं. जवाहर लाल नेहरू का जन्म 14 नवम्बर, 1889 ई॰ को इलाहाबाद के आनन्द भवन में हुआ था। उनके पिता पं॰ मोती लाल नेहरू अपने समय के प्रमुख वकील थे। उनकी माता का नाम श्रीमती स्वरूप रानी नेहरू था। उनकी प्रारम्भिक शिक्षा घर पर ही हुई थी। उसके बाद वे उच्च शिक्षा प्राप्त करने इंग्लैण्ड चले गए। वहाँ से बैरिस्टर बनकर सन् 1912 में वापस आए और अपने पिताजी के साथ प्रयाग में ही वकालत करने लगे। सन् 1915 ई॰ में रोलट एक्ट के विरुद्ध होने वाली बम्बई कांग्रेस में नेहरूजी ने भाग लिया। यहीं से नेहरूजी का राजनीतिक जीवन प्रारम्भ हुआ था।

नेहरूजी का विवाह सन् 1916 ई॰ में श्रीमती कमला के साथ हुआ। सन् 1917 में 19 नवम्बर के दिन उनके घर इन्दिरा प्रियदर्शिनी नामक पुत्री ने जन्म लिया। कुछ दिन पश्चात् नेहरूजी कांग्रेस के सदस्य बन गए और फिर महात्मा गांधी के नेतृत्व में देश की सेवा के कार्य में लग गए। सन् 1919 के किसान आन्दोलन और 1921 के असहयोग आन्दोलन में भाग लेने के कारण नेहरूजी को जेल जाना पड़ा। सन् 1931 ई॰ में उनके पिता श्री मोती लाल नेहरू और सन् 1936 ई॰ में उनकी धर्मपत्नी कमला नेहरू का निधन हो गया।

15 अगस्त, 1947 को भारतवर्ष स्वतंत्र हो गया। तब वे सर्वसम्मति से भारत के प्रथम प्रधानमंत्री बने और जीवन के अन्त तक इसी पद पर बने रहे। नेहरूजी ने भारत को आर्थिक, सामाजिक और राजनीतिक दृष्टि से उन्नत करने के लिए महान् कार्य किए। उन्होंने जाति-भेद को दूर करने, स्त्री-जाति की उन्नति करने व शिक्षा प्रसार जैसे अनेक कार्य किए। युद्ध के कगार पर खड़े विश्व को उन्होंने शान्ति का मार्ग दिखाया। नेहरूजी के 'पंचशील' के सिद्धान्तों ने विश्व शान्ति की स्थापना में सहायता की।

पं. नेहरू एक महान् राष्ट्रीय नेता तो थे ही, वे उच्च कोटि के चिन्तक, विचारक और लेखक भी थे। उनकी रची 'मेरी कहानी', 'भारत की कहानी', 'विश्व इतिहास की झलक' व 'पिता के पुत्री के नाम पत्र' आदि रचनाएं विश्व प्रसिद्ध हैं। पं. नेहरू बच्चों को बहुत प्यार करते थे, इसीलिए बच्चे उन्हें आदर तथा प्यार से 'चाचा नेहरू' कहकर पुकारते थे। अतः उनके जन्म को आज भी 'बाल दिवस' के रूप में मनाया जाता है। वह विश्व शान्ति का मसीहा 27 मई, 1964 ई॰ को हमारे बीच से उठ गया। देश-विदेशों से विशेष प्रतिनिधि उनके अन्तिम दर्शनों के लिए आए। 28 मई, 1964 ई॰ को उनका पार्थिव शरीर अग्नि को समर्पित कर दिया गया। उनकी वसीयत के अनुसार उनकी भस्म खेतों और गंगा नदी में प्रवाहित कर दी गई। उनका नाम चिरकाल तक इतिहास में अमर रहेगा।

लाल बहादुर शास्त्री

एक साधारण व्यक्ति का साधारण परिस्थितियों और वातावरण में जन्म लेकर भी असाधारणता एवं 'युग-पुरुष' के गौरव को प्राप्त कर लेना वास्तव में चमत्कारिक बात कही जा सकती है। इस चमत्कार करने वाले व्यक्ति का नाम है लाल बहादुर शास्त्री। ये पं॰ जवाहर लाल नेहरू के 27 मई, 1964 के आकस्मिक निधन के उपरान्त सर्वसम्मति से चुने जाने वाले भारत के दूसरे प्रधानमंत्री थे। उन्होंने 9 जून, 1964 ई॰ को प्रधानमंत्री पद की शपथ ग्रहण की थी।

श्री लाल बहादुर शास्त्री का जन्म 2 अक्टूबर सन् 1904 ई॰ को वाराणसी जिले के छोटे-से ग्राम मुगलसराय में हुआ था। सामान्य शिक्षक का कार्य करने वाले उनके पिता शारदा प्रसाद मात्र डेढ़ वर्ष की आयु में ही उस बालक को अनाथ करके स्वर्ग सिधार गए थे। माता श्रीमती रामदुलारी ने ही ज्यों-त्यों करके इनका लालन-पालन किया था। बड़ी निर्धन एवं कठिन परिस्थितियों में इन्होंने अपनी प्रारम्भिक शिक्षा वाराणसी के एक स्कूल में पूर्ण की थी। गांधीजी के आह्वान पर मात्र सत्रह वर्ष की आयु में ही स्कूली शिक्षा छोड़कर वे स्वाधीनता संग्राम में कूद पड़े थे। ढाई वर्ष की जेल काटने के बाद वे काशी विद्यापीठ में प्रवेश लेकर फिर पढ़ने लगे। यहीं से उन्हें 'शास्त्री' की उपाधि प्राप्त हुई और तभी से वे लाल बहादुर शास्त्री कहलाने लगे। यहां पर उन्होंने चार वर्ष तक 'संस्कृत' तथा 'दर्शन' का अध्ययन किया।

शास्त्रीजी का जीवन बड़ा संघर्षपूर्ण रहा। उनके हृदय में निर्धनों के प्रति एक असीम करुणा भरी थी। हरिजनोद्धार में भी उनका विशेष योगदान रहा। वे सन् 1937 ई॰ में उत्तर प्रदेश विधानसभा के सदस्य निर्वाचित हुए। परन्तु पहले सन् 1940 में और फिर सन् 1942 में इन्हें गिरफ्तार कर जेल में डाल दिया गया था। वे अपने जीवनकाल में लगभग अठारह बार जेल गए। बाद में सन् 1947 में जब पन्तजी के नेतृत्व में उत्तर प्रदेश का नया और स्वतंत्र मंत्रिमण्डल गठित हुआ, तब शास्त्रीजी को उसमें गृहमंत्री का पद प्रदान किया गया।

शास्त्रीजी की कर्त्तव्यनिष्ठा और योग्यता को देखते हुए सन् 1951 में पं॰ नेहरू ने इन्हें आम चुनावों में कांग्रेस के कार्य के लिए दिल्ली बुलाया। तत्पश्चात् सन् 1956-57 में वे इलाहाबाद के शहरी क्षेत्र से लोकसभा के सदस्य चुने गए। नए मंत्रिमण्डल में नेहरू जी ने उन्हें संचार और परिवहन मंत्री बनाया। श्री शास्त्रीजी एक ईमानदार व परिश्रमी व्यक्ति थे। उनका स्वभाव शांत, गम्भीर, मृदु व संकोची था, इसी कारण वे जनता के सच्चे हृदय-सम्राट बने रहे। उनकी अद्वितीय योग्यता और महान् नेतृत्व का परिचय हमें

सन् 1965 के भारत-पाकिस्तान युद्ध के समय और भी अधिक मिला। वे अनोखी सूझबूझ के व्यक्ति थे। उनके सफल नेतृत्व में भारत ने पाकिस्तान को पराजित किया। इस घटना से जनता का शास्त्रीजी के प्रति विश्वास बढ़ा और वे जन-जन के हृदय में समा गए। वास्तव में वे ऐसे युग पुरुष थे जिन्होंने प्रत्येक क्षेत्र में अपनी कुशलता की छाप छोड़ी।

पूर्व राष्ट्रपति डॉ॰ एस॰ राधाकृष्णन्

डॉ॰ सर्वपल्ली राधाकृष्णन् भारत के उन गिने-चुने राष्ट्रपतियों में से एक थे, जिन्होंने अपनी विद्वता, योग्यता तथा वाक्‌पटुता के कारण सारे संसार में प्रसिद्धि प्राप्त की थी। उनकी गणना आधुनिक युग के विशिष्ट दार्शनिकों में की जाती है। इनका जन्म 5 सितम्बर, 1888 को मद्रास से थोड़ी दूर स्थित तिरुत्तनी नामक कस्बे में हुआ था। आरंभिक शिक्षा-दीक्षा स्थानीय पाठशाला में हुई तथा संस्कृत, तमिल के साथ-साथ आपने कालान्तर में अंग्रेजी साहित्य का गहन अध्ययन किया था। शिक्षा-दीक्षा मिशनरी स्कूलों में होने के करण बालक राधाकृष्णन् को न्यू टेस्टामेन्ट (बाइबिल) की अच्छी जानकारी हो गई थी, किन्तु तत्कालीन अंग्रेजी स्कूलों में हिन्दू धर्म की आलोचना भी कम नहीं होती थी, अतः प्रतिक्रियास्वरूप शुरू से ही राधाकृष्णन् का अनुराग भारतीय धर्म और संस्कृति की ओर बढ़ने लगा था।

राधाकृष्णनजी ने सन् 1908 में मद्रास विश्वविद्यालय से एम॰ ए॰ (दर्शन) की परीक्षा उत्तीर्ण की। एम॰ ए॰ के लिए आपने एक शोध-पत्र 'वेदान्त की नीति' पर लिखा था। उस समय उनकी आयु मात्र 20 वर्ष की थी। उस शोध-पत्र से उनकी प्रवृत्ति का भली-भांति पता चल गया था और तत्कालीन प्रोफेसर ए॰ जी॰ हाँग उससे काफी सन्तुष्ट हुए थे।

सन् 1909 में राधाकृष्णन् की नियुक्ति मद्रास प्रेसीडेन्सी कॉलेज के दर्शन विभाग में प्रवक्ता के पद पर हुई थी।

डॉ॰ राधाकृष्णन् मद्रास प्रेसीडेन्सी कॉलेज में करीब 8 वर्षों तक प्रवक्ता रहे। इसके बाद वे मैसूर विश्वविद्यालय में दर्शनशास्त्र के प्रोफेसर नियुक्त हुए। यहां भी इनका गहन अध्ययन जारी रहा। तीन वर्ष तक मैसूर में रहकर राधाकृष्णनूजी सन् 1921 में कलकत्ता विश्वविद्यालय में दर्शनशास्त्र के प्रोफेसर होकर आ गए।

डॉ॰ राधाकृष्णनू की कृतियों, उनके निबंधों आदि की वजह से उनकी ख्याति विदेशों में भी फैल चुकी थी। अतः ऑक्सफोर्ड विश्वविद्यालय, लन्दन ने इन्हें अपने यहां बुलाकर पूर्व धर्मों तथा नीतिशास्त्र का प्रोफेसर नियुक्त किया। यह गरिमामय पद पाने वाले सम्भवतः प्रथम भारतीय थे। तीन वर्ष तक लंदन में रहने के पश्चात् महामना मालवीय के विशेष आग्रह पर आपने सन् 1939 में बनारस हिन्दू विश्वविद्यालय के उपकुलपति का

पदभार संभाला। आपकी प्रतिभा, विद्वता तथा देश-सेवा को ध्यान में रखकर सन् 1954 में आपको सरकार ने 'भारत रत्न' की सर्वोच्च उपाधि देकर सम्मानित किया। डॉ॰ राधाकृष्णन् का विवाह सन् 1906 में मात्र 18 वर्ष की उम्र में हुआ था। आपकी धर्मपत्नी, जो निरंतर आपकी छाया के समान साथ रहीं, उनका निधन सन् 1956 में हो गया। यह एक धक्का था, जिसे राष्ट्र को समर्पित राधाकृष्णन् ने हिम्मत से सहा।

मनस्वी राधाकृष्णनूजी का यश निरंतर फैलता जा रहा था। पं॰ जवाहर लाल नेहरू आप के गुणों, सरलता या निश्छलता से काफी प्रभावित थे। सन् 1962 में आप भारत के राष्ट्रपति बने, और इस प्रकार प्रेसीडेन्सी कॉलेज का एक अध्यापक अपनी योग्यता, कार्यकुशलता तथा विद्वता के कारण देश के सर्वोच्च पद पर प्रतिष्ठित हुआ।

17 अप्रैल, 1975 को इस महा-मनस्वी की मृत्यु हुई थी। डॉ॰ सर्वपल्ली राधाकृष्णन् अपनी विद्वता, कर्मठता तथा भारतीय संस्कृति के सच्चे उपासक के रूप में सदैव स्मरणीय बने रहेंगे।

पंजाब केसरी–लाला लाजपत राय

भारत के स्वतंत्रता सेनानियों में लाला लाजपत राय का नाम अग्रणी पंक्तियों में आता है। निर्भीक, स्पष्टवादी लाला जी देश के उन गिने-चुने महापुरुषों में से थे, जिनका धर्म देश-सेवा और जन-सेवा था। वे देश-सेवा के प्रत्येक कार्य में अपने को आगे रखते थे। वे अच्छे वक्ता और अच्छे लेखक दोनों थे। लोग उनके उत्साहवर्द्धक भाषण, जिसमें उर्दू भाषा का पुट होता था, सुनने के लिए सदैव इच्छुक रहते थे।

लाला जी का जन्म 28 जनवरी, 1865 को पंजाब में फीरोजपुर जिले के दुडिके ग्राम में हुआ था। आरंभिक शिक्षा गांव में तथा लुधियाना के मिशन स्कूल में समाप्त करके इन्होंने सन् 1880 में गवर्नमेण्ट कॉलेज, लाहौर में प्रवेश लिया था। वहां से मुख्त्यारी और एफ॰ ए॰ की परीक्षा पास करके हिसार में छह वर्षों तक वकालत करने के बाद वे 1892 में पुनः लाहौर चले गए। लाला जी आर्य समाज के प्रखर समर्थक तथा अनुयायी थे। वे कई वर्षों तक दयानन्द ऐंग्लो वैदिक कॉलेज में प्रोफेसर तथा मंत्री रहे।

सन् 1888 में इलाहाबाद में सम्पन्न हुए कांग्रेस के सम्मेलन में शामिल हुए थे जहां इनका भाषण सुनकर सभी लोग इनके समर्थक बन गए थे। सन् 1902 और 1910 में इन्होंने दो बार कांग्रेस का प्रतिनिधि बनकर इंग्लैण्ड की यात्रा की थी।

अंग्रेजी सरकार नहीं चाहती थी कि भारत में कोई उसका विरोध करे। वह निरंकुश शासक बने रहकर हिन्दुस्तानियों का खून निरंतर चूसते रहना चाहती थी। लाला जी अंग्रजों

की रीति-नीतियों के कारण उनके कट्टर शत्रु थे। सन् 1920 में कलकत्ता में हुए कांग्रेस अधिवेशन के वे सभापति बने। कांग्रेस द्वारा चलाए गए असहयोग आन्दोलन में उन्होंने खुलकर भाग लिया जिसके कारण इन्हें कई बार जेल जाना पड़ा।

लाला जी 12 सितम्बर, 1926 को स्वतंत्र कांग्रेस पार्टी के महामंत्री बनाए गए। इसी दौरान सरकार द्वारा नियुक्त साइमन कमीशन में एक भी भारतीय न होने के कारण कांग्रेस ने उस कमीशन का बहिष्कार करने के लिए आन्दोलन चलाया। यह कमीशन जहां-जहां गया वहां उसका स्वागत काले झंडे दिखाकर किया गया। 'साइमन कमीशन वापस जाओ' के नारों से जनता ने उसके खिलाफ अपनी आवाज बुलन्द की। 30 अक्टूबर सन् 1928 को साइमन कमीशन लाहौर पहुंचा था। यहां उसकी वही दुर्गति हुई, जो अन्य शहरों में हो चुकी थी। विरोध करने के लिए जुलूस निकाले गए। पूरे शहर में पुलिस ने धारा 144 लगा रखी थी फिर भी, जुलूस निकाला गया और लाला लाजपत राय सिंह की तरह उस जुलूस का नेतृत्व कर रहे थे। अंगेजी इशारों पर नाचने वाली पुलिस के काले-गोरे अफसर लाला जी को निडर होकर जुलूस के आगे-आगे आता देखकर कुढ़ गए और लाठी चार्ज का आदेश दे दिया। पुलिस तथा अहिंसक जनता के बीच में आए लाला जी के शरीर तथा छाती पर जुल्मी पुलिस ने लाठियों से कई प्रहार किए।

लाला जी पर किए गए लाठियों के प्रहार इतने घातक सिद्ध हुए कि वे इन चोटों की वजह से फिर उठ न सके। सारा शरीर चोटों के करण नीला पड़ गया था। अंग-अंग में असह्य पीड़ा थी। छाती पर इतनी लाठियां पड़ी थीं कि उन्हें सांस लेने में भी कष्ट होता था। अंग्रेजी सरकार द्वारा किए गए इस निर्दय व्यवहार से दुःखी लाला जी ने कहा था कि -- "मेरे ऊपर पड़ी लाठी की एक-एक चोट अंगेजी राज के कफन की एक-एक कील साबित होगी।" लाला जी के ये उद्‌गार आज भी भुलाए नहीं भूलते कि अंग्रेज किस प्रकार और किस सीमा तक हम भारतीयों पर अत्याचार कर रहे थे।

लाला जी गम्भीर चोटों की वजह से दिन-पर-दिन शिथिल होते जा रहे थे। कोई इलाज लाभकारी सिद्ध नहीं हो रहा था। अन्त में वह काला दिन भी आ गया, जिसे टालने के लिए चिकित्सक निरंतर प्रयास करते रहे। 17 नवम्बर, 1928 को लाला जी ने सदा सर्वदा के लिए अपनी आंखें बन्द कर लीं।

'भारत कोकिला' सरोजिनी नायडू

विश्व की सुप्रसिद्ध कवयित्री तथा भारत के राष्ट्रीय-क्षितिज की कर्मठ नायिका श्रीमती सरोजिनी नायडू अपनी विलक्षण प्रतिभा, काव्य-कुशलता, वक्तृत्व-शक्ति, राजनीति-ज्ञान

तथा अन्तर्राष्ट्रीय दृष्टिकोण के कारण केवल भारत में ही नहीं वरन् समस्त एशिया के नारी-जगत् में विशिष्ट स्थान रखती थीं। निस्सन्देह, वे भारतीय महिला-जागृति की मूर्तिमान प्रतीक थीं और उनका बहुगुणसमन्वित रूप अत्यन्त विस्मयकारी था। वे एक सफल कवयित्री थीं, जो मधुर कल्पना-लोक की कोमल भावनाओं और करुण अनुभूतियों को हृदय में संजोये एक दिन राजनीति के कांटों-भरे क्षेत्र में उतर पड़ी थीं।

श्रीमती नायडू का जन्म 13 फरवरी, सन् 1879 को एक बंगाली ब्राह्मण परिवार में हैदराबाद (दक्षिण) में हुआ था। इनके पिता का नाम अघोरनाथ चट्टोपाध्याय तथा माता का नाम श्रीमती वरना सुन्दरी देवी था। सरोजिनी नायडू जब नौ वर्ष की थीं तो एक दिन अंग्रेजी न बोल सकने के कारण अत्यन्त लज्जित हुई थीं और तभी से अंग्रेजी बोलने तथा सीखने में उन्होंने अपनी ऐसी योग्यता प्रदर्शित की कि जो कोई भी सुनता चकित हो जाता था। उन्होंने अपनी सबसे पहली कविता 11 वर्ष की आयु में लिखी थी। प्रतिभा और कवित्व-शक्ति से प्रभावित होकर हैदराबाद के निजाम ने उन्हें विशेष अध्ययन के लिए विदेश जाने को प्रोत्साहित किया और 300 पौंड अर्थात् 42,000 रुपये प्रति वर्ष की छात्रवृति देने की घोषणा की। इंग्लैण्ड पहुंचने पर वे लंदन के किंग्स कॉलेज और कैम्ब्रिज के गिर्टन कॉलेज में अध्ययन करती रहीं। वहां वे केवल पढ़ने में ही व्यस्त नहीं रहीं, प्रत्युत अपनी कवित्व-शक्ति का भी उपयोग किया। वे वहां प्रसिद्ध विद्वान् एडमंड गोस, विलियम आर्चर और हैनीमैन जैसे प्रकाशकों से मिलीं और उनके प्रोत्साहन से अनेक उत्कृष्ट कवितायें लिखीं।

भारत लौटने पर सन् 1898 में इनका विवाह हैदराबाद के प्रधान मैडिकल अफसर डाक्टर गोविन्द राजुलु नायडू से सम्पन्न हो गया। डॉक्टर नायडू ब्राह्मण जाति के नहीं थे, किन्तु यह बाधा सरोजिनी जैसी दृढ़प्रतिज्ञ नारी को रोक नहीं सकी। किन्तु विवाह के पश्चात् केवल गृहस्थी के कार्यों से ही वे सन्तुष्ट नहीं हो सकी। देश की करुण पुकार ने उनका ध्यान अपनी ओर आकर्षित किया। उस समय श्री गोखले के नेतृत्व में कांग्रेस भावी स्वतंत्रता का पथ-प्रदर्शन कर रही थी। वे उसी की अनुगामिनी बनीं और तब से अन्त तक राजनीतिक तूफानों और झंझावतों से अनवरत संघर्ष करती रहीं। सन् 1915 में उन्होंने बम्बई कांग्रेस अधिवेशन में भाग लिया और सन् 1916 में लखनऊ कांग्रेस में सम्मिलित हुईं। तत्पश्चात् उन्होंने समस्त भारत का भ्रमण किया और मुख्य-मुख्य नगरों में भाषण दिये।

सन् 1924 में श्रीमती नायडू भारतीय राष्ट्रीय कांग्रेस की अध्यक्ष होकर दक्षिण अफ्रीका गईं। सन् 1926 में वे कांग्रेस के कानपुर अधिवेशन की अध्यक्ष निर्वाचित की गईं और

सन् 1928 में उन्होंने अमेरिका और कनाडा जाकर भारतीयों के दृष्टिकोण का अमेरिकियों में प्रचार किया।

15 अगस्त, सन् 1947 को स्वतंत्रता प्राप्त हो जाने पर देश ने उनके सिर पर वृद्धावस्था में भी युक्तप्रान्त जैसे बड़े प्रान्त का शासनभार सौंपा। अपनी गवर्नरी के कार्यकाल में उन्होंने जिस योग्यता और तत्परता का परिचय दिया, वह चिरस्मरणीय रहेगा।

उन्होंने भारतीय नारी के उत्थान में प्रशंसनीय कार्य किया। वे पर्दा-प्रथा, बालविवाह आदि कुप्रथाओं से बहुत अधिक चिढ़ती थीं। वे स्त्री-पुरुषों के समान अधिकारों की कायल थीं। उन्होंने मि॰ मांटेग्यु के ऐतिहासिक भारतीय दौरे के समय 'अखिल भारतीय महिला डेपूटेशन' का नेतृत्व किया और नारी के बालिग मताधिकार की मांग की।

इस प्रकार राजनीतिक, सामाजिक, सांस्कृतिक और साहित्यक क्षेत्रों में अपनी अप्रतिम प्रतिभा और तेजस्विता का सिक्का जमा कर 70 वर्ष के यशस्वी जीवन के पश्चात् 2 मार्च, 1949 में श्रीमती नायडू का देहावसान हुआ।

स्वामी रामतीर्थ

वेदांत दर्शन के ज्ञाता और उच्च कोटि के संत स्वामी रामतीर्थ का जन्म 22 अक्टूबर, 1873 को अविभाजित पंजाब के गुजरानवाला शहर के समीप स्थित गांव मुरारीवाला में हुआ था। स्वामी रामतीर्थ के बचपन का नाम तीर्थराम था। इनके पिता का नाम हीरानंद गोसाईं था। बालक तीर्थराम की प्रारंभिक शिक्षा मुरारीवाला में ही हुई।

केवल 10 वर्ष की आयु में शादी होने के बाद तीर्थराम आगे पढ़ने के लिए गुजरानवाला डिस्ट्रिक्ट हाई स्कूल में दाखिल हुए। वे सीधे-सादे ग्रामीण बालक थे, जो शहरी जीवन से परिचित नहीं थे। उनका स्वास्थ्य अच्छा नहीं रहता था तथा स्वभाव भी संकोची था, इसलिए वे अन्य सहपाठियों के साथ ज्यादा घुलमिल नहीं पाते थे। अंग्रेजी उस समय प्राइमरी स्कूल में उन्होंने पढ़ी नहीं थी, किन्तु मेहनत करके उन्होंने थोड़े समय में ही अंग्रेजी सीख ली।

तीर्थराम के पिता बच्चे को शहर में अकेला नहीं रखना चाहते थे, इसलिए वे किसी अच्छे संरक्षक को ढूंढ रहे थे। सौभाग्य से गुजरानवाले में भगत धनाराम मिल गए, जिनके संरक्षण में बालक को निश्चिंत होकर छोड़ा जा सकता था। धनाराम जी एक प्रकार से तीर्थराम के आध्यात्मिक गुरु भी साबित हुए।

साढ़े चौदह वर्ष की आयु में तीर्थराम ने इन्ट्रेन्स परीक्षा बहुत अच्छे अंक लेकर उत्तीर्ण की और उन्हें छात्रवृत्ति प्राप्त हुई। इन्होंने सन् 1890 में एफ॰ ए॰ परीक्षा कठिन परिश्रम तथा लगन से उत्तीर्ण की।

विषम परिस्थितियों से जूझते हुए बी॰ए॰ की परीक्षा में तीर्थराम न केवल प्रथम श्रेणी से उत्तीर्ण हुए थे, वरन् उन्हें स्वर्ण पदक तथा छात्रवृत्ति भी प्राप्त हुई थी। कालान्तर में उन्होंने एम॰ए भी पास किया। इस प्रकार अथक परिश्रम करके निर्धन किन्तु लगनशील तीर्थराम अपने लक्ष्य को पाने में सफल हो गए।

तीर्थराम स्कूल शिक्षक से उन्नति करके कॉलेज के प्रोफेसर बन गए। वे सदा निर्धन छात्रों की मदद करते तथा भगवान कृष्ण का नाम लेते थे। कृष्ण-प्रेम में वे इतने तन्मय रहने लगे कि कॉलेज में प्रोफेसर का पद भी सन् 1900 ई॰ में छोड़ दिया। तीर्थराम अपने अनुयाइयों के साथ टिहरी (गढ़वाल) आ गए और एकान्त स्थान में रहकर साधना करने लगे। एक दिन तीर्थराम ने अपनी सारी धनराशि गंगाजी में फेंक दी। किन्तु दो-चार दिन बाद किसी अज्ञात प्रेरणा से कलकत्ता का एक सेठ आया और उसने स्वामीजी के आश्रम के लिए समुचित धनराशि दान में दे दी।

तीर्थराम धीरे-धीरे सांसारिक बंधनों से छूटना चाहते थे, अतः एक दिन वे सहसा आश्रम से बाहर चले गए। उनकी पत्नी ने देखा कि आश्रम में कोई नहीं है, अतः वे चिन्तित हो उठीं। तीर्थराम अब रामतीर्थ हो गए थे। गंगा में स्नान करके उन्होंने संन्यासी के वेश को अंगीकार कर लिया। उन्होंने 'विश्व धर्म संसद' के अधिवेशन में जापान जाने का निर्णय लिया। टिहरी के राजा ने उनके लिए जापान जाने की व्यवस्था कर दी थी।

जापान में स्वामीजी को काफी सम्मान मिला। प्रत्येक समझदार व्यक्ति उनके भाषण सुनने के लिए लालायित रहता था। वे काफी समय तक जापान में रहे, इसके बाद वे अमेरिका चले गए। अमेरिका में कैलीफोर्निया उनका मुख्यालय रहा तथा वहां हर्बर्ट हिलर ने उनके आवास आदि का प्रबंध किया था। मि॰ हिलर और उनकी पत्नी दोनों स्वामीजी का खूब सम्मान करते थे। स्वामीजी करीब डेढ़ वर्ष उनके साथ रहे।

अमेरिका में वेदान्त पर दिए गए उनके भाषणों का संकलन "इन दि वुड्स ऑफ गॉड रियलाइजेशन" के नाम से छपा था। अमेरिका के कुछ समाचारों ने उनके बारे में लिखा था कि एक 'जीवित ईसा मसीह' अमेरिका आया है। अमेरिका के अनेक नगरों में वे गए। लोगों ने उनके विचार सुने, उनका स्वागत किया और बहुत से उनके शिष्य भी बन गए। स्वामीजी सभी से बड़े प्रेम से मिलते थे और अपने विचारों से उन्हें प्रभावित

करते थे। वे मिस्र भी गए थे और वहां से 8 दिसम्बर, 1904 को अपनी ढाई वर्ष की यात्रा पूरी करके बम्बई पहुंचे थे।

स्वामी रामतीर्थ मात्र 33 वर्ष के थे जब उन्होंने अपना शरीर छोड़ा। आदि शंकराचार्य भी केवल 32 वर्ष के थे, जब वे शिवधाम गए थे। इस छोटी उम्र में स्वामी रामतीर्थ ने विदेशों तथा देश में वेदान्त दर्शन का जितना प्रचार किया, उसका महत्त्व अकथनीय है। निश्चय ही वे भारत के उच्च कोटि के साधक सन्त थे।

योगी अरविंद

आधुनिक भारत के संतों में योगी अरविंद का नाम अव्वल नंबर में शुमार किया जाता है। योगी अरविंद का व्यक्तित्व व कृतित्व बहुआयामी था। अंग्रेजी शिक्षा की छत्रछाया में पले-बढ़े व शिक्षित हुए योगी अरविंद अपनी युवावस्था में अंग्रेजों के विरुद्ध क्रांतिकारी संघर्ष में भी रत रहे।

योगिराज अरविन्द का जन्म 15 अगस्त, 1872 को कलकत्ता में हुआ था। इनके पिता श्री कृष्णघन व्यवसाय से डॉक्टर तथा पश्चिमी विचारधारा के व्यक्ति थे, किन्तु धीरे-धीरे वे राष्ट्रीय विचारों को अपनाने की ओर अग्रसर हो रहे थे और बालक अरविन्द पर भी इन परिवर्तित विचारों का असर पड़ने लगा था। श्री अरविन्द की आरंभिक शिक्षा दार्जिलिंग में हुई थी। डॉ. कृष्णघन ने मात्र सात वर्ष की आयु में ही पुत्र को अंग्रेजी शिक्षा प्राप्त करने विलायत भेज दिया था। लंदन तथा कैम्ब्रिज विश्वविद्यालय में अध्ययन करने के पश्चात् 18 वर्ष की आयु में ये आई. सी. एस. की परीक्षा में बैठे और प्रथम श्रेणी से उसमें पास हुए। घुड़सवारी की परीक्षा में अनुपस्थित रहने के कारण ये सरकारी सेवा में फंसने से वंचित रह गए। अरविन्द का इस प्रकार से अंगेजी सेवा में न आना अन्ततः भारत के लिए काफी लाभप्रद साबित हुआ।

अरविन्द शैशवावस्था से ही विदेश में रहे थे, जिसकी वजह से इन्हें कई योरोपीय भाषाएं सीखने का मौका मिला था। ये अंग्रेजी के अतिरिक्त ग्रीक, लैटिन, फ्रैंच भाषाएं भी जानते थे। भारत वापस आकर इन्होंने बंगला तथा संस्कृत का भी अध्ययन किया था। लंदन में आपकी मुलाकात बड़ौदा नरेश से हुई थी। वे चाहते थे कि भारत आकर अरविन्द बड़ौदा कॉलेज में प्रोफेसर के पद पर कार्य करें। भारत आकर अरविन्द ने महाराजा का अनुरोध स्वीकार कर लिया था। बड़ौदा कॉलेज के प्रिन्सिपल क्लार्क महोदय ने जोन ऑफ आर्क से अरविन्द की तुलना करते हुए कहा था कि यदि जोन ऑफ आर्क को स्वर्गिक संदेश सुनाई पड़ते हैं, तो अरविन्द को भी स्वर्गिक स्वप्न दिखाई पड़ते हैं।

इस दौरान बंगाल के विभाजन को लेकर उनका मन काफी विक्षुब्ध हो उठा था। बंगाल के लोग अंग्रेजों की इस बेहूदा करतूत से हरकत में आ गए थे। स्वदेशी आन्दोलन तेज होने लगा था और अंग्रेजी कपड़ों की होलियां जलने लगीं थीं।

अंग्रेजों ने 'बंग भंग' तथा स्वदेशी आन्दोलन को कुचलने के लिए कई कदम उठाए। अनेक आन्दोलकारियों को बन्दी बनाया गया तथा कई बेकसूरों को फांसी के फन्दे में झुला दिया गया। अरविन्द नौकरी छोड़कर तिलक एवं विपिन चन्द्र पाल के साथ मिलकर काम करने लगे। इन्होंने 'युगान्तर' तथा 'बन्देमातरम्' अखबार भी निकाला तथा इनका सम्पादन बहुत योग्यता तथा तत्परता से करने लगे। इन पत्रों का आम जनता पर अच्छा असर पड़ा और लोग इनकी विचारधारा से प्रभावित होने लगे।

अंग्रेजी सरकार ने 1907 के बमकाण्ड में इन्हें फंसा लिया, किन्तु ये निर्दोष पाए गए। 1908 में पुनः अलीपुर बम काण्ड में आपको शरीक माना गया, जिसकी वजह से एक वर्ष का कारावास हुआ। इस दौरान योग-साधना करने का आपको समय मिला तथा योग के साधना पक्ष और सिद्धान्त पक्ष दोनों का आपने विधिवत् अध्ययन किया। 6 मई, 1909 को जेल से छूटने के बाद अंग्रेजी में 'कर्मयोगी' और 'धर्म' नामक दो साप्ताहिक पत्र निकालना शुरू किया। यह योजना किन्हीं कारणों से आपको बन्द करनी पड़ी। अंग्रेजी सरकार आपसे चिढ़ी तो थी ही दूसरे जेल में सड़ते रहकर आप अपने विचारों का प्रचार करने में असमर्थ थे। अतः अंग्रेजी सरकार की आखों से बचकर आप चन्द्रनगर चले गए और उसके बाद पाण्डिचेरी पहुंच कर योग-साधना में लग गए। अब आप राजनीति से ऊब कर अपना पूरा समय योग-साधना और आध्यात्मिक कार्यों में लगाने लगे।

पाण्डिचेरी का अरविन्द आश्रम अन्तरराष्ट्रीय योग-साधाना केन्द्र बन चुका है। इस संस्था का प्रबन्ध आपके जीवनकाल में आपकी शिष्या, जो फ्रान्सीसी थी, किया करती थी। आपकी सहधर्मिणी श्रीमती मृणालिनी देवी सदा आपके कार्यों में हाथ बंटाती रहीं। सन् 1918 के दिसम्बर की 17 तारीख को इनका निधन हो गया, जिसका अरविन्द जी पर काफी असर पड़ा। लाला लाजपत राय 5 जनवरी, 1925 को आपसे मिलने पाण्डिचेरी गए थे और आपके कार्यों की भूरि-भूरि प्रशंसा की थी। 29 मई, 1928 को कविवर रवीन्द्रनाथ ठाकुर भी आपसे मिले थे और आपके आध्यात्मिक जीवन से बहुत प्रभावित हुए थे।

मानव-जीवन क्षणभंगुर है। जो आया है, उसे एक न एक दिन जाना ही पड़ता है। 5 दिसम्बर, 1950 को आपने संसार से नाता तोड़कर महासमाधि ले ली।

कविवर रवींद्रनाथ ठाकुर

कविवर रवीन्द्रनाथ ठाकुर भारत के उन गिने-चुने व्यक्तियों में माने जाते हैं, जिनको साहित्यिक सेवाओं के कारण विश्व का सर्वाधिक चर्चित 'नोबेल पुरस्कार' प्राप्त हुआ था। इन्हें लोग श्रद्धावश 'गुरुदेव' कहते थे। रवीन्द्रनाथ ठाकुर का जन्म 7 मई, 1861 को द्वारकानाथ टैगोर लेन, कलकत्ता में देवेन्द्रनाथ ठाकुर के पुत्र के रूप में हुआ था। बालक रवीन्द्र को बचपन से ही एकाकी रहने की आदत-सी पड़ गई थी, क्योंकि इनकी माता का निधन सन् 1875 में हो गया था, जब ये मात्र 14 वर्ष के थे। इनकी पहली कविता सन् 1874 में 'तत्व भूमि' पत्रिका में छपी थी। कविता का शीर्षक 'अभिलाषा' था।

बालक रवीन्द्र की अधिकांश शिक्षा यद्यपि घर पर ही हुई थी, फिर भी ये 1868 से लेकर 1874 तक, अर्थात् छह वर्ष स्कूल जाते रहे। रवीन्द्र की बाल्यकाल से साहित्य सृजन में रुचि थी, इसी वजह से ये कविता, कहानी नाटक, गद्य (निबंध) आदि लिखा करते थे। सन् 1876-77 के मध्य इनकी रचनाओं का एक बड़ा संस्करण छप चुका था। ये अलग-अलग क्रमशः 'जनांकुर' और 'प्रतिबिम्ब' में तथा इनके परिवार की निजी पत्रिका 'भारती' में प्रकाशित होते रहते थे।

रवीन्द्र बाबू को अभिनय का भी शौक था। वे सर्वप्रथम प्रहसन अभिनेता के रूप में सन् 1877 में सामने आए थे। कालान्तर में भी यदा-कदा ये इस रूप में प्रकट होते रहे। संगीत शास्त्र, दर्शन शास्त्र रवीन्द्र के अन्य प्रिय विषय थे। कभी-कभी ये चित्र रचना करने भी बैठ जाते थे। इनकी बनाई कुछ तस्वीरें आज भी लाखों रुपये मूल्य की मानी जाती हैं।

रवीन्द्रनाथ ठाकुर अपने भाई सत्येन्द्रनाथ के साथ पहली बार इंग्लैंड सन् 1878 में गए थे। उस समय इनकी आयु मात्र 17 वर्ष की थी। वहां रहकर इन्होंने कुछ समय तक यूनीवर्सिटी कॉलेज लंदन में हेनरी मार्ले से अंग्रेजी साहित्य का अध्ययन किया था। रवीन्द्र बाबू का लेखन कार्य अबाध गति से चलता रहा। सन् 1881 में इनके निबंधों का संग्रह 'लेटर्स' नाम से छपा था। इसी दौरान उन्होंने अपना संगीतमय नाटक वाल्मीकि-प्रतिभा भी लिखा और स्वयं वाल्मीकि का अभिनय किया था। इसी दौरान संगीत पर इन्होंने अपना पहला लिखित भाषण दिया था।

इंग्लैंड से भारत लौटने पर इन्हें पत्रिका निकालने की आवश्यकता अनुभव होने लगी। उन्होंने 'साधना' नामक एक पत्रिका निकालने का विचार किया। इस पत्रिका का सम्पादक

उन्होंने अपने भतीजे सुधीन्द्रनाथ को बनाया था। यह एक ऐसी पत्रिका थी, जिसमें समसामयिक लेख और कविताएं छपती थीं।

आपकी साहित्य-साधना की ओर सभी शिक्षित लोग सम्मान की दृष्टि से देख रहे थे। आपकी रचनाओं का प्रचार बढ़ रहा था, इसलिए सुशिक्षित समाज द्वारा श्रद्धा प्रकट करने हेतु सन् 1907 में आपको बंगीय साहित्य सम्मेलन (Bengali Literary Conference) का सभापति चुना गया।

रवीन्द्र बाबू की साहित्य-साधना को ध्यान में रखकर बंगीय साहित्य परिषद ने उनके जीवन की अर्द्धशती पूरी होने पर उनका अभिनन्दन किया। इसी दौरान रवीन्द्रनाथ ने अन्तःप्रेरणा से अपनी कालजयी रचना 'गीतांजलि' का अविकल अंग्रेजी अनुवाद भी पूरा कर डाला था, ताकि अन्तरराष्ट्रीय स्तर पर उस महती रचना का मूल्यांकन किया जा सके।

गीतांजलि के अंग्रेजी अनुवाद से अंग्रेजी साहित्य मण्डल में एक सनसनी-सी फैल गई। लोग इस सुन्दर रचना के शिल्प, अभिव्यक्ति, भाव सभी पर मुग्ध थे। सन् 1913 में स्वीडिश अकादमी के द्वारा इसे नोबेल पुरस्कार के लिए चुना गया। बंगला के लब्ध-प्रतिष्ठ कवि अब विश्वकवि रवीन्द्रनाथ ठाकुर हो गए। रवीन्द्र बाबू की ख्याति साधारण झोपड़ी से लेकर ब्रिटिश सम्राट् पंचम जार्ज तक फैल चुकी थी। सम्राट् ने उन्हें 'सर' की उपाधि देकर सम्मानित किया। इसी वर्ष सी॰एफ॰ एण्ड्रूज तथा गांधीजी और रवीन्द्रनाथ ठाकुर की भेंट शांति निकेतन में हुई। गांधीजी और रवीन्द्रनाथ की यह पहली मुलाकात थी। शान्ति निकेतन में 'विश्वभारती' (World University) की आधारशिला रखी गई, जिसमें गुरुकुल शैली में शिक्षा देने की व्यवस्था की गई थी।

अपने विचारों, सिद्धान्तों का साहित्य सृजन के माध्यम से प्रचार करने के साथ-साथ रवीन्द्रनाथ भाषण द्वारा भी लोगों को अपने सद्विचारों से प्रेरित करते थे कि भलाई की राह पर चलें। ऑक्सफोर्ड विश्वविद्यालय में सन् 1930 में उन्होंने ऐसे ही विषय 'मानव का धर्म' पर अपने विचार प्रकट किए थे, जिन्हें खूब सराहा गया। सुभाष चन्द्र बोस के अनुरोध पर उन्होंने कलकत्ता में 'महाजती सदन' की आधारशिला रखी थी।

14 अप्रैल सन् 1941 को जब शान्ति निकेतन में इस महापुरुष की 80वीं वर्षगांठ धूमधाम से मनाई जा रही थी, तो कौन जानता था कि ये सदा-सदा के लिए भारतवासियों से बिछुड़ने की तैयारी कर रहे हैं। उन्हें गुर्दे की बीमारी थी। 7 अगस्त, 1941 को उनका आप्रेशन किया गया, जो सफल नहीं हुआ और वे समस्त हर्ष और विषादों को संजोए हुए चिर निद्रा में खो गए।

स्वामी विवेकानन्द

आधुनिक युग के संतों में अग्रगण्य और वेदांत दर्शन की धर्मध्वजा को देश व विदेशों में फहराने में स्वामी विवेकानन्द का अविस्मरणीय योगदान है। स्वामी विवेकानन्द का जन्म 12 जनवरी सन् 1863 मंगलवार को कलकत्ता में हुआ था। इनके पिता का नाम विश्वनाथ दत्त था। स्वामी विवेकानन्द का बाल्यकाल का नाम नरेन्द्रनाथ दत्त था। इनके बाबा (दादा) श्री दुर्गाचरण दत्त बहुत प्रतिभासम्पन्न व्यक्ति थे जिन्हें फारसी तथा संस्कृत दोनों का बहुत अच्छा ज्ञान था।

स्वामी विवेकानन्दजी की माता भी बहुत गुणवान तथा राजसी स्वभाव की महिला थीं। उनके सम्पर्क में जो भी आता था उनकी उदारता से प्रभावित हुए बिना नहीं रहता था। माता की शिक्षा, गुणों तथा ज्ञान का बालक नरेन्द्र पर काफी प्रभाव पड़ा था।

नरेन्द्रनाथ को बचपन से साधु-संगति का काफी शौक था। उनके दरवाजे जो भी साधु आता वे उसका सम्मान करते तथा घर में जो भी उपलब्ध होता, चलते समय वह साधु को भेंट स्वरूप दे देते।

पढ़ाई में भी नरेन्द्र की प्रतिभा विलक्षण थी। वे अपने अध्यापक द्वारा पढ़ाया पाठ आसानी से याद कर लिया करते थे और आवश्यकता पड़ती तो उसे दोहरा भी सकते थे। विलक्षण प्रतिभा के धनी नरेन्द्र को इतना कुशाग्र देखकर अध्यापक भी आश्चर्य में पड़ जाते थे।

नरेन्द्र (विवेकानन्द) ग्रजुऐट हो चुके थे। उनके पिता जोर देते थे कि नरेन्द्र विवाह कर लें। किन्तु, युवा नरेन्द्र ने इसे स्वीकार नहीं किया और कोई-न-कोई तर्क देकर वे हमेशा शादी के प्रस्ताव को रद्द कर देते थे। उनका तरुण मन कभी-कभी दुनिया की नश्वरता तथा असारता से ऊब कर कहीं एकान्त में सत्य की खोज में ध्यानस्थ हो जाता था। शुरू में वे ब्रह्म समाज की ओर आकर्षित हुए थे जो उस समय बंगाली बुद्धिजीवियों की एक प्रतिष्ठित संस्था थी। लेकिन नरेन्द्र का तर्कशील मन शीघ्र ही उस संस्था से ऊबने लगा और वे किसी ज्ञानी भक्त की तलाश करने लगे। ऐसे ज्ञानी भक्त स्वामी रामकृष्ण थे जो दक्षिणेश्वर के काली मन्दिर के पुजारी थे और मां काली की पूजा करते-करते समाधि में चले जाते थे।

नरेन्द्रनाथ उनकी कीर्ति से प्रभावित होकर अपने साथियों के साथ स्वामी रामकृष्णजी से मिलने दक्षिणेश्वर गए। वहां उनके साथ कुछ ऐसी घटनाएं घटित हुईं जिसकी वजह

से वे धीरे-धीरे स्वामी रामकृष्ण देव के सम्पर्क में ज्यादा आने लगे और अन्ततः एक दिन उनके पूरे शिष्य बन गए। नरेन्द्रनाथ की आन्तरिक प्रतिभा को स्वामी रामकृष्ण ने बहुत अच्छी तरह पहचान लिया था। वे अपनी साधना के बलबूते पर यह भी समझ गए थे कि 'नरेन्द्र' पूर्वजन्म में कोई महात्मा था जिसकी साधना में किंचित् न्यूनता रह जाने के कारण उसे दूसरा जन्म धारण करना पड़ा।

16 अगस्त, 1886 को श्रीरामकृष्ण देव ने इस संसार से विदा ले ली और उनका पार्थिव शरीर बेलूर मठ के समीप गंगा तट (हुगली) पर पंचतत्व में विलीन हो गया। स्वामी विवेकानन्द के लिए यह एक बहुत बड़ा झटका था। लेकिन विधि का विधान समझ कर वे इसे सहन करने में सफल हुए और लाखों, करोड़ों लोगों को अपने गुरु का संदेश सुनाने के लिए साधना की डगर पर अग्रसर हुए। स्वामी विवेकानन्द ने 'रामकृष्ण मिशन' का निर्माण किया।

खेतड़ी के महाराजा के कहने पर वे विश्व धर्म संसद में भाग लेने के लिए अमेरिका गए। सोमवार 11 सितम्बर, 1893 का शुभ दिन था, जिस दिन धर्म संसद का पहला सत्र शुरू हुआ। शिकागो कोलम्बो हॉल प्रतिनिधियों से भरा हुआ था। दोपहर के सत्र के बाद करीब 2 बजे जब दूसरा सत्र शुरू हुआ उस समय अध्यक्ष के अनुरोध पर जैसे ही स्वामी विवेकानन्द ने अपना सभा के ऊपर दृष्टिपात किया तो सभा उनके ओजस्वी व्यक्तित्व से मंत्रमुग्ध हो गई। अमेरिकी भाइयों और बहनो के आत्मीयतापूर्ण सम्बोधन से वे इतने अभिभूत हो गए कि दो मिनट तक हर्ष से तालियां ही बजती रहीं। शिकागो भाषण से पूरे विश्व में विवेकानन्द के ओजस्वी व्यक्तित्व की धूम मच गई। वे जहां जाते सर्वत्र लोग उनका स्वागत करते, उनके विचार सुनते और उनके शिष्य बनकर स्वयं को धन्य मानते थे।

विवेकानन्द द्वारा संस्थापित रामकृष्ण मिशन आज एक विश्वस्तरीय संस्था है। स्वामी विवेकानन्द देश-विदेश में घूमकर रामकृष्ण मिशनों की स्थापना तथा वेदान्त का प्रचार कर रहे थे। अमेरिका में हिन्दू संस्कृति के प्रति आस्था जगाने में स्वामी विवेकानन्द का कार्य अद्वितीय माना जाता है। उनका पांच भौतिक शरीर प्रचार-प्रसार का भारी कार्य करते-करते थक चुका था। वे बेलूर मठ में विश्राम कर रहे थे तथा अपने शिष्यों को संस्कृत तथा वेदान्त-दर्शन की शिक्षा दिया करते थे। तभी एक दिन 4 जुलाई (शुक्रवार), 1902 को स्वामीजी की मात्र 39 वर्ष की आयु में मृत्यु हुई थी।

झाँसी की रानी लक्ष्मीबाई

झांसी की रानी लक्ष्मीबाई वह भारतीय वीरांगना थीं जिन्होंने स्वयं रणभूमि में स्वतंत्रता की बलिवेदी पर हंसते-हंसते अपने प्राण न्यौछावर कर दिए थे। भारत की स्वतंत्रता के लिए सन् 1857 में लड़े गए प्रथम स्वतंत्रता-संग्राम का इतिहास इन्होंने ही अपने रक्त से लिखा था। भारतवासियों के लिए उनका जीवन आदर्श है।

लक्ष्मीबाई का वास्तविक नाम मनुबाई था, जबकि नाना जी राव पेशवा अपनी इस मुंहबोली बहन, जो इनके साथ-साथ खेल-कूद कर तथा शस्त्रास्त्र सीख कर बड़ी हुईं, को प्यार से 'छबीली' कह कर पुकारते थे। उनके पिता का नाम मोरोपन्त और माता का नाम भागीरथी बाई था, जो मूलतः महाराष्ट्र के निवासी थे। लक्ष्मीबाई का जन्म 13 नवम्बर सन् 1835 ई॰ को काशी में हुआ था और पालन-पोषण बिठूर में हुआ था। अभी वह चार-पांच वर्ष की ही थी कि उनकी माता का स्वर्गवास हो गया। पुरुषों के साथ खेल-कूद, तीर-तलवार और घुड़सवारी आदि सीखने के कारण उनके चरित्र और व्यक्तित्व में स्वभावतः वीर-पुरुषोचित गुणों का विकास हो गया था। बाजीराव पेशवा ने अपनी स्वतंत्रता की कहानियों के माध्यम से उनके हृदय में स्वतंत्रता के प्रति अगाध प्रेम उत्पन्न कर दिया था।

सन् 1842 ई॰ में मनुबाई का विवाह झांसी के अन्तिम पेशवा राजा गंगाधर राव के साथ हुआ। विवाह के बाद ही ये मनुबाई या छबीली के स्थान पर रानी लक्ष्मीबाई कहलाने लगीं। इस खुशी में राजमहल में आनन्द मनाया गया, प्रजा ने घर-घर दीप जलाए। विवाह के नौ वर्ष बाद लक्ष्मीबाई ने एक पुत्र को जन्म दिया। परन्तु वह इकलौता पुत्र जन्म के तीन महीने बाद ही चल बसा। पुत्र वियोग में गंगाधर राव बीमार पड़ गए, तब उन्होंने दामोदर राव को अपना दत्तक स्वीकार किया। कुछ समय बाद सन् 1853 ई॰ में राजा गंगाधर राव भी स्वर्ग सिधार गए। उनकी मृत्यु के बाद अंग्रेजों ने झांसी की रानी को असहाय और अनाथ समझ कर उनके दत्तक पुत्र को अवैधानिक घोषित कर रानी को झांसी छोड़ने को कहा। परन्तु लक्ष्मीबाई ने स्पष्ट शब्दों में उनको उत्तर भेज दिया कि, ''झांसी मेरी है, मैं प्राण रहते इसे नहीं छोड़ सकती।''

तभी से रानी ने अपना सारा जीवन झांसी को बचाने के संघर्ष और युद्धों में ही व्यतीत किया। उन्होंने गुप्त रूप से अंग्रेजों के विरुद्ध अपनी शक्ति संचय करनी प्रारंभ कर दी। अवसर पाकर एक अंग्रेज सेनापति ने रानी को साधारण स्त्री समझ कर झांसी पर आक्रमण कर दिया। परन्तु रानी पूरी तैयारी किए बैठी थीं। दोनों में घमासान युद्ध हुआ। उन्होंने अंग्रेजों के दांत खट्टे कर दिए। अन्त में लक्ष्मीबाई को वहां से भाग जाने के लिए विवश

होना पड़ा। झांसी से निकल कर रानी कालपी पहुंची। ग्वालियर में रानी ने अंग्रेजों से डटकर मुकाबला किया परन्तु लड़ते-लड़ते वह भी स्वर्ग सिधार गईं। वह मर कर भी अमर हो गईं और स्वतंत्रता की ज्वाला को भी अमर कर गईं। उनके जीवन की एक-एक घटना आज भी भारतीयों में नवस्फूर्ति और नवचेतना का संचार कर रही है।

आचार्य विनोबा भावे

महात्मा गांधी के पश्चात् सामान्य जनता की सुध लेने और उनके दुःख-दर्द बांटने के लिए यदि किसी महापुरुष ने सफल आन्दोलन चलाया तो सबसे पहले आचार्य विनोबा भावे का नाम आता है। वस्तुतः विनोबाजी ही गांधीजी के सही उत्तराधिकारी थे। वे गांधीजी के सपनों का भारत बनाना चाहते थे जिसमें ग्रामोदय, सर्वोदय हो। गांधीजी चाहते थे कि भारत में रामराज्य आए–ऐसा रामराज्य जिसका वर्णन गोस्वामी तुलसीदास ने रामचरितमानस में किया है–

नहिं दरिद्र कोउ दुखी न दीना। नहिं कोउ अबुध न लच्छत हीना।।
बैर न कर काहू सन कोई। राम प्रताप विषमता खोई।।

आचार्य विनोबा भावे ने यही संकल्प लिया था कि वे पूरे भारत का भ्रमण करेंगे, नगर-नगर, ग्राम-ग्राम जाएंगे तथा दान में भू-दान लेंगे। ताकि, जमीन का वितरण उन लोगों में किया जा सके जिनके पास जमीन का अभाव है और बड़ी मुश्किल से अपना जीवन-यापन कर पाते हैं। अपने संकल्प की पूर्ति के लिए महाराष्ट्र में जन्मा यह दुबला-पतला सन्त लोकमंगल की कामना से सारे भारत में घूमा। गरीबों को सिर ढकने के लिए आवास की व्यवस्था कराई। गांधीजी द्वारा शुरू किया गया चरखा यज्ञ फिर शुरू हुआ तथा चरखे में कुछ ऐसे आवश्यक सुधार किए गए ताकि ग्रामीण और जरूरतमन्द भाई-बहन चरखे के द्वारा अपनी आजीविका कमा सकें।

यही कारण है कि भूदान आन्दोलन के अलावा, सर्वोदय, श्रम, अन्त्योदय कार्यक्रमों के द्वारा भारत की शोषित, पीड़ित जनता में स्वाभिमान का भाव जगाकर उन्हें समाज की मुख्य धारा से जोड़ने का जो ऐतिहाससिक काम विनोबाजी ने आरंभ किया था वह उससे पहले एक कल्पनामात्र था। विनोबाजी की पदयात्राएं सामाजिक एवं सांस्कृतिक होने के साथ-साथ, उस फासले को भी कम करने वाली थीं जो सरकारी आर्थिक योजनाओं के लाभों को ग्रामीण जनता तक नहीं पहुंचा पा रही थीं।

विनोबाजी अपने संकल्प के धनी थे। वे इस बात के लिए सतत क्रियाशील रहे कि समाज में संघर्ष को टाला जाए। जो साधन-सम्पन हैं वे साधनहीनों को अपनी सम्पत्ति का

समुचित हिस्सा स्वेच्छा से ऐसे लोगों में बांट दें जो उसे मानवीय आधार पर प्राप्त करने के हकदार हैं।

विनोबाजी ने समग्र देश में भूदान, अन्त्योदय, सर्वोदय आदि आन्दोलनों को कामयाब बनाने के लिए करीब 40 हजार मील की पदयात्राएं की थीं। उनकी ये यात्राएं विश्व की सबसे लम्बी पदयात्राएं मानी जाती हैं। उनकी पदयात्राओं तथा सेवा-कार्य को देखकर सन् 1955 में उन्हें मेगसेस पुरस्कार से अलंकृत किया गया था।

अंग्रेजी शासन में विद्यमान जमींदारी प्रथा ने देश में भूमिहीनों तथा श्रमिकों की संख्या में वृद्धि कर दी थी जिसकी वजह से ग्रामीण व्यवस्था में असमानता आ गई थी। भू-स्वामी कम थे तथा भूमिहीनों की संख्या अधिक थी। इस असमानता को मिटाने के लिए विनोबाजी ने भूदान का रास्ता अपनाया।

पवनार आश्रम का यह भूदान आन्दोलन का अग्रदूत गऊमाता का भी अनन्य भक्त था। वे चाहते थे कि भारत से गोवध का कलंक जितनी जल्दी मिट जाए उतना ही अच्छा है। महाराष्ट्र में 1895 में जन्मा यह महापुरुष अपनी अटूट लोकसेवा करते हुए सन् 1982 में परलोकवासी हुआ। विनोबाजी अपनी अटूट दरिद्रनारायण सेवा, राष्ट्रभक्ति तथा भूदान आन्दोलन के जनक के रूप में सदा स्मरणीय रहेंगे।

प्रथम राष्ट्रपति डॉ॰ राजेन्द्र प्रसाद

डॉ॰ राजेन्द्र प्रसाद भारत के प्रथम राष्ट्रपति थे। वे भारतीय संस्कृति की श्रेष्ठ मान्यताओं के मूर्तिमान स्वरूप थे। उनके समकालीन लोगों ने लिखा है कि राजेन्द्रबाबू सरलता तथा सादगी बहुत पसन्द करते थे। उन्हें भारतीय राजनीतिक का सात्विक रूप कहा गया है। गांधीजी उन्हें अजातशत्रु (जिसका शत्रु पैदा ही न हुआ हो) और देशबंधु कहते थे। सरोजिनी नायडू ने उनकी गुणावली को जानते हुए अपनी काव्यमयी भाषा में उनके बारे में लिखा है कि वे ऐसे महापुरूष थे जिनकी लेखनी से भी कटुतापूर्ण कोई शब्द कभी नहीं लिखा गया।

बाबू राजेन्द्र प्रसाद का जन्म 3 दिसम्बर, 1884 को एक मध्यमवर्गीय कायस्थ परिवार में बिहार राज्य के सारन जिले के जीरादेई नामक गांव में हुआ था। जब वे मात्र अपनी किशोरावस्था में थे तभी कलकत्ता विश्वविद्यालय की मैट्रिकुलेशन परीक्षा में सर्वोच्च अंक लेकर उत्तीर्ण हुए थे। राजेन्द्रजी के अध्यापक तथा उनके सम्पर्क में आने वाले सभी लोग उनके गुणों तथा प्रतिभा की प्रशंसा करते थे। उन दिनों कलकत्ता विश्वविद्यालय पूरे

उत्तर-पूर्व में अपनी शिक्षा व्यवस्था के लिए प्रसिद्ध था। कानून की सर्वोच्च उपधि लेकर वे अपने व्यवसाय में भी उतने ही सफल रहे जितने सफल वे अपनी पढ़ाई में थे। कलकत्ता एवं पटना हाईकोर्ट दोनों में उनकी वकालत की धूम थी। सन् 1918 में चम्पारन में वे गांधीजी के सम्पर्क में आए तथा उनके विचारों से प्रभावित होकर उन्होंने अपनी फल-फूल रही वकालत को ऐसे समय में छोड़ दिया जब परिवार को आर्थिक सहायता की भारी जरूरत थी। राजेन्द्र बाबू भारतीय राष्ट्रीय कांग्रेस के तीन बार अध्यक्ष बने तथा उनकी गणना कांग्रेस के शुरू के छः नेताओं में होने लगी।

सन् 1946 में जब पहली राष्ट्रीय सरकार का गठन किया गया उस समय उन्हें खाद्य आपूर्ति एवं कृषि मंत्री बनाया गया था। इसी दौरान वे संविधान सभा के सदस्य बनाए गए, जिसे उन्होंने बड़ी योग्यता के साथ संभाला। तीन वर्ष बाद जब भारत सन् 1947 में स्वतंत्र हुआ। इसका अपना संविधान 26 जनवरी, 1950 से लागू किया गया उस समय राजेन्द्रबाबू सर्वसम्मति से भारतीय गण्तंत्र के राष्ट्रपति चुने गए। आप इस महान् पद पर लगातार 12 वर्ष तक रहे। वास्तविकता तो यह है कि राष्ट्रपति का गौरवमय पद राजेन्द्रबाबू जैसे महान् कर्मनिष्ठ व्यक्ति को प्राप्त कर गौरवान्वित हुआ था।

राजेन्द्रबाबू का लालन-पालन एक परम्परावादी परिवार में हुआ था। चौके में भोजन करना, ब्राह्मण का बनाया भोजन करना, बाहर का बना भोजन न करना आदि, आदि। किन्तु, गांधीजी के कहने पर उन्होंने इन सब मान्यताओं को तोड़ दिया था। उन्होंने अपनी आत्मकथा में लिखा है कि गांधीजी के प्रभाव से उनके जीवन तथा मान्यताओं में क्रान्तिकारी परिवर्तन आने लगे थे। जैसे जात-पांत को मानने वाली मेरी आदत छूट चुकी थी। गांधीजी कहा करते थे कि यदि इन छोटी-छोटी पाबन्दियों में हम लोग फंस जाएंगे तो बड़े काम कैसे करेंगे।

कुछ बातों को लेकर तत्कालीन प्रधानमंत्री तथा राष्ट्रपति डॉ॰ राजेन्द्र प्रसाद के मध्य कुछ मतभेद उभरने शुरू हो गए थे। एक के मन में भारतीय भाषाओं के प्रति अगाध निष्ठा थी किन्तु प्रधानमंत्री जी की सारी शिक्षा-दीक्षा पाश्चात्य ढंग से हुई थी, इसलिए वे हिन्दी की बात तो करते थे, हिन्दी में बात भी करते थे किन्तु, हिन्दी को सरकारी कामकाज में अपनाने की बात मन से स्वीकार नहीं करते थे। उनकी वजह से सन् 1950 में, 15 वर्ष की अवधि के बाद हिन्दी को राजभाषा बनाए जाने का वादा 50 साल बाद भी पूरा नहीं हो पा रहा है। राजर्षि टंडन तथा राजेन्द्रबाबू इस अवधि के पक्षधर नहीं थे। हिन्दू कोड बिल के विषय में दोनों नेताओं के वैचारिक मतभेद इतने खुल

गए थे कि पं॰ नेहरू की जिद के कारण अन्ततः उसे संसद से खण्डों में पारित करवाना पड़ा। राजेन्द्रबाबू नहीं चाहते थे कि तिब्बत को चीन को सौंपा जाए। सन् 1962 में चीन के द्वारा किए गए आक्रमण को उन्होंने उस पाप का परिणाम बताया था जो चीन को तिब्बत सौंप कर किया गया था।

राजेन्द्रबाबू, मई 1962 में राष्ट्रपति के पद का कार्यकाल समाप्त होने के पश्चात् सदाकत आश्रम, पटना चले गए थे। 22 फरवरी, 1963 को एक महान् रिक्ति छोड़कर वे पंचतत्व में विलीन हो गए।

क्रांतिकारी चंद्रशेखर आजाद

चन्द्रशेखर आजाद की गणना भारत के उन महान् क्रान्तिकारियों में की जाती है, जिनका आदर्श वाक्य था– ''सर कटा सकते हैं लेकिन सर झुका सकते नहीं।'' एक हवा चली थी इस देश में – अंग्रेजों से भारत को खाली कराने के लिए। यह हवा तकली नचाने वालों की नहीं, वरन् उन लोगों की थी जो कहते थे 'मारो या मरो', करो या मरो नहीं। ऐसे वीर सर पर पगड़ी नहीं, कफन बांधकर चलते थे। हमने होली गाते ऐसे लोगों को सुना है, जो इन शूरवीरों की वन्दना करते हुए गया करते थे – सिर बांधे कफन का ताज! शहीदों की टोली निकली। इस प्रकार के आजादी के दीवानों में चन्द्रशेखर का नाम सबसे पहले आता है। इनके साथी थे, भगतसिंह, राजगुरु, रामप्रसाद बिस्मिल, असफाक उल्ला खां, राजेन्द्र नाथ लाहिड़ी आदि।

चन्द्रशेखर आजाद के पिता-माता मूलतः बदरका, जिला उन्नाव के निवासी कान्यकुब्ज ब्राह्मण थे। पिता बैजनाथ मध्य प्रदेश के वन विभाग में एक सामान्य-सी नौकरी करते थे। कहा जाता है कि ये लोग कुछ दिन बनारस (वाराणसी) में भी रहे थे। बालक चन्द्रशेखर की शिक्षा-दीक्षा नियमित नहीं हो सकी। उन्होंने निज अभ्यास से हिन्दी और संस्कृत सीखी थी। इन्होंने भारत को आजाद कराने के लिए युवा क्रान्तिकारियों की एक टोली का गठन किया था। यह टोली लुक-छिप कर बम बनाने, हथियार इकट्ठा करने तथा अंग्रेजों को मारने और सरकारी माल लूटकर उससे आवश्यक हथियार आदि खरीदने का उपक्रम करते थे।

इस टोली का नाम 'हिन्दुस्तान प्रजातांत्रिक संघ' था। काकोरी षड्यंत्र के समय उक्त संस्था ने ही गाड़ी रोककर सरकारी खजाना लूटा था। यह घटना 9 अगस्त, 1925 को घटित हुई थी।

काकोरी षड्यंत्र में रामप्रसाद बिस्मिल, रोशन सिंह, राजेन्द्र नाथ लाहिड़ी, असफाक उल्ला खां को फांसी दी गई। बाकी लोगों को लम्बी सजाएं देकर यातनाएं दी जा रही थीं।

चन्द्रशेखर आजाद किसी के हाथ नहीं आए। वे कहा करते थे कि ब्रिटिश राज में मुझे कोई पकड़ने वाला नहीं है। मैं आजाद हूं और आजाद ही रहूंगा। शायद वे आजाद ही रहते हुए अंग्रेजों को नाकों चने चबवाते रहते, परन्तु गद्दार भी हमारे ही देश के लोग थे, जो चन्द चांदी के टुकड़े लेकर रत्नमयी भारत की वसुंधरा को बेचना चाहते थे। किसी चुगलखोर ने आजाद को पहचान लिया और पुलिस को जाकर सूचना दे दी कि आजाद इलाहाबाद के एक पार्क में बैठे हुए हैं।

27 फरवरी, 1931 का दिन था। आजाद अल्फ्रेड पार्क में चिन्तामग्न बैठे थे। सहसा उन्होंने देखा कि पुलिस की एक सशक्त टुकड़ी घेराबन्दी करके उनकी ओर बढ़ती चली आ रही है। भागने का कोई रास्ता न देखकर आजाद ने मुकाबला करना श्रेयस्कर समझा। उन्होंने ललकारते हुए पुलिस वालों से कहा कि मुझे जिन्दा पकड़ने वाला ब्रिटिश राज में पैदा नहीं हुआ। खबरदार! यदि आगे बढ़े। उन्होंने दनादन गोलियां चलानी शुरू कर दीं तथा अनेक पुलिस वालों को ठिकाने लगाकर अन्तिम गोली स्वयं अपने को मारकर भारतमाता की आजादी के लिए शहीद हुए लोगों से जाकर स्वर्ग में मिले। यह कहानी उस आजादी के दीवाने की है, जो नवयुवकों में अपनी कार्यशैली द्वारा जीवन का संचार करता था।

भगवान गौतम बुद्ध

आज से करीब 2 हजार आठ सौ वर्ष पूर्व शाक्य जनपद में भगवान गौतम बुद्ध का जन्म महाराज शुद्धोदन की महारानी महामाया के गर्भ से हुआ था। महारानी जब मायके जा रही थीं तो रास्ते में ही लुम्बिनी उद्यान में शिशु का जन्म हो गया था। पंडितों तथा ज्योतिषियों ने विचार कर कहा था कि इस बालक का नाम सिद्धार्थ रखा जाए। बालक सिद्धार्थ के जन्म-नक्षत्र देखकर ज्योतिषियों ने यह भी भविष्यवाणी की थी कि वे आगे चलकर या तो चक्रवर्त्ती सम्राट् होंगे अथवा महायशस्वी महात्मा, जिनके उपदेशों से समग्र विश्व सत्य और अहिंसा के मार्ग पर चलने को प्रेरित होगा।

माता महामाया पुत्ररत्न की प्राप्ति के बाद अधिक दिनों तक संसार में नहीं रहीं। सप्ताहान्त होने तक वे कालकवलित हो गईं और बालक सिद्धार्थ का लालन-पालन उनकी मौसी को सौंपा गया।

बाल्यकाल में सिद्धार्थ अन्य बालकों की तरह चपल नहीं थे। वे न जाने किन विचारों में निरंतर खोये-खोये से रहते थे। महाराज शुद्धोदन ने अपने पुत्र की जब यह मनोदशा देखी, तो मंत्रियों तथा राजपुरोहितों की सलाह से तरुण सिद्धार्थ का शीघ्र विवाह करने का

निर्णय लेना पड़ा। अंततः कोलिय राजकुमारी यशोधरा के साथ उनका विवाह हो गया। विवाह के उपरान्त भी जो परिवर्तन होना चाहिए, वह युवा राजकुमार में नहीं हुआ। हां! यशोधरा को पुत्र लाभ अवश्य हुआ, जिसका नाम राहुल रखा गया।

राजकुमार सिद्धार्थ ने एक दिन रोगी को तथा एक दिन किसी शव को ले जाते हुए लोगों को देखा। इन सब धटनाओं की वजह से उन्हें वैराग्य हो गया। एक दिन रात में पिता और माता गौतमी का वात्सल्य, सुन्दर पत्नी का प्रेम तथा शिशु राहुल के अनुराग को छोड़कर वे कपिलवस्तु छोड़कर अपने सारथी छन्नक को साथ लेकर राजगृह पहुंच गए। वहां के राजा बिम्बसार ने उनका भरपूर स्वागत किया तथा अनुरोध किया कि वे राज-प्रासाद में ही निवास करें। किन्तु सिद्धार्थ इस प्रलोभन में आने वाले नहीं थे। वे राजगृह से गया के पहाड़ी जंगलों की ओर बढ़ते गए, वहीं निरंजना नदी के तट पर बैठकर उन्होंने लगातार छह वर्षों तक घोर तपस्या की, अन्ततः वैशाख शुक्ल पूर्णिमा के दिन उन्हें बोधिवृक्ष के नीचे ज्ञान की प्राप्ति हुई और उनके काफी समय से चले आ रहे अस्थिर मन को परम शान्तिदायक ज्ञान की प्राप्ति हो गई। उन्होंने कहा कि–"मैं अनेक जन्मों तक इस जन्म-मरण के कारण को खोजता रहा। अब मैंने जन्म-मरण के कारण को, तृष्णा को पहचान लिया है। अब मेरे चित्त से तृष्णा का क्षय हो गया है।"

ज्ञान प्राप्त कर भगवान गौतम बुद्ध सबसे पहले सारनाथ पहुंचे, यह स्थान वाराणसी के समीप है। भगवान गौतम बुद्ध ने सर्वप्रथम यहीं पर बौद्ध भिक्षुओं को उपदेश दिया था।

"भिक्षुओ, आदमी को दो सिरे की बातों से बचना चाहिए। किन दो सिरे की बातों से? एक तो व्यर्थ में कायक्लेश से शरीर को बेकार तकलीफ देने से। दूसरे काम-भोगों में ही लिप्त रहने से। इन बातों से बचकर आदमी को कल्याण पथ का पथिक बनना चाहिए। वह कल्याण पथ कौन-सा है– ठीक से विचार करना, ठीक संकल्प करना, ठीक बोलना, ठीक कर्म करना, ठीक अजीविका, ठीक उद्योग, ठीक स्मृति और ठीक समाधि।"

उस दिन ऋषि पत्तन मृगदाय में बुद्ध ने अपना धर्मचक्र प्रवर्त्तन किया। इससे पहले ऐसा धर्मोंपदेश किसी ने नहीं दिया था।

कालान्तर में बौद्ध भिक्षुओं की संख्या बढ़ने लगी थी और वे भगवान बुद्ध की शिक्षाओं का प्रचार करने में जुट गए थे।

भगवान गौतम बुद्ध की शिक्षाएं विस्तार से धम्मपद में संकलित हैं। भगवान गौतम बुद्ध के विचारों का एशिया महाद्वीप में काफी प्रचार हुआ था। काबुल, कन्दहार से लेकर तिब्बत, चीन, जापान, कोरिया, बर्मा, जावा, सुमात्रा, श्रीलंका, इंडोनेशिया आदि देशों में

भगवान गौतम बुद्ध के अनुयायी आज भी पाए जाते हैं। कालान्तर में सम्राट् अशोक ने बौद्ध धर्म का काफी प्रचार किया था। उन्होंने बड़े-बड़े शिलाखण्डों में, स्तूपों में भगवान बुद्ध की शिक्षाएं, पाली भाषा और ब्राह्मी लिपि में अंकित कराई थीं।

भगवान बुद्ध ने 29 वर्ष की आयु में गृहत्याग किया, छह वर्षों तक निरंतर साधना की तथा 35 वर्ष की आयु से लेकर 80 वर्ष की आयु पर्यन्त वे लोक-कल्याण के कार्यों में लगे रहे।

महर्षि वाल्मीकि

राम और सीता की कथा 'रामायण' है। श्रीरामचन्द्रजी ने जब स्वयं 'रामायण' सुनी, तो वे नहीं जानते थे कि उसके सुनाने वाले उनके पुत्र हैं। जिस कवि ने 'रामायण' की रचना की, उसे गाकर कहने की प्रक्रिया लव और कुश को सिखाई – वे महामुनि वाल्मीकि थे। वाल्मीकि किस प्रकार से मुनि एवं गायक कवि बने– यह अपने आप में एक मनोरंजक कथा है।

वाल्मीकि ने रामायण संस्कृत में लिखी थी। यह एक अति सुंदर काव्य है। किसी महान् नायक के सम्पूर्ण जीवन को लम्बी कविता में लिखा जाना महाकाव्य कहलाता है। रामायण संस्कृत का प्रथम महाकाव्य है। संस्कृत हमारे देश की प्राचीन गौरवमयी भाषा है, जिसमें हम भारतीयों का अनेक प्रकार का साहित्य लिखा गया था। रामायण को आदिकाव्य, प्रथम काव्य तथा वाल्मीकि को आदिकवि कहा जाता है।

वाल्मीकि का नाम उनके माता-पिता का दिया हुआ नहीं है। उनका वास्तविक नाम तो रत्नाकर था। संस्कृत में वाल्मीकि का अर्थ बाँबी होता है, जिसे दीमक (White ant) बनाते हैं। कहा जाता है कि तपस्या करते-करते इतने वर्ष बीत गए कि दीमक ने उनके ऊपर बाँबी बना डाली थी। बाँबी से निकलने के कारण ही लोक उन्हें वाल्मीकि कहने लगे थे।

श्रीराम त्रेतायुग में हुए थे और वाल्मीकि भी इस युग में हुए थे। अतः दोनों ही समकालीन थे, त्रेतायुग में गंगानदी के किनारे घना जंगल था। वहां पर एकान्त होने के कारण अनेक ऋषि-मुनियों ने अपने-अपने आश्रम बना लिये थे। वाल्मीकि का आश्रम भी गंगा के किनारे था। कहा जाता है कानपुर से कुछ दूरी पर बिठूर नामक स्थान में वाल्मीकि ऋषि का आश्रम था। इसे ब्रह्मावर्त्त भी कहते हैं। प्राचेतस मुनि वाल्मीकि के पिता थे। वाल्मीकि (रत्नाकर) एक दिन खेलते-खेलते बीहड़ जंगल में पहुंचकर रास्ता भूल गए। वे रोने लगे तथा अपने पिता का नाम ले-लेकर चिल्लाने लगे। उसी समय कुछ शिकारियों ने उनकी आवाज सुनी और बालक रत्नाकर को अपने साथ लिवा ले गए। इधर प्राचेतस

और उनकी पत्नी ने रो-पीटकर यह समझ लिया कि बालक (रत्नाकर) को कोई जंगली जानवर खा गया होगा।

जिस शिकारी ने बालक को अपने पास रखा, उसकी पत्नी के कोई बच्चा नहीं था। उन्होंने रत्नाकर को पुत्रवत् स्नेह दिया। रत्नाकर बड़े होकर बहुत सधे शिकारी बन गए। जंगल के पशु-पक्षी उन्हें साक्षात् 'यमराज' ही समझने लगे। युवा होने पर उसके दत्तक पिता ने उसका विवाह एक सुन्दर कन्या से कर दिया। कुछ समय पश्चात् उनके बच्चे भी हुए। परिवार का भार उठाने के लिए 'रत्नाकर' लोगों को लूटने लगा। जो उसका विरोध करते, रत्नाकर उन्हें मार डालता। एक दिन नारद मुनि, जो देवर्षि के नाम से जाने जाते हैं, उसी राह से आ निकले जिधर रत्नाकर किसी व्यक्ति को लूटने के लिए बैठा हुआ था। नारद अविचलित भाव से रत्नाकर को देखकर कहने लगे, मेरे पास यह पुरानी वीणा और 'राम' है तुम चाहो तो इसे ले सकते हो, इसके लिए सिर तोड़ने की क्या जरूरत है। नारद के तेजस्वी बाल स्वभाव को देखकर रत्नाकर हतप्रभ होकर कहने लगा–मेरा बड़ा परिवार है, इसीलिए मैं निन्दित कर्म करने में प्रवृत्त हो गया हूँ। नारदजी ने सहज भाव से पूछा- क्या तुम्हारे परिवार के व्यक्ति तुम्हारे इस बुरे काम में भागीदार बनने के लिए तैयार हैं? तुम उनसे पूछकर तो देखो। नारदजी कहीं भाग न जाएं, इसलिए रत्नाकर ने उन्हें एक पेड़ से बांध दिया। उसने परिवार के प्रत्येक व्यक्ति से पूछा, किन्तु कोई भी रत्नाकर के पाप-कर्म में सहभागी बनने के लिए तैयार न था। उन्होंने कहा कि जो कुछ तुम करते हो, उसके लिए तुम स्वयं जिम्मेदार हो।

रत्नाकर की आँखें खुल गई थीं। वे नारद बाबा के आगे रोने लगे। नारदजी ने रत्नाकर को गले लगाकर राम-राम की महिमा बताई और कहा कि इस नाम के जपने से वह पाप के बंधन से छूट जाएगा। रत्नाकर ने इतनी तपस्या की कि उसके ऊपर बाँबी बन गई। नारद बाबा काफी दिन बाद फिर उस रास्ते से आए, उन्होंने सावधानी से बाँबी साफ किया रत्नाकर को बाहर निकाला, तपस्या में निरत रत्नाकर को काई होश नहीं था। नारदजी ने उनके कान में राम-राम कहा तो रत्नाकर सचेत होकर नारद के चरणों में गिर पड़े। नारद ने उन्हें आशीर्वाद देते हुए कहा कि भगवान तुम्हारी तपस्या से प्रसन्न हैं।

वाल्मीकि की रामकथा एक विशद् महाकाव्य होने के साथ-साथ संस्कृत साहित्य का अनमोल रत्न है। मुनिवर वाल्मीकि की वर्णन-शैली और ललित संस्कृत के छन्द मन को छू लेते हैं। स्वयं हनुमानजी ने उनके महाकाव्य की भूरि-भूरि प्रशंसा की थी। हम भारतवासियों पर वाल्मीकि महर्षि का भारी ॠण है। वे इस महाकाव्य की वजह से भारत के महाकाश में अजर-अमर हैं।

महाकवि कालिदास

महाकवि कालिदास की गणना संस्कृत साहित्य में शीर्षस्थ कवियों में की जाती है। उनकी सात कृतियों का अनुवाद विश्व की अनेक भाषाओं में हो चुका है। वस्तुतः कालिदास का नाम विश्व साहित्य के प्रमुख कवियों में शुमार हो चुका है। कालिदास को उज्जयिनी के महाराज विक्रमादित्य की सभा के नवरत्नों में सम्मिलित किया जाता है। कालिदास के बारे में किंवदंती प्रचलित है कि प्रारंभ में वे महामूर्ख थे। इस क्रम में एक मनोरंजक कथा भी कही जाती है। कहा जाता है कि बाणभट्ट और नागेटभट्ट अवंती के महाराज के दरबारी कवि थे। अवंती नरेश की पुत्री विद्योत्तमा रूप, गुण एवं विद्या में साक्षात् सरस्वती के समान थी। शास्त्रार्थ में वह बड़े-बड़े पंडितों तथा दरबार के श्रेष्ठ विद्वानों को परास्त कर चुकी थी। इसलिए दरबारी पंडित उससे ईर्ष्या करने लगे थे। वे डाह के कारण राजकुमारी का विवाह किसी महामूर्ख से कराने का षड्यंत्र रच रहे थे। जब उन्होंने जंगल में किसी ऐसे व्यक्ति को लकड़ी काटते देखा, जो उसी डाल को काट रहा था, जिस पर वह स्वयं बैठा था, तो उनके हर्ष का ठिकाना न रहा और वे यह आश्वासन देकर उसे अवंती नगर में ले आए कि उसका विवाह राजकन्या से करा दिया जाएगा। उस मूर्ख युवक का नाम कालिदास था।

राजदरबार में ले जाने से पूर्व कालिदास को स्नानादि कराकर खूब सजाया गया। राजकुमारी से कहा गया कि प्रकाण्ड पंडितजी मौन व्रत धारण किए हुए हैं, वे पूछे गए प्रश्नों का उत्तर सांकेतिक भाषा में देंगे।

राजकुमारी ने नवागत पंडितजी को देखा और उनकी ओर एक उंगली इस आशय से दिखाई कि ईश्वर एक है। मूर्ख ने सोचा कि राजकुमारी शायद उसकी एक आँख फोड़ना चाहती है, अतएव उसने इस अभिप्राय से दो उंगलियां उठायीं कि उसकी दोनों आंखें वह फोड़ देगा। विद्योत्तमा पंडित का आशय समझकर मुस्करा उठी। उसे लगा कि शायद पंडितजी का आशय सगुण और निर्गुण ब्रह्म से है। इसके पश्चात् उसने अपना हाथ दिखाया। राजकुमारी के लाल हाथ, लंबी उंगलियों को देखकर पंडितजी को लगा कि यह शायद उसे तमाचा मारना चहती है, अतः बचाव के लिए उन्होंने अपनी मुट्ठी दिखाई। विद्वान् पंडितों ने अर्थ किया कि राजकुमारी हाथ दिखाकर पांच तत्त्व और उनका अस्तित्त्व अलग-अलग होने की बात कर रही हैं, जबकि विद्वान् युवक की मान्यता है कि पांच तत्वों का अस्तित्व पृथक्-पृथक् आभासित होने पर वस्तुतः वे मिले हुए हैं, तभी तो सृष्टि की

रचना होती है। राजकुमारी ज्यादा कुछ बोलने में असमर्थ रही और अपनी हार उसने स्वीकार कर ली।

राजकुमारी का विवाह तथाकथित विद्वान् युवक से हो गया। विवाह के पश्चात् पहली रात को ही विद्योत्तमा जान गई कि उसके साथ छल हुआ है और उसका पति विद्वान् न होकर महामूर्ख है। अतः विद्योत्तमा इस झटके को सह न सकी और उस व्यक्ति को राजभवन से निकल जाने के लिए कहा। कहा जाता है कि इस निरादर से कालिदास की आंखें खुल गईं और वह विद्याध्ययन करने काशी चले गए। काशी में कालिदास ने जी-तोड़ परिश्रम किया। पढ़-लिखकर और योग्य बनकर कालिदास अपनी भार्या विद्योत्तमा के पास वापस आए। अंततः विद्योत्तमा ने कालिदास की विद्वता को स्वीकार कर लिया।

हमारे देश के महाकवियों ने अपने विषय में कभी कुछ लिखने का प्रयास नहीं किया। वे विद्या को समर्पित होते थे और आत्म-परिचय देना उचित नहीं मानते थे। कालिदास भी इसी प्रकार के महाकवि थे। वे कहां जन्मे, कहां और कब उन्होंने विद्या अर्जन किया, उनके पिता का नाम क्या था? – आदि जानकारी उनकी रचनाओं से नहीं मिलती। शकुन्तला नाटक में उन्होंने अपने को विक्रम की सभा का कवि बताया है।

कालिदास के ग्रंथों को पढ़ने से पता चलता है कि वे भ्रमण प्रिय, विद्वान्, कवि थे। रघुवंश के चौथे सर्ग में रघु की दिग्विजय का मनोहारी वर्णन कोई ऐसा कवि ही कर सकता है, जो उन प्रदेशों में घूमा हो। कालिदास अवश्य उन प्रदेशों में गए होंगे। इसी प्रकार उनके मेघदूत में विरही यक्ष के दूत 'नए बादल' जिन-जिन मार्गों से गुजरने का दिशाबोध पाते हैं– वह भी कवि की कल्पना न होकर यर्थाथपरक है।

कालिदास उज्जयिनी में महाराज विक्रमादित्य की सभा के नवरत्न माने गए हैं। विक्रम की सभा के नवरत्नों के नाम थे – धन्वन्तरि, क्षपणक, अमर सिंह, शंकु, बेताल भट्ट, घटखर्पर, कालिदास, वराहमिहिर, वररुचि।

कालिदास विरचित सात ग्रंथ प्रामाणिक माने जाते हैं। ऋतुसंहार, कुमारसंभव, रघुवंश और मेघदूत काव्य ग्रंथ हैं तथा मालविकाग्निमित्रम् विक्रमोर्वशीयम् एवं अभिज्ञान शाकुन्तलम् उनके प्रसिद्ध नाटक हैं, जिनका अनुवाद दुनिया की अनेक भाषाओं में हो चुका है।

स्वातंत्र्य वीर सावरकर

वीर सावरकार के नाम से विख्यात इस महापुरुष का पूरा नाम विनायक दामोदर सावरकर था। इनके पूज्य पिताश्री दामोदर पन्त सावरकर महाराष्ट्र के नासिक जिला के भगूर नामक ग्राम के निवासी थे।

विनायक सावरकर की पूज्य माता श्रीमती राधाबाई नम्र, परोपकारी, धर्मनिष्ठ एवं गृहकार्य में दक्ष आदर्श गृहिणी थीं। वे अपने पुत्रों को रोज रात में रामायण एवं महाभारत की कथाएं सुनातीं तथा महापुरुषों के चरित्र का बखान करतीं। इस प्रकार माता तथा पिता दोनों के सुसंस्कारों से पोषित होकर विनायक सावरकर की आरंभिक शिक्षा-दीक्षा ग्राम-शाला में हुई। इसके उपरान्त 10 दिसम्बर, 1901 को इन्होंने मैट्रिक परीक्षा उत्तीर्ण की। बाल्यकाल से ही इनमें संगठन के प्रति लगाव था, जिसकी वजह से ये शीघ्र आसपास के क्षेत्र में एक दबंग नेता के रूप में विख्यात हो गए। इन्होंने अपनी विचारधारा के अनुरूप मई, 1904 में 'अभिनव भारत' नामक क्रान्तिकारी संगठन की स्थापना की और 1905 में विदेशी कपड़ों की होली जलाई। दिसम्बर 21, 1905 में बी॰ए॰ परीक्षा उत्तीर्ण करने के उपरान्त 9 जून, 1906 को आप बैरिस्ट्री पढ़ने के लिए लंदन रवाना हुए।

आपके क्रान्तिकारी विचार लंदन में भी कम नहीं हुए। लंदन में 10 मई, 1907 को आपने सन् 1857 के स्वातंत्र्य समर की स्वर्ण जयन्ती मनाई। 1908 में प्रथम बार दो मई को अपने शिवाजी जयन्ती मनाने का शुभारंभ किया और यह क्रम तब से निरन्तर चला आ रहा है। सन् 1909 में लंदन में आपने बैरिस्ट्री परीक्षा तो उत्तीर्ण कर ली थी, किन्तु आपको डिगरी नहीं दी गई। सन् 1908 में आपके बड़े भाई बाबा राव सावरकर को अंग्रेजों के खिलाफ आवाज उठाने के कारण आजीवन कारावास की सजा दी गई। इसी दौरान लंदन में उन अंग्रेज शासकों को सबक सिखाने की योजना आपकी प्रेरणा से तैयार की गई, जो भारत में जाकर भोले भारतवासियों पर अत्याचार करते थे। ऐसे लोगों में कर्जन वायली भी था, जिसे एक जुलाई, 1909 को मदन लाल ढींगरा ने ठिकाने लगा दिया था। शक के घेरे में विनायक सावरकर भी थे, जिन्हें गिरफ्तार करके भारत भेजा जा रहा था, किन्तु रास्ते में मार्सेलिस बन्दरगाह में आप सागर में कूद पड़े, किन्तु पकड़े गए और 24 दिसम्बर, 1910 को आजीवन कारावास की सजा दी गई। सरकार के खिलाफ बगावत करने तथा शासन का तख्ता उलटने का षड्यंत्र रचने के जुर्म में उन्हें अंडमान निकोबार की सेल्युलर जेल भेज दिया गया।

सेल्युलर जेल में आजीवन कारावास भोगने के लिए भेजे गए वीर विनायक दामोदर सावरकर 2 मई, 1921 को (10 साल बाद) भारत वापस भेज दिए गए। 6 जनवरी, 1924 को आपको इस शर्त पर रिहा किया गया कि आप न तो रत्नगिरि जिले से बाहर जाएंगे और न आप राजनीति में भाग लेंगे। 1 मार्च, 1927 को रत्नगिरी में आपकी भेंट महात्मा गांधी से हुई थी।

आप लगातार जनसेवा तथा देश की स्वाधीनता के कार्यों में लगे रहते थे। छुआछूत के आप कट्टर विरोधी थे तथा सशक्त हिन्दू समाज का निर्माण करके वे भारत को आजाद कराने के अभिलाषी थे। सावरकरजी की राय में भारत को चरखे के बलबूते पर आजाद नहीं कराया जा सकता था। वे मानते थे शक्ति तथा पौरुष ही एकमात्र उपाय है, जिसके आगे अंग्रेज झुक सकते हैं। उनके क्रान्तिकारी विचारों से भी यही प्रकट होता है।

सुभाषचन्द्र बोस जैसे महान् नेता भी सावरकर के पास जाकर विचार-विमर्श करते थे। उनकी अमूल्य साहित्य सेवाओं को देखकर नागपुर विश्वविद्यालय ने 14 अगस्त, 1943 को उन्हें मानद डी॰ लिट् की उपाधि देकर उनके कार्यों की महत्ता स्वीकार की थी। सावरकर का लिखा विपुल साहित्य प्रत्येक नवयुवक के लिए ऐसा प्रेरणा स्रोत है, जो उन्हें सम्यक् दिशाबोध दे सकता है।

महाराष्ट्र ने अपने इस सपूत को बहुत अच्छा सम्मान दिया। किन्तु राष्ट्रीय स्तर पर उनको जितना समादृत करना जरूरी था, वह भारत के स्वतंत्र होने पर भी नहीं किया गया। सन् 1947 में जब भारत आजाद हुआ, तो उन्हें एक तरफ तो इस बात का हर्ष हुआ कि देशभक्तों का आत्मबलिदान अन्ततः फलीभूत हुआ तथा दूसरी ओर इस बात का दुःख भी था कि भारतमाता खण्डित हो गई तथा लाखों लोगों को सरकार के निकम्मेपन के कारण अपने घरों को छोड़कर भागना पड़ा। भारत में आर॰ एस॰ एस॰ एवं हिन्दू महासभा का वर्चस्व बढ़ रहा था। इसी दौरान गांधीजी के हत्याकाण्ड के सिलसिले में भारत की आजादी के लिए प्रमुख भूमिका निभाने वाले वीर सावरकर को भी बन्दी बनाया गया, किन्तु 10 फरवरी, 1949 को उन्हें ससम्मान बरी किया गया।

खेद है कि इतने बड़े महापुरुष को केन्द्र सरकार ने कभी पद्‌मभूषण, पद्‌मविभूषण अथवा भारत रत्न देने की आवश्यकता अनुभव नहीं की। सावरकरजी का संघर्षशील जीवन निरन्तर थकता जा रहा था। उनकी जर्जर काया दिनांक 26 फरवरी, 1966 को प्रातः 11 बजकर 15 मिनट पर 83 वर्ष की आयु में पंचतत्त्व में विलीन हो गई।

मदर टेरेसा

नोबेल पुरस्कार विजेता 'भारत रत्न' 'मदर टेरेसा उन चुनिंदा विभूतियों में से एक थीं, जिन्होंने अपनी मातृभूमि यूगोस्लाविया को छोड़कर भारत को अपनी कर्मस्थी बनाकर यहां की दीन, दलित, बेसहारा जनता की निःस्वार्थ सेवा को ही अपना प्रमुख लक्ष्य बनाया।

मदर टेरेसा का जन्म सन् 1910 की 27 अगस्त को यूगोस्लाविया के एक नगर में हुआ था। उनके पिता एक साधारण कर्मचारी थे। स्टोरकीपर के पद पर होकर भी वे अपने परिवार को एक मध्यमवर्गीय परिवार की-सी सुविधाएं दिलाने में सक्षम थे। टेरेसा को बचपन से ही ईसाई धर्म तथा उसके प्रचारकों द्वारा किए जा रहे सेवा-कार्यों में पूरी रुचि थी। उन्होंने अपनी किशोरावस्था में पढ़ा था कि भारत के दार्जिलिंग नामक नगर में ईसाई मिशनरियां सेवा-कार्य पूरी तत्परता से कर रही हैं। वे 18 वर्ष की आयु में 'नन' (भिक्षुणी) बन गईं और भारत आकर ईसाई मिशनरियों द्वारा चलाये जा रहे सेवा-कार्यों से जुड़ गईं। इसके साथ-साथ उन्होंने पढ़ाई तथा भारतीय भाषाओं में पठन-पाठन में भी रुचि लेना शुरू कर दिया और शीघ्र ही कलकत्ता स्थित सेंट मेरी हाई स्कूल में अध्यापन कार्य भी करने लगीं। शायद 10 सितम्बर, 1946 की शाम को वे आत्मप्रेरणा से कलकत्ता की झुग्गी-झोंपड़ियों में सेवा-कार्य के लिए चल पड़ीं और इस प्रकार निर्धनों और बेसहारा लोगों की बस्ती में उन्होंने अपना विद्यालय खोला।

मदर टेरेसा अनाथों की सहायिका तथा अपंग-अपाहिजों की संरक्षिका बन गईं। जिन्हें कोई अपनाना नहीं चाहता, उनके लिए मदर टेरेसा के दरवाजे सदा खुले रहते थे। 'मिशनरीज़ ऑफ चैरिटी' की सफलता का यही रहस्य रहा; जिसके कारण मदर टेरेसा भारत में सम्मानित हुईं तथा विश्व का सर्वश्रेष्ठ नोबेल पुरस्कार भी उन्हें प्रदान किया गया।

मदर टेरेसा का यश विश्वविख्यात था। उनका सेवा का साम्राज्य बहुत विस्तृत था। संसार के छह देशों में उनके कार्यकर्ता सक्रिय हैं। मिशनरीज़ ऑफ चैरिटी की स्थापना सन् 1950 में हुई थी। तब से लेकर आज तक संसार के 244 केन्द्रों में उनके सेवा-कार्य स्थापित हो चुके हैं। इन केन्द्रों में 3000 सिस्टर्स तथा मदर कार्यरत हैं। इनके अलावा और भी हजारों लोग इनके मिशन में जुड़े हुए हैं जो बिना किसी वेतन के सेवा-कार्य करते हैं। भारत में मदर टेरेसा द्वारा स्थापित 215 चिकित्सालयों में 10 लाख से ज्यादा लोगों की चिकित्सा प्रायः निःशुल्क की जाती है।

मदर टेरेसा का कार्यक्षेत्र गंदी बस्तियों में जाकर सेवा-कार्य था। उन्होंने संसार के कई नगरों में करीब 140 स्कूल खोले ताकि बच्चों को सही शिक्षा दी जा सके। इन 140 स्कूलों में से 80 स्कूल तो केवल भारत में हैं। मिशनरीज़ ऑफ चैरिटी के 60,000 लोगों को मुफ्त भोजन कराया जाता है। अनाथ बच्चों के पालन-पोषण के लिए सत्तर केन्द्र स्थापित किए गए हैं। वृद्ध लोगों की देखभाल के लिए 81 वृद्धाश्रमों की देखभाल मिशनरीज़ ऑफ चैरिटी करती है। प्रतिदिन 15 लाख रुपये की औषधियां गरीबों में वितरित की जाती हैं। यह संस्था किसी प्रकार की राजकीय सहायता नहीं लेती। कलकत्ता में कालघाट के समीप बना 'निर्मल

हृदय' और 'फर्स्ट लव' नामक संस्था में वृद्धों की सेवा-सुश्रूषा की जाती है। वृद्धों के इन आश्रमों में करीब 45,000 व्यक्ति रहते हैं।

मदर टेरेसा द्वारा किए गए सेवा-कार्यों को समग्र विश्व में प्रतिष्ठा मिली। उन्हें सम्मानसूचक तथा आर्थिक सहयोग के रूप में जो धन मिलता था, उसे वे सामाजिक सेवा-कार्यों में ही खर्च करतीं थीं। ज्यादातर धनराशि झुग्गी-झोपड़ियों के निवासियों के लिए स्कूल खोलने पर खर्च की जाती थी। अप्रैल 1962 में तत्कालीन राष्ट्रपतिजी ने उन्हें पद्मश्री से अलंकृत किया था। इसके पश्चात् फिलीपाइन सरकार की ओर से उन्हें 10,000 डॉलर का मैगसेसे पुरस्कार प्रदान किया गया। इस धनराशि से उन्होंने आगरा में कुष्ठाश्रम बनवाया। सन् 1964 में जब पोप भारत आए थे, तो उन्होंने अपनी कार मदर टेरेसा को भेंट कर दी थी। मदर ने उस कार की नीलामी 59,930 डॉलर में करके कुष्ठ रोगियों की एक बस्ती बसाई, ताकि ऐसे लोगों की चिकित्सा और सही देखभाल की जा सके।

मदर टेरेसा को 'भारतरत्न' की सर्वोच्च उपाधि से सम्मानित किया गया। दीन-दुखियों की सेवा में अपना जीवन उत्सर्ग करने वाली और 'नोबेल पुरस्कार' व 'भारत रत्न' सहित अनेक पुरस्कारों से सम्मानित 87-वर्षीय मदर टेरेसा का निधन 5 सितम्बर, 1997 को कलकत्ता स्थित मिशनरीज ऑफ चैरिटी के मुख्यालय में रात साढ़े नौ बजे हो गया। 19 अक्टूबर 2003 को वेटिकन सिटी में संेट पीटर्स चौक पर लाखों श्रद्धालुओं की उपस्थिति में रोमन कैथोलिक चर्च की सर्वोच्च सत्ता पोप जॉन पॉल द्वितीय ने मदर टेरेसा को धन्य घोषित कर दिया। कैथोलिक चर्च के नियमों के अनुसार मदर संतों की सूची में शामिल होने के लिए पहला चरण पार कर गई हैं। अगले चरण में उन्हें संत घोषित कर दिया जाएगा।

कैलाश सत्यार्थी : शांति के नोबेल पुरस्कार विजेता

भारत में करीब तीन दशक से बाल अधिकारों के लिए संघर्ष करने वाले सामाजिक कार्यकर्ता और गैर-सरकारी संगठन 'बचपन बचाओ आन्दोलन' के प्रमुख कैलाश सत्यार्थी और पाकिस्तान की मलाला युसुफजई को संयुक्त रूप से वर्ष 2014 का शांति का नोबेल पुरस्कार दिया गया है। उन्हें बच्चों के शोषण के खिलाफ और उनकी शिक्षा के लिए काम करने पर यह पुरस्कार दिया गया है। मदर टेरेसा के बाद शांति का नोबेल पुरस्कार पाने वाले सत्यार्थी दूसरे भारतीय हैं।

नोबेल पुरस्कार विजेता कैलाश सत्यार्थी का जन्म मध्य प्रदेश के विदिशा में हुआ था। वह अपने चार भाइयों में सबसे छोटे हैं। उनकी पत्नी सुमंधा कैलाश, उनके अधिवक्ता पुत्र भुवन रिभु और पुत्रवधू प्रियंका बाल दासता के खिलाफ उनके संघर्ष के साथी हैं। कैलाश सत्यार्थी इलेक्ट्रिकल इंजीनियर थे। घर से ऑफिस जाते हुए रास्ते में छोटे बच्चों को काम करते देख उन्हें काफी बेचैनी होती थी। इन बच्चों के लिए काम करने की इच्छा होती थी। अर्से से मन में चली आ रही इस इच्छा को उन्होंने जीवन का मकसद बना लिया और नौकरी छोड़कर वर्ष 1980 में बचपन बचाओ आंदोलन की नींव रखी।

संगठन के कार्यकर्ता कानूनी मदद से बच्चों को मुक्त कराते हैं। जरूरत पड़ने पर

छापेमारी भी की जाती है। आरोपियों के खिलाफ मुकदमा दर्ज करवाकर उन्हें सजा दिलाया जाता है। जिन बच्चों के माता-पिता नहीं होते हैं, उन्हें इस संस्था द्वारा चलाए जाने वाले आश्रम में भेज दिया जाता है। अब तक 80 हजार से अधिक बच्चों को बाल श्रम से मुक्त कराया जा चुका है। बचपन बचाओ आंदोलन 15 प्रदेशों में 200 से अधिक जिलों में सक्रिय हैं। इसमें लगभग 70 हजार स्वयंसेवक हैं। बाल मजदूरी की पूर्ण समाप्ति के लिए बचपन बचाओ आन्दोलन ने बाल मित्र ग्राम की परिकल्पना की है। इसके तहत किसी ऐसे गांव का चयन किया जाता है जहाँ बाल मजदूरी का चलन हो। गांव से धीरे-धीरे बाल मजदूरी समाप्त की जाती है और बच्चों का स्कूल में नाम लिखवाया जाता है। जागरण और जन आंदोलनों के साथ ही मजबूत कानूनों व सरकारी योजनाओं की मांगों को लेकर कैलाश सत्यार्थी के नेतृत्व में अनेकों यात्राएं की गई हैं। इनमें 1993 में बिहार से दिल्ली तक की पदयात्रा, 1994 में कन्याकुमारी से दिल्ली तक की भारत यात्रा, 1995 में कोलकाता से काठमांडू तक की यात्रा और 2007 में बाल व्यापार विरोधी दक्षिण एशियाई यात्रा आदि प्रमुख हैं। शिक्षा को मौलिक अधिकार बनाने में भी उनका बहुत बड़ा योगदान रहा है। 2001 में लाखों लोगों को शामिल करके उन्होंने कन्याकुमारी से कश्मीर होते हुए दिल्ली तक की 20 राज्यों की 15 हजार किलोमीटर लंबी जनसाधारण यात्रा की। कैलाश सत्यार्थी अनेकों बार नोबेल शांति पुरस्कार के लिए नामित हो चुके हैं। एक बार तत्कालीन अमेरिकी सीनेटर और पूर्व विदेश मंत्री हिलेरी क्लिंटन ने उनके नाम का प्रस्ताव किया था। उन्होंने कई पुस्तक-पुस्तिकाएं लिखी हैं। इसके अलावा 'संघर्ष जारी रहेगा' व 'क्रांतिधर्मी' नामक हिंदी पत्रिकाओं और 'वर्कर्स पोलिडरिटी' व 'फ्रीडम नाउ' नामक अंग्रेजी पत्रों का वर्षों तक संपादन किया है।

कैलाश सत्यार्थी को नोबेल पुरस्कार मिलने के बाद सबसे दिलचस्प पहलू यह सामने आया कि उन्हें भले विश्व का सबसे बड़ा सम्मान मिल गया हो, लेकिन उन्हें अपने देश में अब तक कोई बड़ा सम्मान मिलना बाकी है। कैलाश सत्यार्थी को अभी तक पद्मश्री या ऐसा समकक्ष पुरस्कार नहीं मिला है। आशा है कि उन्हें जल्द ही देश में भी सम्मानित किया जाएगा।

सचिन तेंदुलकर

विश्व प्रसिद्ध क्रिकेट खिलाड़ी सचिन तेंदुलकर भारतीय व अंतर्राष्ट्रीय क्रिकेट जगत में एक मिथ बन युके हैं। 'मास्टर ब्लास्टर' कहे जाने वाले सचिन तेंदुलकर की लोकप्रियता का अंदाजा इसी बात से लगाया जा सकता है कि 24 अप्रैल 2009 को लंदन के मैडम तुसाद संग्रहालय में उनकी मोम की प्रतिमा लगाई जा चुकी है। सरकार की सिफारिश पर राष्ट्रपति प्रणब मुखर्जी ने उन्हें वर्ष 2014 में देश के सबसे बड़े नागरिक सम्मान भारत रत्न से सम्मानित किया है। यह सम्मान पाने वाले वह देश के पहले खिलाड़ी हैं।

मुम्बई के एक सीधे-सादे मराठी प्रोफेसर का यह कनिष्ठ पुत्र बल्ले को हाथ में थामे भविष्य के सपने संजोया करता था। सचिन के भाग्य ने उनका सबसे पहला साथ तब निभाया जब क्रिकेट जगत के द्रोणाचार्य कहे जाने वाले रमाकांत आचरेकर ने उन्हें अपने शिष्यत्व में स्वीकार किया। आचरेकर की पारखी निगाहों ने उसी समय ताड़ लिया था कि सचिन नाम का यह शिष्य उनके पास मन से कुछ सीखने आया है और एक दिन इसके बल्ले से ऐसी धुन निकलेगी कि संसार-भर के क्रिकेट प्रेमी लम्बे समय तक झूमते रहेंगे। सचिन ने भी आचरेकर के साथ जमकर पसीना बहाया और केवल तेरह साल की उम्र में अपने बचपन के साथी विनोद कांबली के साथ मिलकर इतिहास की रचना की। इन दोनों ने मिलकर स्कूली क्रिकेट में छठे विकेट के लिए 664 रनों की विशालकाय साझेदारी की। यह सचिन के जीवन की पहली बड़ी सफलता थी और इसने उसके लिए टॉनिक की तरह काम किया और ऐसी सफलताओं के प्रति उसकी भूख बढ़ती चली गयी।

सचिन को एक दिवसीय क्रिकेट में अपना पहला शतक लगाने के लिए करीब पांच साल तक इंतजार करना पड़ा लेकिन एक बार शतक लगाने के बाद उसे शतकीय पारी का स्वाद इतना रास आया कि वह हर पारी में शतक लगाने के फेरे में दिखाई देने लगा। रनों के प्रति सचिन की बढ़ती भूख का अंदाजा इसी बात से लगाया जा सकता है कि 1994 में आस्ट्रेलिया के खिलाफ कोलंबो में अपने 79वें एक दिवसीय मैच में पहला शतक जमाने वाले सचिन तेंदुलकर ने अपने एकदिवसीय करियर में 463 से अधिक मैचों में 49 शतक और 96 अर्द्धशतक लगाए हैं। एकदिवसीय क्रिकेट में उनके रनों की कुल संख्या 18426 है। सचिन विश्व में सर्वाधिक एक दिवसीय मैच खेलने वाले खिलाड़ी भी बन चुके हैं।

शतक बनाने के मामले में सचिन तेंदुलकर आस्ट्रेलिया की टीम पर खासे मेहरबान रहे हैं और एकदिवसीय क्रिकेट में सर्वाधिक शतक उन्होंने आस्ट्रेलिया के खिलाफ ही बनाए हैं और इससे भी ज्यादा मजेदार बात यह है कि सचिन ने जिन मैचों में शतक बनाए हैं उनमें से अधिकांश मैचों में भारत विजयी रहा है। सचिन ने स्वयं को एक ऐसे बल्लेबाज के रूप में विकसित किया जिससे विश्व का खतरनाक से खतरनाक गेंदबाज खौफ खाये और यही कारण है कि वह मैदान के प्रत्येक कोने पर किसी भी प्रकार का शॉट खेलने में सक्षम रहे।

ब्रेडमैन के साथ सचिन की तुलना की जाने पर काफी समानतायें नजर आती हैं। ब्रेडमैन के इतना अच्छा बल्लेबाज होने के पीछे उनकी दो शक्तियां प्रमुख रूप से काम

करती थीं, पहली-गेंद को काफी पहले से ही पढ़ लेने की कला और दूसरी, स्ट्रोक खेलते समय पैरों की चपलता। किसी भी क्रिकेटर के लिए सफल होने में पहला योगदान उसके फुटवर्क का होता है और ब्रेडमैन के अस्वाभाविक फुटवर्क की तरह सचिन के पैरों की हलचल अस्वाभाविक तो नहीं है लेकिन वह इतनी शानदार और तेज है कि एक ही समय में तेंदुलकर को आगे और पीछे जाने का मौका बराबरी से प्रदान करती है।

दो दशक तक भारतीय क्रिकेट के आधारस्तंभ रहे सचिन तेंदुलकर की 16 नवम्बर, 2013 को क्रिकेट से विदाई हो गई है। उन्होंने अपना अंतिम और 200वाँ मैच मुंबई के वानखेड़े स्टेडियम में वेस्टइंडीज के खिलाफ खेला, जिसमें वह 15 नवम्बर को 74 रन बनाकर आउट हुए। भारतीय टीम ने वेस्टइंडीज को पारी के साथ-साथ 126 रन से हराकर सचिन को शानदार विदाई दी। सचिन ने अपने टेस्ट करियर में कुल 200 मैचों में 15,921 रन बनाए हैं जिसमें 51 शतक और 67 अर्द्धशतक शामिल हैं। सचिन आज भले ही क्रिकेट से रिटायर हो गए हों लेकिन उनके द्वारा क्रिकेट में किया गया योगदान सदैव ही याद किया जाएगा।

श्रीमती इन्दिरा गांधी

भारतीय नारी को राजनीतिक उच्चता के गौरव शिखर तक पहुंचाने वाली श्रीमती इन्दिरा गांधी का वास्तविक नाम इन्दिरा प्रियदर्शिनी था। वह दूरदर्शिनी और साहसी नारी थीं। वे भारत की पहली महिला प्रधानमंत्री थीं।

इन्दिरा प्रियदर्शिनी का जन्म 19 नवम्बर सन् 1917 ई॰ को इलाहाबाद के आनन्द भवन, यानि अपने पैतृक निवास में हुआ था। वे राष्ट्र-पुरुष पं॰ जवाहरलाल नेहरू की एकमात्र पुत्री थीं। उनकी आरम्भिक शिक्षा स्विट्ज़रलैण्ड में हुई। उनकी शेष शिक्षा कलकत्ता के शान्ति निकेतन तथा ऑक्सफोर्ड में पूरी हुई। ऑक्सफोर्ड समरविले में अध्ययन करते समय ही इन्दिरा जी का राजनीति के साथ कुछ-कुछ सम्बन्ध जुड़ गया था। वहां से भारत आने पर सन् 1938 में जब वे मात्र इक्कीस वर्ष की थीं, तब उन्होंने राष्ट्रीय कांग्रेस के अधिवेशन में भाग लिया था। इसके बाद वे प्रत्येक राष्ट्रीय आन्दोलन में बढ़-चढ़ कर भाग लेने लगीं। 26 मार्च, 1942 ई॰ को उनका विवाह श्री फिरोज गांधी के साथ हो गया जो स्वयं एक देश-भक्त कांग्रेस कार्यकर्ता थे। तभी से वह इन्दिरा गांधी कहलाने लगीं। विवाह होने के कुछ समय पश्चात् वे 'भारत छोड़ो आन्दोलन' के कारण जेल चली गईं। सन् 1959 में वे 'अखिल भारतीय राष्ट्रीय कांग्रेस' की अध्यक्ष चुनी गईं।

ज्यों-ज्यों वह अधिकाधिक राजनीति में सक्रिय होती गईं, पति से उनका एक प्रकार का अनकहा दुराव भी बढ़ता गया, पर इसी बीच वे संजय एवं राजीव नामक दो बेटों की मां बन चुकी थीं। सन् 1962 में चीनी आक्रमण के बाद राष्ट्र-रक्षा के यज्ञ की तैयारी के लिए अपने समस्त आभूषणों का दान देकर उन्होंने अपनी उदारता व राष्ट्रीयता का अभूतपूर्व परिचय दिया था।

सन् 1964 ई॰ में पं॰ जवाहरलाल नेहरू की मृत्यु के बाद श्री लाल बहादुर शास्त्री-सरकार में श्रीमती गांधी सूचना एवं प्रसारण मंत्री बनीं। सन् 1966 ई॰ में श्री लाल बहादुर शास्त्री के देहान्त हो जाने पर वे भारत की प्रधानमंत्री बनीं। प्रधानमंत्री बनने के बाद उन्होंने अनेक महत्त्वपूर्ण कार्य किए जिनसे उनका नाम सारे विश्व में प्रसिद्ध हो गया। उन्होंने सन् 1969 ई॰ में बैंकों का राष्ट्रीयकरण किया। राजाओं के प्रिवीपर्स बंद कर दिए। अनाज की दृष्टि से देश को आत्मनिर्भर बनाया। सन् 1971 में पाकिस्तान पर विजय प्राप्त करके बंगला देश की स्थापना की। सन् 1975 में निर्धनों तथा पिछड़े वर्ग के लोगों के उद्धार के लिए 20-सूत्री कार्यक्रम बनाया। सन् 1982 में नई दिल्ली में एशियाई खेल करवाए तथा सन् 1983 में निर्गुट सम्मेलन आयोजित करके प्रशंसा प्राप्त की।

बड़े दुर्भाग्य की बात है कि भारत की इस दृढ़ व निर्भीक महिला की इनके अपने अंगरक्षकों ने 31 अक्टूबर सन् 1984 को गोली मारकर हत्या कर दी। परन्तु इनका देश के लिए किया गया यह बलिदान सदैव अमर रहेगा।

गुरुनानक देव

चमत्कारी महापुरुषों और महान धर्म प्रवर्त्तकों में प्रमुख स्थान रखने वाले सिख धर्म के प्रवर्त्तक गुरुनानक देव का जन्म कार्तिक पूर्णिमा संवत् 1526 को लाहौर जिले के तलवंडी गाँव में हुआ था जो आजकल 'ननकाना साहब' के नाम से जाना जाता है। यह स्थान अब पश्चिमी पंजाब (पाकिस्तान) में है। आपके पिताश्री कालूचंद वेदी तलवंडी के पटवारी थे और आपकी माताश्री तृप्ता देवी बड़ी साध्वी और शांत स्वभाव की धर्म-परायण महिला थीं।

गुरुनानक जी बचपन से ही कुशाग्र और होनहार प्रकृति के बालक थे। अतएव आप किसी भी विषय को शीघ्र समझ जाते थे। आप एकान्त प्रेमी और चिन्तनशील स्वभाव के बालक थे। इसलिए आपका मन विद्याध्ययन और खेल-कूद में न लगकर साधु-संतों की संगति में अत्यधिक लगता था तथापि घर पर ही आपको संस्कृत, अरबी और फारसी भाषा-साहित्य का ज्ञान दिया गया। संसार के प्रति गुरुनानक जी का मन उदास और

उपेक्षित रहता था। इस प्रकार की वैरागमयी प्रकृति को देखकर इनके पिताश्री ने इन्हें पशु चराने का काम सौंप दिया। नानक के लिए यह काम बहुत ही सुगम और आनन्ददायक सिद्ध हुआ। वे पशुओं की चिन्ता छोड़कर संसार की चिन्ता में मग्न होते हुए ईश्वर ध्यान में डूब जाते थे और मन-ही-मन ईश्वर का भजन-भाव करते रहते थे। गुरुनानक के जीवन में कई असाधारण घटना घटी और उन्होंने संसार को चमत्कृत भी किया। जैसे-बहुत बड़े सर्प का नानक के उपर फण फैलाकर छाया करना, मक्का की ओर पैर करना आदि।

गुरुनानक देव का विवाह लगभग उन्नीस वर्ष की आयु में मूलाराम पटवारी की कन्या से हुआ। इससे आपके दो पुत्र श्रीचन्द और लक्ष्मीदास उत्पन्न हुए। इन दोनों ने गुरुनानक देव की मृत्यु के बाद उदासी मत को चलाया था।

गुरुनानक देव की मृत्यु संवत् 1596 में मार्गशीर्ष माह की दशमी को 70 वर्ष की आयु में हुई। सांसारिक अज्ञानता के प्रति गुरुनानक देव ने कहा था—

रैन गवाई सोई कै, दिवसु गवाया खाय।
हीरे जैसा जन्मु है, कौड़ी बदले जाय।।

गुरु नानक देव ने ईश्वर को सर्वव्यापी मानने पर बल दिया है। जाति-पाँति के बन्धन को तोड़ने का आह्वान किया है। मूर्तिपूजा का विरोध करते हुए केवल 'एक ओंकारा मत सत गुरु प्रसाद के जप को स्वीकार किया है। आपके रचित धर्मग्रन्थ 'गुरु ग्रन्थ साहब' पंजाबी भाषा में है जिसमें मीरा, तुलसी, कबीर, रैदास, मलूकदास आदि भक्त कवियों की वाणियों का समावेश है। उपर्युक्त तत्वों से आपका अमरत्व स्वरूप सिद्ध हो जाता है।

कल्पनात्मक विषय पर निबंध

यदि मैं प्रधानमंत्री होता!

हमारा देश भारतवर्ष एक गणतंत्र देश है। यहां वयस्क मताधिकार के द्वारा कोई भी योग्य व्यक्ति जो भारत का नागरिक हो, इस देश का प्रधानमंत्री बन सकता है। फिर भी भारत जैसे महान् लोकतंत्र देश का प्रधानमंत्री बनना वास्तव में बहुत गर्व और गौरव की बात है। प्रधानमंत्री बनने के लिए लम्बे और व्यापक जीवन अनुभवों का, राजनीतिक कार्यों और गतिविधियों का प्रत्यक्ष अनुभव रहना बहुत आवश्यक होता है। यद्यपि मेरे पास ये सब योग्यताएं व अनुभव नहीं हैं फिर भी मेरे मन में बार-बार यह बात आती है कि यदि मैं भारत का प्रधानमंत्री होता, तो?

प्रधानमंत्री का दायित्व संभालते ही सबसे पहले मैं राष्ट्र की सुरक्षा की ओर ध्यान देता। इसके लिए मुझे देश की सैन्य शक्ति को मजबूत करना होगा। इस विशाल देश में जाति-पांति और धर्म के नाम पर होने वाले झगड़ों को समाप्त कर सभी भारतवासियों में एकता की भावना उत्पन्न करता। यदि मैं देश का प्रधानमंत्री बन जाऊं तो देश में प्रचलित उद्देश्य विहीन शिक्षा के स्थान पर व्यावसायिक व तकनीकी शिक्षा को प्रचलित कराऊंगा। देश में बेरोजगारी, निर्धनता, अज्ञानता और अन्धविश्वास जैसी अनेक समस्याएं हैं जो देश के तीव्र विकास में बाधक हैं, उनको हल करने का प्रयत्न करता।

देश की आर्थिक स्थिति में सुधार लाने के लिए भारतीय कृषि में स्थायी सुधारों की अत्यन्त आवश्यकता है, इसके बिना न तो खाद्य-समस्या का समाधान ही संभव है और न ही उद्योग तथा व्यापार की प्रगति ही संभव है। इसलिए मैं देश की कृषि को वैज्ञानिक पद्धति से बढ़ावा दूंगा।

यदि मैं प्रधानमंत्री होता तो सभी तरह की निर्माण-विकास योजनाएं इस तरह से लागू करवाता कि वे राष्ट्रीय संसाधनों से ही पूरी हो सकें। उनके लिए विदेशी धन एवं सहायता की प्राप्ति के लिए राष्ट्र की आन-बान को गिरवी न रखता। राष्ट्रीय-हितों, एकता और समानता की रक्षा, व्यक्ति के मान-सम्मान की रक्षा और नारी-जाति के साथ हो रहे अन्याय और अत्याचार का दमन मैं हर संभव उपाय से करता-करवाता।

यदि मैं देश का प्रधानमंत्री होता तो देश के उत्थान के साथ-साथ समाज कल्याण की ओर विशेष ध्यान देता। दलित वर्ग, पीड़ित, अपाहिज व असहाय बन्धुओं को यथासंभव

सहायता प्रदान करता। देश की प्रगति में बाधक मूल्यवृद्धि, मुनाफाखोरी, चोरबाजारी, भ्रष्टाचार और भिक्षावृत्ति जैसी मुख्य समस्याओं को जड़ से समाप्त करने का प्रयत्न करता। मानव का कल्याण ही मेरा एकमात्र उद्देश्य होता।

यदि मैं करोड़पति होता

आज के भौतिक युग में धन-सम्पत्ति से परिपूर्ण होना बड़े सौभाग्य की बात है। परन्तु इसके बिना जीवन निरर्थक-सा लगता है। जिस व्यक्ति के पास बहुत अधिक सम्पत्ति हो जाती है वह प्रायः बुराइयों की ओर अग्रसर होने लगता है। वे मदिरापान करने लगते हैं, व्यभिचारी बन जाते हैं तथा अन्य अनेक प्रकार के कुकर्मों में लीन हो जाते हैं। यह बहुत गलत है। परन्तु मैं सोचता हूं कि यदि मैं संयोगवश करोड़पति हो जाऊं तो इन व्यभिचारों से दूर रह कर देश, समाज व दलित वर्ग के लिए अच्छे-अच्छे काम करूंगा।

करोड़पति बनने पर सर्वप्रथम तो मैं एक ऐसी संस्था की स्थापना करूंगा जो योग्य व अधिकतम अंक प्राप्त करने वाले छात्रों व छात्राओं के लिए छात्रवृत्ति की व्यवस्था करे ताकि सभी छात्रों और छात्राओं में अच्छी शिक्षा प्राप्त करने की होड़ लग सके, जिससे देश को योग्य डॉक्टर, इंजीनियर, सी॰ए॰ व कुशल प्रशासक मिल सकें। देश में आवश्यकतानुसार धर्मशालाओं व गौशालाओं का निर्माण करवाऊंगा। लोगों की आध्यात्मिक रुचि को बढ़ावा देने के लिए देश में मन्दिरों का निर्माण करवाऊंगा। निर्धन व्यक्तियों को सर्दी से बचाने के लिए समय-समय पर निःशुल्क वस्त्रों का वितरण करुंगा। अनाथों के लिए मुफ्त भोजन की व्यवस्था करुंगा तथा निर्धन परिवार से सम्बन्धित योग्य व जरूरतमन्द छात्रों को निःशुल्क वर्दी, पुस्तकें व कापियों का प्रबन्ध करुंगा ताकि निर्धनता के कारण किसी भी योग्य विद्यार्थी का भविष्य अन्धकारमय न रह सके।

इनके अतिरिक्त वृद्धों के लिए वृद्धाश्रम की स्थापना करुंगा। इन आश्रमों में रहकर वृद्ध अपना मनोरंजन कर सकेंगे। वृद्ध तथा रोगियों के लिए समय-समय पर फल तथा पौष्टिक पदार्थों का प्रबन्ध करता रहूंगा तथा वृद्धों के लिए धार्मिक पुस्तकों, गीता-रामायण व भागवत आदि का मुफ्त वितरण करता रहूंगा। इनके लिए आवश्यकतानुसार दवा आदि का भी प्रबन्ध कराऊंगा। एक ऐसे निःशुल्क अस्पताल की व्यवस्था करवाऊंगा जहां से कोई भी निर्धन व्यक्ति दवा प्राप्त कर सके और दवा की कमी के कारण दुःखी न हो।

अपने इलाके में स्थापित अनाथालय को दान देकर उसमें अनेक सुविधाएं प्रदान कराई जाएंगी। यहां रहकर अनाथ बच्चे अपने भविष्य को सुधार सकेंगे। यहां पुस्तकालय

तथा वाचनालय की भी स्थापना करवाऊंगा। सप्ताह में एक या दो दिन निर्धन व मजबूर व्यक्तियों के लिए मुफ्त भोजन की व्यवस्था करूंगा। सच तो यह है कि यदि मैं करोड़पति होता तो निर्धनों, लाचारों, अपंगों व छात्रों के लिए जो मुझसे अधिक-से-अधिक बन पड़ता मैं करता ताकि वे अपने जीवन को सुखी बना सकते। यही मेरी हार्दिक इच्छा है।

यदि मैं प्रधानाचार्य होता!

आजकल शिक्षा का स्तर काफी सोचनीय हो गया है तथा इसकी दशा सुधरने के बजाय निरन्तर गिरती जा रही है। एक विचित्र बात यह है कि आज के जमाने में जो अध्यापक ज्यादा वेतन लेता है, अपनी जिम्मेदारी कम समझता है। किन्तु जो कम वेतन पाता है, उसे अपनी जिम्मेदारी ज्यादा निभानी पड़ती है। देश में स्वाधीनता के बाद अंग्रेजी का महत्त्व घटना चाहिए था, किन्तु अंग्रेजी का महत्त्व घटा नहीं वरन् हिन्दी का महत्त्व घट गया। नतीजा यह हुआ कि अंग्रेजी सिखाने वाली दुकानें खुल गईं तथा देश में पब्लिक स्कूलों की बाढ़-सी आती जा रही है। ऐसे परिवेश में किसी सरकारी विद्यालय के प्रधानाचार्य या प्रधानाध्यापक की जिम्मेदारी काफी बढ़ जाती है और ऐसा सुयोग यदि मुझे मिलता तो शायद मैं अपने विद्यालय को किसी बढ़िया पब्लिक स्कूल से ज्यादा अच्छा, ज्यादा सुरुचिपूर्ण तथा पढ़ाई एवं परिणाम के मामले में श्रेष्ठ बनाने के लिए जी-तोड़ परिश्रम करता और ऐसा वातावरण बनाता कि हमारे सहयोगी अध्यापक बंधु भी मेहनत करके अपने विद्यालय को किसी ऐसे पब्लिक स्कूल के बराबर लाकर खड़ा कर देते कि लोग देखते रह जाते। लोगों को कहना पड़ता कि हां! किसी सरकारी स्कूल में भी बढ़िया पढ़ाई होती है और वह परीक्षा परिणाम के मामले को लेकर अव्वल रहता है।

विद्यालय की सजावट की ओर ध्यान देना भी अन्य अध्यापकों के साथ-साथ प्रधानाध्यापक की जिम्मेदारी होती है। मैं अपने विद्यालय को विभिन्न प्रकार के पेड़-पौधों तथा सुरुचिपूर्ण बल्लरियों से इस प्रकार सजाता ताकि देखने वालों को लगता कि जब विद्यालय का बाहरी परिवेश इतना अच्छा है तो उसके अध्यापकगण, छात्र तथा कक्षाओं के कमरे कितने सुसज्जित तथा आकर्षक होंगे। विद्यालय के भवन के अनुरूप मैं कुछ कमरों को इतिहास कक्ष, भूगोल कक्ष, विज्ञान कक्ष, कला कक्ष तथा हिन्दी कक्ष के रूप में नियत करता और कोशिश यह करता कि जब इतिहास, भूगोल अथवा विज्ञान की कक्षा लगें तो बच्चे उन्हीं कमरों में जाकर सम्बंधित विषय का अध्ययन करें। ऐसी व्यवस्था करने से उस विषय का एक वातावरण बनता है और बच्चों का मन भी विषय को पढ़ने में कहीं ज्यादा लगता है।

विद्यार्थीगण विद्यालय का शृंगार होते हैं। उनकी वेशभूषा, उनका व्यवहार तथा पढ़ाई की ओर उनकी रुचि को आकर्षक, उन्नत एवं परिष्कृत करने के लिए चिन्तन करना पड़ता है। मैं स्वयं प्रातःकाल स्नान-ध्यान से मुक्त होकर कुछ समय अपने विद्यालय के बारे में यह चिन्तन करने में अवश्य लगाता कि गत दिन स्कूल का परिभ्रमण करते समय मैंने क्या त्रुटियां देखीं। बच्चों में अनुशासन की कमी क्यों आई। विद्यालय में कहीं अनावश्यक गंदगी अथवा ऐसे समान का ढेर तो नहीं था जो वातावरण को मलिन करता है, बच्चों की निर्धारित पोशाकें साफ-सुथरी तथा धुली हुई थीं अथवा किसी बच्चे की पोशाक गंदी थी। यदि गंदी थी, तो क्या इसका कारण बालक के माता-पिता का साधनहीन होना था अथवा दूसरा कारण आलस्य था। इन बातों को सोचना तथा इनका हल खोजना प्रधानाध्यापक का काम होता है और मैं इस काम को अपना दायित्व समझ कर पूरा करता।

विद्यालय के पुस्तकालय को विद्या मन्दिर कहा जा सकता है। ऐसा विद्या मन्दिर, जहां विविध प्रकार की श्रेष्ठ पुस्तकों का संकलन किया जाता है। ऐसी पुस्तकें शिक्षकों तथा छात्रों दोनों का ज्ञानवर्द्धन करती हैं। इस विद्या मन्दिर की दीवारों पर मैं अच्छे-अच्छे प्रेरक वाक्य लिखवा कर यह आशा करता कि बच्चे उन्हें पढ़ें और अपने जीवन को उनके अनुरूप ढालने का प्रयास करें। पुस्तकालय कक्ष में राष्ट्र के महान् सपूतों के चित्र लगवाने के लिए भी मैं पूरी कोशिश करता ताकि बच्चों को उनके बारे में तथा अनेक व्यक्तित्व के बारे में जानने में मदद मिल सके।

बच्चों को सदाचार तथा नैतिकता की ओर प्रवृत्त करने के लिए मैं समय-समय पर अच्छे विद्वानों तथा धर्मोपदेशकों को भी आमंत्रित करता जो छात्रों को सदाचारी बनने तथा जीवन में नैतिकता अपनाने की प्रेरणा देते।

मैं सदैव इस बात की चेष्टा करता कि जिस विद्यालय का मैं प्रधानाध्यापक हूं, उसके प्रति मेरी नैतिक जिम्मेदारी है कि विद्यालय से जुड़े प्रत्येक व्यक्ति को यह एहसास हो कि विद्यालय तथा इसके छात्र हमारे अपने बच्चों की तरह हैं। अतः विद्यालय का गौरव बढ़ाना तथा छात्रों में सद्संस्कार डालना हमारी नैतिक जिम्मेदारी है, जिससे हमें कदापि पीछे नहीं हटना चाहिए। आशा है, निकट भविष्य में मेरी इच्छा जरूर पूरी होगी और मैं प्रधानाध्यापक बनकर उक्त कार्यों को पूरा करने में अवश्य सफल होऊंगा।

यदि मैं डॉक्टर होता!

संसार में अनेक प्रकार के आजीविका के साधन हैं। उनमें से कई साधन तो मानवीय दृष्टि से बड़े ही संवेदनशील हुआ करते हैं जिनका सीधा सम्बन्ध मनुष्य की भावनाओं, उसके

प्राणों तथा सारे जीवन के साथ हुआ करता है। डॉक्टर का धन्धा कुछ इसी प्रकार का पवित्र, मानवीय संवेदनाओं से युक्त, प्राण-दान और जीवन-रक्षा की दृष्टि से ईश्वर के बाद दूसरा परन्तु कभी-कभी तो ईश्वर के समान ही माना जाता है। क्योंकि ईश्वर तो मनुष्य को केवल जन्म देकर संसार में भेजने का काम करता है जबकि डॉक्टर के कन्धों पर उसके सारे जीवन की रक्षा का भार पड़ा होता है। इन बातों को ध्यान में रखकर मैं प्रायः सोचा करता हूं कि – यदि मैं डॉक्टर होता, तो?

यह तो सत्य ही है कि डॉक्टर का व्यवसाय बड़ा ही पवित्र हुआ करता है। पहले तो लोग यहां तक कहते थे डॉक्टर केवल सेवा करने के लिए होता है, न कि पैसा कमाने के लिए। मैंने ऐसे कई डॉक्टरों के विषय में सुन रखा है जिन्होंने मानव-सेवा में अपना सारा जीवन लगा दिया तथा मरीजों को इसलिए नहीं मरने दिया क्योंकि उनके पास फीस देने या दवाई खरीदनें के लिए पैसे नहीं थे। धन्य हैं ऐसे डॉक्टर! यदि मैं डॉक्टर होता तो मैं भी ऐसा करने का प्रयत्न करता।

सामान्यतया मैंने ऐसा पढ़ा तथा सुना है कि दूर-दराज के देहातों में डॉक्टरी-सेवा का बड़ा अभाव है। वहां तरह-तरह की बीमारियां फैलती रहती हैं जिनके परिणामस्वरूप अनेक लोग बिना दवा के मर जाते हैं। वहां देहातों में डॉक्टरों के स्थान पर नीम-हकीमों का बोलबाला है। या फिर झाड़-फूंक करने वाले ओझा लोग बीमारी का भी इलाज करते हैं। ये नीम-हकीम तथा ओझा लोग इन देहाती लोगों को, जो अशिक्षित, अनपढ़ व निर्धन हैं, उल्लू बनाकर दोनों हाथों से लूटते भी हैं और अपनी अज्ञानता से उनकी जान तक ले लेते हैं। यदि मैं डॉक्टर होता तो आवश्यकता पड़ने पर ऐसे ही देहातों में जाकर वहां के निवासियों की तरह-तरह की बीमारियों से रक्षा करता। साथ-ही-साथ उनको इन नीम-हकीम तथा ओझाओं से भी छुटकारा दिलाने का प्रयत्न करता।

आज के युग में प्रायः डॉक्टर अपने लिए धन-सम्पत्ति जुटाने में लगे रहते हैं। इसके लिए वे शहरों में रहकर बेचारे रोगियों को दोनों हाथों से लूटना प्रारम्भ कर देते हैं जो डॉक्टरी पेशे पर एक बदनुमा दाग है। ऐसा नहीं है कि हमें अपने और अपने परिवार के लिए धन-सम्पत्ति या सुख-सुविधाओं की आवश्यकता नहीं है। सभी को इसकी आवश्यकता होती है, इसीलिए मैं भी धन-सम्पत्ति इकट्ठा तो करता परन्तु सच्ची सेवा द्वारा मानव-जाति को स्वस्थ रखना मेरे जीवन का ध्येय होता। यही डॉक्टरी पेशे की सबसे बड़ी उपलब्धि है। ❑❑❑

आत्मकथात्मक निबंध

सैनिक की आत्मकथा

मैं एक सैनिक हूं। मेरा नाम बलवन्त सिंह है। मैं हरियाणा प्रान्त के एक गांव पौलंगी का रहने वाला हूं। मेरे पूर्वज शौर्य के प्रतीक थे। वे भी मिलिट्री के जवान रह चुके हैं। बचपन में मैं उनके शौर्य तथा बलिदान की गाथा सुनता रहता था। उनकी इन शौर्य-गाथाओं को सुन-सुन कर ही मेरे मन में भी सेना में भरती होने की इच्छा जागी थी।

सन् 1965 का नवम्बर मास था। हमारे पड़ोसी देश पाकिस्तान की नीयत पर हमको सन्देह हो रहा था कि वह हमारे देश पर आक्रमण करने की तैयारी कर रहा है। हमारी सरकार ने भी अपनी सेना को सशक्त करने के उद्दश्य से सेना में भर्ती बढ़ाने के लिए आह्वान किया था। मेरा मन उत्साह से भर उठा था। मैं अपनी माताजी से आशीर्वाद लेकर दिल्ली आ पहुंचा। अगले दिन मैं सेना के भर्ती-कार्यालय में जा पहुंचा तो वहां देखा कि हजारों युवक भर्ती होने के लिए पंक्तियों में खड़े थे। स्वास्थ्य परीक्षण के बाद मैं सेना में भर्ती हो गया। कुछ दिनों मेरी ट्रेनिंग परेड हुई। उसमें मुझे जल्दी ही सफलता मिल गई। मुझे ट्रेनिंग का प्रमाण-पत्र भी मिल गया। मेरे अधिकारियों ने मेरी चुस्ती देखकर मुझे मोर्चे पर भेजने के लिए चुन लिया।

एक दिन मुझे अपने नायक के साथ उस चौकी पर भेज दिया जहां बहुत कड़ा संघर्ष हो रहा था। मैंने अपने साथियों के साथ डट कर मुकाबला किया तथा अपनी गोलियों के दम पर उनको पीछे धकेल दिया। इस कड़े संघर्ष में हमारी टुकड़ी के कई जवान मारे गए थे। मेरे मन में बहुत इच्छा थी कि मैं उस लड़ाई में शहीद होकर यश कमाऊं तथा अपने देश तथा माता-पिता का नाम ऊंचा करूं। परन्तु विजय तो मुझे जीवित रहते हुए ही मिल गई थी। यह भी मेरे लिए गौरव की बात थी। इतना अवश्य है कि मुझे वहां दो दिन तक कड़ा संघर्ष करना पड़ा था। 24 घण्टे तक तो खाना-पीना भी नसीब नहीं हुआ। फिर भी दिल में संघर्ष करने की धुन थी। अन्त में विजयश्री तो हमारे ही हाथ लगी।

जब मैं कभी उस मोर्चे के दृश्य को अपनी आंखों के सामने पाता हूं तो मेरे मन में फिर से लड़ने की एक हिलोर- सी उठती है कि मैं फिर जाऊं और शत्रु के दांत खट्टे करके आऊं। यदि ऐसी ही भावना प्रत्येक भारतीय के हृदय में भर जाए तो मेरा विश्वास है कि शत्रु हमारा कुछ नहीं बिगाड़ सकता है।

चाय की आत्मकथा

मैं 'चाय' आज के युग की अमर देन हूं। मैं आज सारे विश्व में व्याप्त हूं। आधुनिक पेय पदार्थों में मेरा विशेष स्थान है। मेरे मन में किसी के प्रति लेशमात्र भी भेदभाव नहीं। मैं सभी को समान स्फूर्ति प्रदान करती हूं। बड़े-बड़े होटलों और भवनों से लेकर छोटी-छोटी झोपड़ियों तक मेरी पहुंच है। शादी-विवाह व स्वागत समारोहों में मैं सबके आदर का पात्र बन जाती हूं।

मेरा जन्म चीन में हुआ; परन्तु मुझे पालने-पोसने का श्रेय इंग्लैण्ड को जाता है। सबसे पहले चीन के एक दूत ने ही मुझे उपहार स्वरूप महारानी एलिजाबेथ को दिया था। धीरे-धीरे मैं चीन से जापान और फिर यूरोप के देशों में फैलने लगी। उस समय मेरा मूल्य सौ रुपये प्रति पौण्ड तक रहता था। इंग्लैण्ड में मुझे बहुत सम्मान मिला। वहां की ईस्ट इण्डिया कम्पनी ने मेरा व्यापार प्रारम्भ कर दिया। वह मुझे जावा तथा चीन से मंगवा कर इंग्लैण्ड में बेचने लग गई। सन् 1834 ई॰ में चीन ने ईस्ट इण्डिया कम्पनी को मुझे देने से इंकार कर दिया, जिस पर कम्पनी ने मेरी खेती प्रारंभ कर दी। बाद में मेरी खेती भारत के कुमाऊं क्षेत्र, असम के सादिया प्रदेश में होने लगी। कुछ समय बाद असम, दार्जिलिंग तथा लंका के खेत मेरी उपज से लहलहाने लगे। मेरी मांग विश्वभर में बढ़ती गई।

मेरे पौधे चार प्रकार के होते हैं जिनकी ऊंचाई दस फुट से लेकर पचास फुट तक होती है। मेरी पत्तियों की चौड़ाई ढाई इंच से लेकर चौदह इंच तक होती है। धरती में मेरा बीज ही बोया जाता है। इसके लिए सरल मिट्टी और नम जलवायु की आवश्यकता होती है। मेरे फूल सफेद रंग के होते हैं। जब मेरे पौधे तीन वर्ष के होते हैं तो उनकी पत्तियां चुनी जाती है। इन्हें विशेष सावधानी से चुना जाता है। ये पत्तियां चुनी जाने पर टोकरियों में भर ली जाती हैं और कारखानों में भेज दी जाती हैं। वहां पहले इन्हें सुखाया जाता है, फिर रोलर की सहायता से इनका चूर्ण बना दिया जाता है। फिर इनका वैज्ञानिक यंत्रों की सहायता से निर्माण किया जाता है। सुगन्धित तरल पदार्थ मिलाकर इन्हें सुगन्धित बनाया जाता है। फिर कहीं जाकर छोटे-बड़े डिब्बों में बन्द की जाती है तथा पेटियों में भरकर देश-विदेश में भेज दी जाती है।

आज मेरा चारों ओर अर्थात् सारे विश्व में बोलबाला है। मुझमें अनेक गुण-दोष भी हैं। मेरा सबसे बड़ा गुण यह है कि मैं अतिथियों के स्वागत के लिए सरलता से उपलब्ध हो जाती हूं। परन्तु मुझमें दोष यह है कि मेरे अन्दर कुछ ऐसे उत्तेजक तत्व (जैसे निकोटीन) होते हैं जो रक्त में प्रवेश करके उसके स्वाभाविक गुणों को धीरे-धीरे नष्ट कर

देते हैं। मेरा अधिक प्रयोग करने से मन्दाग्नि का रोग हो जाता है। अतः मेरा प्रयोग सीमा में रह कर ही किया जाना चाहिए।

पुस्तक की आत्मकथा

वर्तमान में मैं एक पुस्तक हूं। मुझे पाकर मानो मानव ने एक अमर निधि प्राप्त कर ली है। मैं उसे सदा ज्ञान-विचारों का दान देती रहती हूं। मुझे आज ज्ञान-विज्ञान और समझदारी का, आनन्द और मनोरंजन का खजाना माना जाता है। परन्तु आदर-मान की यह स्थिति मुझे एकाएक या सरलता से नहीं मिल गई है। मेरा यह रूप सृष्टि-मानव की तपस्या और साधना का फल है।

सृष्टि के आदिकाल में तो मेरा सृष्टा बड़ी-बड़ी शिलाओं के ऊपर चित्रों तथा तस्वीरों के रूप में ही मेरा निर्माण करता था। वह मेरा रूप आज भी शिलाओं पर या कन्दराओं में देखा जा सकता है। लेखन कला की प्रगति के साथ मेरा रूप बदला, फिर मुझे ताड़ व भोज पत्रों पर लिखा जाने लगा। आज भी अजायबघर में मेरा यह रूप देखने को मिल सकता है। कुछ और समय पश्चात् कागज का आविष्कार हुआ तो मेरा निर्माण कागज पर होने लगा। यह कार्य सर्वप्रथम चीन में प्रारम्भ हुआ था। कागज के निर्माण तथा मुद्रण कला की प्रगति ने तो मेरी काया ही पलट दी। फिर तो मैं नए-नए रूपों में अपने पाठकों के सम्मुख प्रस्तुत होने लगी। मेरा आवरण भी आकर्षक बन गया। मेरी सुरक्षा के लिए मुझ पर सुदृढ़ जिल्द भी चढ़ाई जाने लगी।

मेरा सृष्टा लेखक, कवि, इतिहासकार, कहानीकार, उपन्यासकार, नाटककार, निबन्धकार तथा एकांकी लेखक कोई भी हो सकता है। मेरा यह लेखक पहले अपने विचारों तथा भावों को लेखनी द्वारा कागज़ पर लिपिबद्ध करता है। मेरा यह प्रारम्भिक रूप 'पाण्डुलिपि' कहलाता है। फिर मेरे पाण्डुलिपि रूप को कम्पोजिटरों के हाथों में दे दिया जाता है जो मुझे टाइपों के सूत्र में बांध देते हैं। इसके बाद एक-एक फार्म को मशीन पर छपने भेज दिया जाता है। छपने के पश्चात् मैं दफ्तरी के हाथों में भेज दी जाती हूँ। वह एक-एक फार्म को मोड़कर सभी फार्मों को इकट्ठा करता है। जिल्द बंधती है फिर उस पर सुन्दर-सा आवरण चढ़ाया जाता है। तत्पश्चात् इस पर मेरा और लेखक का नाम सुन्दर अक्षरों में लिखा जाता है।

इस प्रकार मुझे वर्तमान स्वरूप और आकार मिल पाया और मैं पुस्तक कहलाने लगी। फिर मैं दुकानदारों के माध्यम से पाठकों के हाथों में पहुंच पाई जो मेरे सच्चे साथी हैं। मैं ज्ञान-विज्ञान, आनन्द-मनोरंजन का भण्डार कहलाती हूं। मेरे अभाव में पढ़ाई-लिखाई

कतई संभव नहीं। जिस देश व समाज में मेरा सम्मान नहीं होता, वह असभ्य तथा अशिक्षित समझा जाता है।

नदी की आत्मकथा

मैं नदी हूं। मेरे कितने ही नाम हैं जैसे नदी, नहर, सरिता, प्रवाहिनी, तटिनी, क्षिप्रा आदि। ये सभी नाम मेरी गति के आधार पर रखे गए हैं। सर-सर कर चलती रहने के कारण मुझे सरिता कहा जाता है। सतत् प्रवाहमयी होने के कारण मुझे प्रवाहिनी कहा गया है। इसी प्रकार दो तटों के बीच में बहने के कारण तटिनी तथा तेज गति से बहने के कारण क्षिप्रा कहलाती हूं। साधारण रूप में मैं नहर या नदी हूं। मेरा नित्यप्रति का काम है कि मैं जहां भी जाती हूं वहां की धरती, पशु-पक्षी, मनुष्यों व खेत-खलिहानों आदि की प्यास बुझा कर उनका ताप हरती हूं तथा उन्हें हरा-भरा करती रहती हूं। इसी में मेरे जीवन की सार्थकता तथा सफलता है।

आज मैं जिस रूप में मैदानी भाग में दिखाई देती हूं वैसी मैं सदैव से नहीं हूं। प्रारम्भ में तो मैं बर्फानी पर्वत शिला की कोख में चुपचाप, अनजान और निर्जीव-सी पड़ी रहती थी। कुछ समय पश्चात् मैं एक शिलाखण्ड के अन्तराल से उत्पन्न होकर मधुर संगीत की स्वर लहरी पर थिरकती हुई आगे बढ़ती गई। जब मैं तेजी से आगे बढ़ने पर आई तो रास्ते में मुझे इधर-उधर बिखरे पत्थरों ने, वनस्पतियों ने, पेड़-पौधों ने रोकना चाहा तो भी मैं न रूकी। कई बार तो मेरी राह में अनेक बड़े-बड़े शिलाखण्ड आ जाते और मेरा पथ रोकने की कोशिश करते परन्तु मैं अपनी पूरी शक्ति को संचित करके उन्हें पार कर आगे बढ़ जाती।

इस प्रकार पहाड़ों, जंगलों को पार करती हुई मैदानी इलाके में आ पहुंची। जहां-जहां से मैं गुजरती मेरे आस-पास तट बना दिए गए, क्योंकि मेरा विस्तार होता जा रहा था। मैदानी इलाके में मेरे तटों के आस-पास छोटी-बड़ी बस्तियां स्थापित होती गईं। वहीं अनेक गांव बसते गए। मेरे पानी की सहायता से खेती-बाड़ी की जाने लगी। लोगों ने अपनी सुविधा के लिए मुझ पर छोटे-बड़े पुल बना लिए। वर्षा के दिनों में तो मेरा रूप बड़ा विकराल हो जाता है।

इतनी सब बाधाओं को पार करते हुए चलते रहने से अब मैं थक गई हूं तथा अपने प्रियतम सागर से मिलकर उसमें समाने जा रही हूं। मैंने अपने इस जीवन काल में अनेक घटनाएं घटते हुए देखी हैं। सैनिकों की टोलियां, सेनापतियों, राजा-महाराजाओं, राजनेताओं, डाकुओं, साधु-महात्माओं को इन पुलों से गुजरते हुए देखा है। पुरानी बस्तियां ढहती हुई

तथा नई बस्तियां बनती हुई देखी हैं। यही है मेरी आत्मकथा।

मैंने सभी कुछ धीरज से सुना और सहा है। मैं आप सभी से यह कहना चाहती हूं कि आप भी हर कदम पर आने वाली विघ्न-बाधाओं को पार करते हुए मेरी तरह आगे बढ़ते जाओ जब तक अपना लक्ष्य न पा लो।

रुपए की आत्मकथा

मै रुपया हूं। मैं पृथ्वी माता की सन्तान हूं। मेरी जन्मभूमि अमेरिका में मैक्सिको है। मेरे भाई-बन्धुओं में तांबा, शीशा तथा जस्ता आदि हैं। वर्षों तक मैं अपने इन आत्मीयजनों के साथ माता की गोद में सुख-चैन की नींद सोता रहा हूं। एक दिन सहसा श्रमिकों तथा मशीनों की सहायता से मेरा घर खोदा जाने लगा। उस समय मैं डर के मारे अपनी प्यारी माता की गोद से चिपका हुआ था। परन्तु श्रमिकों की क्रूर दृष्टि मुझ पर पड़ी और उन्होंने मुझे माता की गोद से खींच लिया और कैदियों की तरह बन्द गाड़ियों में डालकर मुझे एक विशाल भवन के सामने लाया गया। तभी मुझे अग्नि में झौंक दिया गया। हमें कई प्रकार के रासायनों से साफ किया जाना था। जब अग्नि की लपटों की प्रचण्डता कम हुई तो मेरा द्रवित रूप ठण्डा होकर सिल्ली के रूप में बदल गया। तब मेरा नाम पड़ा – रजत।

हमें इसके बाद टकसाल ले जाया गया। वहां पर मर्मान्तक पीड़ा सहन करने के बाद जो नया रूप हमें मिला वह बड़ा ही आकर्षक था। वह थी चमकती हुई गोलाकार देह, जिसे देखकर लोग हमें 'रुपए' के नाम से सम्बोधित करने लगे। मेरी सुन्दर, सुडौल देह और चमकता हुआ भव्य रूप मुझे भी आश्चर्य में डाल देता है। अब हर कोई मेरे स्वागत के लिए तैयार रहता है। मैं जिसके भी हाथ में जाता हूं वह ही मुझे अपने सीने से लगा लेता है। अब तो मुझमें तेज दौड़ लगाने की शक्ति आ गई है। एक व्यक्ति से दूसरे व्यक्ति, एक घर से दूसरे घर, एक गांव से दूसरे गांव और एक बैंक से दूसरे बैंक तक छलांगें मारता चला जाता हूं। मैंने अपने गोल रूप को सार्थक कर दिया है। क्योंकि मैं गोल पहिए की भांति घूमता ही रहता हूं।

मेरा यह रूप इतना मनमोहक था कि सभी धर्मों वाले, सभी मतावलम्बी, भिक्षु व राजा लोग भी मेरे प्यार में बंध गए। पूजा की थाली में भी मुझे स्थान मिला, कन्याओं की मांगों में सिन्दूर भी मेरे द्वारा भरा गया। मेरे इस रूप पर ऋषि, मुनि, गृहस्थ सभी मोहित हो जाते हैं। यहां तक कि विश्व में सभी भंयकर युद्ध भी मेरे कारण लड़े गए हैं। अन्त में घूमता-फिरता मैं पुनः अपने पुराने घर टकसाल में पहुंच जाता हूं जहां नया रूप लेकर फिर बाहर आता हूं। यही है मेरी अर्थात् रुपए की आत्मकथा। ❑❑❑

हिन्दी साहित्य एवं साहित्यसेवी

वीरगाथा काल

हिन्दी साहित्य के विकास के सोपानों का पता लगाने के लिए समय-समय पर प्रयत्न किए जाते रहे हैं। कुछ लोग मानते हैं कि नाथ और सिद्धों का साहित्य, जो विक्रम संवत् की 7वीं और 8वीं शताब्दी में लिखा गया था, वह भी हिन्दी साहित्य के विकास का ही एक अंग था। राहुल सांकृत्यायन ने अपनी हिन्दी काव्यधारा में उक्त मान्यता की पुष्टि की है। शिवसिंह 'सरोज' ने भी हिन्दी साहित्य के विकास के विषय में काफी कुछ लिखा है। ये सभी प्रयास बहुत सटीक प्रमाणों पर आधारित नहीं थे, जिसके कारण इनको सम्यक् मान्यता नहीं मिल सकी।

हिन्दी साहित्य के विकास का समुचित और प्रामाणिक अध्ययन आचार्य पंडित रामचन्द्र शुक्ल ने किया था और उनकी सर्वाधिक प्रामाणिक रचना 'हिन्दी साहित्य का इतिहास' है जिसमें शुक्ल जी ने समग्र हिन्दी साहित्य के विकास को चार कालों में विभाजित करके यह सिद्ध किया है कि किस प्रकार परिस्थिति के अनुकूल और प्रतिकूल होने पर हिन्दी साहित्य की रचना-प्रक्रिया में परिवर्तन होते रहे। शुक्ल जी ने हिन्दी के समग्र साहित्य को निम्नलिखित चार कालों में विभाजित किया है–

1. वीरगाथा काल (अथवा आदि काल) – वि. सं. 1050 से 1375 तक
2. भक्ति काल (पूर्व मध्य काल) – वि. सं. 1375 से 1700 तक
3. रीति काल (उत्तर मध्य काल) – वि. सं. 1700 से 1900 तक
4. आधुनिक काल – वि. सं. 1900 से अब तक।

शुक्लजी के मतानुसार प्राकृत की अंतिम अपभ्रंश अवस्था से हिन्दी साहित्य का आविर्भाव माना जा सकता है। उस समय गाथा कहने से प्राकृत का बोध होता था, उसी प्रकार दूहा (दोहा) कहने से अपभ्रंश या प्रचलित काव्य भाषा का गद्य समझा जाता था।

हिन्दी साहित्य का आदिकाल संवत् 1050 से लेकर 1375 तक, अर्थात् महाराज भोज के समय से लेकर हम्मीर देव के समय के कुछ पीछे तक माना जा सकता है। ऐसा भी कहा जाता है कि संवत् 990 के आस-पास भोज के पूर्व पुरुष राजा मान के सभासद 'पुष्य' नामक किसी बंदीजन ने दोहों में एक अलंकार ग्रंथ लिखा था, किन्तु ऐसा कोई ग्रंथ अभी तक प्रकाश में नहीं आया है।

वीरगाथा काल में काव्य की एक विशेष प्रक्रिया शुरू हुई जिसे लोग 'रासो' के नाम से जानते रहे हैं।

वीरगाथा काल में रचे गए प्रमुख रासो ग्रंथों का विवरण आगे दिया जा रहा है–

खुम्माण रासो : संवत् 810 से 1000 के बीच चित्तौड़ के रावल खुम्माण नाम से तीन राजा हुए। कर्नल टाड ने गलती से इन तीनों को एक ही मानकर इनके युद्धों को रोमांचकारी वर्णन किया है।

बीसलदेव रासो : नरपति नाल्ह कवि विग्रह राज चतुर्थ उपनाम बीवलदेव का समकालीन था। कदाचित् यह राजकवि था। इसने बीसलदेव रासो नाम का एक छोटा-सा लगभग 100 पृष्ठों का ग्रंथ लिखा था, जो वीरगीत के रूप में प्रसिद्ध हुआ।

पृथ्वीराज रासो : रासो परम्परा की यह श्रेष्ठ प्रबंध-काव्य रचना है जिसे चन्दवरदाई ने अपने आश्रयदाता महाराज पृथ्वीराज की प्रशंसा में लिखा था। चन्दवरदाई को हिन्दी का प्रथम महाकवि भी माना जाता है। पृथ्वीराज रासो ढाई हजार पृष्ठों का विशाल ग्रंथ है। कुछ विद्वान् इसके काफी अंश को प्रक्षिप्त भी मानते हैं।

वीरगाथा काल में खुसरो तथा विद्यापति को भी माना जाता है, किन्तु इनकी रचनाओं में वीरगाथा काल के अनुरूप चरित्र-चित्रण नहीं मिलता। अतः वीरगाथा काल को महाराज हम्मीर के समय तक ही मानना चाहिए। हम्मीर के बाद वीर काव्य की रचना नहीं हुई।

वीरगाथा काल हिन्दी साहित्य का ऐसा काल है जब हिन्दी साहित्य अपनी आरंभिक अवस्था में था। साहित्य के विकास की दृष्टि से इस काल का महत्त्व कम नहीं है।

भक्तिकाल

भक्ति काल को हिंदी साहित्य का स्वर्णयुग कहा जाता है। भारत में मुसलमानों की हुकूमत हो जाने पर देश में हिन्दुओं के मन में एक निराशा, कुंठा तथा अपमान की भावना भरने लग गई थी। उनके देवालय गिराये जाते थे, मूर्तियां तोड़ी जाती थीं, टैक्स देने पड़ते थे और सुन्दर बहू-बेटियों के डोले मंगा लिए जाते थे। ऐसी परिस्थिति में एकमात्र भगवान ही याद आते थे, जो गीता में दिए गए आश्वासन के अनुसार अधर्म के बढ़ जाने पर अवतरित होते हैं तथा पापियों, दुष्टों, आततायियों का संहार करते हैं।

मुसलमानों के शासनकाल के आरंभ होने के समय हिन्दुओं की धार्मिक स्थिति भी अच्छी नहीं थी। पूर्वी भाग में बजयानी सिद्ध तथा पश्चिमी भाग में नाथ पंथी अपने क्रियाकलापों से जनमानस को अपनी ओर आकर्षित कर रहे थे। शैवों, वैष्णवों का झगड़ा

भी कभी-कभी आपसी विद्वेष का कारण बनता था। दूसरी ओर निर्गुण सगुणवादी संतों महात्माओं की अलग डफली बजती थी। कुल मिलाकर भारत में संवत् 1375 से 1700 के बीच धार्मिक स्थिति भी अच्छी नहीं थी।

परिणाम यह हुआ कि घोर निराशामय भविष्य के लिए केवल राम के भरोसा ही जनता को सच्चा दिखाई पड़ा और संयोग ऐसा हुआ कि उस समय कुछ सन्त महात्मा भी ऐसे आए, जो जनता की उक्त भावना को बलवती बनाने में सहायक हुए। संवत् 1375 से 1700 की कालावधि में भक्ति के दो रूप प्रकट हुए। एक तो निर्गुण भक्ति थी, जिसका मूल स्रोत वेद माने जाते थे और जिसमें निर्गुण निराकार की उपासना ही सर्वोपरि थी और दूसरी सगुण साकार परमात्मा की भक्ति थी, जो पौराणिक मान्यताओं पर आधारित थी और जिसमें जीवन को सरस तथा आकर्षक बनाए रखने की शक्ति थी। सगुण भक्ति की यह धारा दक्षिण से उत्तर की ओर धीरे-धीरे बढ़ रही थी और कहा जाता है कि उत्तर का एक साहसी महात्मा रामानन्द इसे पूरी तरह उत्तर में लाने का श्रेयभाजन बना।

"भक्ति द्राविड़ ऊपजी लाए रामानन्द।
परगट करी कबीर ने सात दीप नौखण्ड"।।

रामानन्द भक्ति का मार्ग समाज के सभी वर्गों के लिए खोलना चाहते थे, इसीलिए उन्होंने अपने शिष्य सभी जातियों के लोगों को बनाया। कबीर भी रामानन्द के शिष्य थे, जो इस पंक्ति से स्पष्ट होता है– "कासी मा हम प्रगट भये हैं रामानन्द चेताये।"

कबीर ने भारतीय वेदान्त का पल्ला पकड़ा और दूसरी ओर वे निराकार ईश्वर की भक्ति के लिए सूफियों का प्रेम तत्व लेकर अपने 'निर्गुण पंथ' का प्रचार धूमधाम से करने में लग गए। आगे चलकर इस निर्गुण पंथ में नानक देव, दादू, मलूक और सुन्दरदास जैसे सन्त शामिल हो गए।

ईश्वर के धर्मस्वरूप को लेकर, जो रमणीय, लोकरक्षक तथा लोकरंचक है, निर्गुणोपासकों ने कुछ नहीं कहा। अतः, प्राचीन वैष्णव भक्ति मार्ग की रामभक्ति शाखा ने अँगड़ाई ली। कृष्ण भक्तिशाखा केवल प्रेम स्वरूप ही लेकर नई उमंग से समाज में फैलने लगी। महाराष्ट्र में संत ज्ञानदेव के शिष्य नामदेव भी कबीर से पूर्व निर्गुण उपासना फैला रहे थे। कहा जाता है कि वे पंजाब भी आए थे। गुरु ग्रंथ साहब में निर्गुण परक नामदेव के पद भी हैं।

सगुण भक्ति तथा इससे संबंधित साहित्य का प्रचार और सृजन भक्तिकाल में खूब हुआ था। गोस्वामी तुलसीदास जैसे महाकवि एवं महान् साधक इस काल की विभूति माने जाते हैं। ये वस्तुतः एक चमत्कार के रूप में आए तथा अपनी विविधतामयी काव्य शैलियों

में रामचरित लिखकर समाज को वह सब कुछ दे दिया, जिसकी उस समय काफी जरूरत थी।

रामभक्ति शाखा से संबंधित साहित्य सृजन के समय ही ब्रजमण्डल एवं बंगाल आदि प्रान्तों में कृष्ण की उपासना लोकप्रिय हो रही थी। श्री वल्लभाचार्य ने कृष्ण उपासना और कृष्ण साहित्य की रचना के लिए काफी काम किया। हिन्दी साहित्य में अष्टछाप के सभी कवि तथा विशेष रूप से सूरदास जी ने कृष्ण की लीला का सरस पदों में गायन करके जहां एक ओर कृष्णभक्ति का प्रचार किया वहीं दूसरी ओर हिन्दी साहित्य में माधुर्यमय काव्य लिखकर एक बहुत बड़े अभाव की पूर्ति की। हिन्दी साहित्य में राम साहित्य की तुलना में कृष्ण साहित्य ज्यादा लिखा गया।

भक्तिकाल को हिन्दी साहित्य का स्वर्ण युग कहने के पीछे मुख्य उद्देश्य यह रहा है कि मुस्लिम शासन तथा हिन्दुओं के लिए विषय वातावरण होने पर भी इस काल में इतना अच्छा और इतना ज्यादा साहित्य लिखा गया है कि यदि हम उसे हिन्दी साहित्य से अलग कर दें, तो उसका समृद्ध खजाना खाली हो जाएगा। निस्संदेह, हिन्दी साहित्य की रचना की दृष्टि से भक्तिकाल का सर्वोपरि महत्त है।

रीतिकाल

आचार्य पं॰ रामचन्द्र शुक्ल के अनुसार हिन्दी-साहित्य के रीतिकाल का आरंभ संवत् 1700 से शुरू हो गया था और काव्य रचना ही यह धारा करीब 200 वर्षों तक प्रवाहमान रही। धीरे-धीरे नवजागरण का काल आया और संवत् 1900 के पश्चात काव्य धारा ने एक नया मोड़ लिया जिसे आधुनिक काल के नाम से जाना जाता है।

हिन्दी के उक्त काल को उत्तर काल भी कहा जाता है। भक्ति की जो धारा सम्वत् 1375 से शुरू होकर करीब सवा तीन सौ वर्षों तक प्रवाहमान रही, वह एकाएक लुप्त नहीं हो गई। भक्तिकाल के कवि राजाश्रित नहीं थे। वे साधक, विरक्त साधु-सन्त थे, जो सब प्रकार से निराश-हताश बहुसंख्यक समाज को आश्वस्त कर रहे थे अथवा उनके हृदयों में भावना भर रहे थे कि अत्याचार, पाप तथा अधर्म का विनाश करने के लिए भगवान् का आविर्भाव अवश्य होगा।

रीतिकाल के आते-आते दमन का जो चक्र शुरू में मुसलमान शासकों ने चलाया था, उसमें कुछ कमी आई; उन्हें ऐसा लगने लगा कि बहुसंख्यक समाज के सहयोग के बिना राज्य का संचालन यदि असंभव नहीं तो जटिल अवश्य है। अतः पारस्परिक मेल-भाव के

कदम कुछ आगे बढ़ने लगे। राजपूतों ने मुगलों के आधिपत्य को स्वीकार-सा कर लिया था। शादी-ब्याह भी होने लगे थे तथा स्थिति में एक बदलाव आने लगा था। देशी-राजे रजवाड़े भी मुसलमानों की नकल कर भोग-विलासमय जीवन जीने लगे थे और उनके दरबारी कवि राग रंगमयी कविताएं लिखकर उनका अनुरंजन करने लगे थे। रीतिकाल के आदि कवि के रूप में केशवदास का नाम लिया जाता है, जिन्होंने संस्कृत के काव्य-शास्त्र की परम्परा को हिन्दी में लाने के लिए 'कवि प्रिया' जैसे काव्य का प्रणयन किया तथा महाराज इन्द्रजीत की दरबारी नर्तकी राय प्रवीन को काव्य-शिक्षा प्रदान की।

रीतिकाल की विशेषता यह थी कि इस दौरान संस्कृत के लक्षण ग्रंथों का अध्ययन होने लगा और उनके आधार पर रस, अलंकार, ध्वनि, नखशिख, नायक-नायिका और भेद आदि पर ग्रंथों की रचना होने लगी। काव्य-रचना में भावपक्ष की जगह कलापक्ष प्रखर होने लगा और कविगण वाहवाही लूटने के लिए श्रृंगार कविता रचने के लिए सतत् उद्योगशील रहने लगे।

इस काल के प्रमुख कवियों में रीति ग्रंथ के जन्मदाता केशवदास, प्रथम कवि चिन्तामणि त्रिपाठी, मतिराम, बेनी वन्दीजन, बिहारी, देव, पद्माकर आदि प्रमुख हैं। इस काल के काव्य में श्रृंगार रस का प्राधान्य रहा है। आलम्बन, उद्दीपन, विप्रलंभ, संयोग आदि के संबंध में सरस कविता का सृजन किया गया। राजदरबारों के विलासमय जीवन, ऋतुओं का वर्णन, खानपान की नफासत रीतिकालीन कविता के आधार थे।

रीतिकाल में कृष्ण साहित्य भी विपुल मात्रा में रचा गया। यद्यपि यह साहित्य उस कोटि का तो नहीं है, जो अष्ट छाप के कवियों अथवा भक्तिकाल के अन्य कवियों ने किया था, फिर भी इस काल के कृष्णकाव्य में एक कमनीयता तथा रसात्मकता अवश्य है।

आधुनिक काल

हिन्दी साहित्य के आधुनिक काल का आरंभ संवत् 1900 से माना जाता है। नव-जागरण का काल था। मुस्लिम शासन हिन्दुस्तान से पूरी तरह समाप्त हो गया था। छोटे-छोटे रजवाड़ों अथवा जमींदारों, ताल्लुकेदारों के रूप में कुछ मुस्लिम गांव, इलाके बाकी बचे थे, जो अपने पुराने वैभव की कभी-कभी डींगे हांक लिया करते थे हिन्दुओं की हालत अच्छी नहीं थी। रजवाड़े इनके ज्यादा थे, फिर भी गुलामी की जिन्दगी गुलामी की होती है। पहले मुसलमान थे, अब उनकी जगह अंग्रेज आ गए। मुस्लिम शासक जब इस देश में बस गए और बसकर हिन्दुओं को जबरदस्ती मुसलमान बनाया गया तो कुछ मजबूरी में मुसलमान

बन गये थे और इस प्रकार उन्होंने अपनी शक्ति इतनी ज्यादा बढ़ा ली कि अंग्रेजों के भारत छोड़ते-छोड़ते वह हिन्दुस्तान के एक-तिहाई भाग को पाकिस्तान बनाने में सफल हो गए।

अंग्रेज शासक मुलसमान शासकों की अपेक्षा ज्यादा विवेकशील थे। वे हिन्दू-मुसलमानों को आपस में लड़ाकर राज करने का तरीका जानते थे। इसके अलावा धर्म-प्रचार (ईसाई रिलीजन) फैलाने का उनका तरीका भी अलग था। वे चारा-चुग्गा डालते, नौकरियों, जमींदारियों, शादी-विवाहों का प्रलोभन देते और इस प्रकार मिशनरियों द्वारा स्कूल, अस्पताल, जनसेवा केन्द्र खोलकर वे धीरे-धीरे ईसाई बनाने में जुट गए।

इन विषम परिस्थितियों में नव-जागरण का काल शुरू हुआ। यह नवजागरण बहुमुखी था, राजनीतिक जागरण के अग्रदूत, लोकमान्य तिलक, लाला लाजपत राय, गोपालकृष्ण गोखले, महादेव गोविन्द रानाडे आदि। सामाजिक क्षेत्र में स्वामी दयानन्द सरस्वती, स्वामी विवेकानन्द, राजा राममोहन राय तथा देवेन्द्रनाथ ठाकुर जैसे लोग अखिल भारतीय स्तर पर जागरण लाने में तत्पर हुए।

हिन्दी भाषा और उसके साहित्य में भी जागारण आया। 'फूट डालो राज करो' के समर्थक अंग्रेज और उनके पिट्ठू उर्दू को सरकारी कामकाज में चलाना चाहते थे, जबकि राजा लक्ष्मण सिंह, भारतेन्दु बाबू हरिश्चन्द्र जैसे लोग हिन्दी के पक्षधर थे। हिन्दी का एक समृद्ध साहित्य रचा जा चुका था।

समालोचना का आरंभ भी आधुनिक काल की देन है, जिसका आरंभ भारतेन्दु जी के जीवनकाल में ही हो गया था।

किंचित् समय बाद मिश्र बंधुओं, आचार्य महावीर प्रसाद द्विवेदी, पं॰ पदमसिंह शर्मा जैसे समीक्षकों ने समालोचना साहित्य को समृद्ध बनाया और उनके पश्चात् आचार्य पं॰ रामचन्द्र शुक्ल ने इसे नवीन सांचे में ढाला।

आधुनिक काल में पद्य की जगह गद्य साहित्य के लेखन का प्रचार बढ़ने लगा। बंगला भाषा के कई अच्छे नाटकों का हिन्दी में अनुवाद हुआ।

संस्कृत के नाटकों का हिन्दी में अनुवाद करने की प्रक्रिया भारतेन्दु ने स्वयं शुरू की थी। राजा लक्ष्मण सिंह ने शकुन्तला नाटक का गद्य-पद्य दोनों में ललित अनुवाद किया था। कालान्तर में मृच्छकटिक, नागानन्द, महावीर चरित, उत्तररामचरित, मालती माधव, मालविकाग्निमित्र का भी अनुवाद निकाला था।

उपन्यास के क्षेत्र में भी हिन्दी साहित्य के आधुनिक काल में एक क्रान्ति-सी आई, जो अनुवादों से शुरू होकर मौलिक उपन्यास लिखने में बदल गई। मौलिक उपन्यासों के लिखे जाने के आरंभिक दौर में बाबू देवकी नन्दन खत्री, किशोरी लाल गोस्वामी, पं॰

अयोध्यासिंह उपाध्याय का नाम महत्त्वपूर्ण है। सर्वोपरि मुंशी प्रेमचंद का योगदान अविस्मरणीय रहा।

हिन्दी साहित्य के आधुनिक काल के अनेक सोपान, अनेक विधाएं तथा अनेक रूप हैं। 26 जनवरी, 1950 से भारत की राजभाषा हिन्दी घोषित हो जाने पर हिन्दी का बहुआयामी विस्तार होने लगा है। शिक्षा का माध्यम कई राज्यों में हिन्दी है, अतः हिन्दी मात्र साहित्य की भाषा न होकर वह विज्ञान, वाणिज्य, कला, संस्कृति, इतिहास, अर्थशास्त्र, राजनीति एवं जन-संपर्क की भाषा बन चुकी है। रेडियो तथा दूरदर्शन में ज्यादा प्रयोग हिन्दी का होता है तथा नई-नई प्रसार विधाएं खोजी गई हैं।

महाकवि तुलसीदास

गोस्वामी तुलसीदास हिन्दी भाषी कवि तथा भारतीय साहित्य के अग्रणी कवियों में से एक हैं। कई अंग्रेज साहित्यकारों तथा विश्व के उच्च विचारकों ने उन्हें विश्व के महानतम कवियों में माना है। किसी ने हिन्दी साहित्य में उनके महत्त्व का मूल्यांकन करते हुए लिखा था कि–

तुलसी रवि अरु सूर शशि उडुगन केशवदास।
अब के कवि खद्योत सम जहं तहं करत प्रकाश।।

तुलसीदास जी के जन्म के विषय में विद्वान् एकमत नहीं हैं। कुछ उन्हें राजापुर का मानते हैं, तो कुछ उन्हें सोरों का बताते हैं। ज्यादातर लोगों का मत है कि तुलसीदास का जन्म श्रावण शुक्ल सप्तमी संवत् 1554 विक्रमी में हुआ था। अपने पक्ष के समर्थन में ऐसे विद्वान् निम्नलिखित दोहे को प्रमाण के रूप में प्रस्तुत करते हैं–

पन्द्रह सौ चौवन बिखे कालिन्दी के तीर।
श्रावण शुक्ल सप्तमी तुलसी धर्यो शरीर।।

कहा जाता है कि तुलसीदास अभुक्त मूल नक्षत्र में पैदा हुए थे। इसीलिए जन्म के बाद थोड़े अन्तर में माता, पिता और दासी पुनिया सभी मर गए और पांच वर्ष का बालक अनाथ की तरह द्वार-द्वार भटकने लगा।

इनके पिता का नाम आत्माराम दुबे था। समय बीता, तुलसी को एक पारखी गुरु मिला। दोपहर के आसपास, गांव के बाहर बन्दरों को चना डालने वाले किसी दानी के द्वारा दयावश एक मूठी चने तुलसी को भी मिल गए। इन चनों को प्राप्त करके तुलसी को लगा कि धर्म, अर्थ, काम, मोक्ष सभी फल उन्हें मिल गए–

"जान्यो हौं चारिफल चारि ही चनक कौं"।

एक-एक करके चना चबाते तुलसी को नरहरि ने देखा और बोले–बेटा! थोड़े से तो चने हैं, एक बारगी क्यों नहीं चबा लेते। तुलसी ने जवाब में कहा–बाबा! भूख ज्यादा लगी है, चने बहुत कम हैं, एक-एक कर के धीरे-धीरे चबा रहा हूं, ताकि देर तक भूख की पीड़ा भुलाए रख सकूं। नरहरि ने परख लिया कि बालक प्रतिभाशाली कोई महान् आत्मा है, जो

प्रारंभिक ग्रहों के प्रभाव के कारण दुःख झेल रहा है। वे कहने लगे—यदि तुम्हारा गांव में कोई नहीं है तो क्या तुम मेरे साथ चलना पसन्द करोगे। तुलसी के मन की मुराद पूरी हो गई। जिस गांव में उसे अपमानित किया जाता था, जिस गांव के लोग उसे अभागा कहते थे, उस गांव में रहने का अब उसका मन नहीं था। तुलसी जन्मभूमि छोड़कर काशी चले गए। यमुना का वासी गंगावासी बन गया। तुलसी की पढ़ाई का नरहरिदास ने बहुत अच्छा प्रबंध किया था। वेद, शास्त्र, पुराण, काव्य, योग, आयुर्वेद सभी की पढ़ाई और अभ्यास तुलसी ने पूरा किया। योग्य, प्रतिभाशाली और ओजस्वी तुलसी पर अब युवापन के सारे लक्षण दिखाई देने लगे थे।

बाबा नरहरिदास वैरागी सन्त अवश्य थे, परन्तु उन्होंने दुनिया देखी थी। गृहस्थी का अनुभव किए बिना युवामन भटक सकता था। तुलसी की भाग्य लिपि उन्होंने पढ़ ली थी। अन्ततः तो उसे वैरागी ही बनना था, किन्तु वैराग्य के लिए एक ठोकर तो तुलसी बचपन में ही झेल चुके थे। एक गहरे झटके की जरूरत और थी। इस झटके को लगाने और फिर पूर्ण वैरागी बनाने के लिए तुलसी को नरहरिदास की प्रेरणा से अपने गांव लौटना पड़ा।

गांव आकर राम की भक्ति, राम की कथा और राम-आसरे जीवन बिताना तुलसी की दिनचर्या थी। तुलसी की सायंकालीन कथा में काफी लोग आते। एक बार दीन बंधु पाठक की कन्या रत्नावली और तुलसी ने एक-दूसरे को देखा और फिर वैवाहिक बंधन में बंध गए। बेसहारा तुलसी को सहारा मिला। रुपसी पत्नी, गृहकार्य में दक्ष। तुलसी के लिए रत्ना सब कुछ थी। रत्ना मन-ही-मन तुलसी के इस प्रेम को सराहती लेकिन तब आज का-सा जमाना नहीं था। सखियां, पड़ोसनें परिहास करतीं, रत्ना लजा जाती। तुलसी के समवयस्क कहते, पंडितजी कथा क्यों बन्द कर दी?

बिना पूछे रत्ना का अपने मायके चला जाना तुलसी को अच्छा नहीं लगा। कहते हैं वे रात में ही ससुराल गए, जहां पत्नी के प्यार की जगह उन्हें सुनना पड़ा—

लाज न आवत आपको दौरे आए साथ।
धिक धिक ऐसे प्रेम को कहा कहौं मैं नाथ।।
अस्थि चर्म मम देह तामें ऐसी प्रीति।
ऐसी जो श्रीराम महं होति न तौ भव भीति।।

प्रेम के पथिक को राम का पथ निहारने का मौका मिला। बिना कुछ कहे तुलसी वापस चल पड़े। रत्ना कांप गई! बोली प्राणनाथ! किन्तु अब तुलसी वे तुलसी नहीं थे।

तुलसी अपने गुरु के आश्रम में आए। सारी बात गुरुजी को ही बताई। गुरु प्रसन्न

थे। मन में सोचा यह झटका लगाना जरूरी था। अब तुलसी की दिनचर्या थी श्रीराम की पूजा करना और काव्य-रचना। अनेक तीर्थों, वनों में घूमता तुलसी 75 वर्ष की आयु में अयोध्यावासी बना और ठीक रामनवमी के दिन संवत् 1631 वि॰ में उसने रामकथा लिखनी शुरू की और शायद डेढ़ वर्ष में जाकर पूरी हुई। इसके बाद तुलसीदास को भगवान शिव और भगवान राम दोनों की कृपा का प्रसाद मिलता रहा। रामकथा पूरी करके तुलसी वृद्धावस्था में पुनः काशी आ गए थे। विनय पत्रिका रची, भगवान राम को पसन्द आई, उनके दर्शन हुए और विनय पत्रिका की हस्तलिपि पर भगवान ने अपने हस्ताक्षर कर दिए।

सूरदास

सूरदास के नाम से हिन्दी साहित्य में कई कवि हुए हैं। कुछ लोग सूरदास तथा सूरदास विल्वमंगल को एक ही कवि मानते रहे हैं। नवीनतम खोजों के फलस्वरूप कुछ नए तथ्य सामने आए हैं, जिनके आधार पर कहा जाता है कि सूरदास का जन्म संवत् 1535 वि॰ वैशाख सुदी पंचमी को दिल्ली के समीप और बल्लभगढ़ के पास सीही नामक गांव में हुआ था। ये सरस्वत ब्राह्मण थे और इनके चार भाई थे। सूरदास नेत्रहीन थे किन्तु जन्मांधे थे अथवा नहीं, यह एक विवादास्पद विषय है। सूरदास की कविता पढ़ने से लगता है कि जैसा सुन्दर वर्णन उन्होंने किया है, वह जन्मांध व्यक्ति द्वारा करना संभव नहीं हो सकता।

सूरदास की वाणी मधुर थी, पद रचना करते ही थे। एकतारे पर आलाप भरकर जब वे कृष्ण-लीला के, विनय के पद गाते तो लोग खुशी से भर जाते थे। मथुरा पहुंचने पर सूरदास की आयु 18-19 वर्ष के आसपास रही होगी। मथुरा की भीड़-भाड़ उन्हें अच्छी नहीं लगी, अतः वे मथुरा-आगरा रोड पर स्थित गऊघाट पर आकर रहने लगे।

संवत् 1567 के आसपास पुष्टि सम्प्रदाय के आचार्य गऊघाट पधारे। वे नवनिर्मित श्रीनाथजी के मंदिर की देखभाल करने के लिए गोवर्धन जा रहे थे। बल्लभाचार्य अपने समय के ऊंचे महात्मा थे। सूरदास भी उनके दर्शन के लिए गए तथा उन्हें कुछ विनय और दीनता के पद सुनाए। बल्लभाचार्य जी ने पद सुने, बड़े खुश हुए और साथ ही यह भी कहा कि "सूर हो के काहे को गिड़गिड़ात हौ, लीला कौ गायन किया करौ।" इस प्रकार का निर्देश पाकर तथा बल्लभाचार्य जी से दीक्षा लेकर सूरदास भगवान श्याम सुन्दर की लालाओं का गायन करने लगे।

सूरदास कृष्ण के अनन्य भक्त थे। सूरसागर, सूरसारावली, दृष्टिकूट, सेवाफल, नल-दमयन्ती, व्याहलो उनकी रचनाएं हैं। इन सब में 'सूरसागर' का प्रमुख स्थान है। सूर के पदों में जहां विनय है, दीनता है, वहीं वात्सल्य, संयोग-वियोग एवं शृंगार के पदों का भी

आधिक्य है। संवत् 1640 में सूरदास का निधन हुआ।

संत कबीरदास

भारत के संतों की परम्परा में कबीरदास का स्थान बहुत ऊंचा माना जाता है। वे भक्तिकाल की निर्गुण ज्ञानाश्रयी शाखा के सिरमौर सन्त थे, जिन्होंने तत्कालीन भाषा में अपने विचारों को इस ढंग से व्यक्त किया था, ताकि आम जनता उन्हें अच्छी प्रकार समझ सके और जो कुछ सार है, उसको ग्रहण कर अपना जीवन सुखी बनाए।

कबीरदास के जीवन और मृत्यु दोनों के संबंध में बहुत स्पष्ट प्रमाण नहीं मिलते। कबीर से संबंधित सतनामी सम्प्रदाय तथा कबीर पंथ में उनकी जन्मतिथि ज्येष्ठ पूर्णमासी, सोमवार, संवत् 1455 बताई जाती है। कबीर के जन्म के संबंध में एक दोहा काफी प्रचलित हैः

चौदह सौ पचपन साल गए।
चन्द्रवार एक ठाट ठए।।
जेठ सुदी बर सायत को।
पूरनमासी प्रकट भए।।

कविवर नाभादास-कृत भक्त माल में कबीर के स्वर्गारोहण की तिथि अगहान सुदी एकादशी, संवत् पन्द्रह सौ उनचास दी गई है। कुछ लोगों के मत से कबीर के परलोकवास का संवत् 1569 तथा कुछेक के मत से संवत् 1575, माघ सुदी एकादशी है।

कबीर का जन्म कहां हुआ, बनारस में अथवा कहीं अन्यत्र, इसको लेकर भी विवाद रहा है। कुछ लोग मानते हैं कि इनका जन्म बनारस में हुआ था। लेकिन एक पद के अनुसार ऐसा प्रतीत होता है कि ये मगहर में पैदा हुए थे और बाद में काशी चले आए थे।

"पहले दरसन मगहर पाइयो फिर काशी बसे आई"

लेकिन कबीर का एक अन्य पद ऐसा है जिसमें कहा गया है कि वे काशी निवासी ब्राह्मण परिवार में से थे, किन्तु भगवन्नाम भूल जाने से इन्हें पकड़कर जुलाहा बना लिया गया था। आगे यह भी लिखा है कि ताना बुनना मेरे वश की बात नहीं है —

काशी का मै बासी बांभन नाम मेरा परबीना।
एक बार हरिनाम बिसारा पकरि जोलाहा कीन्हा।।
भाई मोरे कौन बुनेगा ताना।

कबीर के माता-पिता का नाम भी अज्ञात है। ऐसी किंवदंती है कि किसी अविवाहित ब्राह्मण कन्या के गर्भ रह जाने से इनका जन्म हुआ और लोक-लाज के भय से वह इन्हें लहरतारा तालाब के पास डाल आई। नीरू नामक सन्तानहीन जुलाहा इन्हें उठा लाया और इस प्रकार ये उसके पुत्र हो गए हैं। कबीरदास अपने समय के श्रेष्ठ महात्मा रामानन्द के शिष्य थे।

कबीर किस पंथ, धर्म अथवा सम्प्रदाय के अनुयायी थे – यह भी कहना कठिन है। उन्होंने स्पष्ट लिखा है कि वे न तो मुसलमान थे और न हिन्दू। उन्होंने अपनी एक साखी में साफ-साफ कहा है–

हिन्दू मूए राम कहि मुसलमान खुदाई।
कहै कबीर सो जीवता दुह में कदे न जाई।।

कबीर के पदों का संकलन साखी, शबद और रमैनी में मिलता है। कबीर ने न तो भाषा की परवाह की और न ऐसे लोगों की परवाह की जो उनकी आलोचना करते थे। जनभाषा में इस जनवादी सन्त ने राम की महिमा गाई। कभी वह सगुण साकार की ओर झुके और एकतारे की तान पर कहने लगे–

पारब्रह्म देवाधि देव नरसिंह प्रगट भए भगत मेव
कहै कबीर कोई लह्यो न पार।
प्रहलाद उबारयो अनेक बार।।

और कभी हिन्दू-मुसलमान दोनों को सावधान करते हुए सजग रहने की सलाह दी–

हिन्दू कहैं राम मोहिं प्यारा तुरुक कहैं रहिमाना।
आपास में दोऊ लरि लरि मुए भेद ने काहू जाना।।

कबीरदास जी ऐसे सन्त थे जिनकी उस समय भी जरूरत थी, जब सिकन्दर लोदी भारत में हुकूमत करता था और उनके विचारों की आज भी जरूरत है जब वोट के नाम पर हिन्दू वोट और मुसलमान वोटों का अंकगणित हल किया जाता है और कुरसी बचाने के उद्योग में दोनों का लड़ाया जाता है। कबीर मनुष्य-मनुष्य में अंतर करने के विरोधी थे। वे अल्लाह और राम में अंतर नहीं मानते थे।

कविवर बिहारी

हिन्दी साहित्य में ऐसे कवि बहुत कम हैं जिन्होंने थोड़ा लिखा, किन्तु उन्हें प्रसिद्धि अधिक मिली। बिहारी ऐसे ही कवि थे, जिन्होंने संभवतः 719 दोहे लिखकर हिन्दी साहित्य

जगत में अमर कीर्ति प्राप्त की। कुछ लोगों की मान्यता है कि उन्होंने 713 अथवा 711 दोहे लिखे थे। उनकी अमर कृति बिहारी सतसई के नाम से जानी जाती है और यह एक ऐसी लोकप्रिय पुस्तक है, जिसका अनुवाद कई देशी और विदेशी भाषाओं में हो चुका है। सतसई के दोहों की महत्ता को देखकर किसी कवि ने लिखा है–

सतसइया के दोहरे ज्यों नावक के तीर।
देखन में छोटे लगैं घाव करैं गंभीर।।

कविवर बिहारी जयपुर-नरेश मिर्जा राजा जयसिंह के दरबारी कवि थे। वे कहते हैं कि महाराजा जयसिंह अपनी नई रानी के प्रेम में इतने डूब गए थे कि उन्हें राज-काज की कोई चिन्ता नहीं थी। मंत्री, सेनापति सभी खिन्न थे और उनकी समझ में नहीं आ रहा था कि क्या उपाय किया जाए। सभी मिलकर बिहारी के पास कोई उपाय पूछने गए, तो बिहारी ने एक दोहा लिखकर दे दिया और कहा कि इसे महाराजा के पास भिजवा दिया जाए। वह दोहा इस प्रकार है–

नहिं पराग नहिं मधुर मधु, नहिं विकास यहि काल।
अली कली ही सों विंध्यों, आगे कौन हवाल।।

महाराज को दोहा पढ़ते ही होश आ गया और वे पुनः राज-काज में लग गए।

बिहारी के काव्य में सरसता के साथ-साथ भाव-व्यंजना, नाटकीयता का अच्छा समावेश देखने को मिलता है। नायक-नायिकाओं की भाव भंगिमाएं, उनकी विनोदपूर्ण उक्तियां सहज ही काव्य रसिकों को आकर्षित करने में सक्षम हैं। एक-एक दोहे में वे कभी-कभी बहुत से भावों को भर देते हैं। इस प्रकार की क्षमता कुशल कवि में ही पाई जाती है। नाटकीयता से पूर्ण उनका एक दोहा यहां बानगी के लिए प्रस्तुत है–

कहत नटत रीझत खिझत मिलत खिलत लजियात।
भरे भौन सब करत हैं नैनन ही सों बात।।

बातों का आनंद लेने के लिए नायक और नायिका किस प्रकार की चेष्टाएं कर रहे हैं, इसकी एक अन्य झांकी यहां दी जा रही है––

बतरस लालच लाल की, मुरली धरी लुकाय।
सौंह करै भौंहनि हंसे, दैन कहै नटि जाय।।

कविवर बिहारी की कविता इतनी मधुर है कि उसका आप जो भी दोहा पढ़ें वह आपके मन का स्पर्श जरूर कर लेगा। किंवदंती है कि बिहारी के एक-एक दोहे के लिए महाराज ने एक-एक अशर्फी देने का वादा किया था, किन्तु वे अशर्फियां न देकर सात सौ रुपये देने लगे। महाराजा के इस व्यवहार से बिहारी के मन को शायद काफी चोट लगी

होगी। बिहारी का निधन कब और कैसे हुआ? इस विषय में ठोस प्रमाण उपलब्ध नहीं है। ऐसा कहा जाता है कि बिहारी ने अपनी सतसई संवत् 1719 में पूरी की थी। उक्त घटना को यदि सही मान लें तो बिहारी शायद महाराजा द्वारा किए गए व्यवहार को सह न पाए और वे शोक से उसी वर्ष अथवा एकाध वर्ष बाद चल बसे होंगे।

भारतेन्दु बाबू हरिश्चन्द्र

भारतेन्दु बाबू हरिश्चन्द्र का जन्म 9 सितम्बर, 1850 को वाराणसी में हुआ था। आरंभ से ही ये चंचल प्रकृति तथा तेज बुद्धि के थे। सात वर्ष की आयु में ही इन्होंने एक दोहा बनाया था और अपने पिता को सुनाकर प्रोत्साहन प्राप्त किया था। इनके पिता की मृत्यु उस समय हुई, जब ये केवल नौ वर्ष के थे। पिता के स्वर्गवासी होने के उपरान्त ये स्वच्छन्द से हो गए थे और मनमाने काम करने लगे थे। इस वजह से इन्होंने अपने घर में जमा लाखों रुपये की सम्पत्ति थोड़े समय में ही खर्च कर डाली थी।

आरंभ में इनकी शिक्षा राजा शिवप्रसाद के सान्निध्य में हुई। करीब 14 वर्ष की आयु में अपनी माता के साथ ये जगन्नाथपुरी गए और पढ़ाई का सिलसिला उसके बाद टूट गया। इसके बाद वे काव्य-रचना की ओर ज्यादा ध्यान देने लगे।

जगन्नाथ पुरी से वापस आने के बाद इनके मन में देशप्रेम का अंकुर फूटने लगा था। इन्होंने अनुभव किया कि बिना पढ़ाई-लिखाई के काम चलने वाला नहीं है। अतः अपने घर में स्वतः पठित विषयों का अभ्यास करने लगे तथा आसपास के बच्चों को बुलाकर पढ़ाना भी शुरू किया। शुरू में उनका यह स्कूल चौखंभा स्कूल के नाम से चला, किन्तु अब यह हरिश्चन्द्र इन्टरमीडियेट कॉलेज बन गया है।

सन् 1868 में इन्होंने 'कवि वचन सुधा' नाम से एक पत्रिका निकालना आरंभ किया, जिसमें तत्कालीन कवियों की रचनाएं प्रकाशित होती थीं। इस पत्रिका का प्रचार बढ़ा तथा लिखने और पढ़ने वाले लोगों में कई अच्छे कवि बन गए।

सन् 1870 में इन्हें ऑनरेरी मजिस्ट्रेट का पद मिला। किन्तु कुछ समय उपरान्त इन्होंने स्वयं इस पद को छोड़ दिया। सन् 1873 तक इनकी भाषा में काफी निखार तथा अभिव्यक्ति में गंभीरता आ गई थी। अतः इन्होंने स्वयं अपने लेखन का आरंभ 1873 ई० से माना है।

अपनी छोटी-सी आयु के भीतर बाबू हरिश्चन्द्र ने इतना अधिक साहित्य लिख डाला था, जो अन्य साहित्य उपासक दीर्घकाल तक साधना करके भी तैयार नहीं कर पाते। उनकी

अपरिमेय साहित्य-सेवा को देखकर तत्कालीन हिन्दी भाषी समाज ने उन्हें 'भारतेन्दु' की उपाधि देकर सम्मानित किया था।

6 जनवरी, 1885 को हिन्दी साहित्य गगन का यह चन्द्रमा सदा-सदा के लिए अस्त हो गया।

भारतेन्दु ने काव्य-रचना में ब्रजभाषा तथा गद्य लेखन में खड़ी बोली का प्रचलन शुरू किया था। उनकी साहित्य साधना के करीब 20 वर्ष भारतेन्दु युग के नाम से हिन्दी साहित्य के इतिहास में जाने जाते हैं। गद्य साहित्य की सर्वतोमुखी प्रगति करना उनका ध्येय था।

कविवर जयशंकर प्रसाद

आधुनिक हिन्दी के खड़ी बोली काव्य की छायावादी शैली के प्रवर्तक के रूप में बाबू जयशंकर प्रसाद का स्थान सर्वोपरि माना जाता है। जयशंकर प्रसाद जी को लोग केवल 'प्रसाद' के नाम से ज्यादा अच्छी तरह जानते हैं। इनका जन्म माघ शुक्ला दसमी संवत् 1946 को वैश्य कुल में हुआ था। इनके पिता के नाम देवी प्रसाद था जो सुंघनी साहु के नाम से वाराणसी नगर में विख्यात थे। इनके कुल में सुर्ती, तम्बाकू, सुंघनी आदि का व्यवसाय होता था।

प्रसाद जी की आरंभिक शिक्षा घर पर ही हुई थी। कुछ समय उपरान्त ये बनारस के क्वींस कॉलेज में पढ़ने गए थे। इसी बीच पिता की मृत्यु हो जाने के कारण इनकी पढ़ाई छूट गई और ये अपने कुल के व्यवसाय में लग गए। प्रसाद जी बचपन में पढ़ने-लिखने में रुचि लेते थे और अपने निज के अभ्यास से अंग्रेजी, हिन्दी, संस्कृत, उर्दू में काफी योग्यता प्राप्त कर ली थी। उन्होंने काश्मीर शैवदर्शन का काफी गंभीरता से अध्ययन किया था और उनकी काव्य-साधना में इसका प्रभाव भी देखा जा सकता है। शुरू-शुरू में आप ब्रजभाषा में कविता करते थे, बाद में आपने खड़ी बोली में लिखना शुरू किया, जिसमें आपको बहुत अधिक सफलता मिली।

जयशंकर प्रसाद की ख्याति उनकी उन रचनाओं से हुई जो व्यंजना-प्रधान थीं और जिन्हें छायावाद के नाम से जाना गया है। जयशंकर प्रसाद इस शैली के जनक माने जाते हैं। इस ढंग की उनकी पहली रचना 'आंसू' है। यह कविता विप्रलय श्रृंगार की भावनाओं और वेदनाओं की अभिव्यक्ति है। प्रसाद जी ने इसी शैली पर गीत काव्य की अनेक रचनाओं की सृष्टि की है। उनकी अंतिम रचना महाकाव्य के रूप में — कामायनी– है। जिसका विषय एक वैदिक आख्यान है। इस काव्य को उन्होंने निजी रंग से रंजित किया है।

हिन्दी साहित्य में प्रसाद जी नाटककार के रूप में ही सबसे ज्यादा विख्यात हुए। भारतेन्दु के पश्चात् हिन्दी में बहुत कम नाटक लिखे गए हैं, प्रसाद जी ने इस क्षेत्र को अपनाया और उसे पूरी तरह समृद्ध भी किया। उनके नाटक प्राचीन भारत की ऐतिहासिक घटनाओं पर आधारित हैं। प्रसाद द्वारा लिखे गए नाटकों के नाम इस प्रकार हैं– 'जनमेजय का नागयज्ञ', 'चन्द्रगुप्त मौर्य', 'अजातशत्रु राज्यश्री','स्कन्दगुप्त', करुणालय', 'विशाखा', 'कामना', 'ध्रुव स्वामिनी' और 'एक घूंट'। इन दस नाटकों की उन्होंने रचना की और 'इन्द्रनायिका' नाटक का कुछ अंश लिखकर छोड़ गए। इनमें 'एक घूंट' सामाजिक 'कामना' लाक्षणिक और शेष सब ऐतिहासिक हैं। इसमें कोई मतभेद नहीं हो सकता कि सभी नाटक साहित्यिक दृष्टि से महत्त्व के और ऊंचे हैं। इसमें मतभेद अवश्य है कि वे मंच पर सफलतापूर्वक खेले जा सकते हैं या नहीं।

अच्छे नाटककार होने के साथ-साथ प्रसाद जी अच्छे कथाकार भी थे। कहानियों में वे सूक्ष्म भावनाओं को भी चत्रित करने में सफल हुए हैं। उन्होंने सत्तर से ज्यादा कहानियां लिखीं और वे बाद में पांच खण्डों में प्रकाशित की गईं। उपन्यास उन्होंने केवल दो लिखे हैं, जिनके नाम 'कंकाल' और 'तितली' हैं। नाटकों में प्रसाद जी ने भारतीय संस्कृति के उज्ज्वल पक्ष का निरूपण किया है, किन्तु उपन्यासों से उन्होंने आधुनिक अवनति का काला चित्र अंकित किया है।

प्रसाद जी के निबंध भी उच्च स्तरीय हैं, जिनमें कला, कविता छायावाद आदि के संबंध में उन्होंने अपने विचार प्रकट किए हैं। जीवन के अंतिम पांच साल वे बीमार रहा करते थे। उन्हें मंदाग्नि तथा अजीर्ण रोग हो गया था। अन्त में, उन पर क्षय रोग का आक्रमण हुआ और उसी से वे संवत् 1994 में कार्तिक शुक्ल प्रबोधिनी एकादशी को मात्र 48 वर्ष की आयु में स्वर्ग सिधार गए।

पं॰ सूर्यकान्त त्रिपाठी 'निराला'

हिन्दी साहित्य में छायावाद के अग्रणी कवि पं॰ सूर्यकान्त त्रिपाठी 'निराला' का जन्म संवत् 1955 माघ शुक्ल एकादशी को महिषादल (राज) जिला मेदिनीपुर, बंगाल में हुआ था। इनके पिता श्री रामसहाय त्रिपाठी, गढ़ा कोला, जि॰ उन्नाव के निवासी थे, जो महिषादल के राजा के यहां 100 सिपाहियों के ऊपर जमादार थे। विधुर होने के कारण बालक सूर्यकान्त के लालन-पालन का भार भी उन्हें ही उठाना पड़ा, जो कभी-कभी छोटी-सी बात को लेकर भी सूर्यकान्त को इतना मारते थे कि बालक तिलमिला जाता था।

बचपन में मातृस्नेह का अभाव तथा पारिवारिक सरस वातावरण न मिलने के कारण बाल्यकाल से ही सूर्यकान्त में विद्रोह की भावना जन्म लेने लगी थी। कभी-कभी पिता स्नेह की वर्षा भी करते, परन्तु उनका वह स्नेह तपती रेत में वर्षा की बूंदों की तरह होता और बालक को चिरकालिक स्नेह दे पाने में असफल रहता।

निराला जी का विद्यार्थी जीवन ज्यादा लम्बा नहीं रहा। प्रारंभिक शिक्षा बंगला स्कूल में हुई। आठवीं-नवीं कक्षा तक पहुंचते ही इनकी पढ़ाई छूट गई। उन्होंने अपने-आप बंगला तथा अंग्रेजी साहित्य का अध्ययन किया तथा इस प्रकार वे साहित्यानुरागी बन गए। निराला जी की आयु करीब 14-15 वर्ष की होगी जब उनका विवाह मनोहरा देवी के साथ हो गया। उस समय मनोहरा देवी की आयु मात्र 11 वर्ष की थी। मनोहरा देवी के आग्रह से निराला जी ने खड़ी बोली सीखी और उसी में कविता भी करने लगे।

उन्होंने अपनी पहली रचना 'जूही की कली' सन् 1916 में 'सरस्वती' में छपने के लिए भेजी, किन्तु आचार्य द्विवेदी ने उसे नहीं छापा और उसे निराला को वापस भेज दिया। निराला जी के भावुक मन को इससे चोट तो लगी, पर वे निराश नहीं हुए और अपना लेखन-कार्य जारी रखा।

निराला जी की 'जूही की कली' पर रवीन्द्र के स्वच्छन्दतावाद का प्रभाव था, किन्तु हिन्दी में वैसी कविता उस समय लिखने वाला कोई नहीं था। माधुरी में वह छपी और निराला पर आरोप लगाये गए कि उन्होंने काव्य की मर्यादाएं भंग की हैं, किन्तु निराला मानने वाले नहीं थे, उनकी लेखनी में ठहराव नहीं आया और वे अपनी राह पर निर्भीकता से चलते रहे। इसी बीच उनके पिता का सन् 1916 में देहान्त हो गया और विवश होकर परिवार चलाने के लिए उन्होंने महिषादल राज्य की नौकरी स्वीकार कर ली। अभी एक वर्ष ही बीता था कि उनकी पुत्री सरोज का सन् 1917 में जन्म हुआ। सरोज के जन्म के एक वर्ष बाद सन् 1918 में उनकी पत्नी भी चल बसीं। यह भारी आघात था, जिसने निराला जी के मानस को झकझोर दिया। वे अपने चार साल के पुत्र रामकृष्ण और एक वर्ष की पुत्री सरोज को अपनी सास के पास छोड़कर कलकत्ता गए और अपनी चीजें नीलाम कर और नौकरी छोड़कर अपने गांव लौट आए।

निराला जी अक्खड़ स्वभाव के स्वाभिमानी जीव थे, जो किसी प्रकार के दबाव में झुकने वाले नहीं थे। सन् 1929 में उनका 'परिमल' प्रकाशित हुआ। इस दौरान प्रसाद और पन्त भी प्रकाश में आ चुके थे। प्रसाद और पन्त का उतना विरोध नहीं हुआ, जितना हिन्दी जगत में 'निराला' का विरोध हुआ। सन् 1935 में उनकी इकलौती पुत्री क्षय रोग

से चल बसी। पुत्री की असामयिक मृत्यु का कविमन पर बहुत गहरा प्रभाव पड़ा। इसी बीच उनकी कविता 'सरोज स्मृति' प्रकाशित हुई। वे सन् 1928 से सन् 1942 तक लखनऊ में रहकर ही साहित्य की साधना करते रहे। विरोधों की परवाह न करते हुए वे अपने लेखन-कार्य में अग्रसर हुए और उनकी कई रचनाएं इस बीच लखनऊ से प्रकाशित हुईं।

सन् 1942 में वे इलाहाबाद आकर दारागंज में रहने लगे तथा अन्त समय तक एक ही मकान में रहे, जहां 15 अक्टूबर, 1961 को 9 बजकर 23 मिनट पर उनका स्वर्गारोहण हुआ।

उपन्यास सम्राट् प्रेमचन्द

भारत के हिन्दी कथाकार और उपन्यास सम्राट् प्रेमचन्द गांधीवादी विचारधारा के अग्रणी साहित्यकारकों में माने जाते हैं। आमतौर पर लोग इन्हें मुंशी प्रेमचन्द कहा करते थे। प्रेमचन्द जी का जन्म वाराणसी जिले के पाण्डेयपुर नामक कस्बे के समीप लमही नामक ग्राम में 31 मई, 1880 को हुआ था। इनके पिता श्री अजायबराय कायस्थ घराने के सदाचारी व्यक्ति थे जो उन दिनों डाक घर में मुंशी थे और बीस रुपये मासिक वेतन पाते थे। इनकी माता आनन्दी देवी धर्मभीरु सीधी-सरल महिला थीं। बचपन में इन्होंने अपने प्रिय पुत्र का नाम धनपतराय रखा जो बाद में हिन्दी जगत में मुंशी प्रेमचन्द के नाम से अमर हो गए।

प्रेमचन्द को अक्षर ज्ञान के लिए ग्राम की पाठशाला में भेजा गया जहां इन्होंने अपनी शिक्षा उर्दू से शुरू की। उन दिनों उत्तर प्रदेश (संयुक्त प्रान्त आगरा और अवध) में उर्दू का प्रचलन था। मुंशीजी ने सन् 1898 ई॰ में किंग्जवे कॉलेज से मैट्रिक (इन्ट्रेंस) परीक्षा पास की। इसके बाद सरकारी नौकरी में आकर सी॰टी॰ तथा इन्टर (एफ॰ए॰) परीक्षा उत्तीर्ण की। सरकारी नौकरी में उन्नति करके ये सब डिप्टी इन्स्पेक्टर ऑफ स्कूल्स मदरसा बन गए थे। सन् 1921 में इनके ऊपर तत्कालीन स्वतंत्रता सेनानियों का प्रभाव पड़ा और सरकारी नौकरी छोड़कर बस्ती जिले में मास्टरी करने लगे। यहां पर रहते हुए इन्होंने गोरखपुर से बी॰ए॰ पास किया। खराब स्वास्थ्य तथा काम की अधिकता के कारण ये स्कूल की मास्टरी भी ज्यादा दिन कर पाने में असमर्थ रहे। अतः सन् 1921 में इन्होंने दुलारेलाल भार्गव के अनुरोध पर लखनऊ में माधुरी का सम्पादन करना शुरू किया। यहां पर ज्यादा समय तक ये टिक नहीं सके और काशी आकर 'हंस' तथा 'जागरण' पत्र निकालना शुरू कर दिया। इन पत्रों में इन्हें लाभ के बजाय हानि ही अधिक हुई। घर की आर्थिक दशा

ठीक न होने के कारण प्रेमचन्द जी फिल्मी कथा लेखन-कार्य करने के लिए बम्बई चले गए किन्तु बम्बई में इनका स्वास्थ्य काफी खराब रहने लगा और इन्हें काशी लौट आना पड़ा जहां इनका निधन 8 अक्टूबर, 1936 को हो गया। इस प्रकार मात्र 56 वर्ष की आयु होने तक हिन्दी जगत के इस श्रेष्ठ कलाकार ने अनेक कहानियों तथा दर्जनों उपन्यासों से हिन्दी साहित्य के भण्डार को भर दिया।

प्रेमचन्द जी ने अपने अल्पकालिक जीवन में 200 कहानियां लिखीं जिनका संग्रह मानसरोवर के नाम से आठ भागों में प्रकाशित हो चुका है। इन्होंने कर्मभूमि, कायाकल्प, प्रतिज्ञा, प्रेमाश्रम, निर्मला, गोदान, रंगभूमि, प्रेमा, सेवा सदन, गबन, मंगलसूत्र (अपूर्ण) जैसे श्रेष्ठ उपन्यास लिखे। इनका लिखा नाटक चन्द्रहार काफी प्रसिद्ध है किन्तु उपन्यास लिखने में इन्हें भारी सफलता मिली। कर्बला, संग्राम, प्रेम की वेदी, रूहानी शादी, रूठी रानी इनकी अन्य औपन्यासिक कृतियां हैं जिनका हिन्दी जगत में काफी सम्मान है। प्रेमचन्द जी ने निबंध, जीवनचरित तथा बाल साहित्य भी लिखा है जिसे काफी लोकप्रियता मिली है।

प्रेमचन्द के बाद हिन्दी उपन्यास ने सामाजिकता और राजनीतिकता का ताना-बाना छोड़ दिया था। प्रेमचन्द जी के पात्रों में वर्ग का प्रतिनिधित्व अधिक रहता था। उनमें व्यक्ति की अपेक्षा समाज की झलक ज्यादा दिखाई देती है।

गबन भी एक सामाजिक उपन्यास है। गबन में नारी को आभूषणप्रियता तथा निर्मला में वृद्ध विवाह का दुष्परिणाम दिखाया गया है। सामाजिकता के साथ-साथ वे राजनीतिक परिवेश को भी चित्रित करने से नहीं चूके। 'रंगभूमि' राजनीतिक आन्दोलन से प्रेरित होकर लिखा गया उपन्यास है। गबन में उन्होंने प्रसंगवश पुलिस के हथकण्डों का अच्छा चित्रण किया है। प्रेमचन्द जी न तो सामाजिक अत्याचार सहन कर सकते थे और न राजनीतिक कटु व्यवहार। ब्राह्मणों तथा उच्चकुलाभिमानी लोगों का भण्डाफोड़ करने में उन्हें विशेष रुचि थी किन्तु वे किसी उग्र क्रांति के पक्षधर नहीं थे।

प्रेमचन्द उपन्यास सम्राट् कहे जाते हैं किन्तु उनकी कहानियां भी हिन्दी साहित्य में अपना विशिष्ट स्थान रखती हैं। बड़े भाईसाहब, कफन, शतरंज के खिलाड़ी आदि में मानवीय भावनाओं का सहज चित्रण देखने को मिलता है। ❑❑❑

विविध निबन्ध

भारतीय संस्कृति (भारत में विविधता में एकता)

भारतीय संस्कृति विविधता में एकता की जीवंत मिसाल है। भारतीय संस्कृति से अभिप्राय एक प्राचीन महान् संस्कृति से है जो हजारों साल से समय के थपेड़ों से टकराती हुई, बिना रुके कभी धीरे कभी चपल गति से अब तक चली आ रही है। कुछ इतिहासकारों का मत है कि भारतीय संस्कृति एक प्रकार की मिश्रित संस्कृति (Composite Culture) है, जो हमलावरों, यायावरों, यात्रियों आदि के सम्पर्क में आने के कारण विभिन्न विचारधाराओं, धर्मों, रीति-रिवाजों से प्रभावित होती रही एवं इस प्रकार कुछ ग्रहण करके, कुछ त्याग करके अपनी परम्पराओं को बचाते, सुधारते तथा कुछ-न-कुछ छोड़ते हुए कायम रही और सदैव आगे बढ़ने के लिए संघर्षरत रही।

डॉ॰ राधा कमल मुकर्जी का विचार है कि भारतीय संस्कृति में जो लचक और उदारता मिलती है इसी की वजह से वह आने वाली नस्लों और जातियों को अपने आप में पचा सकी है।

भारतीय संस्कृति के संबंध में सभ्यता और संस्कृति की घिसी-पिटी परिभाषाओं से काम नहीं चलेगा। वस्तुतः भारतीय संस्कृति एक विराट अवधारणा (Concept) है जिसमें अनादि काल से उसका चिन्तन, आचार-विचार, परम्पराएं और विकास की गति संजोई हुई है।

भारतीय संस्कृति की मूलभूत विशेषता उसका चिन्तन प्रधान दृष्टिकोण है। भारतीय हर विषय में पहले कई तरह से सोचते हैं फिर उसको कार्यान्वित करने के लिए तैयार होते हैं। वैदिक चिन्तनधारा भारतीय संस्कृति की धरोहर है। इस धारा में वेद, ब्राह्मण, आरण्यक उपनिषद्, शास्त्र, पुराण आदि न जाने कितने विचारों का उद्भव हुआ और आज भी हम इस चिन्तन की परम्परा पर गर्व करते हैं। आध्यात्मिक चिन्तन के साथ-साथ मूर्ति निर्माण कला, गृह निर्माण कला जिसे वास्तुकला कहा जाता है, शिल्प शास्त्र, संगीत, अभिनय आदि न जाने कितने क्षेत्रों में भारतीय संस्कृति की प्रचुरता और समृद्धि देखी जाती है।

भारतीय संस्कृति की छाप चिकित्साशास्त्र में भी अद्वितीय रही है। इस देश के चिकित्सक यूनान गए और यूनानियों ने अरब के निवासियों को इलाज की प्रक्रिया समझाई। अतः मुस्लिम चिकित्सा विधि जो वस्तुतः भारतीय चिकित्सा विधि ही है, आजकल भी उसे यूनानी चिकित्सा विधि के नाम से ही जाना जाता है। गणितशास्त्र का उद्भव सर्वप्रथम इस देश में ही हुआ था। अंग्रेजी अंकों को अरेबिक न्यूमेरिकल्स अर्थात् अरबी अंक कहा

जाता है जो वस्तुतः भारतीय अंक ही हैं। शून्य का आविष्कार सर्वप्रथम भारत में हुआ जिससे अरबों खरबों की संख्या दर्शाना अति आसान हो गया।

कानून तथा समाज विज्ञान एवं नीतिशास्त्र के क्षेत्र में मनुस्मृति, याज्ञवल्क्य स्मृति, कौटिल्य का अर्थशास्त्र ऐसे ग्रंथ हैं जिनमें लिखे विचारों को पढ़कर विदेशी भी आश्चर्यचकित हो जाते हैं। नाट्यशास्त्र का अद्भुत ग्रंथ भरतनाट्यम माना जाता है जो अपने विषय में बेजोड़ है।

भारतीय संस्कृति की सबसे बड़ी विशेषता अनेकता में एकता है। हमारे सहस्रों धर्म ग्रंथ, सैकड़ों आचार ग्रंथ, तेंतीस करोड़ देवता, 18 पुराण, चार वेद, चार उपवेद, षड्दर्शन और अनेक सम्प्रदाय हैं। अनेक गुरु, महन्त, अखाड़े उनकी विभिन्न मान्यताएं भी हैं। इन सबके होने पर भी हम एक परमेश्वर को मानते हैं और यह भी मान कर चलते हैं कि परमात्मा एक है किन्तु आवश्यकता पड़ने पर अनेक हो जाता है। हमारा धर्म सनातन है जिसे वैदिक भी कहा जाता है। सनातन का मतलब है–पहले से चला आ रहा भगवान का चलाया धर्म। वेदों पर विश्वास होने तथा सबसे पुराने ग्रंथ होने के कारण हमारा धर्म वैदिक भी कहा जाता है।

इसके अतिरिक्त हमारे देश में मुसलमान, ईसाई आदि हैं। इन धर्मों के धर्मगुरु अरब तथा इजराइल में पैदा हुए थे। मुसलमान तथा ईसाई हमलावर जब इस देश में आए तो वे अपने साथ अपने धर्मों को भी लाए। तर्क के आधार पर तो वे भारतीयों के हृदय को जीत नहीं पाए किन्तु तलवार के बल तथा गोली तीर, तमंचे के बल पर, लालच, प्रलोभन देकर उन्होंने लाखों लोगों को मुसलमान तथा ईसाई बनाया जो आबादी बढ़ा-बढ़ाकर अब करोड़ों में होते जा रहे हैं। ये सब यद्यपि भारतीय संस्कृति की मूलधारा में स्वयं को शामिल नहीं कर पा रहे हैं। किन्तु, भारतीय संस्कृति अपना जादुई असर तो दिखाती ही रहती है जिसकी वजह से विविध धर्म-प्रचारकों की थोथी मान्यताओं की कलई खुल जाती है।

भारतीय संस्कृति गंगा की-सी पवित्र धारा है। हजारों वर्षों से अनवरत रूप से प्रवहमान है। इस संस्कृति के उपासकों ने न तो कभी किसी को सताया और न यह चाहा कि हम दूसरे के देशों में जाकर लूटपाट करें।

भारतीय संस्कृति के संदर्भ में मोहम्मद इकबाल की यह पंक्तियां आज भी कितनी सार्थक लगती हैं–

ईरान मिस्र रोमां सब मिट गए जहां से।
लेकिन अभी है बाकी नामोनिशां हमारा।।

निस्संदेह भारतीय संस्कृति शाश्वत है। यह संस्कृति महान् है।

लोकतन्त्र और चुनाव

लोकतन्त्र का सीधा सम्बन्ध लोकशक्ति से है और लोकशक्ति चुनावों के द्वारा ही उजागर होती है। लोकतन्त्र में चुनावों का होना ही उसकी शक्ति का एक लक्षण है। विश्व में कई सरकारें अब तक चुनावों के द्वारा गिराई व बनाई जा चुकी हैं। जनता की राय चुनावों द्वारा प्रकट होती है और सबसे अधिक लोकप्रिय नेता ही सत्ता में आकर देश सेवा करते हैं।

परन्तु लोकतन्त्र व चुनावों का सामंजस्य भारतीय परिपेक्ष में समझना कठिन है। यहां पर चुनाव अक्सर होते हैं और लोकसभा अपनी निर्धारित अवधि पांच वर्ष का कार्यकाल पूरा नहीं कर पाती। भारतीय लोकतंत्र का इतिहास इस तथ्य का गवाह है। राज्य सरकारों का भी हाल बुरा ही है क्योंकि केन्द्र के आग्रह पर राज्यों के गवर्नर अपने मुख्यमन्त्रियों को बर्खास्त कर देते हैं। उत्तर प्रदेश व बिहार इस तथ्य के प्रमाण हैं। लोकतंत्र में बिना जाति, धर्म, लिंग आदि के भेदभाव किये। प्रत्येक वयस्क व्यक्ति चुनाव लड़ सकता है। परन्तु हमारे देश में इन्हीं मुद्दों पर चुनाव में गड़बड़ियां देखने में आई हैं। धन, शारीरिक बल व सत्ता पर आरूढ़ लोगों का दुष्प्रयोग घटिया व अपराधी प्रवृत्ति वाले उम्मीदवारों की जीत के लिए अक्सर होता है। चुनाव वाले दिन तो बस खानापूरी ही की जाती है। गुंडागर्दी व अपराधिक प्रवृर्त्तियों का भारत के चुनावी दंगलों में सम्पूर्ण प्रभुत्व कायम है। इस संदर्भ में लोकतंत्र के मूल्यों के जीवित रहने की अपेक्षा कैसे होगी?

नगर पालिका, नगर निगम, विधान परिषद् पंचायत या अन्य मुख्य समितियों के लिए चुनाव भी संदेह, हिंसा या धन के आदान-प्रदान के स्थल बन गये हैं। एक व्यक्ति का वोट कोई मायने नहीं रखता क्योंकि वह स्वयं में बड़ा कमजोर, मजबूर तथा परिस्थितियों से बंधा है। राजनीतिक पार्टियां इस बात का लाभ उठा कर उसकी नाक में नकेल डाल देती हैं। यही भारत के लोकतंत्र की त्रासदी है।

यदि लोकतंत्र को जीवित रखना है तो सही समय पर चुनाव करवाने होंगे। अपराधी प्रवृत्ति वाले उम्मीदवारों को चुनावों में भाग लेने से रोकना होगा। चुनावों के दौरान व्यय की गई राशियों पर भी अंकुश लगाना चाहिए। चुनाव आयोग ने अपराधी उम्मीदवारों पर प्रतिबन्ध लगा कर अच्छा ही किया है। इसके अलावा, आम वोटरों को भी अपने मताधिकारों के सन्दर्भ में जागरुक होना पड़ेगा। युवा लड़के और लड़कियां इस बात में अनजान हैं कि वे किसको वोट डालें। उन्हें उम्मीदवारों के इतिहास, कार्यकुशलता व अन्य तथ्यों की पूरी जानकारी प्राप्त करनी चाहिए।

आज लोकतन्त्र की मूल भावना वास्तव में लालफीताशाही, भ्रष्ट राजनीति और निहित स्वार्थी लोगों के गठबन्धन का शिकार होकर रह गई है। चुनाव केवल पैसे और लाठी का खेल बन कर रह गया है।

इस समय चुनाव लोकतंत्र को सशक्त नहीं कर रहे हैं। वह प्रवृत्ति विपरीत दिशा में मोड़ी जानी आवश्यक है। यदि जनसाधारण निराश हो कर चुनावों से कतराने लगे तो हमारे लोकतंत्र की नींव हिल सकती है। और भारत देश की नींव लोकतंत्र के सशक्त आधार पर ही टिकी है।

आधुनिक भारत

1947 में ब्रिटिश शासन से आजादी प्राप्ति के बाद आधी शताब्दी से भी अधिक समय बीत चुका है। परन्तु हमने इतने वर्षों में क्या खोया या पाया, आइये इसका आकलन करें।

पिछले 63 वर्षों में भारत में गरीबी घटी है लेकिन अभी भी लगभग 25 प्रतिशत लोग काफी दयनीय अवस्था में जीवन-यापन कर रहें हैं। उनको भूख के अलावा मूलभूत सुविधाओं, स्वास्थ्य सम्बन्धी सेवाओं और नौकरियों के अभाव का सामना करना पड़ता है। मध्यवर्गीय परिवारों की स्थिति कुछ विशेष रूप से भिन्न नहीं है। धनाढ्य वर्ग का कारोबार व प्रभुत्व बढ़ा है। परन्तु ये परिवार देश की कुल जनसंख्या का केवल 20 प्रतिशत है।

आजादी के बाद हमने मूलभूत उद्योगों, कृषि, कपड़ा व टैक्सटाइल, यातायात और दूरसंचार के क्षेत्रों में बहुत उन्नति की है। खाद्यान्न के मामले में हम बिल्कुल आत्मनिर्भर हो चुके हैं। हम हर प्रकार की वस्तु व सेवा का देश में उत्पादन कर रहे हैं। फलस्वरूप हमारी अर्थव्यवस्था विश्व की पांच प्रमुख अर्थव्यवस्थाओं में से एक हो गई है। पेट्रोलियम पदार्थों के क्षेत्र में हम विदेशी स्रोतों पर आंशिक रूप से निर्भर हैं। इसके अलावा हमारी अर्थव्यवस्था विश्व की उन्मुक्त बाजार प्रणाली से सामंजस्य बिठा चुकी है। भारत अब अन्तर्राष्ट्रीय मुद्राओं के समक्ष स्वतंत्र रूप से अपने रुपये का आदान-प्रदान कर रहा है। हमारे निर्यात व आयात भी बढ़ रहे हैं। परन्तु अन्तर्राष्ट्रीय व्यापार में अभी तक कुल मिला कर घाटा ही चल रहा है क्योंकि आयात के आंकड़े निर्यात के आंकड़ों से अधिक हैं।

सामाजिक व आर्थिक स्तरों पर हमारे देश में प्रगति हुई है। परन्तु युवा मुख्य मार्ग से भटक कर सिनेमा, इन्टरनैट, नशीली दवाओं और उन्मुक्त जीवन की व्याधियों के शिकार हो गये हैं। कुछ छात्र अपने जीवन के ध्येय निर्धारित करते हैं और सफल भी होते हैं। कारोबार बढ़ने से उद्योगों की उत्पादकता व संख्या में वृद्धि हुई है। परन्तु बेरोजगारों की संख्या भी बढ़ी है।

नैतिक मूल्यों का ह्रास भारत में सत्तर के दशक में ही आरम्भ हो गया था। अब हम सब पश्चिमी सभ्यता के रंग में रंगे जा चुके हैं। विदेशी पहनावा, भाषायें तथा खान-पान हमें आधुनिक लगते हैं। हमारे पूर्वजों की देन हमें याद नहीं रह गई है और डिस्को, मद्यपान, नशा, तेज रफ्तार से चलने वाला जीवन व आपसी मनमुटाव हमारे जीवन के अभिन्न अंग बन कर रह गये हैं। सबसे अधिक हमने अपना राष्ट्रीय चरित्र खो दिया है जिससे समाज में अनाचार तथा भ्रष्टाचार में वृद्धि हुई है। आज हमारे आचार-विचार, सदाचार, आदर्श और मानवीयता की नाव मंझधार में फंस कर डूबने को तैयार है।

अन्तर्राष्ट्रीय स्तर पर भारत की प्रतिष्ठा बढ़ी है। हमारी भावनाओं, इच्छाओं तथा गतिविधियों का आदर पूरे विश्व में होता है। कश्मीर समस्या व चीन के साथ सम्बन्ध दो मुद्दे हैं जिनके परिपेक्ष्य में भारत को कुछ परेशानियों का सामना करना पड़ रहा है।

कुल मिला कर भारत की स्वतंत्रता के 62 वर्षों में हमने प्रगति की है। परन्तु और प्रगति की आवश्यकता है ताकि भारत विश्व का अग्रणी राष्ट्र बन सके।

भारतीय रुपए का नया प्रतीक चिह्न '₹'

सम्राट शेरशाह सूरी द्वारा पहली बार रुपया जारी करने के तकरीबन 500 साल बाद और आधुनिक भारत द्वारा मौजूदा कई संकेतों और प्रतीकों को स्वीकार करने के करीब 50 साल बाद 15 जुलाई, 2010 को भारतीय मुद्रा को अपना प्रतीक चिह्न मिला है। सभी वैश्विक मुद्राओं के प्रतीक चिह्नों को देखकर वर्ष 2009 में भारत सरकार ने भी यह घोषणा की थी कि वह रुपए को एक प्रतीक चिह्न देना चाहती है। वैश्विक मुद्राओं में अमेरिकी डॉलर, ब्रिटिश स्टर्लिंग पौंड, यूरो और येन सबके अपने प्रतीक हैं। सरकार ने फैसला किया कि वैश्विक मुद्राओं के बीच भारतीय रुपए की भी अपनी एक अलग पहचान होनी चाहिए। भारतीय मुद्रा का राष्ट्रीय प्रतीक चिह्न डिजाइन करने का श्रेय तमिलनाडु के 32 वर्षीय रिसर्चर डी. उदय कुमार को जाता है। वह पहले भारतीय स्कॉलर हैं, जिसे प्राचीन तमिल मुद्रण के काम के लिए इंडस्ट्रियल डिजाइन में पीएचडी मिली है। सरकार ने रुपए के प्रतीक के लिए एक प्रतियोगिता शुरू की थी।

जब हम डॉलर, पाउंड या येन को प्रदर्शित करने वाले चिह्न देखते थे तो यह सवाल मन में आता था कि भारतीय रुपए का कोई प्रतीक चिह्न क्यों नहीं है। अक्सर रुपए का लघु रूप 'रु.' लिखा जाता था या अंग्रेजी में अक्सर 'Rs' को रुपए के लिए इस्तेमाल किया जाता था। चूंकि रुपया सिर्फ भारत का नहीं, पाकिस्तान, नेपाल, श्रीलंका आदि देशों

की भी मुद्रा है, इसलिए अंतर्राष्ट्रीय स्तर पर इसका कोड 'आईएनआर' यानी 'इंडियन नेशनल रूपी' इस्तेमाल किया जाता है। रुपए की यह नई डिजाइन देवनागरी के 'र' के बीच में शिरोरेखा के समान्तर एक रेखा है जो तिरंगे झंडे जैसा आकार व्यक्त करती है और इसे लिखना आसान होगा। वैसे यह दिलचस्प बात है कि दुनिया में मुद्रा के काफी लोकप्रिय चिह्न किसी सरकारी योजना के तहत नहीं बनाए गए बल्कि वक्त के साथ बन गए हैं।

हमने जो रुपए का प्रतीक चिह्न लिया है वह कई अर्थों में भारत की संस्कृति और विश्वदृष्टि का प्रतीक है। यह पहली नजर में देवनागरी के 'र' अक्षर जैसा दिखता है और विदेशी इसे 'आर' से मिलता जुलता होने से पहचान सकें यानी यह बुनियादी तौर पर भारतीय लेकिन अंतर्राष्ट्रीय पहचान वाला चिह्न है। इसकी ऊपरी दोनों रेखाएं जहां एक ओर राष्ट्रीय ध्वज का प्रतीक हैं वहीं बराबर के चिह्न '=' को भी व्यक्त करती हैं, यह बराबरी के मूल्य और संतुलन को व्यक्त करता है।

भारत का रुपया अपने प्रतीक चिह्न के साथ अंतरराष्ट्रीय बाजार में अपनी विशिष्टता बनाएगा। आने वाले समय में भारत भी अपने साथ होने वाले कारोबार को रुपये में करने की बात कर सकता है। कारोबार का गणित रुपये के मूल्य पर तय हो सकता है। इस वक्त भारत की इकोनॉमी और मार्केट की रेटिंग डॉलर के आधार पर तय होती है। इस मानदंड में बदलाव आ सकता है।

संयुक्त राष्ट्र संघ (U.N.O.)

विश्व के प्रायः सभी राष्ट्रों के सम्मिलित संघ को 'संयुक्त राष्ट्र संघ' कहा जाता है। इसका प्रमुख उद्देश्य विश्व के सामने शान्ति-भंग का खतरा उत्पन्न करने वाली समस्याओं पर विचार कर उनका समाधान ढूंढना है।

प्रथम विश्वयुद्ध के उपरान्त अत्यन्त आतंकित और भयभीत मानव-समाज ने युद्धों के भय को हमेशा के लिए समाप्त करने हेतु 'लीग आफ नेशन्स' नामक एक संस्था की स्थापना की। परन्तु सन् 1939 ई. में द्वितीय विश्व-युद्ध छेड़ कर जर्मनी के तानाशाह हिटलर एवं उसके साथियों ने उसका अस्तित्व ही समाप्त कर दिया। ऐसा अनुभव किया जाने लगा कि यह संगठन छोटे युद्धों को भी रोक सकने में समर्थ नहीं है। द्वितीय विश्व-युद्ध के अन्तिम दिनों में अमेरिका द्वारा जापान के नागासाकी एवं हिरोशिमा नामक दो नगरों पर डाले गए अणुबम के भयावह परिणामों को देखकर, एक नए अन्तर्राष्ट्रीय संगठन की स्थापना के लिए प्रयास किए गए जिससे युद्धों को रोका जा सके तथा अन्तर्राष्ट्रीय शान्ति

और सुरक्षा सुनिश्चित की जा सके। इस प्रयास के परिणामस्वरूप 'संयुक्त राष्ट्र संघ' (U.N.O.) की स्थापना 24 अक्टूबर, 1945 को की गई। संयुक्त राष्ट्र के प्रारम्भिक सदस्यों की संख्या 51 थी जो अब बढ़कर 193 तक पहुंच गई है। भारतवर्ष भी इस संस्था (संघ) का सदस्य है।

'संयुक्त राष्ट्र संघ' का मुख्य कार्यालय संयुक्त राज्य अमेरिका के न्यूयार्क नगर में स्थित है। इसके छः प्रमुख अंग हैं – महासभा, सुरक्षा-परिषद्, आर्थिक एवं सामाजिक परिषद्, न्याय परिषद्, अन्तर्राष्ट्रीय न्यायालय तथा सचिवालय। प्रत्येक अंग के कार्य पृथक्-पृथक् तथा स्पष्ट रूप से निर्धारित हैं।

'संयुक्त राष्ट्र संघ' के दो प्रकार के मुख्य उद्देश्य हैं। प्रथम, वह विश्व में शान्ति बनाए रखने का प्रयास करता है। वह युद्ध को रोकने तथा आक्रमण का विरोध करके उसे बन्द करने का भी प्रयास करता है। यदि युद्ध प्रारम्भ हो जाता है तो वह मध्यस्थता करके आपसी बातचीत करवाने का प्रयास करता है। यदि किसी क्षेत्र में अशान्ति बनी रहती है तो संघ शान्ति स्थापित करने तथा युद्ध विराम सुनिश्चित करने हेतु उस क्षेत्र में अपनी शान्ति सेनाओं को भेजता है। द्वितीय, वह विश्व में विकास कार्यों को प्रोत्साहन देता है। उसकी कुछ एजेंसियां ऐसी हैं जो मानवों के कष्टों को कम करवाने का प्रयत्न करती रहती हैं। ऐसी एजेंसियां सूखा, बाढ़ तथा अन्य प्राकृतिक विपदाओं के समय पीड़ित जनता को राहत और सहायता पहुंचाती हैं। वे एजेंसियां खाद्य पदार्थों का उत्पादन बढ़ाने, नई औषधियों की खोज करने तथा उन्हें जरूरतमन्दों तक पहुंचाने का कार्य करती हैं।

संयुक्त राष्ट्र संघ की संरचना जिस पावन उद्देश्य को लेकर की गई थी, ऐसा प्रतीत हो रहा है कि वह उस उद्देश्य में सफल नहीं हो पा रहा है इसका मूल कारण है कि अब वहां एकमात्र अमेरिका ही सर्वेसर्वा हो गया है जो अपनी मनमानी कर रहा है तथा भेद-भाव पूर्ण व्यवहार अपना रहा है। यह तथ्य संघ के भविष्य के लिए उचित नहीं है।

समाचार-पत्र व पत्रिकाओं का महत्त्व

लोकतंत्र में समाचार-पत्रों तथा पत्रिकाओं का काफी महत्त्व होता है। समाचार-पत्र लोकमत को व्यक्त करने का सबसे सशक्त साधन है। जब रेडियो तथा टेलीविजन का ज्यादा जोर नहीं था, समाचार-पत्रों में छपे समाचार पढ़कर ही लोग देश-विदेश में घटित घटनाओं की जानकारी प्राप्त किया करते थे। अब रेडियो तथा टेलीविजन सरकारी क्षेत्र के सूचना के साधन माने जाते हैं, अतः तटस्थ और सही समाचारों के लिए ज्यादातर लोग समाचार-पत्रों को पढ़ना अधिक उचित और प्रामाणिक समझते हैं।

समाचार-पत्र केवल समाचार अथवा सूचना ही प्रकाशित नहीं करते वरन् उसमें अलग-अलग विषयों के लिए अलग-अलग पृष्ठ और स्तम्भ (column) निधारित होते हैं। पहला पृष्ठ सबसे महत्त्वपूर्ण खबरों के लिए होता है। महत्त्वपूर्ण में भी जो सबसे ज्यादा ज्वलन्त खबर होती है वह मुख पृष्ठ पर सबसे ऊपर छापी जाती है। पहले पृष्ठ का शेष भाग अन्यत्र छापा जाता है। अखबार का दूसरा पन्ना ज्यादा महत्त्वपूर्ण नहीं होता, उसमें प्रायः वर्गीकृत विज्ञापन छापे जाते हैं। रेडियो, टेलीविजन के दैनिक कार्यक्रम, एकाध छोटी-मोटी खबर इसी पृष्ठ पर छपती हैं। तृतीय पृष्ठ पर ज्यादातर स्थानीय समाचार तथा कुछ है बड़े विज्ञापन छापे जाते हैं। चौथा पृष्ठ भी प्रायः खबरों तथा बाजार भावों के लिए होता है। पांचवें पृष्ठ में सांस्कृतिक गतिविधियां और कुछ खबरें भी छापी जाती हैं। आधे/चौथाई पृष्ठ वाले विज्ञापन और कुछ समाचार भी इस पृष्ठ पर ही छापते हैं। अखबार का बीचोंबीच का भाग काफी महत्त्व का होता है। इसमें ज्वलन्त विषयों से सम्बन्धित सम्पादकीय किसी अच्छे पत्रकार का सामयिक विषयों पर लेख, ताकि सनद रहे जैसे रोचक प्रसंग भी इसी बीच के पृष्ठ पर छापे जाते हैं।

पहले अखबार केवल इकरंगे हुआ करते थे। उसमें छापे गए चित्र भी श्वेत-श्याम होते थे। अब छपाई अथवा मुद्रण कला में काफी प्रगति हुई है जिसकी वजह से अखबारों में अनेक प्रकार के आकर्षक रंगीन चित्र भी छापे जाते हैं।

अखबार कई प्रकार के होते हैं दैनिक, त्रिदिवसीय, साप्ताहिक, पाक्षिक तथा मासिक अखबार भी होते हैं। कैलीफोर्निया में प्रकाशित हिन्दुइज्म टुडे मासिक समाचार-पत्र है जो विश्वभर में हिन्दुओं की गतिविधियों का मासिक लेखा-जोखा छापता है। आमतौर से दैनिक समाचार-पत्र ही ज्यादा लोकप्रिय होते हैं। कुछ साप्ताहिक अखबार होते हैं जो पूरे सप्ताह की गतिविधियों का लेखा-जोखा छापते हैं।

अखबार के बाद पत्रिकाओं का भी अपना एक विशष्ट महत्त्व है। पत्रिकाएं ज्यादातर विषय प्रधान तथा अपने एक सुनिश्चित उद्देश्य को लेकर निकाली जाती हैं। कुछ पत्रिकाएं केवल नवीन कथाकारों की कहानियां ही छापती हैं, सारिका, माया आदि में पहले कहानियाँ छपा करती थीं। इंडिया टुडे साप्ताहिक पत्रिका है जो अंग्रेजी तथा हिन्दी दोनों भाषाओं में छपती है। इसमें ज्यादातर राजनीतिक समाचार होते हैं। कभी ब्लिट्ज का भी अच्छा नाम था, आज यह पत्रिका अपना पुराना स्तर बनाए रखने में सफल नहीं हो पा रही है। पांचजन्य हिन्दू विचारधारा की श्रेष्ठ पत्रिका मानी जाती है।

सिद्धान्ततः अखबार स्वतंत्र होने चाहिए और उसमें वही सामग्री छपनी चाहिए जो सत्य, शिव तथा सुन्दर हो। परन्तु ऐसा नहीं हो पाता। आजकल अखबार चलाना कोई हंसी-खेल नहीं है। अतः इनके स्वामी कोई-न-कोई बड़े पूंजीपति ही होते हैं। इन पूंजीपतियों के विभिन्न राजनीतिक दलों से संबंध होते हैं जिनकी वजह से विचारों की अभिव्यक्तियों में कोई भी अखबार अपने आपको पूर्णरूपेण तटस्थ नहीं रख पाता। अवसर प्राप्त करते ही वह पार्टी विशेष का समर्थक बनकर उसी का गुणगान करने लगता है। लोकतांत्रिक व्यवस्था में अखबारों की यह शैली उचित नहीं कही जा सकती।

वर्तमान युग में अखबार (समाचार-पत्र) एवं पत्रिकाओं का महत्त्व निरंतर बढ़ता जाता है। प्रायः प्रत्येक पढ़ा-लिखा व्यक्ति अखबार पढ़ने के लिए उत्सुक अवश्य होता है। इसलिए अखबार तथा पत्रिकाओं के मालिकों एवं सम्पादकों को चाहिए कि वे अपने दायित्व को समझें तथा समाज की सहज उन्नति के लिए सदा सचेत रहकर ऐसी खबरें छापें जो सही तथा समन्वयवादी हों।

विज्ञान और धर्म

भौतिक शास्त्र (Physics) के 'नोबेल पुरस्कार, विजेता और दुनिया के अब तक के महानतम वैज्ञानिकों में अग्रणी अल्बर्ट आइंस्टीन ने कहा था, "विज्ञान को धर्म का और धर्म को विज्ञान का पूरक बनना होगा। धर्म यानी नैतिकता (Morality) के अभाव में वैज्ञानिक आविष्कार व प्रगति एक सीमा के बाद विध्वंसक भी बन सकते हैं।"

आइंस्टीन का यह कथन बिल्कुल सटीक है। परमाणु ऊर्जा का इस्तेमाल जिस तरह से बमों, मिसाइलों और अन्य खतरनाक हथियारों के निर्माण में किया जा रहा है, वह समग्र मानवता के लिए एक खतरनाक बात है। परमाणु बम की विध्वंसक शक्ति का पहला नमूना द्वितीय विश्वयुद्ध (1939-1945) के दौरान देखने को तब मिला, जब अमेरिका ने जापान के हिरोशिमा व नागासाकी नगरों पर अणु बम गिराया था।

मनुष्य स्वार्थवश अनेक वैज्ञानिक आविष्कारों का दुरुपयोग कर रहा है। इसमें विज्ञान या वैज्ञानिक आविष्कारों का कोई दोष नहीं है। असल में धर्म के नैतिक मूल्यों के अभाव में मनुष्य अपनी दुर्बलताओं के कारण इन आविष्कारों का दुरुपयोग कर रहा है।

असल में विज्ञान और धर्म (यहां धर्म का आशय विभिन्न संप्रदायों, मजहबों या उनके कर्मकांडों से कतई नहीं, बल्कि उसके मूल्यों–सत्य, प्रेम, करुणा, परोपकार, सदाचार व अन्यान्य सद्–भावनाओं से है।) में कोई बुनियादी अंतर नहीं है। दोनों का विषय-क्षेत्र अलग-अलग है। विज्ञान पदार्थों का अध्ययन करता है और धर्म मनुष्य की चेतना का

अध्ययन करता है। पदार्थ विज्ञान का अध्ययन कर विज्ञान ने विभिन्न आविष्कारों के जरिये मनुष्य को अनेक सहूलियतें व राहतें प्रदान की हैं। इसी तरह वास्तविक धर्म (True-Religion) भी मनुष्य की चेतना को सही दिशा में प्रेरित करता है। वह मनुष्य को नैतिक मूल्यों की ओर प्रेरित करता है। नैतिक मूल्यों के पतन का ही यह दुष्परिणाम है कि विज्ञान के क्षेत्र में इतनी प्रगति के बावजूद आज समाज में अपराध बढ़ रहे हैं। व्यक्ति पर लोभ, ईर्ष्या, स्वार्थ और अनेक मानवीय दुर्गुण हावी हो गए हैं। उपर्युक्त पृष्ठभूमि में आइंस्टीन का उक्त कथन अक्षरशः सही जान पड़ता है।

विज्ञान का शाब्दिक अर्थ 'विशेष ज्ञान' है। ज्ञान शब्द के साथ 'वि' उपसर्ग के लग जाने पर यह एक विशेष अर्थ का पर्याय बन गया है, जिसे अंग्रेजी में सांइस (Science) कहते हैं। विज्ञान को वास्तविकता अथवा यथार्थ को प्रकट करने वाला माना जाता है। वह हर घटना की सच्चाई जानने के लिए 'क्यों' शब्द का प्रयोग करता है। पानी क्यों बरसता है? सूखा क्यों पड़ता है? अंधड़ क्यों आते हैं? हवा क्यों चलती है?

विज्ञान की प्रगति को तीन प्रमुख वर्गों में विभाजित किया जा सकता है–
(1) सुविधादायिनी, (2) जीवनदायिनी, (3) विनाशकारी।

सुविधादायिनी प्रगति में आप रेल, हवाई जहाज, कारें, बसें, स्कूटर, तिपहिया, साइकिलें, रेडियो, टेलीविजन, टेलीफोन, घरेलू उपकरण आदि शामिल कर सकते हैं, जिनकी वजह से हमारा दैनिक जीवन सुखकारी, सुविधाजनक तथा आसान हो गया है।

विज्ञान की जीवनदायिनी प्रगति ने हमें अनेक प्रकार के घातक रोगों से छुटकारा दिलाया है। मलेरिया, चेचक, हैजा, प्लेग जैसे रोग आज से 30-40 वर्ष पूर्व महामारी के रूप में फैलते थे, जिनकी वजह से शहर और गांव दोनों तबाह हो जाते थे। आज इन रोगों से बहुत बड़ी सीमा तक छुटकारा मिल चुका है। ऐसी-ऐसी प्रभावकारी औषधियों का आविष्कार हो चुका है, जिनके कारण उपर्युक्त रोग समूल नष्ट-से हो गए हैं।

विज्ञान की तृतीय प्रगति विध्वंसकारी मानी जाती है। बड़े-बड़े विनाशकारी बमों, मिसाइलों, गगन भेदी तोपों, टैंकों, दुश्मन के सैन्य अड्डों का पता लगाने वाले राडारों ने शस्त्रास्त्रों के क्षेत्र में आश्चर्यजनक प्रगति की है तथा युद्ध की भयंकर स्थिति को और भी भयंकर बनाने के लिए चीन जैसे देश अभी तक आणविक परीक्षण करने से बाज नहीं आ रहे हैं।

मनुस्मृति में धर्म की स्पष्ट परिभाषा न देकर उसके लक्षण बताए गए हैं। मनु कहते हैं, "धृति, क्षमा, दम, अस्तेय, शौच (शुचिता पवित्रता), इन्द्रिय निग्रह, धी, विद्या, सत्य, अक्रोध– ये दस धर्म के लक्षण हैं।"

धर्म के ये 10 लक्षण अपने आप में मानवता के परिचालक हैं। धृति, धैर्य तथा तृष्टि को कहते हैं। मनुष्य को धैर्यवान तथा संतोषी होना चाहिए। यदि कोई गलती अथवा त्रुटि हो जाए तो उसे क्षमा कर देना चाहिए, अपनी बाह्य इन्द्रियों पर काबू रखना चाहिए। किसी की कोई वस्तु नहीं लेनी चाहिए, पवित्र रहना चाहिए—यह पवित्रता मन, वाणी तथा कार्य से होनी चाहिए। सभी इन्द्रियों को कुमार्ग में भटकने से बचाना चाहिए तथा विद्वान् तथा बुद्धिमान् बनना चाहिए, सच बोलना चाहिए और क्रोध नहीं करना चाहिए। यही धर्म के दस लक्षणों का अर्थ है।

विज्ञान भी सत्य की ही खोज है। अतएव सत्य की खोज तथा सत्य का आचरण दोनों में यद्यपि ज्यादा अन्तर नहीं है, किन्तु धार्मिक व्यक्ति सत्य में कितना ग्राह्य है तथा कितना छोड़ने लायक है, इसका भी विचार करता है।

'विज्ञान की प्रगति धर्म का विनाश कर डालेगी', ऐसा कहना सही नहीं है। अमेरिका, ब्रिटेन, फ्रांस, जापान, भारत जैसे देश, जहां वैज्ञानिक प्रगति जोरों पर है, इन देशों में धर्म लुप्त नहीं हुआ बल्कि नई-नई संस्थाएं धर्म का उपदेश देने के लिए आगे आ रही हैं– ऐसे में विज्ञान के विषय में यह कहना कि यह धर्म को निगल जाएगा, असंगत बात है।

राष्ट्रभाषा – हिन्दी

गांधीजी भारत की स्वाधीनता के साथ-साथ राजभाषा, राष्ट्रभाषा अथवा सम्पर्क भाषा के रूप में किसी भारतीय भाषा को प्रतिष्ठित करना चाहते थे। उन्होंने पूरे देश का दौरा करके यह निष्कर्ष निकाला कि हिन्दी ही एक ऐसी भाषा हो सकती है, जिसे राजभाषा के पद पर प्रतिष्ठित करने में कोई परेशानी नहीं होगी। वे चाहते थे कि आजादी मिलने के बाद देश में राष्ट्रीय सरकार का काम किसी भारतीय भाषा में होना चाहिए। उन्होंने अपने संकल्प को पूरा करने के लिए दक्षिण भारत में हिन्दी प्रचार सभा की स्थापना की, ताकि लोग हिन्दी पढ़ें और हिन्दी बोलने, लिखने-समझने में उन्हें कोई कठिनाई न हो। वे चाहते थे कि देश का शासन देश की भाषा में चलना चाहिए। भारत जब स्वाधीन हुआ और हमारे देश का नया संविधान बना तब गांधीजी की कही बात को लोगों ने याद किया और संविधान के अनुच्छेद 343(1) में लिखा गया कि, "संघ की राजभाषा हिन्दी और लिपि देवनागरी होगी।"

संविधान में यह भी कहा गया कि 26 जनवरी, 1950 को नया संविधान लागू होने के 15 वर्ष बाद हिन्दी को समग्र रूप से राजभाषा का पद मिल जाएगा और जिन कामों

के लिए अंग्रेजी का प्रयोग होता रहा है, उन सभी के लिए हिन्दी का प्रयोग शुरू कर दिया जाएगा। संविधान में उक्त पंक्तियों के लिखे जाने से पूर्व राजर्षि टण्डन, सेठ गोविन्द दास जैसे हिन्दी भक्तों ने इसका विरोध किया था और कहा था कि यदि हिन्दी को अभी से लागू नहीं किया गया, तो कालान्तर में कई परेशानियां आएंगी और हिन्दी कभी भी पूरी तरह राजभाषा नहीं बन पाएगी। उस समय नेहरू जैसे कुछ नेताओं ने इसका विरोध किया था और हिन्दी को राजभाषा बनाने का प्रश्न 15 वर्ष के लिए टाल दिया गया था।

नेहरू जी नहीं रहे, किन्तु उनके बाद प्रधानमंत्री बने श्री लाल बहादुर शास्त्री ने संसद में नेहरू जी के आश्वासन को कार्यरूप में बदलने के लिए एक बिल पेश किया, जो पास होकर कालान्तर में राजभाषा अधिनियम 1963 के नाम से जाना जाता है। यह अधिनियम इतना खतरनाक सिद्ध हुआ कि आजादी के 64 वर्ष बीत जाने पर हिन्दी पूरी तरह राजभाषा नहीं बन पाई है। इस अधिनियम में उल्लेख किया गया है कि अंग्रेजी तब तक राजभाषा बनी रहेगी, जब तक दक्षिण भारत के लोग उसके हटाने की मांग नहीं करेंगे।

हिन्दी के व्यापक प्रयोग के लिए सरकारी प्रयत्न जारी है। जिसकी वजह से सन् 1976 में सरकार ने बारह राजभाषा नियम तैयार किए थे। इन नियमों के अनुसार कुछ कामों के लिए हिन्दी का प्रयोग अनिवार्य कर दिया गया है। भारत सरकार द्वारा गठित संसदीय समितियों के सदस्य समय-समय पर केन्द्र सरकार के कार्यालयों का निरीक्षण करते हैं। इस प्रकार के निरीक्षणों से उन सभी लोगों को काफी प्रोत्साहन मिलता है, जो हिन्दी का प्रयोग करने के लिए प्रयत्नरत हैं।

विश्व के सात नए आश्चर्य

विश्व के सात नए आश्चर्यों की घोषणा जुलाई, 2007 में की गई है। एसएमएस व ई-मेल के जरिए प्राप्त मतों के आधार पर स्विट्जरलैंड की एक निजी कम्पनी ने इन आश्चर्यों का चयन किया है। सात आश्चर्यों की पहचान के लिए स्विट्जरलैंड की एक निजी कम्पनी न्यू सेवन वंडर्स फाउण्डेशन द्वारा पहल की गई थी तथा इसके लिए विश्वभर में अभियान चलाकर मत देने के लिए लोगों को प्रेरित किया गया था। विश्वभर के लगभग 10 करोड़ मतदाताओं ने इस अभियान में अपनी राय सात आश्चर्यों की पहचान हेतु जाहिर की थी। संस्था ने प्राप्त मतों के आधार पर विश्व के सात नए आश्चर्यों की घोषणा पुर्तगाल में लिस्बन में 7 जुलाई, 2007 को एक भव्य समारोह में की। इसके लिए इन्हें प्राप्त मतों का खुलासा संस्था ने नहीं किया है। इसी तरह आश्चर्य के रूप में इनकी कोई रैंकिंग भी संस्था ने निर्धारित नहीं की है। विश्व के सात नए आश्चर्यों का संक्षिप्त परिचय अग्रलिखित है—

ताजमहल, आगरा (भारत): आगरा में यमुना नदी के तट पर ताजमहल पूरी तरह से सफेद संगमरमर से बनी इमारत है। मुगल बादशाह शाहजहाँ ने अपनी बेगम मुमताज महल के प्रेम की अभिव्यक्ति की खातिर इस खूबसूरत स्मारक का निर्माण करवाया था। इस भव्य इमारत का निर्माण सन् 1631 में शुरू हुआ था तथा इसके निर्माण में 22 वर्ष लगे थे। कुल बीस हजार मजदूरों ने इस बेजोड़ कृति को तैयार किया था।

रोमन कोलोसियम, (70-82) रोम: रोमन साम्राज्य के आर्किटेक्चर की अनूठी मिसाल है यह स्टेडियम। कभी इसमें ग्लेडियेटर आपस में लड़ा करते थे और हजारों की भीड़ इस खूनी खेल का मजा लेती थी। आज भी दुनिया में बनने वाला हर स्टेडियम इस कोलोसियम के जैसा ही होता है। 2000 साल पहले बने इस अद्भुत नमूने को देखने के लिए हजारों लोग आज भी रोम जाते हैं।

चीन की दीवार (ईसा पूर्व 220-1644): चीन की महान दीवार पहली नजर में एक अजूबा है। मंगोलों के हमलों से बचने के लिए इतनी बड़ी दीवार बनाकर चीन ने दुनिया को हैरान कर दिया। इंसान के हाथों बनी यह सबसे बड़ी चीज है, इतनी बड़ी कि इसे स्पेस से भी देख सकते हैं। 6000 किलोमीटर से भी लंबी इस दीवार को बनाने में हजारों लोगों की जानें गईं, लेकन एक अजूबा हमेशा के लिए बन गया।

क्राइस्ट रिडीमर (1931), ब्राजील: रियो डी जनेरो शहर में बनी यह 38 मीटर ऊंची क्राइस्ट की मूर्ति गजब की है। 1000 किलो वजन की इस मूर्ति को कोरकोवाडो पहाड़ की चोटी पर बनाया गया है। इसे बनाने में पांच साल लगे और 12 अक्टूबर 1931 को इसका उद्घाटन किया गया। तब से यह रियो शहर की पहचान बन गई है। इसके खुले हाथ ब्राजील की मेहमाननवाजी की ओर इशारा करते हैं।

माचू पिचू (1460-1470), पेरू: इंका साम्राज्य के बादशाह ने बादलों में महल बनाने का अरमान बनाया और माचू पिचू को चुना। एंडीज पठार से ऊपर, अमेजन जंगलों के बीच और उरूबंबा नदी के किनारे बसा शहर तीन सदियों तक छिपा रहा। 1911 में हिरम बिंघम ने इसे खोज निकाला।

चिचेन इजा पिरामिड, (सन् 800 से पहले), मेक्सिको: चिचेन इजा मेक्सिको में माया सभ्यता के दौरान बना शानदार शहर था। उस दौरान यह सांस्कृतिक और कारोबारी केंद्र हुआ करता था। नए अजूबों की लिस्ट में शामिल यहां के पिरामिड माया संस्कृति दरअसल मंदिर हुआ करते थे। इनका आकार और आर्किटेक्चर ऐसा है कि उन्हें वक्त के इस दौर में भी नजरअंदाज नहीं किया जा सकता।

पेट्रा (ईसा पूर्व 9-सन् 40), जॉर्डन: अरब के रेगिस्तान के किनारे पर बसा शहर पेट्रा किसी दौर में नैबेटियन साम्राज्य की राजधानी हुआ करता था। किंग आर्तियास ने

रेड रोज माउंटेन की चट्टानें काटकर इसे वॉटर टेक्नॉलजी का अजूबा बना दिया। ग्रीको-रोमन आर्किटेक्चर वाले थिएटर में 4000 लोगों की भीड़ समा सकती थी।

और आठवां आश्चर्य: सात आश्चर्यों की इससे पहले लिस्ट हजारों साल पहले रोमन लोगों ने बनाई थी, जिसमें से आज बस मिस्र में गीजा के पिरामिड बचे हैं। इजिप्ट के अधिकारियों का कहना था कि गीजा के पिरामिड को लिस्ट में आने के लिए मुकाबला करना पड़े तो शर्म की बात होगी। इसलिए गीजा के पिरामिड को अलग से आठवें आश्चर्य की कैटिगिरी में रख दिया है।

नए सात आश्चर्यों के चुनाव की कोशिशें सात साल पहले स्विस लेखक और एविएटर डॉ. बर्नार्ड वेबर ने शुरू की थीं। इसके पीछे उनकी मंशा थी कि 'मानव इतिहास के 2000 सालों की उपलब्धियों पर एक वास्तविक आम राय' तैयार हो सके। दुनिया के नए सात आश्चर्यों का चयन एक विश्वव्यापी कोशिश थी और इसके लिए दुनिया की श्रेष्ठ सात विश्व धरोहरों को एक बिल्कुल वैज्ञानिक और लोकतांत्रिक तरीके से चुना गया।

प्रत्यक्ष लाभ अन्तरण योजना

जरूरतमंदों को सरकारी अनुदान सीधे उनके बैंक खाते में देने के उद्देश्य से सरकार ने 1 जनवरी, 2013 से प्रत्यक्ष लाभ अंतरण योजना शुरू कर दी है। इसके तहत लोगों के बैंक खातों में सरकार की कल्याणकारी स्कीमों का पैसा सीधे ट्रांसफर किया जाएगा। विश्व के अनेक देशों में यह योजना विभिन्न रूपों में लागू की जा चुकी है। ब्राजील में 'बोल्सा फैमिलिया', मेक्सिको में 'अपॉर्च्युनीडेट्स' और श्रीलंका में 'समृद्धि कोष' के नाम से इसी तरह की योजनाएं चल रही हैं। बांग्लादेश, ईरान, नामीबिया और एशिया तथा अफ्रीका के अन्य अनेक देशों में भी मिलती-जुलती योजनाएं चलाई जा रही हैं। भारत में भी लाभों के नकद अंतरण की योजनाएं छात्रवृत्तियों और वृद्धावस्था पेंशन जैसी योजनाओं के रूप में पहले से ही चल रही हैं, जिसमें लाभार्थियों को नकद राशि का भुगतान किया जाता है। परन्तु प्रत्यक्ष लाभ अंतरण के रूप में उठाए गए इस कदम का महत्व इस तथ्य में निहित है कि सरकार ने पहली बार इसे सामाजिक सुरक्षा कार्यक्रमों को भ्रष्टाचार तथा अपव्यय से बचाने के इरादे से लागू करने का निर्णय लिया है। वित्त मंत्री के मुताबिक इससे वितरण प्रणाली की खामियों से निपटा जा सकेगा और कल्याणकारी सरकारी स्कीमों का लाभ सही लोगों तक पहुंचेगा। सिर्फ असल हकदारों को ही स्कीमों का लाभ हासिल होगा। सरकार सब्सिडी यानी गरीबों को वित्तीय सहायता, कंपनियों, संस्थानों या खरीददार केंद्रों के जरिए देती है। सब्सिडी इनको दी जाती है। वहां से सब्सिडी अप्रत्यक्ष रूप से लाभार्थियों तक

पहुंचती है। मगर अब ऐसा नहीं होगा। सब्सिडी सीधे तौर पर लाभार्थियों के बैंक खाते में जाएगी। कोई बीच में नहीं होगा। लाभार्थी बैंक जाकर या एटीएम के जरिए सब्सिडी की रकम निकाल सकेंगे। यहां यह स्वीकार करना होगा कि इस योजना के क्रियान्वयन में अनेक चुनौतियां आगे आएंगी। इसीलिए इस पर धीरे-धीरे क्रमिक रूप से और पूरी सावधानी के साथ आगे बढ़ना होगा।

निष्कर्षतः कहा जा सकता है कि प्रत्यक्ष लाभ अंतरण योजना का बहुत ही आर्थिक महत्व है। अगर यह योजना सफल होती है तो भारतीय अर्थव्यवस्था में यह निर्णायक मोड़ हो सकता है।

पंचायती राज

पंचायती राज अर्थात् पंचायतों का गठन उन पांच व्यक्तियों पर आधारित हुआ करता था जिनका चुनाव गांव-बिरादरी के सामने गाँव के लोगों द्वारा ही होता था। यही पांच व्यक्ति अपना एक मुखिया चुन लेते थे जिसे 'सरपंच' कहा जाता था। बाकी सभी पंच कहलाते थे। दूर-दराज के देहातों व गांवों में निवास करने वाले लोगों को अपनी छोटी-छोटी समस्याएं सुलझाने के लिए राजधानी व शहर के चक्कर न काटने पड़ें, वहीं देहात व गांव में ही समस्याएं सुलझा ली जाएं, इन्हीं बातों को ध्यान में रखते हुए इन पंचायतों व पंचायती राज-व्यवस्थाओं का गठन किया गया था। गांव-देहात की कोई भी व्यक्तिगत या सामूहिक समस्या उपस्थित होने पर ये पंचायतें उनका निर्णय निष्पक्ष रूप से करती थीं। दोनों पक्षों की इनमें पूर्ण आस्था भी थी। दोनों पक्षों की बात सुनने के बाद पंचों की सहमति से सरपंच जो भी निर्णय करता था उसे 'पंच परमेश्वर का वास' मान कर स्वीकार कर लिया करते थे। ऐसा था पंचायती राज।

भारत में यह व्यवस्था कोई नई वस्तु न होकर एक अत्यन्त प्राचीन, बुनियादी व आदि व्यवस्था है। भारत के सम्राट कहे जाने वाले व्यक्ति अपनी न्याय-व्यवस्था को इन पंचायतों के माध्यम से ही जन-जन तक पहुंचाया करते थे। एक गांव की पंचायत के ऊपर कई गांवों की खण्ड-पंचायत होती थी। यदि स्थानीय पंचायत निर्णय नहीं कर पाती या उसका निर्णय किसी पक्ष को मान्य न होता, तो मामला 'खण्ड–पंचायत' के समाने लाया जाता था और उसके ऊपर होती थी पूरे जिले की 'सर्वग्राम पंचायत'।

अंग्रेजों ने अपने शासनकाल में इन पंचायतो की उपेक्षा कर दी थी। परन्तु देश के स्वतंत्र होते ही राष्ट्रपिता गांधीजी ने पंचायती राज को पुनर्जन्म दिया। फलतः अपने

संविधान की रचना करते समय इस विषय को नीति-निदेशक तत्त्वों के अन्तर्गत रखा गया। परन्तु कुछ विशेष कारणों से यह व्यवस्था बीच में ही ठप्प होकर रह गई। देखा यह गया है कि विगत कुछ वर्षों से यह फिर चर्चा का विषय रही है। राष्ट्र के बहुमुखी विकास हेतु अनेक कार्य, पंचायतों के सुपुर्द भी किए गए। इसी बीच में पंचायतों के दो-तीन बार चुनाव भी हो चुके हैं। सन् 1989 में वर्तमान आर्थिक, राजनीतिक और प्रशासनिक व्यवस्था में पंचायती राज पर वाद-विवाद के बाद इसका संशोधित विधेयक बहुमत से संसद में पास भी कर दिया गया था।

खेद का विषय तो यह है कि आज की पंचायतों में मनमाना व्यवहार होने लगा है। न्याय के नाम पर मगरमच्छी और भेड़िया-न्याय हो रहा है। एक अच्छी साफ-सुथरी व्यवस्था गुण्डागर्दी का शिकार होकर रह गई है। ऐसा लगता है इनका भविष्य अंधकार में है।

समय का सदुपयोग

संसार में समय को सबसे अधिक महत्त्वपूर्ण एवं मूल्यवान धन माना गया है। अतः हमें इस मूल्यवान धन अर्थात् समय को व्यर्थ ही नष्ट नहीं करना चाहिए। क्योंकि बीता हुआ समय वापस नहीं लौट पाता। इसके विषय में एक कहावत प्रसिद्ध है– "गया वक्त फिर हाथ आता नहीं। समय किसी की प्रतीक्षा नहीं करता।" समय का महत्त्व इस बात से भी स्पष्ट है कि यदि धन खो जाए तो पुनः कमाया जा सकता है। यदि स्वास्थ्य खो जाए तो उसको भी प्राप्त कर सकते हैं परन्तु समय यदि एक बार हाथ से निकल जाए तो पुनः लौट कर नहीं आ सकता। जो व्यक्ति समय का सदुपयोग करते हैं वे ही जीवन में सफल होते हैं।

समय के सदुपयोग की सबसे अच्छी विधि है– प्रत्येक कार्य को करने के लिए उसके अनुकूल समय तय करना तथा समय के अनुकूल कार्य को निर्धारित करना। आलस्य मनुष्य का सबसे बड़ा शत्रु है। आलसी मनुष्य कभी समय का सदुपयोग नहीं कर सकता। आलस्य उसकी उन्नति के मार्ग में सबसे बड़ी बाधा बन जाता है। आलस्य के कारण वह समय के महत्त्व को नहीं समझ पाता।

शिक्षार्थियों के लिए तो समय का सदुपयोग सबसे बड़ी निधि है। इससे उनका जीवन नियमित हो जाता है। वे विद्यालय में समय पर पहुंचते हैं। तथा वे विद्यालय का गृह-कार्य नियमित रूप से करते हैं जिससे उन्हें परीक्षा के समय अधिक श्रम नहीं करना पड़ता और

वे अधिकतम अंक प्राप्त कर उत्तीर्ण होते हैं। इसके विपरीत जो विद्यार्थी समय के महत्त्व को नहीं समझते तथा अपने समय को व्यर्थ की बातों में अथवा खेल-कूद में गंवा देते हैं, वे अच्छे अंक लेकर उत्तीर्ण नहीं हो पाते। वे जीवन में पीछे रह जाते हैं।

संसार में जितने भी महापुरुष व मेघावी व्यक्ति हुए हैं उन्होंने अपने समय का बुद्धिमत्तापूर्वक सदुपयोग किया है। नेपोलियन का उदाहरण हमारे सम्मुख है। केवल पांच मिनट की देरी से युद्ध-भूमि में पहुंचने के कारण वह पराजित हो गया तथा कैद कर लिया गया। अतः हमें अपने सभी कार्य समय पर ही करने चाहिएं। आज का काम कल पर नहीं टालना चाहिए।

समय के सदुपयोग से मनुष्य के विचार गम्भीर और पवित्र होते हैं। अतः हमारा कर्त्तव्य है कि हम समय का पूरा-पूरा और उचित लाभ उठायें। खेल के समय खेलें तथा पढ़ने के समय पढ़ें। समय के सदुपयोग से ही जीवन में सुख, शांति और ऐश्वर्य की प्राप्ति होती है तथा मनुष्य जीवन की ऊंचाइयों को छू लेता है।

सदाचार-सच्चरित्रता

सच्चरित्रता व्यक्ति का वह व्यवहार होता है जो किसी को हानि नहीं पहुंचाता, बल्कि जो सभी के लिए हर प्रकार से शुभ एवं हितकारी होता है तथा जिसके लिए कुछ भी छिपाने व मिथ्या भाषण की आवश्यकता नहीं पड़ती। सच्चरित्र व्यक्ति अपने अच्छे व्यवहार से जीवन तथा समाज में सभी को शीघ्र एवं सहज ही प्रभावित कर लिया करता है। इस कारण सभी लोग उसका सम्मान भी करते हैं तथा उसकी हर बात का विश्वास भी करते हैं।

कोई भी समाज व्यक्तियों के समूह से बना करता है। जिस समाज के सभी व्यक्ति चारित्रिक और नैतिक दृष्टि से अच्छे होते हैं वह समाज संसार में दूसरे के सम्मुख आदर्श स्थापित कर सकता है। सच्चरित्रता मानव के व्यक्तित्व का दर्पण है। हृदय की विशालता, त्याग, सेवाभाव, क्षमाशीलता, विनय, ईमानदारी, सत्य भाषण, धैर्य, कर्त्तव्यपरायणता, कष्ट, सहिष्णुता, प्रतिज्ञा-पालन, आत्मसंयम तथा उदारता आदि गुणों का सामाजिक रूप ही चरित्र है। ऐसा गुणवान अथवा सच्चरित्र व्यक्ति ही विश्व को समृद्धि की राह दिखाता है।

चरित्र की वास्तविक कसौटी व्यक्ति के जीवन में आने वाले संकट की घड़ी है। जो मानव-जीवन में आपदाओं से नहीं डरता है, वह समाज का अग्रणी नेता बनता है। परन्तु जो मानव किसी भी कारण से अपने कर्त्तव्य से विमुख हो जाता है, वह कायरों की भांति अपमानित होता है अर्थात् उसका लोक-परलोक दोनों ही बिगड़ जाते हैं।

सच्चरित्रता के निर्माण का एकमात्र साधन सत्संगति है। चरित्र-निर्माण के लिए सबसे उपयुक्त समय शैशवकाल व शिक्षण काल होता है। अतः माता-पिता को अपने बच्चों का इस समय विशेष ध्यान रखना चाहिए। उन्हें सत्साहित्य पढ़ने के लिए देने चाहिए। मनोरंजन के लिए शिक्षाप्रद चलचित्र दिखलाने चाहिए। कुसंगति से दूर रखना चाहिएं। महापुरुषों के प्रवचन सुनाने चाहिएं। तभी हम किसी व्यक्ति अथवा बालक को सच्चरित्र बना सकते हैं।

चरित्र बल जीवन की सबसे बड़ी शक्ति है। जिस व्यक्ति का चरित्र नष्ट हो जाता है उसके पास कुछ नहीं बचता। तभी विद्वानों ने ठीक ही कहा है – 'धन गया कुछ नहीं गया, स्वास्थ्य गया कुछ गया परन्तु चरित्र गया तो सब कुछ गया'। किसी भी राष्ट्र की प्रगति उसके नागरिकों के चरित्र पर ही निर्भर करती है। देश के स्वतंत्रता-प्राप्ति के कुछ समय पश्चात् से हमारे देशवासियों का निरन्तर चारित्रिक पतन होता जा रहा है। इसी कारण आज चारों ओर मूल्यहीनता, आचार-विचार की भ्रष्टता आदि का राज कायम है। एक बार फिर से लोगों के चरित्र को ऊंचा उठाकर ही आज के अराजकतापूर्ण वातावरण से छुटकारा पाया जा सकता है। अन्य कोई उपाय नहीं है।

राष्ट्रीय एकता

आज से सहस्त्र वर्ष पूर्व जब भारत में पूरी तरह एकता थी तब यह देश सारे विश्व में शक्ति व शिक्षा में महान् था। तब हमारा एक राष्ट्र था, एक भाषा तथा एक ही राष्ट्रीय विचारधारा थी। परन्तु जब से हमारी राष्ट्रीय एकता छिन्न-भिन्न हुई है तब से हमें दुर्दिनों का सामना करना पड़ रहा है। तभी से हम परतन्त्र हो गए हैं। हमारे धर्म और संस्कृति पर कुठाराघात होने लगा है तथा हमारा राष्ट्रीय जीवन भी जर्जर हो गया है।

आज लगभग एक हजार वर्ष के कठोर संघर्ष के उपरान्त हमें बड़े सौभाग्य से पूर्ण स्वतंत्रता प्राप्त हुई है। इसे प्राप्त करने के लिए हमें कितनी ही यातनाएं सहनी पड़ी हैं, कितने ही बलिदान देने पड़े हैं, इसका अन्दाजा भी नहीं लगाया जा सकता है। इस स्वतंत्रता को हम आपसी फूट के कारण बरबाद करने में लग गए हैं। यदि हम पूर्ण रूप से स्वतंत्र बने रहना चाहते हैं तो हमारे देश को राष्ट्रीय एकता की आज भी उतनी ही आवश्यकता है जितनी जीवित रहने के लिए भोजन की।

स्वतन्त्रता-प्राप्ति के बाद अभी तक हमारा देश क्योंकि राष्ट्र-निर्माण के तरह-तरह के कार्यों में लगा हुआ है, अतः उसे सभी के सहयोग की पूर्ण आवश्यकता है। जैसे बूंद-बूंद से घड़ा भरा करता है, वैसे ही व्यक्ति-व्यक्ति के पारस्परिक सहयोग से एकता का उदय होता

है। यह एकता वह शक्ति होती है जिसे निर्णायक शक्ति कहा जा सकता है। आज भारत को इसी शक्ति की नितान्त आवश्यकता है अर्थात् एकता के अभाव में कोई भी देश न तो अपना निर्माण ही कर सकता है और न ही एक कदम भी आगे बढ़ सकता है। जो राष्ट्र संगठित हुआ करता है, उसे कोई तोड़ नहीं सकता और न ही उसका कुछ बिगाड़ सकता है।

बीते कुछ वर्षों से भारतवर्ष में विषैली हवा चल रही है। चारों ओर प्रान्तीयता का विष धीरे-धीरे फैलता जा रहा है। जातियों तथा भाषाओं के नाम पर लोग आपस में मर-कट रहे हैं। धीरे-धीरे जनता में संकीर्णता की विचारधारा घर किए जा रही है। साम्प्रदायिकता का विष देश में फिर से फैलने लगा है, कुछ नेता लोग साम्प्रदायिकता को उभार कर अपना उल्लू सीधा करने लगे हैं। देश को विभाजित करने की प्रवृत्ति पनपती जा रही है। ये प्रवृत्तियाँ देश के विकास में बाधक हैं। प्रत्येक सच्चे मानव व राष्ट्रजन का यह कर्त्तव्य हो जाता है कि वह अपने आस-पास चौकन्नी दृष्टि रखकर इस तरह के तत्त्वों को, जो देश को जर्जर करने की चेष्टा में लगे हैं, पनपने न दें।

राष्ट्रीय एकता को बनाए रखने के लिए कितने ही राष्ट्रीय नेताओं ने अपने प्राणों तक ही आहुति दे डाली। जिनमें महात्मा गांधी जी., पं॰ नेहरू जी, स्वामी श्रद्धानन्द जी आदि के नाम उल्लेखनीय हैं। अतः राष्ट्रीय एकता के बिना हमारा गुजारा नहीं है। यदि राष्ट्रीय एकता बना कर हम निर्माण और विकास-कार्य न कर सके, तो भविष्य का इतिहास हमें कभी क्षमा न कर सकेगा, यह निश्चित है।

स्वदेश-प्रेम

स्वदेश का अर्थ है अपना देश अर्थात् अपनी मातृभूमि। यह वह स्थान होता है जहां हम पैदा होते हैं, पलते हैं और बड़े होते हैं। जननी तथा जन्मभूमि की महिमा को स्वर्ग से बढ़कर बताया गया है। जिस देश में हम जन्म लेते हैं तथा वहां का अन्न, जल, फल, फूल आदि खाकर हम बड़े होते हैं उसके ऋण से हम उऋण नहीं हो सकते हैं। मातृभूमि के महत्त्व को संस्कृत की इस कहावत में वर्णित किया है– 'जननी जन्मभूमिश्च स्वर्गादपि गरीयसी' अर्थात् जन्म देकर पालन-पोषण करने तथा प्रत्येक आवश्यक वस्तु प्रदान करने वाली मातृभूमि का महत्त्व तो स्वर्ग से भी बढ़ कर है। यही कारण है कि स्वदेश से दूर जाकर मनुष्य तो क्या पशु-पक्षी भी एक प्रकार की उदासी व रुग्णता (Home sickness) का अनुभव करने लगते हैं।

स्वदेश-प्रेम मानव में ही नहीं, पशु-पक्षियों तथा कीट-पतंगों में भी निरन्तर तरंगित होता रहता है। पशु-पक्षी दिन–भर दूर-दूर तक विचरण करने के बाद सायं को सूर्यास्त के बाद अपने-अपने स्थानों को लौट आते हैं। विदेश में बैठे हुए व्यक्ति भी स्वदेश-प्रेम से पीड़ित रहते हैं। अपनी मातृभूमि की स्वतंत्रता और रक्षा के सामने व्यक्ति अपने प्राणों तक के महत्त्व को तुच्छ मान लेता है। वह अपनी सभी सुख-सुविधाएं यहां तक कि अपने प्राण भी उस पर न्यौछावर कर देने से नहीं झिझकता।

विश्व में अनेक ऐसे नर-रत्न हुए हैं जिन्होंने स्वदेश प्रेम के कारण हंसते-हंसते मृत्यु का आलिंगन किया है। इसी स्वदेश-प्रेम की भावना से प्रेरित होने पर महाराणा प्रताप ने अनेकों कष्ट सहे तथा शहीद भगतसिंह हंसते-हंसते फांसी के फन्दे पर झूल गए थे। देश की रक्षा के लिए अपने तन-मन को न्यौछावर कर देने वाले व्यक्ति अमर हो जाते हैं। इसी स्वदेश-प्रेम के कारण राष्ट्रपिता गांधीजी ने अनेक कष्ट सहे, जेलों में गए तथा अन्त में अपने प्राण न्यौछावर कर दिए। पं॰ जवाहर लाल नेहरूजी ने भी इसी राष्ट्रप्रेम की भावना से ओत-प्रोत होकर पाने राजसी सुखों का त्याग कर दिया। इनके अतिरिक्त छत्रपति शिवाजी, रानी लक्ष्मीबाई, तांत्या टोपे, गुरु गोविन्दसिंह आदि वीरों ने भी हंसते-हंसते स्वदेश की रक्षा में अपने प्राण अर्पित कर दिए। जिस देश में ऐसे सच्चे देशभक्त होते हैं, उस देश का कोई बाल भी बांका कैसे कर सकता है? हमारे देश की धरती अपने इन महान् वीरों की स्मृति को अपने हृदय में छिपा कर रखेगी।

अतः हम जिस देश में जन्म लेते हैं, पलते हैं तथा बड़े होते हैं उसके प्रति हमारा विशेष कर्त्तव्य हो जाता है। उस देश से हमें सच्चे हृदय से प्रेम करना चाहिए तथा उसकी प्रगति के लिए अथक प्रयास करना चाहिए। यदि देश पर आपत्ति आती है तो हमें तन, मन और धन से सदैव तत्पर रहना चाहिए। यही हम सबका कर्त्तव्य है।

स्वावलम्बन (आत्मनिर्भरता)

स्वावलम्बन अथवा आत्मनिर्भरता दोनों का वास्तविक अर्थ एक ही है – अपने सहारे रहना अर्थात् अपने आप पर निर्भर रहना। ये दोनों शब्द स्वयं परिश्रम करके, सब प्रकार के दुःख-कष्ट सह कर भी अपने पैरों पर खड़े रहने की शिक्षा और प्रेरणा देने वाले शब्द हैं। यह हमारी विजय का प्रथम सोपान है। इस पर चढ़कर हम गन्तव्य-पथ पर पहुंच पाते हैं। इसके द्वारा ही हम सृष्टि के कण-कण को वश में कर लेते हैं। गाँधीजी ने भी कहा है कि वही व्यक्ति सबसे अधिक दुःखी है जो दूसरों पर निर्भर रहता है। मनुस्मृति में कहा

गया है – जो व्यक्ति बैठा है, उसका भाग्य भी बैठा है और जो व्यक्ति सोता है, उसका भाग्य भी सो जाता है, परन्तु जो व्यक्ति अपना कार्य स्वयं करता है, केवल उसी का भाग्य उसके हाथ में होता है। अतः सांसारिक दुखों से मुक्ति पाने की रामबाण दवा है– स्वावलम्बन।

स्वावलम्बी या आत्मनिर्भर व्यक्ति ही सही अर्थों में जान पाता है कि संसार में दुःख-पीड़ा क्या होते हैं तथा सुख-सुविधा का क्या मूल्य एवं महत्त्व हुआ करता है। वह ही समझ सकता है कि मान-अपमान किसे कहते हैं? अपमान की पीड़ा क्या होती है? परावलम्बी व्यक्ति को तो हमेशा मान-अपमान की चिन्ता त्याग कर, व्यक्ति होते हुए भी व्यक्तित्वहीन बनकर जीवन गुजार देना पड़ता है। एक स्वतंत्र व स्वावलम्बी व्यक्ति ही मुक्तभाव से सोच-विचार कर के उचित कदम उठा सकता है। उसके द्वारा किए गए परिश्रम से बहने वाले पसीने की प्रत्येक बूंद मोती के समान बहुमूल्य होती है। स्वावलम्बन हमारी जीवन-नौका की पतवार है। यह ही हमारा पथ-प्रदर्शक है। इस कारण से मानव-जीवन में इसकी अत्यन्त महत्ता है।

विश्व के इतिहास में अनेक ऐसे उदाहरण भरे पड़े हैं जिन्होंने स्वावलम्बन से ही जीवन की ऊंचाइयों को छुआ था। अब्राहम लिंकन स्वावलम्बन से ही अमेरिका के राष्ट्रपति बने थे। मैक्डानल एक श्रमिक से इंग्लैण्ड के प्रधानमंत्री बने थे। फोर्ड इसी के बल पर विश्व के सबसे धनी व्यक्ति बने थे। भारतीय इतिहास में भी शंकराचार्य, ईश्वरचन्द्र विद्यासागर, स्वामी रामतीर्थ, राष्ट्रपिता गांधी जी, एकलव्य, लाल बहादुर शास्त्री आदि महापुरुषों के स्वावलम्बन-शक्ति के उदाहरण भरे पड़े हैं।

अनुचित लाड़-प्यार, मायामोह, आलस्य, भाग्यवाद, अन्धविश्वास आदि स्वावलम्बन में बाधाएं उत्पन्न करते हैं। इनके अतिरिक्त बच्चों को हतोत्साहित करना या उन पर अंकुश लगाना भी उनके विकास में बाधा उत्पन्न करते हैं। वास्तव में ये सभी स्वावलम्बन के शत्रु हैं। अतः इनसे दूर रहना ही हितकर है। स्वावलम्बन की महिमा अपरम्पार है। परिश्रमी को सदा ही सुखद फल की प्राप्ति हुई है।

आज का व्यक्ति अधिक-से-अधिक धन तथा सुख प्राप्त करना तो चाहता है पर वह दूसरों को लूट-खसोट कर प्राप्त करना चाहता है अपने परिश्रम और स्वयं पर विश्वास व निष्ठा रखकर नहीं। इसीलिए वह स्वतंत्र होकर भी परतंत्र और दुःखी है। इस स्थिति से छुटकारा पाने का एक ही उपाय है और वह है स्वावलम्बी एवं आत्मनिर्भर बनना।

परोपकार

परोपकार शब्द का अर्थ है दूसरों का भला करना। अपनी चिन्ता किए बिना, शेष सभी (सामान्य-विशेष) के भले की बात सोचना, आवश्यकतानुसार तथा यथाशक्ति उनकी भलाई के उपाय करना ही परोपकार कहलाता है। परोपकार के लिए मनुष्य को कुछ-न-कुछ त्याग करना पड़ता है।

परोपकार की यह शिक्षा हमें प्रकृति से मिली है। प्रकृति के प्रत्येक कार्य में हमें सदैव परोपकार की भावना निहित दिखाई पड़ती है। नदियां अपना जल स्वयं न पीकर दूसरों की प्यास बुझाती हैं, वृक्ष अपने फलों को दूसरों के लिए अर्पण करते हैं, बादल पानी बरसा कर धरती की प्यास बुझाते हैं। गऊएं अपना दूध दूसरों में बांटती हैं। सूर्य तथा चन्द्रमा भी अपने प्रकाश को दूसरों में बांट देते हैं। इसी प्रकार सज्जनों का जीवन परोपकार में ही लगा रहता है।

यदि हम अपने प्राचीन इतिहास पर दृष्टिपात करें तो हमें अनेक ऐसे उदाहरण मिलेंगे जिनसे ज्ञात होता है कि किस तरह यहां के लागों ने परोपकार के लिए अपनी धन-सम्पत्ति तो क्या अपने घर-द्वार, राजपाट और आवश्यकता पड़ने पर अपने शरीर तक अर्पित कर दिए। महर्षि दधीचि के उस अवदान को कैसे भुला सकते हैं जिन्होंने देवताओं की रक्षा के लिए अपने प्राण सहर्ष ही न्यौछावर कर दिए थे अर्थात् उनकी हड्डियों से वज्र बनाया गया जिससे वृत्रासुर राक्षस का वध हुआ। राजा शिवि भी ऐसे ही परोपकारी हुए हैं; उन्होंने कबूतर के प्राणों की रक्षा के लिए भूखे बाज को अपने शरीर का मांस काट-काट कर दे दिया था।

हम भी छोटे-छोटे कार्य करके अनेक प्रकार परोपकार कर सकते हैं। भूखे को रोटी खिलाकर, भूले-भटके को राह बतला कर, अशिक्षितों को शिक्षा देकर, अन्धे व्यक्ति को सड़क पार करा कर, प्यासे को पानी पिला कर, अबलाओं तथा कमजोरों की रक्षा करके तथा धर्मशालाए आदि बनवाकर परोपकार किया जा सकता है।

परोपकार की महिमा अपरम्पार है। परोपकार से आत्मिक व मानसिक शान्ति मिलती है। परोपकारी मनुष्य मर कर भी अमर रहते हैं। दानवीर कर्ण, भगवान बुद्ध, महावीर स्वामी, गुरुनानक, महर्षि दयानन्द, विनोबा भावे, महात्मा गांधी आदि अनेक महापुरुष इसके उदाहरण हैं। परोपकार के द्वारा सुख, शान्ति, स्नेह, सहानुभूति आदि गुणों से मानव-जीवन परिपूर्ण हो सकता है। सच्चा परोपकार वही है जो कर्त्तव्य समझकर किया गया हो। अतः परोपकार ही मानव का सबसे बड़ा धर्म है।

❑ ❑ ❑

पत्र और आवेदन-पत्र लेखन

पत्र अथवा आवेदन-पत्र लिखना भी एक कला है। इस कला का सबसे बड़ा गुण यह है कि कम शब्दों में प्रभावी ढंग से अपनी बात अथवा कोई संदेश कहना। पत्र लिखना एकाएक नहीं आ जाता। इसके लिए भी निरंतर अभ्यास की जरूरत पड़ती है। इस पुस्तक में हमने अपने विद्यार्थियों/पाठकों के लिए ऐसे पत्रों के नमूने दिए हैं, जो मानक के रूप में अपनाए जा सकते हैं। इन पत्रों को पढ़ने से पता चलेगा कि अलग-अलग प्रकार के पत्र कैसे लिखे जाते हैं तथा उनमें किस प्रकार के चुनिंदा शब्दों का प्रयोग किया जाता है। पत्र-लेखन को यदि 'गागर में सागर भरना' कहा जाए तो अतिश्योक्ति न होगी।

आवेदन-पत्र लिखना, पत्र-लेखन से भी ज्यादा जटिल होता है। इसमें एक नहीं अनेक बातें संक्षेप में, किन्तु सलीके से लिखनी होती हैं। हमने इस संकलन में बहुत उपयोगी आवेदन-पत्रों के नमूने देने की कोशिश की है, ताकि जब कभी हमारे छात्रों को आवेदन-पत्र भेजने की आवश्यकता पड़े, तो वे खूबी के साथ अपना आवेदन-पत्र स्वयं तैयार कर सकें और विविध प्रकार के आवेदन-पत्रों को लिखने में भी वे पारंगत हो जाएं।

मित्र को पत्र

11, राणा मार्ग, जोधपुर
ता॰..............................

श्याम नारायण गुप्त
एडवोकेट

प्रिय सुरेश,

नमस्कार।

इधर काफी समय से आपका पत्र नहीं आया। आपने यहां से रवाना होते समय वादा किया था कि पहुंचते ही पत्र भेजोगे। पन्द्रह दिन तक प्रतीक्षा की। आपकी भाभी भी चिन्तित हैं। अपने कुशल-समाचार जल्दी भेजो। नया कार्यभार कैसा लग रहा है, लिखना। चि॰ नीरज तथा रश्मि को प्यार। आपकी पत्नी का स्वास्थ्य कैसा है? उन्हें स्नेहाशीष कहना।

सप्रेम

आपका मित्र
श्याम

138 आधुनिक निबन्ध

जन्मदिन पर उपहार

प्रिय राजन,

कल कार्तिक पूर्णिमा को तुम्हारा जन्मदिन है। इस अवसर पर मेरी हार्दिक बधाई। इस शुभ घड़ी पर मैं तुम्हें एक बढ़िया फाउंटेन पेन भेज रहा हूं, जो शायद निरंतर मेरी याद दिलाता रहेगा। अन्त में मंगल कामना है –

"तुम जियो हजारों साल"

शुभेच्छु
पुष्पेश पन्त

उपहार के लिए धन्यवादसूचक पत्र

प्रियवर पन्त,

नमस्कार

नव वर्ष की शुभकामनाओं सहित आपका भेजा बेहतरीन फाउंटेन पेन मिला। मैं तो वैसे भी आपकी याद करता हूं। यह कलम उसमें और भी वृद्धिकारी होगा।

सद्भावनाओं सहित,

आपका
राजन

विद्यालय के वार्षिकोत्सव के संबंध में पिता के नाम पत्र

जवाहर छात्रावास, कमरा नं॰ 7
मॉडर्न स्कूल, कुर्सियांग
(सिक्किम)
ता॰......................

आदरणीय पिताजी

प्रणाम।

आपका भेजा पत्र कल शाम को उस समय मिला, जब मैं अपने स्कूल के वार्षिक समारोह के अन्तिम कार्यक्रम से वापस आया था। सप्ताह तक चलने वाले विविध कार्यक्रमों में मैंने भी हिस्सा लिया था। निबंध लेखन प्रतियोगिता और अभिनय में तो मुझे प्रथम पुरस्कार

मिले हैं। क्रिकेट में मेरी पूरी टीम विजयी हुई तथा मेरी टीम के कप्तान को विशेष मेडल देकर अलंकृत किया गया है। हम सभी को एक-एक सुन्दर बैट मिला है।

इस समारोह का उद्घाटन सिक्किम राज्य के मुख्यमंत्री महोदय ने किया था तथा कुर्सियांग के जिलाधीश भी पधारे थे।

पुरस्कार वितरण समारोह बड़ी धूमधाम से कल ही सम्पन्न हुआ है, जिसमें शिक्षा विभाग के निदेशक, मुख्य अतिथि के रूप में पधारे थे। पुरस्कार स्थल विभिन्न प्रकार की पताकाओं, झाड़-फानूसों और रंग-बिरंगे बल्बों से सजाया गया था। सारा वातावरण उल्लासमय था। हमारे हर विजित सहपाठी के चेहरों पर मुस्कान प्रकट हो रही थी। मुझे पुरस्कार में डॉ॰ शिवाशंकर पाण्डेय द्वारा लिखित निबंध संचय, सफलता के सोपान और कविवर भानु भक्ताचार्य विरचित रामायण और एक सुन्दर पुस्तक बैग पुरस्कार में मिला है। इन्हें मैंने अतीव प्रसन्नता के साथ प्राप्त किया है। यह सब आपके द्वारा दिए गए संस्कारों का प्रतिफलन है।

पूजनीय माताजी, चि॰ भैया आलोक और बहन आभा को शुभाशीष।

सादर,

आपका प्रिय पुत्र
पंकज

दिल्ली में गणतंत्र दिवस की शोभा के संबंध में मित्र को पत्र

20-'सविता निवास,
मॉडल टाउन,
दिल्ली

ता॰...............

प्रिय रामानुजन्‌,

आशा है आप सकुशल होंगे। चेन्नई में इस समय तो मौसम काफी साफ होगा। इस वर्ष मैं 26 जनवरी के अवसर पर दिल्ली में ही था। मेरे पिताजी गृह मंत्रालय में उपसचिव हैं, अतः मुझे गणतंत्र दिवस की परेड राजपथ से देखने के लिए फैमिली पास मिल गए थे। गणतंत्र दिवस के अवसर पर महामहिम राष्ट्रपतिजी को काफी समय तक सलामी लेने के लिए खड़ा रहना पड़ता है। मैंने उन्हें तथा केन्द्रीय मंत्रिमण्डल के कई मंत्रियों, सेनाध्यक्षों को समीप से देखा। कई मंत्रालयों, विभागों के सचिव भी नियत आसनों पर आसीन थे।

हमारी सेना के जवानों की मार्चिंग, उनका रोबीले तरीके से बंधे ताल स्वर से चलना अद्भुत लगा। हमारी बलशाली सेना का मनोबल सर्वथा सराहनीय है। एन॰सी॰सी॰ के

छात्र-छात्राओं की परेड भी काफी अच्छी लगी। सबसे अच्छी झांकी दिल्ली के हार्टीकल्चर विभाग की थी, जिसमें फूलों का बहुरंगी उपयोग किया गया था।

हमारे विविधातमय देश के विभिन्न राज्यों के लोक-नृत्य, लड़कियों द्वारा सस्वर लेजम और कवायद भी मनोरम थी। वीरता पुरस्कार से सम्मानित बच्चे हाथी पर चढ़कर निकले थे, उनके ऊपर सुनहरा छत्र था, जिसके कारण मेरे मन में भी वीरतापूर्ण कार्य करने का उत्साह जागा है।

आपसे अनुरोध है कि अवसर मिलने पर आप भी दिल्ली में गणतंत्र दिवस की परेड देखने जरूर आइए।

अपने पिताश्री एवं मातुश्री को प्रणाम तथा भाई को स्नेहाशीष कहना

तुम्हारा प्रिय मित्र
दिवाकर शर्मा

'ऋतुराज वसंत पधारे', विद्यालय में सम्पन्न वसन्तोत्सव विषयक अपने छोटे भाई को पत्र

10-क्लाइव स्ट्रीट, कोलकाता
ता॰.........................

प्रिय भैया मंजुल,

तुम्हारा पत्र कल शाम को मिला। हिन्दी और अंग्रेजी दोनों ही तुम काफी सुंदर लिखने लगे हो, यह जानकर मन प्रसन्न है। बंगाल में वसन्त पंचमी के दिन सरस्वती की पूजा करने का प्रचलन है। इसलिए हमारे नेताजी सुभाष आदर्श विद्यालय में भी सरस्वती पूजन और वसंतोत्सव मनाने का भव्य कार्यक्रम आयोजित हुआ था। मैंने हिन्दी में सामूहिक गीत गाने की मण्डली में भाग लिया था। बंगला सम्पन्न भाषा है; उसमें सरस्वती की पूजा के बहुत मधुर गीत हैं। अध्यापकों की सभा ने हिन्दी के यशस्वी कवि पं॰ सूर्यकान्त त्रिपाठी 'निराला' विरचित सरस्वती-स्तवन को भी इस अवसर पर गाने का निर्णय लिया था। शायद तुम्हें याद होगा, इसके स्वर हैं

"वीणावादिनि वर दे"

हम सभी लोगों ने हल्के पीले वस्त्र पहने थे। कुछ लोगों के वस्त्र रेशमी पीताभ थे। पंडाल भी पीले वस्त्रों और फूलों से सजाया गया था। भगवती सरस्वती की स्वर्णिम चल

प्रतिमा का शृंगार अद्‌भुत था। उनकी आशीर्वादात्मक मुद्रा प्रेरणाप्रद थी। प्रत्येक विद्यालय में ऐसे समारोह आयोजित किए जाने चाहिए।

आशा है तुम अपनी पढ़ाई मनोयोग से कर रहे होंगे। पूज्य माताजी एवं पिताजी को प्रणाम।

सप्रेम,

तुम्हारा भाई, प्रकाश

मद्यपान से बचने की सीख

पूज्य पिताजी,

सादर प्रणाम।

मुझे माताजी का एक पत्र 2-3 दिन पहले मिला था, जिससे पता चला कि इन दिनों आपने अपनी शराब पीने की आदत ज्यादा बढ़ा ली है तथा आमदनी का एक बड़ा हिस्सा शराब खरीदने पर खर्च कर रहे हो। मैं जब उन्नाव में था तो आपकी आदत पर निगाह रखता था तथा शराब की मात्रा काफी कम करा दी थी। आपने वादा किया था कि तुम निश्चिन्त होकर अपनी नौकरी पर चले जाओ, मैं अब कभी भी शराब नहीं पिऊंगा। मुझे दुःख है कि आपने अपने वादे का पालन नहीं किया। शराब मनुष्य की भयंकर शत्रु है। यह शरीर को खोखला कर डालती है। अतः विनती है कि मेरे लिए और परिवार की सुरक्षा के लिए इस घिनौनी मादक वस्तु को छोड़ दें। मुझे आपके पत्र की प्रतीक्षा रहेगी।

सादर,

आपका पुत्र, राकेश

श्री रामजीलाल राम
2-जगजीवन नगर, उन्नाव

मित्र को जन्मदिन पर बधाई

2-लाला श्यामनाथ मार्ग
दिल्ली-110006
ता॰..................

प्रिय मित्रवर,

नमस्कार।

आगामी 5 अगस्त को तुम्हारा जन्मदिन है। पिछले वर्ष हम और आप साथ-साथ थे तथा आपने काफी धूमधाम से जन्मदिन की दावत का आयोजन किया था। आज मैं कोसों दूर हूं, फिर भी मुझे 5 अगस्त हमेशा याद रहता है। इस अवसर पर मैं अपनी हार्दिक शुभकामनाएं, मंगल कामनाएं भेज रहा हूं। आप शत वसन्त देखें। एक सफारी सूट का कपड़ा उपहारस्वरूप भेज रहा हूं। इसे जन्मदिन पर जरूर पहनना, अच्छा लगेगा। एक फोटो भी भेजना।

बधाई सहित,

आपका वही नटखट मित्र
अरविन्द

पुस्तकें भेजने का पुस्तक विक्रेता से अनुरोध

सेवा में,
मेसर्स राजीव पब्लिशर्स
2-जवाहर मार्ग, गाज़ियाबाद

कृपया मुझे निम्नलिखित पुस्तकें तत्काल वी॰पी॰पी॰ द्वारा भेजने का कष्ट करें। यदि संभव हो तो वाजिब कमीशन भी दीजिएगाः

1. सामान्य हिन्दी   प्रकाशक – रमेश पब्लिशिंग हाउस
2. पत्र-लेखन कला   प्रकाशक – रमेश पब्लिशिंग हाउस
3. रेलवे क्लर्क परीक्षा गाइड प्रकाशक – रमेश पब्लिशिंग हाउस
4. सामान्य ज्ञान   प्रकाशक – रमेश पब्लिशिंग हाउस

आशा है कि आप उक्त पुस्तकें शीघ्र भेजेंगे।

सादर,

भवदीय
रूपकान्त दीक्षित

वैवाहिक निमंत्रण-पत्र

'श्री गणेशाय नमः'

मान्यवर,

श्रीमती एवं श्री चन्द्रकान्त वाजपेयी
अपनी सुपुत्री सौभाग्याकांक्षिणी

अनुराधा

एवं

निर्मल कुमार

(सुपुत्र पं॰ श्रीनाथ शुक्ल)

के परिणय पर्व पर आपको सपरिवार सप्रेम आमंत्रित करते हैं।

उत्तराकांक्षी :	दर्शनाभिलाषी :
1. वाजपेयी ब्रदर्स स्टेशनर्स एण्ड बुकसेलर	चन्द्रकान्त वाजपेयी C-200, मिण्टो रोड काम्प्लेक्स, नई दिल्ली
2. वाजपेयी जनरल स्टोर फोन-23184604	(वैवाहिक कार्यक्रम कृपया पृष्ठ पर देखें)

"श्रीहरिः"

मान्यवर,

परमात्मा की असीम कृपा से मेरे पुत्र चि॰ राघव का शुभ विवाह, कानपुर निवासी श्री प्रेम प्रकाश गुप्त की सुकन्या आयुष्मती शशी के साथ दिनांक 5 अप्रैल को सायं 7 बजे होना सुनिश्चित हुआ है। कृपया पधारकर वर-कन्या को शुभाशीर्वाद प्रदान करें।

दर्शनाभिलाषी
चन्द्रकुमार गर्ग
707-बाजार सीताराम, दिल्ली

(बारात मेरे निवास से 5 अप्रैल को प्रातः 7 बजे बस द्वारा
रवाना होकर उसी दिन शाम 5 बजे कानपुर पहुंचेगी)

खेती से सम्बन्धित उपज के बारे में सूचना

अमर शंकर पाण्डेय
ग्रा॰ पो॰–हिलौली
जिला–उन्नाव
ता॰.................

आदरणीय भाई साहब,

प्रणाम।

आपका कृपा-पत्र तथा भेजा हुआ पांच हजार रुपए का मनीआर्डर आज ही मिला। यहां इस समय खरीफ की फसल की कटाई हो रही है। धान की क्वारी फसल अच्छी हुई है। ज्वार, उड़द तथा लोबिया की फसल भी संतोषजनक है, किन्तु वर्षा कम तथा समय पर न होने के कारण अरहर और गन्ने की स्थिति ज्यादा अच्छी नहीं है। गेहूं बोने की तैयारी हो रही है। सरसों तथा तारामीरा (गोहवा) बोने का भी विचार है। छोटी बगिया में अमरूद तथा नींबू अबकी बार काफी फल दे रहे हैं। आंवलों में भी साधारण फल लगे हुए हैं।

कृपया लिखिए आप गांव कब आ रहे हैं। हम सब आपकी प्रतीक्षा में हैं। चि॰ नीरज को स्नेह तथा पू॰ भाभीजी को प्रणाम।

कृपया पत्र शीघ्र दीजिएगा। सादर,

आपका अनुज
अमर शंकर पाण्डेय

श्रीयत् हरिशंकर पाण्डेय
1301-कुंडे वालान, दिल्ली

वी॰पी॰पी॰ मिलने की पावती भेजना

सेवा में,
मेसर्स रमेश पब्लिशिंग हाउस
नई सड़क, दिल्ली

महोदय,

मुझे यह सूचित करते हुए हर्ष हो रहा है कि आपकी भेजी हुई पुस्तकें वी॰पी॰पी॰ पार्सल द्वारा समय से मिल गई हैं। मेरे अनुरोध को आपने स्वीकार करते हुए अपेक्षित पुस्तकों

पर 25 प्रतिशत कमीशन भी काट दिया है तथा पुस्तकों के नए संस्करण भेजे हैं। इस कृपा के लिए हार्दिक धन्यवाद।

भवदीय
कृपाशंकर त्रिवेदी
2, त्रिवेदी निवास, गर्गाश्रम
जिला–रायबरेली।

रेल से आने की सूचना भेजना

विद्याभूषण अवस्थी

अवस्थी निकेतन
बेलवर गंज, पटना
ता॰...................

आदरणीय तिवारीजी,

प्रणाम।

मैं कल दिनांक 5 अगस्त को पटना से चलकर अगले दिन करीब 5.30 बजे प्रातः कानपुर पहुंच रहा हूं, अतः राजर्षि को मारुति वैन के साथ स्टेशन पर अवश्य भेज देना, ताकि असुविधा न हो। जैसा कि आपने लिखा था मैं पटना से एक टोकरी अमरूद, आलू और परवल भी ला रहा हूं। यहां ये चीजें किफायती मूल्य पर मिल जाती हैं।

शेष कुशल मंगल है। शेष आने पर। सादर,

आपका भाई
विद्याभूषण

श्री जयशंकर तिवारी
तिवारी ट्रांसपोर्टर्स,
5-यशोदा नगर, कानपुर

दीपावली के पावन पर्व पर हार्दिक शुभकामनाएं

(1) प्रिय मोहन,

दीपावली के पावन पर्व पर हार्दिक शुभकामनाएं।

श्री मोहन अग्रवाल
5-अग्रवाल भवन, श्रीराम रोड,
अलीगढ़

शुभाकांक्षी
चन्द्रमौलि शर्मा
4 इन्दिरा गांधी मार्ग, रायबरेली

(2) वीर सिंह जाटव
जाटव हाउस
2-राव तुलाराम मार्ग, फरीदाबाद

प्रिय दयाराम,
    दीपमाला का उज्ज्वल प्रकाश निरंतर आपका मार्ग प्रशस्त करता रहे।
अनेक हार्दिक मंगलकामनाओं सहित –

आपका
वीर सिंह जाटव

श्री दयाराम कुरील,
कुरील सदन, डॉ॰ अम्बेडकर मार्ग, शाहदरा-55

ईद के अवसर पर मुबारकबाद

रहीम बख्श   हॉस्टल नं॰ 2
जामिया मिलिया इस्लामिया,
ओखला, दिल्ली
ता॰...................

प्यारे दोस्त अहमद अली,
    मेरी दिली ख्वाहिश है कि ईद का त्योहार आप तथा आपके परिवार के लिए खुशहाली लाए। मेरा मुबारकबाद कुबूल करें।

श्री अहमद अली,   प्यार के साथ,
2-कस्तूरबा गांधी मार्ग,   आपका दोस्त
लखनऊ   रहीम बख्श

नई नौकरी प्राप्त करने पर बधाई संदेश

देवेन्द्र भटनागर   शर्मा निवास, अलोपीबाग
इलाहाबाद
ता॰...................

प्रिय शर्माजी,
    नमस्कार
    मुझे यह जानकर हार्दिक प्रसन्नता है कि राज्य प्रशासन सेवा का विधिवत प्रशिक्षण

प्राप्त करने के पश्चात् आपकी पहली तैनाती परगना अधिकारी के रूप में मिर्जापुर में हुई है। गंगातट पर बसा यह शहर आपको जरूर पसंद आएगा।

इस अवसर पर हार्दिक बधाई।

श्री विनोद शर्मा,	आपका मित्र
7-द्वारिकाधीश मार्ग,	देवेन्द्र भटनागर
मिर्जापुर	

मोहल्ले की सफाई के लिए स्वास्थ्य अधिकारी को पत्र

सेवा में,

स्वास्थ्य अधिकारी

नगर पालिका, बदायूं

विषय : मोहल्ला केशवपुरा, गली नीम वाली में अस्वच्छता का वातावरण।

महोदय,

निवेदन है कि उक्त गली तथा उसके आसपास की कई अन्य गलियों में जगह-जगह पानी भर गया है तथा सीवर की भूमिगत नालियां भी बन्द पड़ी हैं, जिसकी वजह से मक्खी और मच्छरों का जोर निरंतर बढ़ता जा रहा है। यदि जल्दी कोई उपचारात्मक उपाय न किए गए तो खतरा बढ़ने की संभावना से इंकार नहीं किया जा सकता।

मैंने कई बार इलाके के सफाई निरीक्षक को मामले से अवगत कराया है, परन्तु न जाने क्यों वे मामले की अनदेखी कर रहे हैं। कृपया आप स्वयं अथवा अन्य अपने किसी अधिकारी से मामले की जांच कराकर सफाई की तत्काल व्यवस्था कराएं और नागरिकों को आपदाओं की आशंका से मुक्त करें। आपकी अति कृपा होगी।

सादर,

भवदीय

प्रेमनाथ सक्सेना

समाजसेवी एवं

केशवपुरा,

ता॰.......................... गली नीमवाली के अन्य नागरिक

तार का तार द्वारा उत्तर

तार मिला मैं तत्काल आगरा बस से पहुंच रहा हूं; गाड़ी भेजें।

प्रभाकर राव

प्रेमशंकर शुक्ल
20-शंकराश्रम, यमुना तट
दिल्ली

बढ़ती हुई गुंडागर्दी को रोकने के लिए थाना प्रभारी को शिकायती पत्र

यमुना प्रसाद वर्मा
ग्राम-प्रधान

पो॰ ग्राम—कुंद गंज
जिला—रायबरेली

सेवा में
थाना प्रभारी
थाना-हरचन्द पुर, रायबरेली।

विषय : गाँव में आसपास के गुंडों द्वारा किया जा रहा उत्पात।

महोदय,

मुझे खेद है कि विगत सप्ताह जब आप इस गांव में गश्त के लिए आए थे, तो आपसे यहां के कुछ बुजुर्गों तथा भद्र लोगों ने यह शिकायती की थी कि बुधवारी तथा रविवारी पैंठ (ग्राम बाजार) में कुछ गुंडे उत्पात मचाते हैं और कई शरीफ लोगों, दुकानदारों को डरा-धमकाकर मुफ्त सौदा ले जाते हैं। मिठाई की दुकानों से बिना पैसे दिए मिठाई खाकर चले जाने की आम शिकायत है।

यही नहीं आसपास तथा गांव की कुछ शरीफ महिलाएं बाजार में जब किसी काम से आती हैं तो उनके ऊपर छींटाकशी की जाती है। मुझे आशा है आप स्वयं सादे वेश में दो-चार नए सिपाहियों को भेजकर गुंडों की पहचान करायेंगे और उन्हें कठोरता से दण्ड दिलाने की कार्रवाई भी करेंगे। गांव के भद्र आदमी आपके साथ हैं। आशा है, आप शीघ्र कार्रवाई करेंगे।

भवदीय
यमुना प्रसाद

श्री महिपाल सिंह यादव
थाना प्रभारी,
हरचन्द पुर, रायबरेली

डाकपाल (Postmaster) को पोस्टमैन के विरुद्ध शिकायती पत्र

मुकेश कुमार त्रिपाठी

त्रिपाठी भवन
214-हरवंश मोहाल,
कानपुर
ता०.................

सेवा में,
 मुख्य डाकपाल,
 मुख्य डाकघर,
 परेड, कानपुर।
 विषय : पोस्टमैन का समय से चिट्ठियां न बांटना। नियत जगह में चिट्ठियां न डालकर बाहर फेंक जाना और निर्धारित दिनों में गस्त पर न आना।

महोदय,

 मैं इस इलाके के लिए तैनात डाकिया श्री रामपाल से कई बार कह चुका हूं कि वह अपने कर्त्तव्य का सम्यक् पालन किया करे तथा चिट्ठियां निर्धारित निजी पत्र-बक्सों में डालकर जाया करे। किन्तु, वह निरंतर अपने कर्त्तव्य की अवहेलना कर रहा है।

 अतः आपसे अनुरोध है कि कृपया सम्बन्धित पोस्टमैन को आवश्यक निर्देश दें कि वह डाक का वितरण समय से किया करे और नागरिकों द्वारा दरवाजे के समीप टांगे गए पत्र-बक्सों में ही चिट्ठियां डाला करे। आपकी अति कृपया होगी।

 सादर,

आपका
मुकेश कुमार त्रिपाठी

स्वदेशी वस्तुओं की महत्ता पर मित्र को पत्र

रामशरण चटर्जी

30-हरिसन रोड,
कलकत्ता
ता०.................

प्रिय मित्र राघवन,

 आपका पत्र कल शाम को मिला। मुझे यह जानकर प्रसन्नता है कि तुम इन दिनों गांधीजी के साहित्य का व्यापक अध्ययन कर रहे हो। गांधीजी ने सदैव स्वदेशी वस्तुओं

के उपयोग तथा विदेशी वस्तुओं के बहिष्कार की प्रेरणा दी थी। यही कारण है कि वे सदा कुटीर उद्योगों के पक्षधर रहे और हमेशा हाथ में कते सूत तथा उससे हथकरघे पर तैयार किए वस्त्रों का उपयोग करते रहे।

इन दिनों कांग्रेस विदेशी कम्पनियों को भारत में उद्योग-धंधे लगाने की प्रेरणा दे रही है। मारुति के आ जाने से स्वदेशी वाहन उत्पादन को जोरदार धक्का लगा है। एम्बेसेडर, कन्टेसा, प्रीमियर पद्मिनी के मुकाबले मारुति के विविध मॉडल और नई मारुति 1000 चल निकली है और लोकप्रिय भी है। प्रसाधन के सामान, स्टेशनरी, वस्त्र उद्योग जैसे क्षेत्रों में नवोदित राष्ट्र को विदेशी कम्पनियों से होड़ लेनी पड़ सकती है। इनके अलावा खाद्य पदार्थों के उत्पादन में भी विदेशी कम्पनियां अपना वर्चस्व चाहती हैं। ऐसी दशा में हम सबके लिए उचित यही होगा कि भारतीय पूंजी निवेशकों द्वारा उत्पादित माल का ही उपयोग किया जाए तथा दूसरों को भी स्वदेशी के प्रति अनुराग की प्रेरणा दी जाए। गांधीजी का यही संदेश रहा है और आज हम सबके लिए भी इसी की आवश्यकता है।

आशा है आप हमारे विचारों से सहमत होंगे। पत्रोत्तर दीजिएगा।

तुम्हारा स्नेही मित्र
रामशरण

श्री पी० राघवन
2-नेहरू मार्ग, मद्रास

छात्रावास में रहने का आनन्द

शम्सुद्दीन अहमद

तिलक हॉस्टल
महाराणा कॉलेज, उदयपुर
ता०..................

प्रिय दोस्त नजीर,

आपका पत्र दो-तीन दिन पहले मिला था। मुझे यह जानकर खुशी हुई कि आपके अब्बाजान की सेहत पहले से काफी ठीक है तथा लगातार सुधर रही है। तुमने लिखा है कि हॉस्टल तथा पारिवारिक जीवन में क्या अन्तर है तथा मैं यहां कैसा अनुभव कर रहा हूं? इस प्रश्न के दो उत्तर हैं — पहला तो यह कि पारिवारिक जीवन में आदमी अधिक सुखी अनुभव करता है। भाई, बहन, माता-पिता, चाचा, ताऊ सभी से वास्ता पड़ता है। सभी बच्चों का ख्याल रखते हैं। हॉस्टल में विद्यार्थी को शुरू-शुरू में कठिनाई आती है। घर से दूर होने के कारण वह कभी-कभी मायूस और चिन्तित रहता है। किन्तु धीरे-धीरे

परिस्थितियां बदलने लगती हैं। मेरे साथ भी ऐसा ही शुरू में हुआ था। मम्मी-पापा याद आए। फातमा, जूही और शमीम का प्यार अकसर याद आता रहा। कभी-कभी मन करता, सब कुछ छोड़-छाड़कर वापस कोटा चला आऊं। फर्ज समझकर मैं हमेशा पढ़ाई में लग जाता और अब यहां भी अपने दोस्त हैं। मेरा रूममेट अशोक शर्मा बहुत नेक विद्यार्थी है। भाई-जैसा प्यार करता है और व्यवहार भी उतना ही अपनत्व-भरा है। पिछले दिनों उसके पिताजी आए थे तो जो खाने-पीने का सामान वे उसके लिए लाए, वह मेरे लिए भी था। ऐसे नेक इन्सानों से हम प्यार क्यों न करें।

पढ़ाई के लिए काफी समय मिलता है। खेलने के लिए बड़ा मैदान तथा कई उपकरण हैं। सैर-सपाटा भी होता है। मेस का प्रबंध बहुत बढ़िया है। सबसे अच्छी बात यह है कि चारों ओर पढ़ाई का वातावरण है। शाम आठ बजे के बाद टेबिल लैम्प जल उठते हैं। और फिर कोई किसी की पढ़ाई में बाधा नहीं डालता। मुझे अब हॉस्टल का जीवन अच्छा लगने लगा है। बाकी सब खैरियत है। खत का जवाब जरूर देना।

तुम्हारा प्यारा दोस्त
शम्सुद्दीन

श्री नजीर अहमद,
3-राय जयकृष्ण रोड, पटना-8

जीवन का लक्ष्य, पिता की पुत्र को सीख

रामआसरे गोयल

गोयल सदन
5-गांधी रोड, जयपुर
ता॰..................

प्रिय पुत्र केशव,

अनेक शुभाशीर्वाद।

तुम्हारा पत्र कल शाम को मिला। तुम्हारी बहन रोहिणी ने उसे बड़े चाव के साथ पढ़कर मुझे सुनाया। रोहिणी अकसर तुम्हारी याद करती है और जब तुम्हारा पत्र आता है, सबसे पहले वही खोलती है तथा पढ़कर अपने भइया की बात हम सबको सुनाती है। इस बार के पत्र में तुमने लिखा है कि समय मिलने पर तुम 'महापुरुषों की जीवनियां' नामक पुस्तक पढ़ते हो तथा अब तक पढ़ी गई जीवनियों में तुम सबसे ज्यादा नेताजी सुभाष चन्द्र बोस को चाहने लगे हो। यह बहुत अच्छी बात है। नेताजी पढ़ने में जितने तेज थे, उतने ही वे सुयोग्य नेता तथा राजनीतिज्ञ भी थे। वे मिमियाने वाली भाषा न तो बोलते थे और न

सुनना चाहते थे। तिलक के विचारों तथा सुभाष के विचारों में तुम्हें काफी समानता दिखाई पड़ी होगी, जिन्होंने कहा था–

"स्वतंत्रता हमारा जन्मसिद्ध अधिकार है और हम उसे लेकर रहेंगे।"

सुभाष ने भी आजादी के लिए संघर्ष किया और ऐसा संघर्ष जिसने अंग्रेजों के दिल दहला दिए। यह बात और है कि जाते-जाते भी अंग्रेज कूटनीतिक चाल चल गए और ऐसे लोगों को सत्ता सौंप गए, जो आजादी के अनेक वर्ष बीत जाने के बाद भी न तो हिन्दी को देश की राजभाषा बना सके और न यथासमय देश की सीमाओं की पूरी-पूरी रक्षा करने के आदेश हमारे बहादुर सिपाहियों को दे पाते हैं।

तुम राष्ट्रीय सुरक्षा अकादमी में प्रवेश लेना चाहते हो; मैं तुम्हारे इस निर्णय से सहमत हूँ। मातृभूमि की रक्षा करना हर भारतीय का कर्त्तव्य होना चाहिए। मैं मंगल कामना करता हूं कि तुम अपने लक्ष्य में पूरी तरह सफल हो।

तुम्हारी मां तथा बहन रोहिणी तुम्हें रोज याद करती हैं। तुम्हारी मां भी भरे मन से देश की सेवा करने का आशीर्वाद देती है। भगवान् तुम्हें सफलता प्रदान करे।

सस्नेह,

तुम्हारा पिता
रामआसरे

गरमियों की छुट्टियां कैसे बिताईं-
इस विषय में अपने चाचाजी को एक पत्र लिखिए

रामकृष्णन्

डॉ॰ सीतारमैया रोड,
बंगलौर
ता॰.................

आदरणीय चाचाजी
प्रणाम।

आपका पत्र मिला, समाचार ज्ञात हुए। मुझे यह जानकर प्रसन्नता है कि मेरा भाई हाईस्कूल परीक्षा अच्छे अंक लेकर उत्तीर्ण हुआ है। मैं इस बार गरमियों की छुट्टी में बंगलौर आ गया था। दिल्ली की तुलना में बंगलौर का मौसम, तापमान काफी अच्छा है। फिर यहां अपने कई पुराने मित्र तथा संबंधी भी हैं। पिताजी काफी समय तक आकाशवाणी बंगलौर से संबंधित रहे हैं, जिससे उनका सामाजिक क्षेत्र भी काफी व्यापक है। यहां से मैं श्रीरंगपट्टनम

भी गया था। भगवान् विष्णु की शेषशायी प्रतिमा भव्य है। टीपू सुल्तान का पुराना किला, मस्जिद तथा कई नई-पुरानी इमारतें दर्शनीय हैं।

छुट्टी के कुछ दिन मैंने अपने मामाजी के यहां भी बिताए थे, जो सुखद रहे। मैं चाहता था कि आप लोग भी भैया रामास्वामी को लेकर बंगलौर आ जाते, तो और भी अच्छा रहता। शेष कुशल मंगल है, दो-चार दिन बाद आरक्षण की पुष्टि होते ही मैं दिल्ली वापस चला जाऊंगा; क्योंकि हमारा स्कूल 15 जुलाई से खुल रहा है। पू॰ चाचीजी तथा रामा को यथोचित सादर प्रणाम एवं शुभाशीष।

सादर,

आपका भतीजा

रामकृष्णन्

ज्यादा सिनेमा देखने की हानियों के संबंध में छोटे भाई को पत्र

देवेश आंगिरस

प्रेम सदन

2-बी॰डी॰ शर्मा मार्ग,

गुड़गांव

ता॰....................

प्रिय अनुज सुरेश,

पिछले सप्ताह कानपुर में जब तुम रेलवे स्टेशन पर मुझसे मिलने आए थे, उस समय तुम्हारी बातों से ऐसा लगा था कि तुम अपने अवकाश के दिन ज्यादातर सिनेमा देखने में बिताते हो। उस समय गाड़ी छूटने वाली थी, इसलिए मैं तुमसे कुछ कह नहीं पाया। किन्तु आज तीन दिन बाद मैंने अपना कर्त्तव्य समझा है कि तुम्हें इस संबंध में सचेत कर दूं कि ज्यादा सिनेमा देखना क्यों बुरा है?

1. आजकल अधिकांश फिल्में कामुक, मारधाड़ वाली तथा हिंसा-प्रधान होती हैं, जो अपरिपक्व मानस पर दुष्प्रभाव डालती हैं।
2. लगातार 3 घंटे तक झिलमिलाहट और रंग-परिवर्तनों का आंखों पर दुष्प्रभाव पड़ता है।
3. सिनेमा के महंगे टिकट खरीदकर मनोरंजन करने के बजाय अच्छी पुस्तकें पढ़ना तथा सैर-सपाटे के लिए गंगातट पर चले जाना स्वास्थ्य और मन दोनों के लिए हितकर है।

4. अधिक समय सिनेमा देखने में बिताने के समय, मानसिक स्थिति तथा धन तीनों की बरबादी होती है, अतः केवल अच्छी धार्मिक, सामाजिक और सांस्कृतिक फिल्में ही देखनी चाहिए।

मुझे आशा है तुम उपर्युक्त कारणों पर गंभीरता से विचार करोगे तथा भविष्य में अपना अधिक समय सिनेमा देखने में नहीं बिताओगे और न धन का अपव्यय करोगे।

सस्नेह,

तुम्हारा भाई
देवेश

सुरेश शर्मा,
542-ए ग्वाल टोला, कानपुर

मित्र को विदेश-यात्रा का अवसर मिलने पर उसे शुभकामना-पत्र भेजना

हरिदास महाराज

श्रीरामनिवास धाम
स्वामी रामचरण महाप्रभु मार्ग, शाहपुरा
ता॰..................

प्रिय मित्र हरिनाथ,

अभी आपका पत्र मिला कि तुम पहली बार अपने विभाग के सरकारी कार्य से शीघ्र ही न्यूयार्क (यू॰एस॰ए॰) जाने वाले हो। यह सूचना मेरे लिए बहुत सुखद है। आप वहां 3 महीने रहकर अपने पद से संबंधित विषय का विशिष्ट प्रशिक्षण प्राप्त करोगे, यह बात और भी आनंदपूर्ण है। अमरीका का न्यूयार्क शहर संसार के वैभवपूर्ण नगरों में से एक है; जहां जाकर साधारण और असाधारण के अंतर का पता चलता है। भौतिक जीवन का अनुभव लेना बुरा नहीं है। किन्तु पश्चिमी सभ्यता का अनुयायी बन जाना जरूर अहितकर है। मैं आशा करता हूं कि आप वहां भी अपने देश की गरिमा और संस्कृति की छाप छोड़कर भारत वापस आओगे।

इस यात्रा के लिए हार्दिक शुभकामनाएं।

सप्रेम,

तुम्हारा मित्र
हरिदास

श्री हरिनाथ गोस्वामी
5-गोसाईं टोला, मथुरा

❑❑❑

अनुच्छेद लेखन

अपने विचारों को प्रकट करने में अनुच्छेद लेखन का विशेष महत्त्व होता है। आज के व्यस्त, आपाधापी भरे जीवन में किसी विषय को लेकर संक्षेप में केवल एक पैराग्राफ में अपने विचार प्रकट करना भी एक कला है। आजकल की परीक्षाओं में इस गुण का मूल्यांकन करने के उद्देश्य से पैराग्राफ लेखन को भी शामिल किया गया है। छात्रों को इस कला में निपुण बनाने के उद्देश्य से किया गया यह कार्य सराहनीय है। पैराग्राफ लिखने का क्षेत्र बहुत व्यापक है। वर्णमाला के एक अक्षर से लेकर किसी शब्द, घटना, वाक्यांश, वाक्य, लोकोक्ति अथवा कहावत, किसी महापुरुष या किसी विषय पर पैराग्राफ अथवा अनुच्छेद लिखा जा सकता है।

1. महात्मा गांधी

महात्मा गांधी को लोग अगाध श्रद्धावश राष्ट्रपिता कहते हैं। भारत की स्वाधीनता के लिए अहिंसात्मक-आन्दोलन करना इनका अभिनव प्रयोग था। गुजरात के एक छोटे-से नगर में जन्मे महात्मा गांधी ने भारत में ही नहीं, दक्षिण अफ्रीका में भी सत्याग्रह चला कर वहां के अंग्रेज शासकों को चकित कर दिया था। प्रतिवर्ष 2 अक्टूबर को समग्र राष्ट्र उनकी जयन्ती मनाकर उनको श्रद्धा-सुमन समर्पित करता है। अंग्रेजी कुशासन से भारत को मुक्त कराने के लिए उन्होंने भारत में सविनय अवज्ञा आन्दोलन, स्वदेशी आन्दोलन, असहयोग आन्दोलन, अंग्रेजो भारत छोड़ो आन्दोलन चलाए थे। गांधीजी सभी धर्मों का आदर करते थे तथा अनुसूचित जातियों एवं जनजातियों को समाज में पूरी प्रतिष्ठा दिलाने के पक्षधर थे। उनका निधन 30 जनवरी, 1950 को एक उद्दण्ड व्यक्ति द्वारा गोली मारे जाने से हुआ था। भारत की स्वाधीनता के लिए उनके द्वारा किए गए कार्य सदा अविस्मरणीय रहेंगे।

2. दिल्ली का लाल किला

दिल्ली में यमुना के समीप बना लाल किला मुगल सम्राट् शाहजहां ने बनवाया था। उसे आगरे के बजाय दिल्ली से अधिक अनुराग था; इसलिए उसकी बनवाई जामा मस्जिद और लाल किला ऐसी दो भव्य इमारतें हैं जो उसके निर्माण कार्य की जीती-जागती मिसालें हैं। दिल्ली का लाल किला बहुत बड़ा तो नहीं है, फिर भी उसकी कई इमारतें खूबसूरती में बेजोड़ हैं, जैसे—दीवान-ए-खास, दीवान-ए-आम, ख्वाब गाह, गुसलखाना, तोशाखाना आदि। छोटे गोल गुंबजों वाला लाल किला जो लाल पत्थरों का बना हुआ है, आज भी दर्शकों को आकर्षित करने में सक्षम है। भारत के प्रधानमंत्री प्रतिवर्ष 15 अगस्त को इसके दिल्ली-द्वार पर बने विशेष मंच से भारतीय ध्वज फहराते हैं। लाल किला दिल्ली की शान है।

3. कुतुब मीनार

कुतुबुद्दीन ऐबक दिल्ली में गुलाम वंश की नींव डालकर गद्दी पर बैठा था। यह पहला शासक था, जिसने दिल्ली को राजधानी बनाकर स्वतंत्र मुस्लिम राज्य की स्थापना की थी। यह राजधानी दिल्ली रेलवे स्टेशन से 11 मील दूर है, जिसे महरौली कहा जाता है। यह 1206 ई॰ में दिल्ली का शासक बना था। यह कट्टर मुसलमान था जिसकी वजह से महरौली में प्राचीन काल से निर्मित एक भव्य मन्दिर को तुड़वाकर इसने कुव्वते इसलाम नामक मस्जिद बनवाई और उसी के पास कुतुब मीनार का निर्माण करवाना शुरू किया। यह मीनार उसके जीवन-काल में पूरी नहीं हो सकी, जिसकी वजह से उसके दामाद इल्तुतमिश ने इसे पूरा करवाया। बिजली गिरने से इसे काफी नुकसान पहुंचा था, इसलिए 1368 ई॰ में फिरोजशाह ने इसकी मरम्मत करवाई। कालान्तर में इसे कई बार नुकसान पहुंच चुका है। कांग्रेस सरकार ने भी इसका जीर्णोद्धार कराने में काफी धनराशि खर्च की है तथा इसके आसपास के स्थल को काफी साज-संवार दिया है। देश-विदेश के अनेक पर्यटक यहां सैर-सपाटे तथा 238 फीट ऊंची मीनार को देखने आते हैं। यह भी मान्यता है कि इसका निर्माण पृथ्वीराज चौहान ने युमना स्तंभ के रूप में कराया था तथा बाद में हमलावरों ने उसकी शक्ल बदल डाली। यह मीनार लाल पत्थरों से बनी है, जिसमें कुरान की आयतें तथा मोहम्मद गौरी और कुतुबुद्दीन की प्रशंसा उकेरी गई है। यह दर्शनीय मीनार है।

4. लक्ष्मीनारायण मन्दिर

राजा बलदेव दास बिड़ला का बनवाया हुआ लक्ष्मीनारायण मन्दिर 'बिड़ला मन्दिर' के नाम से भी जाना जाता है। दिल्ली में अपनी किस्म का यह बेजोड़ मन्दिर है। हाल ही में छतरपुर (महरौली के पास) कात्यायिनी मन्दिर भी भव्य है, किन्तु बिड़ला मन्दिर का अपना अलग स्थान है। मुख्य मन्दिर के पास तीन शिखर हैं, जिसमें बीचोंबीच सबसे ऊंचे शिखर के नीचे लक्ष्मीनारायण की भव्य संगमरमर की प्रतिमाएं हैं। प्रवेश-द्वार से जाने पर बाईं ओर भगवती दुर्गा की सिंहवाहिनी मूर्ति है तथा दाहिनी ओर भगवान सदाशिव विराजमान हैं। बिड़ला मन्दिर की भित्तिचित्र, सत्संग-भवन, धर्मशाला, वाटिका आदि सभी सुंदर और आकर्षक हैं। दिल्ली आने वाले यात्री अथवा पर्यटक बिड़ला मन्दिर देखने अवश्य जाते हैं। मन्दिर के परिसर में ही भगवान बुद्ध का एक लघु मन्दिर भी है, जिसमें प्रतिष्ठित भगवान बुद्ध की प्रतिमा दर्शनीय है।

5. गंगा नदी

भारत की पवित्र नदियों में गंगाजी का विशिष्ट स्थान है। यह नदी हिमालय पर्वत के गोमुख (गंगोत्री) नामक स्थान से निकलकर हरिद्वार से आगे आकर समतल मैदान में

बहती हुई कलकत्ता के निकट बंगाल की खाड़ी में गिर जाती है। लगभग 1600 मील के गंगा के प्रवाह क्षेत्र का अधिकांश भाग मैदानी है। इसीलिए गंगाजल का उपयोग बिजली पैदा करने, सिंचाई करने तथा पीने के लिए किया जाता है। गंगा भारत की ऐसी नदी है जो सदियों से अपने निर्दोष जल के कारण पूजनीय मानी जाती रही है। सभ्यता के विस्तार तथा उद्योगों के प्रसार के कारण अब गंगा-जल भी प्रदूषित हो गया है। कानपुर में चमड़े के कारखानों का अधिकांश प्रदूषित पानी गंगा में डाला जाता है, जिससे कानपुर की धवल गंगा मैली होती जा रही है। यही हाल अन्य बड़े-बड़े शहरों का भी है, जहां से होकर गंगा, सागर की ओर भागी जाती है। गंगा को पवित्र रखने की बहुत जरूरत है। सरकार की ओर से 'गंगा सफाई योजना' भी चलाई जा रही है। अब देखना यह है कि पतित पावनी गंगा का कब तक पुनः निर्मलीकरण संभव हो पाता है।

6. गणतंत्र दिवस

स्वतंत्र भारत का संविधान 26 जनवरी, 1950 को लागू हुआ था। इस संविधान में भारत को सर्वसत्ता-सम्पन्न गणराज्य कहा गया है। अतः प्रतिवर्ष 26 जनवरी को समस्त भारत में गणतंत्र दिवस धूमधाम से मनाया जाता है। दिल्ली में इस दिन के समारोहों की छटा निराली होती है। अनेक प्रकार की झांकियां निकाली जाती हैं, जो भारत के राज्यों के लोकजीवन को प्रकट करती हैं। इस इन्द्रधनुषी देश के नाच-रंग भी निराले हैं। कोई कत्थक नृत्य करता निकलता है, तो कहीं मणिपुरी तथा कहीं गरबा अथवा रास की निराली छटा देखी जाती है। आम जनता भंगड़ा नृत्य देखकर बहुत खुश होती है। इस अवसर पर शुरू में हमारी सेनाओं के जवान राष्ट्रपति को सलामी देते हुए निकलते हैं। पुलिस तथा अन्य पैरा-मिलिट्री बलों के जवान भी मार्च-पास्ट करते हुए भले लगते हैं। एन॰सी॰सी॰ के युवा बच्चों की मार्चिंग भी देखने योग्य होती है। कई स्कूलों के लड़के-लड़कियां गाते-बजाते तथा विभिन्न प्रकार के नृत्य आदि प्रस्तुत करते हुए लोगों को आकर्षित करते हैं। हमारे देश में 26 जनवरी का समारोह देखने के लिए विदेशी मेहमान भी आते हैं। निश्चय ही 26 जनवरी का दिन भारत का एक गौरवशाली महापर्व है।

7. हमारा स्वतंत्रता दिवस — 15 अगस्त

क्रूर मुसलमानी शासकों तथा कुटिल अंग्रेजों की दासता के कड़वे घूंट सदियों तक पीने और अपमानित होते रहने के बाद आजादी के दीवानों के बलिदान, महात्मा तिलक, सावरकर, सुभाष चन्द्र बोस, लाला लाजपत राय जैसे आजादी के दीवानों की तपस्या तथा महामना मालवीय, गांधी एवं पं॰ नेहरू जैसे अहिंसक अन्दोलनकारियों के संघर्ष के कारण

अंग्रेज 15 अगस्त, 1947 को भारत के शासन की बागडोर भारतीय नेताओं के हाथ में सौंपकर, स्वदेश वापस चले गए। किन्तु उन्होंने जाते-जाते देश को दो टुकड़ों में विभाजित कर डाला और भारत का एक बड़ा भू-भाग सदा-सर्वदा के लिए भारत से अलग होकर पाकिस्तान बन गया और कालान्तर में पाकिस्तान के भी दो टुकड़े हो गए जिसमें से एक अब बंगला देश के नाम से जाना जाता है। 15 अगस्त को पहली विशेषता यह है कि इस दिन दिल्ली स्थित लाल किले से भारत के प्रधानमंत्री तिरंगा राष्ट्रीय ध्वज फहराते हैं और राष्ट्र के नाम अपना संदेश प्रसारित करते हैं। एक जमाना था, जब नेहरूजी को सुनने के लिए लाखों लोग दूर-दराज से आया करते थे। लाल बहादुरजी के समय में भी स्थिति ठीक रही, थोड़ा-बहुत इन्दिराजी तक स्थिति ठीक चली; किन्तु अब स्थिति बदल चुकी है। अब न स्वतंत्रता सेनानी रहे और न वे लोग रहे जो निःस्वार्थ भाव से देश-सेवा करते हों। यथा राजा तथा प्रजा। लेकिन इससे इस दिन का महत्त्व कम नहीं होता। यह महान् दिन है, स्वतंत्रता सेनानियों को स्मरण करने का दिन है। स्वतंत्रता के महत्त्व को वे लोग ज्यादा अच्छी तरह जानते हैं, जिन्होंने कभी गुलामी का अभिशाप भोगा था।

8. पराधीन सपनेहु सुख नाहीं

पराधीन का अर्थ है – दूसरे के अधीन होना। गोस्वामी तुलसीदास की इस एक अर्धाली में दासता की पीड़ा छिपी है। दास को स्वप्न में भी सुख नहीं मिलता। सदैव अपने मालिक की आज्ञा का उसे पालन करना पड़ता है। उसकी अपनी कोई इच्छा, कोई शौक, कोई राय नहीं होती। मालिक की रजा उसके लिए पत्थर की लकीर होती है। कहते हैं एक बार अकबर ने बीरबल ने से कहा कि बैंगन का साग बहुत अच्छा होता है। बीरबल ने तत्काल कहा, हुजूर वह तो सब्जियों का सिरताज है, तभी तो ईश्वर ने उसे हरे रंग के ताजनुमा डंठल से सजाया हुआ है। एक-दो दिन बाद बादशाह अकबर ने कहा कि बीरबल! बैंगन नामुराद बदजायका और बादी होता है। बीरबल ने शहंशाह की बात को स्वीकारते हुए कहा – हुजूर! इसलिए तो इसे बेगुन अर्थात् बिना गुन वाला कहा जाता है। निहायत वाहियात सब्जी है। अकबर आश्चर्यचकित था। उसने सोचा यही व्यक्ति कल तो बैंगन को सब्जियों का राजा कह रहा था, आज उसे वाहियात बता रहा है। अकबर से रहा न गया, उन्होंने बीरबल से पूछ ही लिया कि कल तो आप बैंगन की तारीफ कर रहे थे, आज उसकी बुराई क्यों करते हो? बीरल का दो टूक उत्तर था – हुजूर, मैं नौकरी आपकी करता हूं, बैंगन की नहीं। आला हुजूर को जो भाता है, वही बन्दे को भी पसन्द है, और जनाब जिसे नाचीज कहें, उसे बन्दा कैसे महत्त्व दे सकता है। इससे उपर्युक्त कथन की पुष्टि हो जाती है कि

पराधीन व्यक्ति का अपना कोई अस्तित्व नहीं होता। इसलिए पराधीनता को शाप मानकर उक्त अर्धाली की रचना की गई है।

9. का बरखा जब कृषि सुखानि

पूरी चौपाई इस प्रकार है – का बरखा जब कृषि सुखाने, समय चूकि पुनि का पछिताने। उक्त अर्धाली से अभिप्राय है कि जब आवश्यकता थी तब तो किसी ने मदद की ही नहीं अब नुकसान हो जाने के बाद यदि कोई मदद करता भी है तो उस मदद का कोई अर्थ नहीं। इसलिए हमेशा किसी व्यक्ति की सहायता उस समय करनी चाहिए जब उसे सहायता की जरूरत हो। ऐसा देखा जाता है कि सहायता करने की डींगें तो बहुत से लोग हांकते हैं, किन्तु कोई बिरला ही वक्त पर सहायता करता है। सच्चे मित्र की पहचान भी आवश्यकताओं के समय ही की जाती है। हरी-भरी खेती जब पानी के अभाव में सूखने लग जाए और समय से वर्षा न हो, तो कालान्तर में हुई वर्षा निरर्थक हो जाती है। अंग्रेजी में भी इसी प्रकार की एक कहावत – 'आफ्टर डेथ् दि डाक्टर' भी उक्त आशय को ही चरितार्थ करती है। उक्त लोकोक्ति से यह शिक्षा लेनी चाहिए कि हमें जरूरतमन्द की सहायता यथासमय पर अवश्य करनी चाहिए। कालान्तर में सहायता करने का प्रस्ताव अर्थहीन हो जाता है।

10. हिमालय

नगराज हिमालय भारतमाता का मस्तक है। यह भारत का गौरव तथा रक्षक है। इसकी सर्वोच्च शिखर 'एवरेस्ट' है जिस पर विश्व के साहसी लोग अपनी पदचाप छोड़ कर आ चुके हैं। यह भारत की सीमाओं का प्रहरी है जो सहस्रों वर्षों से भारत की रक्षा करता आया है। यह भारत के उत्तर में एक तपस्वी की भांति अचल, दृढ़ तथा मौन होकर खड़ा है। यह हिमालय हमें धैर्य, सहनशीलता तथा दृढ़ता का पाठ पढ़ाता है। यदि हिमालय न होता तो भारत की धरती शस्य-श्यामला न होकर केवल मरुभूमि होती। इससे निकलने वाली अनेक पवित्र नदियां भारतवासियों के लिए जहां एक ओर गौरव की वस्तु हैं, वहां दूसरी ओर इसकी धरती को हरा-भरा बनाए हुए हैं। हिमालय पर्वतारोहण के शौकीनों के लिए आकर्षण का केन्द्र बना हुआ है। युवा वर्ग हर वर्ष इसके दुर्गम शिखरों पर पहुंचकर पर्वतारोहण के इतिहास में नया कीर्तिमान जोड़ रहा है। कुछ समय पूर्व मानव ने इसकी शिखर कंचनजंगा पर अपनी कीर्ति पताका फहरायी थी। दिनकर जी ने हिमालय के विषय में ठीक ही कहा है – "मेरे नगपति मेरे विशाल"।

11. प्रातःकाल का दृश्य

प्रातःकाल का दृश्य अत्यन्त मनोरम होता है। इस समय पूर्व दिशा में सूर्य की लाली का सुनहरा रंग बिखरा होता है। चारों ओर मन्द-मन्द समीर बहती है तथा शीतलता प्रदान करती है। उस समय का वातावरण बहुत शान्त, शुद्ध एवं स्फूर्तिदायक होता है। इस वक्त पक्षीगण अपने-अपने घोसलों से निकल-निकल कर आकाश में उड़ते दिखाई देते हैं। चारों ओर चिड़ियां चहचहाती हैं तथा पक्षियों का कलरव बड़ा मनोहारी लगता है। बाग-बगीचों में खिलते पुष्प अपनी प्यारी-सी मुस्कुराहट तथा सुगंध से सभी को अपनी ओर आकर्षित करते हैं। उस समय घास पर पड़ी ओस की बूंदें मोतियों के समान सुन्दर व आकर्षक दिखती हैं। प्रातः काल का समय भ्रमण के लिए बहुत ही उपयुक्त समय है। इस समय भ्रमण करने से शरीर स्वस्थ होता है तथा शरीर में चुस्ती व फुर्ती आती है। प्रत्येक व्यक्ति को चाहिए कि इस समय के सुहवाने दृश्यों का भरपूर आनन्द उठाये। यह ब्रह्मकाल कहलाता है।

12. जीवन और स्वास्थ्य

मानव-जीवन का सच्चा सुख उसके अच्छे स्वास्थ्य में निहित है। स्वस्थ तथा शक्तिशाली मानव ही इस संसार में हर प्रकार के सुख भोग सकता है। अच्छे स्वास्थ्य के कारण वह कठिन-से-कठिन कार्य सरलता से कर सकता है। स्वस्थ व्यक्ति में अदम्य साहस, उत्साह और धर्म की भावना कूट-कूट कर भरी होती है। उसमें आत्मविश्वास होता है जिसके कारण उसका हृदय सदैव पुष्प के समान खिला रहता है। उसमें इतनी शक्ति होती है कि शत्रु भी उसका सामना आसानी से नहीं कर सकते हैं। विजय सदैव उसके कदमों को चूमती है। इसके विपरीत जिस व्यक्ति के पास स्वास्थ्य रूपी खजाना नहीं होता है वह धनवान होते हुए भी जीवन को भार समझता है। उसके लिए तो घर में बने स्वादिष्ट व्यंजन भी विष के समान होते हैं। इच्छा होते हुए भी वह उनका उपयोग कदापि नहीं कर सकता है। उसका जीवन अल्पायु में ही समाप्तप्रायः हो जाता है। स्वस्थ शरीर ईश्वर की एक सर्वोत्तम देन (नियामत) है। इसको संभाल कर रखना हमारा परम कर्त्तव्य है। यह मानव के लिए एक अमूल्य धरोहर है।

13. चरित्र ही सच्चा धन है

किसी व्यक्ति ने सत्य कहा है, "धन गया कुछ नहीं गया, स्वास्थ्य गया कुछ गया, परन्तु यदि चरित्र गया तो सर्वस्व ही चला गया।" यद्यपि आज के इस भौतिक युग में धन का महत्त्व बहुत अधिक है परन्तु वास्तव में चरित्र धन ही सबसे बड़ा व सच्चा धन

है। धन को चोर चुरा सकता है, स्वास्थ्य भी खराब हो सकता है परन्तु चरित्र धन को अक्षुण (कभी नष्ट न होने वाला) है। चरित्रहीन व्यक्ति को समाज में हेय दृष्टि से देखा जाता है। सदाचारी मनुष्य अनेक चारित्रिक गुणों से परिपूर्ण होता है। सादगी, सहनशीलता, परोपकार, मधुर-भाषण, संयम, संतोष तथा नम्रता आदि गुण सदाचारी के चरित्र–धन को और भी बढ़ाते हैं। चरित्रवान व्यक्ति 'सादा जीवन तथा उच्च विचार' में विश्वास रखते हैं। उनके जीवन में आलस्य, स्वार्थपरता व संकीर्णता का कोई स्थान नहीं होता है। गौतम बुद्ध, महात्मा गांधी, गुरु नानक, स्वामी दयानन्द सरस्वती आदि जैसे अनेक महात्माओं को उनके चरित्र-बल ने ही समाज में श्रद्धेय व पूजनीय बनाया है। अतः चरित्र ही मनुष्य का सच्चा धन है तथा वह व्यक्ति समाज व देश की प्रगति का एकमात्र आधार है।

14. परिश्रम प्रगति की सीढ़ी है

परिश्रम मनुष्य की प्रगति का एकमात्र साधन है। इसके बिना मनुष्य की प्रगति सम्भव नहीं है। परिश्रमी मनुष्य अपने साहस व परिश्रम के द्वारा असम्भव को सम्भव बना सकता है। जो व्यक्ति पुरुषार्थी होता है तथा अपने लक्ष्य की प्राप्ति के लिए मन, वचन तथा कर्म से अथक परिश्रम करता है, सफलता उसी के पग चूमती है। परिश्रम के द्वारा मानव के भी कार्य पूरे हो जाते हैं तथा वह शीघ्र ही प्रगति के पथ पर आगे बढ़ता जाता है। परिश्रम किए जाने से (पर) कठिन कार्य भी सरल हो जाते हैं। परिश्रम जीवन में सफलता प्राप्त करने की कुंजी है। विश्व में जितने भी महापुरुष हुए हैं, उनमें से लगभग सभी ने परिश्रम द्वारा ही जीवन में प्रगति की है। बाल गंगाधर तिलक, जवाहर लाल नेहरू, सुभाष चन्द्र बोस, महात्मा गांधी आदि अनेक राष्ट्रीय नेताओं ने परिश्रम से ही राष्ट्र को नई चेतना व नई राह प्रदान की है। परिश्रम ही ईश्वर की सच्ची उपासना है। इसके आधार पर हम अपना लोक तथा परलोक दोनों ही सुधार सकते हैं। अतः सारगर्भित बात यह है कि हमें जीवन में नित्य प्रति परिश्रम करते रहना चाहिए।

15. हमारा राष्ट्रीय ध्वज

प्रत्येक स्वतंत्र राष्ट्र का एक राष्ट्रीय ध्वज होता है। स्वतंत्र भारत का राष्ट्रीय ध्वज तिरंगा झण्डा है। यह तिरंगा झण्डा भारतवर्ष के नागरिकों को अपनी जान से भी अधिक प्यारा है इस तिरंगे झण्डे में तीन रंग हैं तथा मध्य में अशोक चक्र है। सबसे ऊपर केसरिया रंग है जो वीरता का प्रतीक है, मध्य में सफेद रंग सुख-शान्ति का तथा नीचे हरा रंग हरियाली

तथा खुशहाली का प्रतीक है। हमारे राष्ट्रीय ध्वज के मध्य में जो अशोक चक्र है वह हमें निरन्तर परिश्रम करने की याद दिलाता है। यह चक्र हमने अपने सम्राट अशोक की लाट से लिया है। हमने अपनी स्वतंत्रता की लड़ाई इसी ध्वज के नीचे लड़ी थी तथा इस ध्वज की रक्षा के लिए लाखों लोगों ने अपनी जान की बाजी लगा दी है। 15 अगस्त, 1947 को जब हमारा देश स्वतंत्र हुआ था तो नेहरू जी ने इस दिन लाल किले के प्राचीर पर इस राष्ट्रीय ध्वज को बड़ी शान से फहराया था। अतः हमारा कर्त्तव्य है कि हम भी इसकी आन, बान तथा शान की रक्षा करें।

16. भारतीय किसान

भारतीय किसान का जीवन बहुत तपस्वी है। वह अपने खेतों में दिन-रात काम करता है तथा अन्न उगाकर सभी प्राणियों का पेट भरता है। प्रातःकाल में सूर्योदय होते ही वह अपने हल-बैल लेकर खेत पर चला जाता है तथा दिन-भर कड़ी धूप में वहीं काम करता है। गर्मी-सर्दी-बरसात सभी ऋतुओं में वह कड़ी मेहनत करता है, तब कहीं जाकर वह अपने तथा परिवार के लिए रूखी-सूखी रोटी जुटा पाता है। भारतीय किसान का जीवन अत्यन्त सादा होता है। वह स्वयं रूखा-सूखा खाकर अपना निर्वाह कर लेता है, परन्तु संसार-भर के प्राणियों को अन्न प्रदान करता है। यदि वह अन्न न उगाए, तो लोग भूखों मर जाएं। यह उसी की मेहनत का फल है जो हम सब अच्छा खा-पीकर मस्त रहते हैं। किसान ने कभी अपने सुख-चैन या आराम की बिल्कुल भी परवाह नहीं की। वह तो सदैव औरों की चिन्ता में लगा रहता है। शेष सभी प्राणियों को समय पर अनाज मिले यही उसके जीवन का ध्येय होता है। परन्तु अफसोस तो यह है कि इतना अधिक परिश्रम करने पर भी भारतीय किसान स्वयं निर्धन होता है। वह गारा-मिट्टी के कच्चे घरों में, अपने परिवार के साथ संतुष्ट रहता है।

17. वृक्षों का महत्त्व

आज के इस दूषित पर्यावरण के युग में वृक्षों का हमारे लिए बहुत महत्त्व है। वृक्षों के द्वारा ऑक्सीजन का निर्माण होता है जो हमारे दूषित पर्यावरण को शुद्ध करने का काम करती है। यह हमारे फेफड़ों में शुद्ध वायु का संचार करके हमारे स्वास्थ्य को सुधारती है। वृक्ष हमें अनेक प्रकार की औषधियां प्रदान करते हैं जिनके द्वारा हम भयानक-से-भयानक रोगों से मुक्ति पा लेते हैं। यह हमें ऋतु के अनुकूल स्वास्थ्यप्रद फल भी प्रदान करते हैं। इनसे हमें पशुओं के लिए चारा तथा घरेलू कार्यों के लिए ईंधन, गृह-निर्माण के लिए लकड़ी

तथा गृह-सजावट के लिए फर्नीचर बनाने के लिए विभिन्न प्रकार की लकड़ी मिलती है। वृक्ष वर्षा करने में सहायक होते हैं। ये बाढ़ और सूखे से हमें राहत दिलाते हैं। यह सत्य है कि वृक्ष हमारे देश की नैतिक, सामाजिक और आर्थिक समृद्धि के मूल स्रोत हैं। अतः हमारा यह कर्त्तव्य हो जाता है कि हम इनकी रक्षा की ओर विशेष ध्यान दें। हमें प्रयत्न करना चाहिए कि देश में वृक्षों की कमी न हो।

18. धर्म और विज्ञान

आज के इस वैज्ञानिक युग में जैसे-जैसे विज्ञान की उन्नति हो रही है वैसे-वैसे धर्म का प्रभाव क्षीण होता जा रहा है। लोगों में प्राय नास्तिकता बढ़ती जा रही है। परन्तु मानव जाति के उत्थान में तो धर्म तथा विज्ञान दोनों का समान रूप से सहयोग रहा है। यदि धर्म ने मानव के हृदय को परिष्कृत किया है तो विज्ञान ने बुद्धि को। धर्म मानव-हृदय की एक उच्च, पुनीत तथा पवित्र भावना है। धर्म से मनुष्य में परोपकार, समाजसेवा, सहयोग व सहानुभूति की भावनाएं जागृत होती हैं। धर्म ने मानव की मानसिक एवं आत्मिक उन्नति में सहयोग दिया है तो विज्ञान ने उसकी भौतिक उन्नति में। धर्म द्वारा ईश्वर की पूजा की गई है तो विज्ञान ने प्रकृति की उपासना की है। विज्ञान ने लोगों में तर्क-बुद्धि उत्पन्न करके उनके अंधविश्वासों को समाप्त कर दिया है। आज विज्ञान के दुरुपयोग के बढ़ते जाने के कारण जनता धीरे-धीरे प्रलय की ओर अग्रसर है। मानव के सर्वांगीण विकास के लिए धर्म तथा विज्ञान में सामंजस्य तथा समन्वय की स्थापना होनी चाहिए। यह भी आवश्यक है कि धर्म का विज्ञान पर तथा विज्ञान का धर्म पर अंकुश हो। धर्म तथा विज्ञान एक-दूसरे के सहयोगी हैं, विरोधी नहीं हैं। ये आपस में मित्र हैं, शत्रु नहीं हैं। संसार में सुख, समृद्धि व शांति की स्थापना के लिए धर्म तथा विज्ञान दोनों का एक साथ विकसित होना अत्यन्त आवश्यक है।

19. क्रिसमस (बड़ा दिन)

क्रिसमस अथवा बड़ा दिन ईसाइयों का प्रमुख त्यौहार है। यह दिन ईसामसीह के जन्मदिवस के रूप में प्रतिवर्ष 25 दिसम्बर को सारे विश्व में बड़े उल्लासपूर्वक मनाया जाता है। इसे बड़ा दिन कहा जाने का कारण है कि इस दिन सर्दियों में छोटे पड़ जाने वाले दिन क्रमशः कुछ बड़े दिन प्रारम्भ हो जाते हैं। इसे प्राकृतिक कारण कहा जा सकता है। ऐसा समय-चक्र और प्राकृतिक नियमों से प्रभाव होता है। परन्तु इसका मुख्य कारण तो पैगम्बर ईसा के स्लीब पर लटकाए जाने के बाद पुनर्जीवित हो उठने से उत्पन्न प्रसन्नता ही है।

इस दिन ईसाइयों के घरों में क्रिसमस पेड़ सजाया जाता है तथा इस पर फूल, गुब्बारे, खिलौने आदि बांधे जाते हैं। यह त्यौहार प्रेम, भाई-चारे तथा मित्रता का संदेश देता है। इस दिन गिरजाघरों में विशेष प्रार्थना सभाएं होती हैं। ईसामसीह ने हमें निर्धनों तथा दीन-दुखियों से प्रेम करने और उनकी सेवा करने का पाठ पढ़ाया। हमें चाहिए कि हम उनके उपदेशों का पालन करें। यह उत्सव मुख्य रूप से रात के समय मनाया जाता है। ईसाई धर्मावलम्बी स्त्री-पुरुष, बालक-वृद्ध, युवक-युवतियाँ इस अवसर पर विशेष परिधान धारण करते हैं।

20. कबड्डी का खेल

आज भारत में अनेक खेल प्रचलित हैं, जैसे — हॉकी, क्रिकेट, फुटबॉल, वॉलीबॉल, बॉस्केट बाल, बैडमिंटन, टेनिस आदि। ये सभी खेल विदेशी हैं। भारतवर्ष का अपना भारतीय खेल कबड्डी है जो सबसे सस्ता तथा आसान खेल है। इस खेल के लिए न तो लम्बे-चौड़े मैदान की आवश्यकता पड़ती है न ही किसी विशेष सामग्री की। यह खेल तो मैदान के बीचों-बीच एक रेखा खींच कर तथा दो बराबर की टीम बनाकर खेला जाता है। कबड्डी का खेल अत्यन्त मनोरंजक तथा स्वास्थ्यप्रद है। इसमें खिलाड़ियों को अत्यन्त चुस्ती, फुर्ती तथा सावधानी से खेलना पड़ता है। भारत जैसे निर्धन तथा ग्रामीण देश के लिए कबड्डी का खेल ही सर्वोत्तम है। यद्यपि आज चारों ओर क्रिकेट के खेल का बोलबाला है परंतु भारत की परिस्थितियों के अनुसार क्रिकेट अधिक उपयुक्त नहीं है। कबड्डी के खेल से सहयोग तथा भाई-चारा बढ़ता है। जब एशियाई खेलों में पहली बार कबड्डी खेल को सम्मिलित किया गया तो भारत ने अपना एकमात्र स्वर्णपदक कबड्डी के खेल में ही जीता। हमारा कर्त्तव्य है हम इस खेल को अपनाएं तथा हमारी सरकार को चाहिए कि इस इस खेल को अधिक-से-अधिक बढ़ावा दे।

21. सत्य और असत्य

यह कथन उचित ही है, ''सांच बराबर तप नहीं, झूठ बराबर पाप।'' सत्य भाषण सबसे बड़ी तपस्या है। जो व्यक्ति सदैव सत्य बोलता है, और सत्य के पथ पर अग्रसर रहता है, विजय सदैव उसके कदम चूमती है। झूठ बोलने वाले की कभी विजय नहीं होती। अतः संसार में उन्नति करने के लिए सत्यवादी होना परम आवश्यक है। यदि हम अपने जीवन में अग्रसर होना चाहते हैं तो हमें अपने माता-पिता, गुरुजनों व अन्य स्वजनों से कदापि असत्य नहीं बोलना चाहिए। सत्य भाषण से मनुष्य की आत्मा बलवती होती है तथा

कदापि असत्य नहीं बोलना चाहिए। सत्य भाषण से मनुष्य की आत्मा बलवती होती है तथा उसके मन को सुख और शान्ति प्राप्त होती है। सत्यवादी को कभी यह भय नहीं रहता है कि यदि उसकी पोल खुल गई तो क्या होगा। उसे सदैव मानसिक शान्ति रहती है। इसके विपरीत झूठ बोलने वाले व्यक्ति की समाज में निन्दा होती रहती है। वह कदम-कदम पर तिरस्कृत होता रहता है। सत्यवादी की समाज में प्रतिष्ठा बढ़ती ही रहती है। वह सिर ऊंचा करके चल सकता है। अतः हम सदैव अपने जीवन में सत्य को ग्रहण करें, सत्य ही भाषण करें तथा सत्य मार्ग पर चलें।

22. विद्यार्थी और राजनीति

विद्यार्थी जीवन मानव-जीवन का वह काल है जिस पर उसका भविष्य निर्भर करता है। इस काल में विद्यार्थी को राजनीति का पूर्ण ज्ञान नहीं होता है। अतः उसे राजनैतिक अग्निकुण्ड में नहीं कूदना चाहिए तथा उसे अपने भविष्य का प्रतिक्षण ध्यान रखना चाहिए। विद्यार्थी को तो अर्जुन के समान चिड़िया के नेत्र रूपी विद्या को ही लक्ष्य बनाना चाहिए। इसमें प्रतिपल ज्ञानार्जन की ही धुन होनी चाहिए। परन्तु कुछ लोगों का विचार है कि विद्यार्थियों को विद्याध्ययन के साथ-साथ राजनीति में भी भाग लेना चाहिए। जब कभी राष्ट्रीय गौरव अथवा स्वाभिमान खतरे में पड़ जाता है तथा राष्ट्र के नागरिकों का साधारण जीवन दूभर हो जाता है, उस समय विद्यार्थियों को अपना दायित्व निभाते हुए, साहस का प्रदर्शन करना चाहिए। अतः विद्यार्थी को समय पड़ने पर केवल सीमित रूप में ही राजनीति में भाग लेना चाहिए। परन्तु उसे सक्रिय राजनीति से दूर रहना चाहिए। विद्यार्थी जीवन में विद्यार्थी के राजनीति में भाग लेने से वह अध्ययन के प्रति उदासीन हो जाता है। यह पथभ्रष्ट होकर विनाश की ओर बढ़ने लगता है। संक्षेप में, हम कह सकते हैं कि जीवन की सफलता के लिए बौद्धिक तथा राजनैतिक सचेतना का विकास विद्यार्थी को अपने अन्दर अवश्य करना चाहिए।

संवाद लेखन

1. दो मित्रों में 'विद्यालय के पारितोषिक वितरण समारोह' के सम्बन्ध में संवाद

संजय- (विजय के घर जाता है और उसको कहता है) अरे विजय! क्या आज विद्यालय नहीं जा रहा है? समय तो हो गया है।

विजय- हे मित्र! मैं आज कुछ देर से जाऊंगा। हमारे विद्यालय में कल पारितोषिक वितरण समारोह होना है। सभी इसकी तैयारी में लगे हुए हैं।

संजय- उत्सव की तैयारी के प्रबन्ध का उत्तरदायित्व किस पर है? इसका प्रबन्ध कौन कर रहा है?

विजय- हे मित्र! इसका उत्तरदायित्व प्रमुख रूप से तो प्रधानाचार्य जी ने हमारे क्रीड़ा शिक्षक तथा हिन्दी शिक्षक को सौंप रखा है, परन्तु इसके प्रबन्ध में कुछ अन्य अध्यापक व पांच-छः विद्यार्थी भी लगे हुए हैं।

संजय- विजय! क्या तू इस उत्सव के प्रबन्ध (कार्य) में नहीं है?

विजय- नहीं! मैं प्रमुख रूप से तो प्रबन्ध में नहीं हूं। परन्तु बाजार से कुछ सामान लाने को मुझे कहा गया है, जिस कारण मैं आज विद्यालय देर से जाऊंगा।

संजय- हे मित्र! मैं भी कल तुम्हारे विद्यालय की सजावट व उत्सव का कार्यक्रम देखने आऊंगा। (विजय से पूछते हुए) कल उत्सव कितने समय प्रारम्भ होगा?

विजय- उत्सव लगभग तीन बजे प्रारम्भ हो जाएगा। सभाध्यक्ष जी तो चार बजे आएंगे।

संजय- हे मित्र! कल के उत्सव के लिए सभाध्यक्ष जी कौन होंगे?

विजय- सभाध्यक्ष हमारे शिक्षा निदेशक होंगे! अच्छा, अब हम चलते हैं। कल विद्यालय में मिलेंगे।

संजय- (अगले दिन विद्यालय में पहुंचकर) हे मित्र! क्या सभी तैयारियां पूरी हो गई हैं?

विजय- हां। लगभग पूरी हो गई हैं। तू वहां मेहमानों के स्थान पर बैठ। मैं अभी थोड़ा घूम कर आता हूं (थोड़ी देर में पहुंचता है)।

संजय- ऐसा लगता है कि सभाध्यक्ष जी आ गए हैं। उत्सव में किस प्रकार का कार्यक्रम है?

विजय- (कार्यक्रम की सूची पकड़ाते हुए) हे मित्र! लो यह कार्यक्रम है। सामने देखो अभी सभाध्यक्ष अर्थात् शिक्षा निदेशक जी ध्वजारोहण करेंगे। तत्पश्चात् स्वागत-गान होगा। कुछ सांस्कृतिक कार्यक्रम दिखाए जाएंगे।

संजय- विजय! यह तो बहुत अच्छा कार्यक्रम रहा। ऐसा लगता है अभी भी कुछ कार्यक्रम शेष हैं।

विजय- अभी पुरसकार वितरित किए जाएंगे।

संजय- हे मित्र! क्या सभापति जी तुम्हें भी पुरस्कार प्रदान करेंगे?

विजय- हां! मैं वार्षिक परीक्षा में अपनी कक्षा में प्रथम आया था। अतः मुझे भी पुरस्कार प्राप्त होगा।

थोड़ी देर में विजय पुरस्कार प्राप्त करता है। पुरस्कार लेकर दोनों मित्र घर वापस आ जाते हैं।

2. बहन तथा भाई के बीच संवाद (डाकघर के विषय में)

दोनों बहन-भाई घर में बैठे बातचीत करते हैं। अचानक भाई रमेश को याद आ जाती है कि पिताजी को पत्र लिखना है।

भाई- बहन नीना! मैं डाकघर जा रहा हूं। घर का ध्यान रखना।

नीना- भाई रमेश! आप वहां किसलिए जा रहे हो?

रमेश- नीना! पिता जी का पत्र आए कई दिन बीत गए हैं। उनके पत्र का उत्तर देना है। इसलिए एक लिफाफा लेकर आना है।

नीना- भाई साहब! क्या लिफाफे डाकघर में मिलते हैं? और वहां क्या मिलता है?

रमेश- हां लिफाफे डाकघर से मिलते हैं। वहां मनीआर्डर, रजिस्ट्री आदि भी होते हैं।

नीना- भाई रमेश! फिर तो मैं भी आपके साथ चलूंगी! क्योंकि मुझे देखना है कि मनीआर्डर कैसे किया जाता है?

रमेश- चलो बहन! घर पर ताला लगा दो।

नीना- (ताला लगाती है) चलो भाई! (दोनों भाई-बहन डाकघर पहुंचते हैं) वहां पहुंचकर रमेश पहले लिफाफा खरीदता है।

रमेश- देखो बहन! इस खिड़की पर रजिस्ट्री होती है। (आगे चलकर) इस खिड़की पर मनीऑर्डर किया जाता है। यहां मनीआर्डर फार्म भरकर तथा उसके साथ पैसे देकर जमा करा दिया जाता है और उसकी रसीद ले ली जाती है।

नीना- भाई साहब! यह मनीआर्डर द्वारा भेजा गया पैसा इच्छित स्थान पर कब तक पहुंच जाता है?

रमेश- बहन! यह लगभग तीन-चार दिन तक पहुंच जाता है। कभी-कभी देरी से भी पहुंच पाता है।

नीना- डाकघर तो बहुत काम की जगह है। यहां पर तो हमारे अनेक काम हल हो

आधुनिक निबन्ध

	सकते हैं। आवश्यकता पड़ने पर अपनी बचत के पैसे भी जमा कराए जा सकते हैं।	
रमेश-	हां बहन! बिल्कुल ठीक! (दोनों घर वापस आ जाते हैं)	

3. दो पड़ोसी मित्रों में 'राजघाट' के सम्बन्ध में संवाद

सुशील- किशन जी! आज यह चारों ओर सन्नाटा क्यों है? बाजार में भी चहल-पहल नहीं है।

किशन- हां सुशील जी! क्या आपको पता नहीं है? आज दो अक्टूबर है। आज हमारे राष्ट्रपिता महात्मा गांधी का जन्म दिवस है। अतः आज सभी दफ्तरों, स्कूलों व बाजारों तथा कारखानों में अवकाश है।

सुशील- किशन जी! यह जनसमूह इतनी प्रसन्न मुद्रा में किधर जा रहा है?

किशन- सुशील जी! ऐसा लगता है कि इनमें कुछ लोग गांधी मेला देखने जा रहे हैं तथा कुछ लोग राजघाट पर हो रहे कार्यक्रम को देखने जा रहे हैं।

सुशील- आओ मित्र चलें। हम भी राजघाट पर हो रहे कार्यक्रम में सम्मिलित होने चलते हैं। (तभी दोनों पड़ोसी-मित्र तैयार होकर चल पड़ते हैं।) राजघाट पहुंच कर

किशन- सुशील जी! यह राजघाट अर्थात् महात्मा गांधी की समाधि है। समाधि के समीप सभी बड़े-बड़े नेता एकत्रित हैं। उनमें से प्रमुख रूप से देश के प्रधानमंत्री, राष्ट्रपति तथा विदेशों से आए मान्य अतिथि हैं। वहीं पर गीता, कुरान व बाईबल आदि का पाठ हो रहा है। कुछ मान्यगण समाधि पर पुष्प अर्पित कर रहे हैं।

सुशील- भाई साहब! यह तो अति सुन्दर कार्यक्रम है। मेरे विचार में तो ऐसे महापुरुष धन्य हैं। इनका जीवन तथा मृत्यु दोनों ही सफल हैं। ऐसे महापुरुष को मैं हृदय से नमन करता हूं।

(तत्पश्चात् दोनों मित्र अपने घर वापस आ जाते हैं)

4. 'तैराकी में प्रतियोगिता' पर दो सखियों में वार्तालाप/संवाद

(लता तथा गीता दो सखियां यमुना नदी के किनारे टहलने जाती हैं)

लता- गीता बहन! यमुना के तट पर यह भीड़ कैसी है?

गीता- (आगे बढ़कर) लता! आज यहां तैराकी की प्रतियोगिता होने वाली है। इस प्रतियोगिता को देखने के लिए लोगों की भीड़ लगी है।

लता- हे सखि! यह प्रतियोगिता का कार्यक्रम तो बहुत आनन्द देने वाला प्रतीत होता

है। आओ चलकर देखें। (फिर दोनों आगे चली जाती हैं)

गीता- देखो लता! जो सबसे आगे तैर रहा है, वह हमारे विद्यालय के व्यायाम शिक्षक हैं। वह बहुत अच्छा तैरते हैं।

लता- उनका नाम क्या है? सखि!

गीता- उनका नाम रामसिंह है। हे सखि! यह तो बता कि दूसरे नम्बर पर कौन तैर रहा है? क्या तू जानती है?

लता- हां, सखि! वह तो हमारे पड़ोसी हरिओम हैं। वह भी एक अन्य विद्यालय के व्यायाम के शिक्षक हैं। उनकी तैराकी को देखने के लिए उनके पास उनके विद्यालय के अनेक छात्र उपस्थित हैं।

गीता- रामसिंह जी तो बड़ी तेजी से तैर रहे हैं। ऐसा प्रतीत होता है कि वे ही प्रथम आने वाले हैं। (थोड़ी देर में अवसर पाकर हरिओम जी रामसिंह जी से आगे निकल जाते हैं। यह देखकर 'सुन्दर, अति सुन्दर' की आवाज आकाश में गूंजने लगी।)

लता- गीता बहन! यह प्रतियोगिता कितने समय की होगी?

गीता- हे सखि! यह प्रतियोगिता प्रायः 40 मिनट की होती है। यह लगभग समाप्त होने ही वाली है। (क्या देखते हैं कि अन्तिम चरण में रामसिंह जी फिर हरिओम जी से आगे निकल जाते हैं)। देखते-ही-देखते समय समाप्त हो जाता है और रामसिंह जी तैराकी की प्रतियोगिता में प्रथम आ जाते हैं।)
(रामसिंह जी की विजय के नारे लगाए जाने लगे।)

लता- गीता! बहुत समय हो गया है। आओ घर चलें।
(दोनों सखियां घर वापस चली जाती हैं)

5. वस्तु के वजन कम तोलने पर ग्राहक तथा दुकानदार के बीच संवाद

ग्राहक- (दुकान पर जाकर दुकानदार से कहता है) हे भाई! मैंने अपने बच्चे को आपके पास 50 रु. देकर दो किलो चावल लेने भेजा था। आपने उसे कितना चावल दिया था?

दुकानदार- भाई साहब! मैने उसे दो किलो चावल दिए थे।

ग्राहक- जब लड़का चावल लेकर घर पहुंच। और मैंने उन चावलों को देखा तो मेरा माथा ठनका। मुझे वे चावल कम मालूम हुए। मैंने उन्हें तोला तो केवल 1 किलो 700 ग्राम ही निकले।

दुकानदार- भाई साहब! मैंने तो चावल पूरे तोल कर दिए थे। आप गलत कह रहे हो

	कि मैंने चावल कम दिए हैं।
ग्राहक-	आप झूठ बोल रहे हैं। आपके तराजू में फर्क लगता है मुझे।
दुकानदार-	आप स्वयं देख लीजिए। (दुकानदार तोल कर दिखाता है तो पूरे होते हैं।)
ग्राहक-	आपके बाट कम वजन के लगते हैं, मुझे। मुझे माप-तोल विभाग को सूचित करना पड़ेगा तभी आपकी अकल ठिकाने आएगी।
दुकानदार-	(एक बार तो क्रोध में आता है, परन्तु कुछ सोचकर चुप हो जाता है) ग्राहक से कहता है भाई साहब! क्रोधित न होइये। जितने चावल आपको कम लगते हैं और ले लीजिए।
ग्राहक-	दुकानदार को सम्बोधित करते हुए — बच्चे को देखकर बेईमानी करते शर्म नहीं आती। बेईमानी का खाते हैं।
दुकानदार-	यह सुनकर चुप रहता है तथा ग्राहक बोलता हुआ अपने चावल लेकर घर चला जाता है।

6. डॉक्टर तथा रोगी के बीच वार्तालाप/संवाद

रोगी-	डॉक्टर साहब! मुझे कल रात से जुकाम, खांसी तथा बुखार है।
डॉक्टर-	हां! तुम्हें अभी 100 डिग्री बुखार है। क्या ठण्ड भी लग रही है?
रोगी-	थोड़ी ठण्ड भी अनुभव-सी हो रही है। परन्तु शरीर टूटा-सा प्रतीत हो रहा है। लगातार पांच-छः छींक एक साथ आ रही हैं।
डॉक्टर-	क्या खांसी के साथ बलगम भी आता है?
रोगी-	डॉक्टर साहब! बलगम नहीं आता है। सूखी खांसी है।
डॉक्टर-	ऐसा लगता है कि कहीं बारिश में भीग गए हो।
रोगी-	हां, डॉक्टर साहब! कल सायं विद्यालय से आते समय वर्षा में भीग गया था।
डॉक्टर-	कब्ज़ तो नहीं है।
रोगी-	हां, डॉक्टर साहब! दो-तीन दिन से शौच ठीक प्रकार से नहीं जा रहा हूं।
डॉक्टर-	(पर्चा लिखकर देते हुए) ये दवाइयां खिड़की से ले लो। तीन दिन की दवा है। दिन में चार बार दो-दो गोली तीन घण्टे के अन्तराल से ले लेना। यह एक गोली रात को सोते समय दूध के साथ ले लेना। प्रातः खुलकर दस्त आ जाएगा।
रोगी-	खाने का क्या परहेज है, डॉक्टर साहब।
डॉक्टर-	हल्का भोजन कर सकते हो। फलों का अधिक प्रयोग करना। पानी अधिक पीना।

❑ ❑ ❑

अपठित गद्यांश

सामान्य रूप से पाठ्यक्रम में निर्धारित पुस्तकों के अतिरिक्त जब किसी अन्य पुस्तक का कोई अनुच्छेद आदि देकर उसका शीर्षक बताने अथवा उसका आशय स्पष्ट करने के लिए छात्रों से अपेक्षा की जाती है, तो ऐसी विषय-सामग्री को अपठित कहते हैं। अपठित की अपने विशेष उपयोगिता होती है। इससे छात्रों में कोर्स से बाहर की पुस्तकें पढ़ने का चाव बढ़ता है, साथ-ही-साथ वे अन्य विषयों से संबंधित जानकारी प्राप्त करने के लिए उत्साहित होते हैं। किसी पैराग्राफ (अनुच्छेद) का आशय स्पष्ट करना ऐसा कार्य है जो छात्र को मननशील बनने की प्रेरणा देता है। शायद यही कारण है कि परीक्षाओं में अपठित देकर छात्रों के ज्ञान की थाह ली जाती है।

अपठित का स्वरूप गद्य और पद्य दोनों प्रकार का हो सकता है। यह छात्रों अथवा परीक्षार्थियों पर निर्भर करता है कि वे किसे पसन्द करके उसका शीर्षक लिखना और अर्थ स्पष्ट करना पसंद करते हैं। यहां अपठितों के कुछ नमूने दिए जा रहे हैं :

1. निम्नलिखित अनुच्छेद का आशय स्पष्ट करें और उसके लिए उपर्युक्त शीर्षक भी बताएं :

एक बार शरीर मृत होने पर यदि उसमें पुनश्च प्राण-संचार करने की सामर्थ्य संजीवनी विद्या में होती, तो ऐसी संजीवनी विद्या सीखकर जब कच स्वर्गलोक लौटा था, देवों को उक्त प्रकार की कूटनीति का सहारा लेने की आवश्यकता न होती। वे राक्षसों पर सीधा-सीधा आक्रमण करते। मृत राक्षसों को शुक्राचार्य और मृत देवों को कच या उसका कोई शिष्य जीवित करता, यही क्रम चलता रहता। परन्तु देवों ने ऐसा कुछ न करके कूटनीति का ही सहारा लिया। इसका स्पष्ट अर्थ यही है कि संजीवनी विद्या मृत शरीर को फिर से सजीव करने वाली या चैतन्य देने वाली विद्या नहीं है, अपितु उसका जो स्वरूप यहां वर्णित है, वही सत्य है। उसका यही अर्थ लेने से कच-कथा के वर्णन से उसकी संगति बैठती है।

— 'मृत्युंजय भारत' से साभार

आशय : उक्त अवतरण से ऐसा प्रतीत होता है कि संजीवनी-विद्या, मृत शरीर को फिर से जीवित कर देने की विद्या नहीं है। अपने सामर्थ्य एवं कर्तव्य का ज्ञान हो जाने पर उत्पन्न होने वाले आत्मविश्वास और आशावाद को ही संजीवनी कहा जाता है।

शीर्षक : उक्त अनुच्छेद का शीर्षक *'सच्ची संजीवनी'* हो सकता है।

2. निम्नलिखित गद्यांश का चार पंक्तियों में आशय लिखकर उसका उपयुक्त शीर्षक भी बताएं :

इस संसार में जो कुछ है उसकी सत्ता का विचार करने से यह सूचित होता है कि या तो वह स्वतः सिद्ध अनादि और अविनाशी है या आकस्मिक और संयोगी है; अतएव वह दूसरे के आधार पर स्थित है; खुद अपनी कोई सत्ता नहीं रखता। अगर आप पदार्थों की अनादि और अविनाशी सत्ता को मानते हैं, तो उस सत्ता की शक्ति के रूप में आप ईश्वर को मानते हैं; फिर चाहे जिस नाम से आप उसे पुकारें।

— 'अध्यात्मिकी' से साभार

आशय : संसार में विद्यमान सत्ता या तो अनादि और अनश्वर है अथवा आकस्मिक और संयोगी है। पदार्थों की अनादि और अनश्वर सत्ता को स्वीकारना ही ईश्वर को मानना है, जिसका नाम कुछ भी हो सकता है।

शीर्षक : *'ईश्वर की सत्ता'* उक्त गद्यांश का उपयुक्त शीर्षक हो सकता है।

3. निम्नलिखित गद्य खण्ड का संक्षिप्त अभिप्राय अपनी भाषा में लिखकर उसका शीर्षक भी दें :

शंकर ने कुछ समय तक गुरुचरणों में बैठकर देश की धार्मिक, राजनीतिक, सामाजिक एवं आर्थिक समस्याओं का विधिवत् अध्ययन किया। त्रिचूर के कुलपति भी एक विरक्त महात्मा थे। उन्होंने सम्पूर्ण भारत का भ्रमण कर देश की दुर्दशा का विधिवत् अध्ययन किया था। वह भी इसी खोज में रहा करते थे कि गुरुकुल का कोई ऐसा विद्यार्थी उनके समीप रहकर देश की दशा सुधारने का मार्ग निकाल सके। शंकर को पाकर वह स्वयं को तथा अपने गुरुकुल को कृतार्थ समझने लगे। उन्होंने हृदय खोलकर शंकर को अपना सारा ज्ञान-विज्ञान, इतिहास, धर्म, दर्शन का रहस्य समझा दिया। योग्य गुरु योग्यतम शिष्य पाकर धन्य बन गया।

— 'जगद्गुरु शंकराचार्य' से साभार

अभिप्राय : आदि शंकराचार्य ने गुरुकुल में रहकर अनेक विषयों का विधिवत् अध्ययन किया। गुरुकुल के कुलपति शंकर की विलक्षण प्रतिभा से प्रभावित थे, अतः शंकर को पाकर वे आश्वस्त थे कि कालान्तर में यह बालक देश की दुर्दशा को दूर करने के योग्य बन सकेगा।

शीर्षक : *'गुरु का योग्यतम शिष्य'* उक्त गद्यांश के लिए समुचित शीर्षक है।

4. निम्नलिखित पद्यावतरण का संक्षिप्त भावार्थ सरल शब्दों में लिखिए और उसका उपयुक्त शीर्षक भी दीजिए :

अति सूधो सनेह को मारग है जहां नैकु सयानप बांक नहीं।
जहां सांचे चलैं तजि आपुनपौ झझकैं कपटी जे निसांक नहीं।
'घन आनन्द' कारे सुजान सुनौं यहां एक तें दूसरो आंक नहीं।
तुम कौन धौं पाटी पढ़े हो लला मन लेहु पै देहु छटांक नहीं।"

— 'घनानन्द' से साभार

संक्षिप्त भावार्थ : घनानन्द विरचित उक्त सवैये में प्रेम की सरलता का वर्णन है, जिसमें कपट एवं चतुराई का कोई स्थान नहीं होता। प्रेम में प्रेमी और प्रेमिका दोनों मिलकर एकाकार हो जाते हैं। पता नहीं इस रहस्य को उसकी प्रेमिका क्यों नहीं समझ सकी जिसने उसका मन तो जीत लिया किन्तु उसके प्रतिदान में रंचमात्र भी नहीं दिया।

शीर्षक : उक्त सवैया के लिए उपयुक्त शीर्षक *'स्वार्थी प्रेमिका'* हो सकता है।

5. निम्नलिखित पद्यांश का शीर्षक देकर उसका आशय स्पष्ट कीजिए :

जितनी रंगीन चिड़ियां थीं मुझमें सब उड़ गईं
जाने किन तरुओं किन शिखरों से जुड़ गईं
सूना नहीं हूं मैं फिर भी ओ चितेरे,
राग बन करके
सब मुझमें ही निचुड़ गईं

— *'हिन्दी की प्रतिनिधि श्रेष्ठ कविताएं'* नामक पुस्तक से साभार

शीर्षक और आशय : अपनी उपर्युक्त कविता का शीर्षक श्री सर्वेश्वरदयाल सक्सेना ने 'चिड़िया' दिया था। कवि ने उक्त कविता में अपने रंगीन इच्छाओं को चिड़िया कहकर यह स्पष्ट करने की कोशिश की है कि वे इच्छाएं कभी पूरी नहीं हुईं और अंततः शुष्क होकर भीतर-ही-भीतर अपना अस्तित्व खो बैठीं।

6. निम्नलिखित अनुच्छेद का उपयुक्त शीर्षक देकर लेखक का मंतव्य बताइएः

अनन्तपुर की घनी बस्ती के बीचों-बीच लम्बे खण्ड का एक पक्का मकान था। यद्यपि यह मकान बड़ा लम्बा-चौड़ा तो नहीं था, पर चारों ओर से हवादार और इस तरह का बना था कि रहने वालों को सब ऋतुओं में आराम पहुंच सकता था। इस मकान के आगे के हिस्से में ऊंची पाटन का एक वसीह कमरा था जिसकी दीवारें चमकीली, सफेद, पुती ऐसी घुटी हुई थीं मानो संगमरमर की बनी हुई हों। यह कमरा इस ढंग का था कि इसमें थोड़ी-सी अदल-बदल करने से यह अंग्रेजी ढंग का उम्दा ड्राइंगरूम भी हो सकता था।

— पं॰ बालकृष्ण भट्ट कृत *'सौ अजान एक सुजान'* से साभार

आधुनिक निबन्ध

शीर्षक और आशय : भट्ट के उक्त, अनुच्छेद के लिए सही शीर्षक *'अच्छा मकान'* दिया जा सकता है। इस अनुच्छेद में उन्होंने किसी प्रसंग में एक अच्छे मकान और उसके एक कक्ष (बैठक) का सीधी, सरल एवं उर्दू के शब्दों से संयुक्त भाषा में सटीक वर्णन किया है।

7. निम्नलिखित गद्यांश को पढ़कर प्रश्नों के उत्तर दो :

एक राजा को पशु-पक्षियों के पालने का बहुत शौक था। उसने एक बंदर भी पाल रखा था। राजा के मंत्रियों ने राजा से कहा कि वह बंदर पर विश्वास न करे क्योंकि बंदर में बुद्धि कम होती है, वह कभी भी राजा को हानि पहुंचा सकता है। परन्तु राजा ने किसी की एक नहीं सुनी। वह बंदर बहुत समझदार और स्वामिभक्त था। एक दिन राजा को नींद आ गई, तो बंदर राजा को हवा करने लगा। यह देखकर राजा के सभी नौकर-चाकर हैरान थे। तभी बंदर ने देखा कि एक मक्खी बार-बार आकर राजा की नाक पर बैठ रही है। बंदर ने उस मक्खी को उड़ाने का कई बार **प्रयत्न किया**, परन्तु वह फिर राजा की नाक पर आ बैठती। क्रोध में आकर बंदर ने राजा की तलवार निकाल कर उसकी नाक पर बैठी मक्खी पर उससे वार किया। मक्खी तो तुरन्त उड़ गई, परन्तु राजा की नाक कट गई।

प्रश्न : (क) राजा किस बात का शौकीन था?
(ख) राजा के मंत्रियों ने उससे क्या प्रार्थना की?
(ग) राजा द्वारा पाले गए बन्दर में क्या विशेषताएं थीं?
(घ) राजा के नौकर-चाकर क्या देखकर हैरान थे?
(ङ) इस कहानी से आपको क्या शिक्षा मिलती है?
(च) 'प्रयत्न किया' का अर्थ लिखकर अपने वाक्य में इसको प्रयोग करो।

उत्तर : (क) राजा पशु-पक्षियों को पालने का शौकीन था।
(ख) राजा के मंत्रियों ने राजा से प्रार्थना की कि वह बंदर पर विश्वास न करे क्योंकि बंदर में बुद्धि कम होती है।
(ग) वह बंदर बहुत समझदार तथा स्वामिभक्त था।
(घ) जब राजा के सोने पर बन्दर राजा को पंखे से हवा करने लगा तो यह देखकर राजा के सभी नौकर-चाकर बहुत हैरान हुए।
(ङ) इस कहानी से यह शिक्षा मिलती है कि कभी भी मंदबुद्धि पर भरोसा नहीं करना चाहिए।
(च) **प्रयत्न करना** (कोशिश करना) — मोहन ने इस सवाल को हल करने का बहुत **प्रयत्न किया**, परन्तु वह इसे हल नहीं कर सका।

8. निम्नलिखित गद्यांश को पढ़कर प्रश्नों के उत्तर दो :

रवीन्द्रनाथ टैगोर जब 22 वर्ष के थे तो उनका विवाह एक सुशिक्षित महिला मृणालिनी देवी के साथ सन् 1883 ई॰ में सम्पन्न हुआ। मृणालिनी देवी एक सुसंस्कृत तथा अध्ययनशील महिला थीं। वे सदैव अपने पति के कार्यों में उन्हें पूरा-पूरा सहयोग देती थीं। विवाह के तीन वर्ष पश्चात् इनके घर एक कन्या का जन्म हुआ जिसका नाम माधुरी लता रखा गया। इस **पुत्री** के जन्म के दो वर्ष पश्चात् उनके घर एक **पुत्र** का जन्म हुआ। और पुत्र के जन्म के दो वर्ष बाद वे इंग्लैण्ड चले गए। इंग्लैण्ड में रहकर उन्होंने वहां अपने प्रिय विषयों का तल्लीनता से अध्ययन किया। उन्होंने एक कविता बनाकर स्वयं ही उसे भारतीय राष्ट्रीय कांग्रेस के अधिवेशन में गाया था। रवीन्द्रनाथ जी अन्य क्रिया-कलापों के साथ-साथ साहित्य-सृजन भी पूरे मनोयोग से कर रहे थे। सन् 1887 से 1890 के बीच उनके कई ग्रन्थ प्रकाश में आए जिनमें 'मानसी' उनका काव्य संकलन, 'मायार खेलां' तथा 'राजा औ रानी' नाटक प्रमुख थे।

प्रश्न : (क) रवीन्द्रनाथ जी का विवाह कब और किसके साथ हुआ था?
(ख) रवीन्द्रनाथ जी की प्रथम कन्या का जन्म कब हुआ था?
(ग) रवीन्द्रनाथ जी ने इंग्लैण्ड में रहकर क्या किया?
(घ) रवीन्द्रनाथ जी ने स्वरचित कविता को कहां गाया था?
(ङ) उनके द्वारा रचित दो ग्रन्थों के नाम लिखिए।
(च) 'पुत्र' तथा 'पुत्री' शब्दों के पांच-पांच पर्यायवाची शब्द लिखो।

उत्तर : (क) रवीन्द्रनाथ जी का विवाह सन् 1883 ई॰ में कुमारी मृणालिनी देवी के साथ हुआ था।
(ख) रवीन्द्रनाथ जी की प्रथम कन्या का जन्म उनके विवाह के तीन वर्ष पश्चात् हुआ था।
(ग) रवीन्द्रनाथ जी ने इंग्लैण्ड में रहकर अपने प्रिय विषयों का तल्लीनता से अध्ययन किया।
(घ) रवीन्द्रनाथ जी ने स्वरचित कविता को स्वयं ही भारतीय राष्ट्रीय कांग्रेस के अधिवेशन में गाया था।
(ङ) उनके द्वारा रचित ग्रन्थों में एक था 'मानसी' नामक काव्य-संकलन तथा दूसरा था 'राजा औ रानी' नाटक।
(च) पुत्र के पर्यायवाची हैं – तनय, सुत, बेटा, लड़का व आत्मज।
पुत्री के पर्यायवाची हैं – बेटी, आत्मजा, तनया, सुता व दुहिता।

❑ ❑ ❑

संक्षिप्तीकरण

संक्षिप्तीकरण एक ऐसी विद्या है जिसका विकास हिन्दी में, अंग्रेजी तथा फ्रेंच साहित्य के अनुकरण पर हुआ है। अंग्रेजी की प्रेसी राइटिंग (Precis Writing) हिन्दी में संक्षिप्तीकरण अथवा सार-संक्षेपण के रूप में प्रचलित हुई। ऑक्सफोर्ड इंगलिश डिक्शनरी में प्रेसी का अर्थ है — किसी कथन को छोटा करना अथवा उसका सारांश लिखना। संक्षिप्तीकरण के लिए आवश्यक है कि –

1. उसे सदैव अन्य पुरुष में लिखा जाए;
2. संक्षिप्तीकरण में अपनी बात कही नहीं जाती;
3. संक्षिप्तीकरण में अभिव्यक्ति को सरल एवं तारतम्य में रखा जाता है।
4. संक्षिप्तीकरण संगत एवं विषयानुकूल होता है।

संक्षिप्तीकरण के कुछ उदाहरण-

1. नीचे लिखे अवतरण का संक्षिप्तीकरण कीजिए :

भाषा हमारी मानसिक चेतना के इतिहास को प्रस्तुत करती है। वह हमारे समस्त भावों की वाहक बनकर हमें जनमानस के निकट लाती है। भाषा के माध्यम से ही मनुष्य एक दूसरे से परिचित होता है। कविता हृदय का प्रतिबिंब है। अतः प्रयोगवादी काव्य में भाषा के कतिपय प्रयोगों को भी देखना आवश्यक है। हिन्दी का आधुनिक युग खड़ी बोली का युग है। इसमें समस्त भावों की समुचित अभिव्यक्ति की क्षमता विद्यमान है।

– 'हिन्दी साहित्य में विविधवाद' से साभार

संक्षिप्त रूप : भाषा मानसिक चेतना के इतिहास को बताती है। भाषा का काव्य रूप हृदय की प्रतिछवि है। खड़ी बोली (हिन्दी) में लिखित प्रयोगवादी कविता हृदय की अनुभूतियों को प्रकट करने में सक्षम है।

2. नीचे लिखे अवतरण का संक्षिप्तीकरण कीजिए :

नाग पंचमी का त्यौहार श्रावण शुक्ल पंचमी को भारत के अनेक भू-भागों में मनाया जाता है। नाग सफाई, सुगंध तथा छोटे जीवों को खाने का शौकीन होता है। बरसात के दिनों में उसके बिलों में पानी भर जाने से वह बचाव के लिए बाहर निकल आता है। श्रावण के महीने में यह जीव बस्तियों की ओर प्रायः आ जाते हैं तथा झाड़-झंखाड़ों में आकर छिप जाते हैं। दबाव पड़ने अथवा अपनी रक्षा के लिए सर्प मनुष्यों और जानवरों को डस लेते हैं। सांपों के डसने से प्रति वर्ष भारत में हजारों लोगों की मृत्यु हो जाती है। मान्यता रही है कि नागपंचमती को नागों की पूजा करने तथा उनको दूध पिलाने से वे खुश हो जाते

हैं तथा वे लोगों को नहीं डसते। नागपंचमी को कुछ लोग उपवास रखकर नागों की पूजा करते हैं।

— 'भारतीय उत्स और पर्व' से साभार

संक्षिप्तीकरण : नाग पंचमी का त्यौहार श्रावण शुल्क पंचमी को नागों की उपासना करने के लिए मनाया जाता है, ताकि नाग प्रसन्न रहें और लोगों को न डसें। ऐसी मान्यता है कि सांप दूध पिलाने तथा अपनी की गई पूजा से प्रसन्न होकर लोगों को हानि पहुंचाना बंद कर देते हैं।

3. निम्नलिखित गद्य खण्ड का संक्षिप्त आशय लिखिए :

जैन धर्म बौद्ध धर्म से बहुत कुछ मिलता-जुलता है। दोनों निरीश्वरवादी हैं। दोनों के सिद्धांत प्रायः एक ही हैं। जहां कहीं भेद है, बहुत कम है। यह ब्रह्माण्ड आदि और अन्तरहित है, इसका बनाने वाला कोई नहीं, न कभी यह उत्पन्न हुआ और न कभी इसका विनाश होगा — यह जैनियों का मत है। इनके मत में रागादि दोषरहित, सर्वज्ञ, त्रैलोक्य पूजित अर्थात् यथार्थवादी, इनका अर्हन देव ही परमेश्वर है।

— 'आध्यात्मिकी' से साभार

संक्षिप्त आशय : जैन और बौद्ध धर्म में काफी समानता है। ये ईश्वर को नहीं मानते। सृष्टि अविनाशी है। जैनी लोग अर्हन देव को ईश्वर मानते हैं। जो रागद्वेषादि से रहित है।

4. निम्नलिखित गद्यांश का संक्षिप्तीकरण कीजिए :

राजा दशरथ अयोध्य के राजा थे। वे बड़े वीर, धर्मात्मा एवं प्रजा को हर प्रकार का सुख पहुंचाने के लिए तत्पर रहा करते थे। उनके राज्य में प्रजा को किसी प्रकार का कष्ट नहीं था। उनके राज्य में श्रवण कुमार नाम का एक लड़का रहता था, जिसके माता-पिता अंधे थे। श्रवण कुमार अपने मां-बाप का सेवक था। उन लोगों को अपने अंधे होने का दुःख कभी नहीं खला। बालक श्रवण उनको नहलाता, धुलाता, भोजन बनाकर खिलाता तथा कभी उन्हें बहंगी में बिठाकर तीर्थ-यात्राएं भी कराता था। तात्पर्य यह है कि श्रवण कुमार पूर्णतया मातृ-पितृ-भक्त था।

— 'महानता के दृष्टान्त' से साभार

संक्षिप्तीकरण : अयोध्या के राजा दशरथ के राज्य में श्रवण कुमार नाम का एक पितृ-मातृ-भक्त बालक रहता था। वह अपने माता-पिता की हर प्रकार से सेवा-सुश्रूषा करता, जिसकी वजह से उसके माता-पिता किसी प्रकार के कष्ट का अनुभव नहीं करते थे।

5. निम्नलिखित अवतरण को संक्षिप्त कीजिए :

इस प्रकार 'स्वदेशी आंदोलन', 'असहयोग आन्दोलन' और क्रांतिकारी आन्दोलनों में चारुशीला देवी ने आगे बढ़कर भाग लिया था। जिसकी वजह से कई बाज जेल जाने और लम्बे समय तक जेल-जीवन की यातनाएं सहने के अतिरिक्त उन्हें काफी आर्थिक हानि उठानी पड़ी। उनकी सम्पत्ति जब्त करके नीलाम कर दी गई, जिसकी उस जमाने में कीमत 70,000 रुपए थी। सब कुछ लुटा देने पर वे अपनी रिहाई के बाद आर्थिक संकट से जूझती रहीं। समृद्ध से सर्वहारा बनकर भी अपने लक्ष्य से विचलित न होने वाली वीरांगना चारुशीला को भारतवासी सदा श्रद्धा से नमन करते रहेंगे।

— 'क्रांतिकारी महिलाएं' से साभार

संक्षिप्तीकरण : वीरांगना चारुशीला विविध स्वदेशी आन्दोलन में भाग लेकर वंदिनी बनी तथा उन्होंने आर्थिक नुकसान भी उठाया, किन्तु अपने लक्ष्य से विचलित नहीं हुईं। भारतवासी उन्हें सदैव श्रद्धा से याद करते रहेंगे।

6. निम्न गद्य खण्ड का आशय संक्षेप में लिखिए :

साधक को ऐसा अनुभव करना चाहिए कि जितनी भी क्रिया होती है, वह सब शरीर में ही होती है। उम्र भी शरीर की ही होती है। स्वयं की उम्र नहीं होती। काल भी शरीर को ही खाता है। चाहे स्थूल शरीर की क्रिया हो या सूक्ष्म शरीर की क्रिया चिन्तन, मनन, ध्यान आदि; चाहे कारण शरीर की समाधि हो – सबको काल निरंतर खा रहा है। परन्तु स्वयं को काल नहीं खाता। स्वयं में कोई क्रिया नहीं है। वह सम्पूर्ण क्रियाओं का साक्षी है। उस क्रियारहित स्वयं में अपनी स्वाभाविक स्थिति का अनुभव करना ही मुक्ति है और क्रियासहित शरीर में स्थित होना ही बंधन है।

— तत्त्व प्राप्ति का सरल और सहज उपाय

संक्षिप्त रूप : जैसे क्रियाएं शरीर का धर्म हैं, उसी प्रकार काल भी शरीर को ही प्रभावित करता है। काल स्वयं अविनाशी है। वह स्वयं क्रिया न होकर क्रियाओं का साक्षी है। क्रिया रहित स्वयं में अपनी स्वाभाविक स्थिति अनुभव करना मुक्ति और क्रियासहित शरीर स्थित होना बंधनकारी है।

उक्त उद्धरण का केवल 25 शब्दों में आशय लिखें :

शरीर की क्रियाएं धर्म हैं। शरीर को काल प्रभावित करता, किन्तु स्वयं अनश्वर है। शरीर में क्रियारहित स्थिति मुक्त करना तथा क्रियासहित स्थिति बंधनकारी है। ❑❑❑

व्याकरण

मुहावरे और उनका सटीक प्रयोग

1. **अपना उल्लू सीधा करनाः** (अपना स्वार्थ पूरा करना) = **अपना उल्लू सीधा करने** के लिए तो लोग गधे को भी अपना बाप बना लेते हैं।
2. **अपनी खिचड़ी अलग पकानाः** (अलग-अलग रहना) = यदि देश के सभी नेता **अपनी खिचड़ी अलग पकाते** रहे तो देश का कल्याण कैसे होगा — अर्थात् नहीं हो सकता।
3. **अक्ल का अंधाः** (मूर्ख) = वह तो **अक्ल का अंधा** है, कोई क्या बात कहे।
4. **अक्ल का दुश्मनः** (महामूर्ख) = बहुत समझाने पर भी **अक्ल का दुश्मन** नहीं समझ पाता।
5. **अपने मुंह मियां मिट्ठू बननाः** (अपनी प्रशंसा आप करना) = **अपने मुंह मियां मिट्ठू बनना** तुम्हें शोभा नहीं देता।
6. **अंधेरे घर का चिरागः** (इकलौता पुत्र) = श्याम अपने मां-बाप के **अंधेरे घर का चिराग** है।
7. **अगर-मगर करनाः** (टाल-मटोल करना) = भाई साहब! **अगर-मगर करने** से क्या लाभ, काम नहीं करना है तो साफ मना कर दो।
8. **अन्धे की लाठीः** (एकमात्र सहारा) = सोहन अपनी विधवा मां के लिए **अन्धे की लाठी** है।
9. **अक्ल सठिया जानाः** (बुढ़ापे में बुद्धि नष्ट हो जाना) = गीता के नाना जी की **अक्ल सठिया गई** है।
10. **अक्ल चकरानाः** (बुद्धि में न समाना) = मुसीबत के समय में तो अच्छे-अच्छों की **अक्ल चकरा जाती** है।
11. **अक्ल पर पत्थर पड़नाः** (कुछ समझ में न आना) = मोहन को बहुत समझाया परन्तु उसकी **अक्ल पर तो पत्थर पड़ गए** हैं।
12. **अक्ल के घोड़े दौड़ानाः** (कल्पना करना) = **अक्ल के घोड़े दौड़ाने** में बीरबल बड़े चतुर थे।
13. **अपने पांव पर आप कुल्हाड़ी मारनाः** (जानबूझ कर जोखिम उठाना अथवा अपनी हानि स्वयं करना) = उसने मुझसे झगड़ा मोल लेकर, **अपने पांव पर आप कुल्हाड़ी मार ली** है।

14. **अक्ल ठिकाने लगनाः** (सबक मिलना) = ठोकरें खाकर ही किसी व्यक्ति की **अक्ल ठिकाने लग पाती** है।
    (वास्तविकता समझ लेना) = पुलिस की पिटाई के बाद जगमोहन जेबकतरे की **अक्ल ठिकाने लग** गई।
15. **अकाल काल कवलित होनाः** (असमय मर जाना) = सड़क-दुर्घटना में उसका पुत्र **अकाल काल कवलित हो** गया।
16. **अक्ल के पीछे लाठी लिए फिरनाः** (मूर्खता करना) = वह तो हमेशा **अक्ल के पीछे लाठी लिए फिरता** है।
17. **अन्तिम सांस लेनाः** (मरणासन्न स्थिति में होना) = बबलू के पिता नर्सिंग होम में **अन्तिम सांस ले रहे** हैं। वे कुछ ही समय के मेहमान हैं।
18. **अक्ल ठिकाने लगानाः** (पाठ पढ़ाना) = ठोकरें मूर्ख व्यक्ति की **अक्ल ठिकाने लगा** देती हैं।
19. **अंगूठा दिखानाः** (साफ मना कर देना) = जब मैंने मोहन से पुस्तक मांगी तो उसने मुझे **अंगूठा दिखा दिया**।
20. **अंग-अंग मुस्कुरानाः** (बहुत प्रसन्न होना) = मुकेश की सफलता का समाचार सुनकर उसकी मां का **अंग-अंग मुस्कुरा उठा**।
21. **अंग-अंग ढीला होनाः** (बहुत थक जाना) = सारा दिन परिश्रम करने के कारण ललित का **अंग-अंग ढीला हो** रहा था।
22. **अंगारे बरसानाः** (क्रोध करना) = उसका भाई तो बात क्या करता है बस सारा दिन **अंगारे बरसाता** रहता है।
23. **अंगार उगलनाः** (खरी-खोटी सुनाना) = बेटा! छोटी-छोटी बातों पर इस तरह **अंगार उगलना** ठीक नहीं होता है।
24. **अंधकार फैलनाः** (निराशा छा जाना) = कुशल प्रशासन के अभाव में देश में **अन्धकार फैल रहा** है।
25. **अंग-अंग टूटनाः** (शरीर में दर्द होना) = आज गीता का **अंग-अंग टूट रहा** है, ऐसा लगता है उसे बुखार होने वाला है।
26. **आग-बबूला होनाः** (बहुत क्रोध करना) = चोर के भाग जाने पर पुलिस अफसर सिपाही पर **आग-बबूला हुए**।
27. **आकाश-पाताल का अंतरः** (बहुत अधिक अन्तर होना) = रावण और विभीषण सगे भाई थे, परन्तु दोनों की प्रकृति में **आकाश-पाताल का अन्तर** था।
28. **आपे से बाहर होनाः** (क्रोध को वश में न रखना) = सुरेश को शराब पीते देखकर उसके पिता **आपे से बाहर हो गए**।

29. **आकाश से बातें करनाः** (बहुत ऊंचा होना) = मुम्बई की अनेक इमारतें **आकाश से बातें करती हैं।**
30. **आकाश-पाताल एक करनाः** (कोई कसर न छोड़ना) = अफगानिस्तान से रूसी फौजें हटाने के लिए भारत की तत्कालीन प्रधानमंत्री श्रीमती इन्दिरा गांधी ने **आकाश-पाताल एक कर दिया था।**
31. **आग में (पर) घी डालनाः** (किसी के क्रोध को और भड़काना) = तुम्हारी ये जली-कटी बातें **आग में (पर) घी डालने** का काम करती हैं।
32. **आव देखा न तावः** (बिना आगा-पीछा सोचे) = प्रताप ने **आव देखा न ताव**, वह व्यापारी पर झपट पड़ा।
33. **आसमान सिर पर उठानाः** (बहुत शोर करना) = अध्यापक की अनुपस्थिति में सातवीं कक्षा के छात्रों ने **आसमान सिर पर उठा रखा** है।
34. **आस्तीन का सांप होनाः** (विश्वासघाती होना) = महेश की बात मत करो, वह तो **आस्तीन का सांप** है।
35. **आटा गीला होनाः** (मुसीबत का सामना होना) = आजकल गौरव के परिवार का **आटा गीला हो गया** है।
36. **आटा-दाल का भाव मालूम होनाः** (होश ठिकाने आना) = बेटा! आज तुझे ऐसी मार पड़ेगी कि **आटे-दाल का भाव मालूम** हो जाएगा।
37. **आकाश के तारे तोड़नाः** (असम्भव कार्य करना) = मनुष्य का चांद तक पहुंचना **आकाश के तारे तोड़ लेने** के समान है।
38. **आव-भगत करनाः** (सत्कार करना) = अनिल ने अपने मित्र के घर आने पर उसकी बहुत अच्छी **आव-भगत की।**
39. **आंखों का ताराः** (बहुत प्यारा) = कृष्ण यशोदा की **आंखों के तारे** थे।
40. **आंच न आने देनाः** (तनिक भी कष्ट न होने देना) = मां स्वयं कष्ट सहन कर लेती है किन्तु अपनी संतान पर **आँच नहीं आने देती।**
41. **आंखें फेर लेनाः** (बदल जाना) = संकट पड़ने पर स्वार्थी मित्र **आंखें फेर लेते हैं।**
42. **आंखें दिखानाः** (डराना) = अध्यापक के **आंखें दिखाते ही** छात्र एकदम चुप हो गए।
43. **आंख बिछानाः** (आदर से स्वागत करना) = कमला तो तुम्हारे लिए **आंखें बिछाए रहती** है. पर तुम तो उससे बातचीत तक करना भी पसन्द नहीं करते हो।

44. **आंख भर आनाः** (आंखों में आंसू आना) = मोहिनी की दयनीय दशा देख कर मेरी **आंखें भर आईं।**
45. **आंखों में धूल झोंकनाः** (धोखा देना) = चोर सिपाही की **आंखों में धूल झोंक कर** भाग गया था।
46. **आंखों में सरसों फूलनाः** (प्रसन्नता होना) = प्रथम श्रेणी में उत्तीर्ण होने की सूचना पाते ही धर्मेन्द्र की **आंखों में सरसों फूल गई।**
47. **आंखों पर ठीकरे रखनाः** (जानबूझकर अनजान बनना) = तुम्हें क्या हो गया है जो तुम बेटी की ओर से **आंखों पर ठीकरे रख लिए** हो।
48. **आंख लगनाः** (नींद आना) = **आंख लगने पर** बालक को जगाना नहीं चाहिए।
49. **आंखों के आगे अंधेरा छानाः** (अत्यधिक भय और दुःख की अवस्था होना) = दुर्घटना में पुत्र की मृत्यु का समाचार सुनकर माता की **आंखों के सामने अंधेरा छा गया।**
50. **आंखों में चमक आनाः** (कीर्ति, प्रताप या शौर्य से दीप्त होना) = एवरेस्ट शिखर पर पहुंच कर हिलेरी और तेनसिंह की **आंखों में चमक आ** गई थी।
51. **आंखें खुलनाः** (सच्चाई की जानकारी होना) = अब तुम मुझे और धोखा नहीं दे सकते हो। अब तो **मेरी आंख खुल गई** है।
52. **आंसू पोंछनाः** (तसल्ली देना) = दीन-दुखियों के **आंसू पोंछना** ही सबसे बड़ा धर्म है।
53. **आंखें चुरानाः** (मुँह फेरना) = भले मनुष्य अच्छा काम करने से कभी **आंखें नहीं चुराते।**
54. **आंखें चार होनाः** (प्यार होना) = आजकल कॉलेजों में युवक-युवतियों के बीच **आंखें चार होना** आम बात हो गई है।
55. **आंखों में खटकनाः** (बुरा लगना) = अपनी गलत आदतों के कारण तुम्हारा भाई सबकी **आंखों में खटकने लगा** है।
56. **आंख पर पर्दा पड़नाः** (अनदेखा करना) = उसकी आंखों पर तो **पर्दा पड़ा हुआ** है जो उसे अपने बेटे की काली करतूतों का पता नहीं है।
57. **आख जलनाः** (ईर्ष्या पैदा होना) = हमारी उन्नति देखकर उसकी **आखें जलने लगी** हैं।
58. **आंख मारनाः** (इशारा करना) = वे दो लड़के आती-जाती लड़कियों की ओर **आंख मारते** रहते हैं।

59. **आंख उठानाः** (साहस करना) = मैंने रमेश पर इतने एहसान कर रखे हैं कि वह मेरी ओर **आंख उठाकर** नहीं देख सकता है।
60. **इशारे पर नाचनाः** (वश में होना) = राजेश तो सदैव अपनी पत्नी के **इशारे पर नाचता** है।
61. **ईद का चांद होनाः** (बहुत दिनों में दिखाई देना) = अरे मित्र! तुम तो **ईद के चांद हो गए** हो। कहाँ रहे इतने दिन?
62. **ईंट का जवाब पत्थर से देनाः** (दुष्ट के साथ दुष्टता करना) = पाकिस्तान ने जब-जब भारत पर आक्रमण किया, तब-तब भारत ने **ईंट का जवाब पत्थर से दिया**।
63. **ईंट से ईंट बजानाः** (मटियामेट कर देना, सर्वनाश करना) = भारत-पाक युद्ध में भारतीय सेना ने पाकिस्तान की **ईंट से ईंट बजा** दी थी।
64. **उल्टी गंगा बहानाः** (अनहोनी बात करना) = आजकल ऐसी **उल्टी गंगा बह रही** है कि सास ही बहू से डरने लगी है।
65. **उन्नीस-बीस का अंतरः** (बहुत कम अन्तर होना) = दोनों भाइयों की सूरतों में **उन्नीस-बीस का ही अंतर** है।
66. **उल्लू बनानाः** (मूर्ख बनाना) = अंग्रेज सदैव हिन्दू-मुसलमानों को **उल्लू बनाकर** भारत पर शासन करते रहे।
67. **उल्टे पांव लौटनाः** (निराश लौटना) = गाड़ी छूट जाने पर हरीश **उल्टे पांव लौट** आया।
68. **उड़ती चिड़िया के पंख गिननाः** (मन की बात समझ लेना) = भई! मुझसे क्या छिपा रहे हो, मैं तो **उड़ती चिड़िया के पंख गिन** लेता हूं।
69. **उधेड़-बुन में रहनाः** (चिन्ता में रहना) = वह सारे दिन **उधेड़-बुन में रहा,** काम कुछ नहीं कर सका।
70. **उपाय करनाः** (कार्यसिद्धि की युक्ति निकालना) = यदि प्रजा को कोई कष्ट होता है, तो शासक उसे दूर करने का **उपाय करता** है।
71. **उंगली पर नचानाः** (अपने वश में करना) = आजकल बहुएं सासुओं को **उंगली पर नचाती** हैं।
72. **ऊंट के मुंह में ज़ीराः** (जरूरत से बहुत थोड़ी वस्तु देना) = मोहन को एक कप दूध देना ऐसा है जैसे **ऊंट के मुंह में जीरा**।

73. उंगली उठानाः (लांछन लगाना) = निशा अकेली देर रात तक घर से बाहर घूमती रहती है, इस पर आस-पड़ोस के लोग उसके चरित्र पर **उंगली उठाने** लगे हैं।

74. एक और एक ग्यारह होनाः (मेल में बहुत शक्ति का होना) = वे तीनों भाई एक हैं अतः किसी से डरते नहीं हैं क्योंकि **एक और एक ग्यारह होते** हैं।

75. एड़ी-चोटी का जोर लगानाः (कठोर परिश्रम करना) = प्रथम श्रेणी में उत्तीर्ण होने के लिए **एड़ी-चोटी का जोर लगाना** पड़ता है।

76. ओखली में सिर देनाः (मुसीबत उठा लेना) = जब **ओखली में सिर दे ही दिया** है तो अब बेकार क्यों डरते हो?

77. कमर कसनाः (तैयार होना) = वार्षिक परीक्षा के लिए **कमर कस लो**।

78. कलेजा ठण्डा होनाः (सन्तोष होना) = जब तक राम को बनवास नहीं हुआ, तब तक कैकेयी का **कलेजा ठण्डा नहीं हुआ**।

79. कलेजा छलनी करनाः (बहुत दुःखी करना) = निकम्मी औलाद अपनी करतूतों से अपने मां-बाप के **कलेजों को छलनी कर देती** है।

80. कलेजा धड़कनाः (आशंका बने रहना) = परीक्षा परिणाम प्राप्त होने से पहले विद्यार्थियों का **कलेजा** सदैव **धड़कता रहता** है।

81. कटे पर नमक छिड़कनाः (दुःखी को और दुःखी बनाना) = हरि का स्वभाव तो **कटे पर नमक छिड़कने** का रहा है।

82. कलेजे पर सांप लोटनाः (किसी को देख कर ईर्ष्या करना) = मेरे ऐश्वर्यपूर्ण जीवन को देखकर मेरे पड़ोसी के **कलेजे पर सांप लोटने लगा** है।

83. कलेजा मुंह को आनाः (दिल घबराना) = गीता की चिट्ठी न मिलने पर उसकी माँ का **कलेजा मुंह को आ** गया।

84. कलई खुलनाः (भेद खुलना) = वह बहुत होशियार बनता था, परन्तु आज उसकी **कलई खुल गई** है।

85. कांटे बिछानाः (अड़चन डालना) = कौरव सदा पांडवों के मार्ग में **कांटे बिछाते** रहे।

86. कान पर जूं न रेंगनाः (ध्यान न देना) = मूर्ख को लाख समझाओ किन्तु उसके **कानों पर जूं नहीं रेंगती**।

87. काम तमाम करनाः (मार डालना) = अभिमन्यु ने गदा से दुःशासन के पुत्र का **काम तमाम कर दिया**।

88. **कोल्हू का बैल होनाः** (सदा काम में जुटे रहना) = अरे! क्या तुमने मुझे **कोल्हू का बैल समझ लिया** है, सारा काम मुझसे ही करवाते रहते हो।
89. **कानों-कान खबर न होनाः** (बिल्कुल पता न लगना) = प्रेम घर से कब चला गया, किसी को **कानों-कान खबर न हुई।**
90. **कागज़ काले करनाः** (व्यर्थ लिखना) = **कागज़ काले करने** मात्र से ही परीक्षा में सफलता नहीं मिल पाती है।
91. **कान कतरनाः** (बहुत चालाक होना) = आजकल के छोटे-छोटे बच्चे बड़े-बड़ों के **कान कतरने लगे** हैं।
92. **काम आनाः** (मर जाना) = भारत के स्वतंत्रता संग्राम में देश के अनेक वीर **काम आए** थे।
93. **काया पलट जानाः** (जीवन का रूप ही बदल जाना) = सोहन के एम॰एल॰ए॰ बनते ही उसकी तो **काया ही पलट गई।**
94. **कान खड़े होनाः** (सावधान होना) = जब मैंने हरीश को एक विदेशी के सामने अपने देश की बुराई करते सुना, तो मेरे **कान खड़े हो गए।**
95. **किए कराए पर पानी फेरनाः** (बना-बनाया काम बिगाड़ देना) = अजय ने तो मेरे **किए कराए पर पानी फेर दिया।**
96. **कच्चा चिट्ठा खोलनाः** (भण्डाफोड़ करना) = भई! तुम्हें राम का **कच्चा चिट्ठा खोल कर** क्या मिला?
97. **काठ का उल्लूः** (मूर्ख) = तुम्हें कुछ भी नहीं मालूम। तुम तो निरे **काठ के उल्लू** हो।
98. **कलेजे पर पत्थर रखनाः** (दिल को मजबूत करना) = अब जो होना हो सो हो, मैंने तो अपने **कलेजे पर पत्थर रख लिया** है।
99. **करवटें बदलनाः** (नींद न आना) = दिनेश रात को बहुत परेशान था, वह सारी रात **करवटें बदलता** रहा।
100. **कफन सिर पर बांधनाः** (मृत्यु के लिए तैयार होना) = भारत के वीर सैनिक सदैव **कफन सिर पर बांधे** रहते हैं।
101. **खरी खोटी सुनानाः** (भला-बुरा कहना) = हरि ने मोहन को **खरी-खोटी सुना कर** ही दम लिया।
102. **खाला जी का घरः** (सरल कार्य) = परीक्षा पास करना **खाला जी का घर** नहीं है।

103. **खून का प्यासाः** (जान लेने का इच्छुक) = अख्तर तुम्हारे **खून का प्यासा** है, उससे जरा बच कर रहना।

104. **खून खौलनाः** (बहुत क्रोधित होना) = देश की दुर्दशा देखकर देशभक्त का **खून खौल उठता** है।

105. **खुशी का ठिकाना न रहनाः** (बहुत प्रसन्न होना) = नौकरी लगने का समाचार पाकर सोमेश की **खुशी का ठिकाना न रहा**।

106. **खुशी से पागल होनाः** (अपार प्रसन्नता) = चुनाव की जीत से रमेश और उनके समर्थक **खुशी से पागल हो गए**।

107. **खाक छाननाः** (इधर-उधर भटकना) = बेचारा प्रकाश तीन महीने से नौकरी के लिए **खाक छानता** फिर रहा है।

108. **खून-पसीना एक करनाः** (बहुत मेहनत करना) = **खून-पसीना एक करने** से ही परीक्षा में सफलता मिलती है।

109. **खून से प्यास बुझानाः** (प्राण ले लेने पर शान्त होना) = दुर्गा माता ने राक्षस के **खून से अपनी प्यास बुझाई**।

110. **ख़ाक में मिलानाः** (नष्ट करना) = रजनीश ने अपने माता-पिता की आशाओं को **खाक में मिला दिया** है।

111. **खटाई में पड़नाः** (काम अधूरा रह जाना) = वार्षिक परीक्षा में कम्पार्टमेंट आने पर उसकी सारी मेहनत **खटाई में पड़ गई**।

112. **गड़े मुर्दे उखाड़नाः** (बीती बातों को फिर से याद करना) = अब **गड़े मुर्दे उखाड़ने** से क्या लाभ, जो सामने दीख रहा है उसकी तो सोचो, बंधु!

113. **गिरगिट की तरह रंग बदलनाः** (शीघ्रता से अपनी बात बदल देना) = वह तो **गिरगिट की तरह रंग बदल लेता** है, उसका विश्वास कैसे करें?

114. **गुड़ गोबर करनाः** (बना-बनाया काम बिगाड़ना) = मैंने पिकनिक जाने के लिए माता-पिता को मना लिया था, परन्तु मेरे बड़े भाई ने वहां आकर सब **गुड़-गोबर कर दिया**।

115. **गागर में सागरः** (थोड़े में बहुत) = बिहारी सतसई का एक-एक दोहा **गागर में सागर** के समान है।

116. **गुदड़ी के लालः** (बहुत कीमती) = स्व॰ प्रधानमंत्री लाल बहादुर शास्त्री देश के लिए **गुदड़ी के लाल** थे।

117. **गोद सूनी हो गईः** (संतान का न रहना) = पुत्र की मृत्यु के बाद झांसी की रानी लक्ष्मीबाई की **गोद सूनी हो गई।**
118. **गला घोंटनाः** (अत्याचार करना) = अपनी कृपणता के कारण बड़े भाई ने छोटे भाइयों की आशाओं और आकांक्षाओं का **गला घोंट दिया है।**
119. **गुणगान करनाः** (बड़ाई करना) = हमें सदैव बड़ों का **गुणगान करना** चाहिए।
120. **गोबर गणेशः** (महामूर्ख) = सुधीर तो निरा **गोबर गणेश** है, वह कभी भी नहीं समझेगा।
121. **गला काटनाः** (अहित करना) = भले आदमी किसी का **गला नहीं काटते।**
122. **गले मढ़नाः** (जबरदस्ती दे देना) = समझदार दुकानदार अपनी सूझबूझ से घटिया माल भी ग्राहकों के **गले मढ़ देते हैं।**
123. **गांठ खोलनाः** (रहस्य प्रकट करना) = रामवीर ने अपने मन की **गांठ खोलकर** सबके सामने रख दी, फिर भी किसी को उस पर भरोसा न हुआ।
124. **गुस्से से पागल होनाः** (बहुत क्रोधित होना) = श्रीराम के द्वारा शिव धनुष तोड़े जाने का समाचार सुनकर परशुराम **गुस्से से पागल हो** गए।
125. **गुलछर्रे उड़ानाः** (मौज उड़ाना) = सुरेश अपने पिता की मृत्यु के बाद उनसे प्राप्त सम्पत्ति पर **गुलछर्रे उड़ा रहा था।**
126. **गाल बजानाः** (डींग मारना) = प्रमोद को तो **गाल बजाने के सिवा** और कोई काम नहीं है।
127. **घाव हरा होनाः** (पुराना दुःख याद आना) = पुत्र की मृत्यु की याद आते ही माता का **घाव हरा हो गया।**
128. **घड़ों पानी पड़ जानाः** (बहुत शर्मिन्दा होना) = अब अधिक कुछ न कहो, उस पर तो पहले ही **घड़ों पानी पड़ गया** है।
129. **घाट-घाट का पानी पीनाः** (बहुत अनुभव प्राप्त करना) = उसका मुकाबला तुम नहीं कर सकते हो, उसने **घाट-घाट का पानी पी रखा है।**
130. **घाव पर नमक छिड़कनाः** (कष्ट पर कष्ट देना) = मेरे **घावों पर नमक छिड़क कर** तुम्हें क्या मिलता है?
131. **घी के दीये जलानाः** (बहुत खुशी मनाना) = श्रीराम को वनवास से अयोध्या वापस आने पर अयोध्यावासियों ने **घी के दीये जलाए** थे।
132. **घुटने टेकनाः** (हार मान लेना) = 1971 के भारत-पाक युद्ध में पाकिस्तानियों ने भारतीयों के आगे अपने **घुटने टेक दिए** थे।

133. **घास खोदनाः** (व्यर्थ समय बिताना) = इतनी शिक्षा पाने पर भी तुम एक वर्ष से **घास ही खोदते** फिर रहे हो।
134. **घोड़े बेच कर सोनाः** (निश्चिन्त होना) = अपनी कन्या के विवाह के पश्चात् सभी माता-पिता **घोड़े बेचकर सोते** हैं।
135. **घर करनाः** (मन में बैठ जाना) = महात्मा बुद्ध के मन में यह बात **घर कर गई** थी कि संसार मिथ्या है।
136. **घर फूंक कर तमाशा देखनाः** (अपनी हानि करके आनन्द मनाना) = प्रायः मूर्ख व्यक्ति अपना **घर फूंक कर तमाशा देखते हैं**।
137. **चकमा देनाः** (धोखा देना) = सुभाष चन्द्र बोस अंग्रेजों को **चकमा देकर** विदेश भाग गए थे।
138. **चेहरे का रंग उड़नाः** (घबरा जाना) = अपना रहस्य खुलते देखकर वीना के चेहरे का रंग उड़ गया।
139. **चूड़ियां पहननाः** (कायर बनना) = यदि तुममें शत्रु का सामना करने की हिम्मत नहीं है, तो घर में **चूड़ियां पहन कर बैठ** जाओ।
140. **चादर से बाहर पैर पसारनाः** (अपनी शक्ति से अधिक व्यय करना) = जो लोग अपनी **चादर से बाहर पैर पसारते** हैं, वे अन्त में परेशान ही रहते हैं।
141. **चटनी बना डालनाः** (बुरी तरह मार देना) = हनुमान ने लंका के राक्षसों की **चटनी बना डाली** थी।
142. **चुल्लू भर पानी में डूब मरनाः** (लज्जित होना) = माता-पिता के नाम को कलंकित करने वाली संतान को **चुल्लू भर पानी में डूब मरना** चाहिए।
143. **चैन की बंसी बजानाः** (बेफिक्र हो जाना) = परीक्षा के समाप्त होते ही विद्यार्थी **चैन की बंसी बजाते** हैं।
144. **चींटी के पैर निकलनाः** (क्षमता से अधिक कार्य करने की सोचना) = पाकिस्तान बार-बार भारत पर आक्रमण करने की योजना बनाता है, ऐसा लगता है कि **चींटी के भी पर निकल आए** हैं।
145. **चिन्ता की छाया दिखनाः** (चिन्ताग्रस्त होना) = श्रीकृष्ण के जन्म की सूचना पाकर कंस के मुख पर **चिन्ता की छाया दिखाई देने लगी**।
146. **चौकड़ी भरनाः** (छलांग लगाना) = कुत्ते को देखते ही खरगोश **चौकड़ी भरकर** भाग गया।

147. **चिराग तले अंधेराः** (बुद्धिमान के यहां भूल का होना) = राजधानी होने पर भी दिल्ली में लूट और हत्या का अधिक जोर है। वाह! यह तो **चिराग तले अंधेरा** है।
148. **चलता पुर्जा होनाः** (चालाक होना) = रमेश बड़ा **चलता पुर्जा** है, उससे सावधान रहना।
149. **चरण धो-धो कर पीनाः** (बहुत आदर करना) = भारत की जनता राष्ट्रपिता गांधी जी के **चरण धो-धो कर पीती** है।
150. **चोली-दामन का साथः** (गहरी मित्रता) = प्रायः मोहन और सोहन साथ-साथ रहते हैं, ऐसा लगता है कि उनका **चोली-दामन का साथ** है।
151. **चम्पत होनाः** (भाग जाना) = नौकर चोरी करके **चम्पत हो** गया।
152. **चार चांद लगनाः** (प्रतिष्ठा बढ़ना) = 'पृथ्वी' प्रक्षेपास्त्र के सफल परीक्षण से भारत की प्रतिष्ठा में **चार चांद लग गए हैं**।
153. **चिकना घड़ाः** (कुछ भी प्रभाव न पड़ना) = वह तो किसी भी बात को नहीं मानता है, ऐसा लगता है, वह तो **चिकना घड़ा** है।
154. **छठी का दूध याद आनाः** (कठिनाई अनुभव होना) = झांसी की रानी लक्ष्मीबाई से टक्कर लेने पर एक बार तो अंग्रेजों को **छठी का दूध याद आ गया था**।
155. **छक्के छुड़ानाः** (बुरी तरह हराना) = सन् 1965 के भारत-पाक युद्ध में भारतीय सेना ने पाकिस्तान की सेना के **छक्के छुड़ा दिए** थे।
156. **छाती पर सांप लोटनाः** (द्वेष से जलन होना) = गोविन्द की उन्नति देखकर उसके पड़ोसियों की **छाती पर सांप लोटने** लगा।
157. **छाती ठोक कर कहनाः** (दावे से कहना) = सच्चा व्यक्ति सदैव अपनी बात **छाती ठोंक कर कह** सकता है।
158. **छाती पर मूंग दलनाः** (बहुत तंग करना) = बेटा! कब तक मेरी छाती पर **मूंग दलते रहोगे**। कुछ काम भी किया करो।
159. **छक्के छूटनाः** (हिम्मत हारना) = आई०ए०एस० की परीक्षा पास करना कोई सरल कार्य नहीं है। इसमें तो अच्छे-अच्छों के **छक्के छूट जाते हैं**।
160. **छोटा मुंह और बड़ी बातः** (बढ़ा-चढ़ा कर कहना) = निर्धन व्यक्ति की यह घोषणा कि उसका बेटा न्यायाधीश बनेगा, सभी को **छोटा मुंह और बड़ी बात** लगी।
161. **जान पर खेलनाः** (प्राणों को संकट में डालना) = देश-भक्त अपनी **जान पर खेलकर** अपने देश की रक्षा करते हैं।

162. **जान देनाः** (प्राण न्यौछावर करना) = सच्चे देश-भक्त अपनी मातृ-भूमि के लिए सदैव **जान देने को** तैयार रहते हैं।
163. **जान बचा कर भाग जानाः** (पीछा छुड़ा कर भाग जाना) = कुत्ते के झपटने पर **जान बचाकर भाग जाने** में ही बुद्धिमत्ता है।
164. **जीवन न्यौछावर करनाः** (प्राणों का बलिदान करना) = अपने राष्ट्र के लिए **जीवन न्यौछावर करने वाले** व्यक्ति ही शहीद कहलाते हैं।
165. **जूती चाटना या तलवे चाटनाः** (खुशामद करना) = कुछ लोगों की आदत होती है कि वे अपने अफसरों की **जूतियां/तलवे चाटकर** ही उन्नति प्राप्त करते हैं।
166. **जीवन से हाथ धोनाः** (प्राण गंवाना) = दो बच्चों की जान बचाने के प्रयास में जितेन्द्र अपने **जीवन से हाथ धो** बैठा।
167. **जीवन दान देनाः** (जीवन बचाना) = अशोक वाटिका में पहुंचकर हनुमानजी ने सीता को **जीवनदान दिया।**
168. **जामे से या आपे से बाहर होनाः** (बहुत क्रोध करना) = जब शिवाजी ने औरंगजेब का अपमान किया, तो औरंगजेब **जामे (आपे) से बाहर हो गया** था।
169. **जान को रोनाः** (दुःखी होकर कोसना) = निर्धन व्यक्ति अत्याचारों के कारण पुलिस की **जान को रो रहे हैं।**
170. **जी भर आनाः** (करुणा से द्रवित होना) = अपने पड़ोसी की दीन दशा को देखकर उसका **जी भर आया।**
171. **पैरों तले से जमीन खिसक जानाः** (होश-हवास खो जाना) = डाकुओं के हमले की खबर सुनते ही हमारे **पैरों तले से जमीन खिसक गई।**
172. **जान हथेली पर लेनाः** (जोखिम उठाने को तैयार रहना) = पायलट **जान हथेली पर लेकर** हवाई जहाज चलाता है।
173. **जी चुरानाः** (काम से बचने के बहाने करना) = जो बच्चे पढ़ाई से **जी चुराते हैं,** वे कभी सफल नहीं होते हैं।
174. **जादू का-सा असर करनाः** (अत्यधिक प्रभाव डालना) = भारत की जनता पर श्रीराम का नाम **जादू का-सा असर करता है।**
175. **जंगल में मंगल करनाः** (सूने स्थान में होने वाली चहल-पहल) = इस जंगल में बच्चों के पिकनिक पर आने के कारण **जंगल में मंगल** हो गया।
176. **झड़ी लगनाः** (निरन्तर वर्षा होना) = हमारे इलाके में शनिवार से **झड़ी लगी हुई** है, बन्द होने का नाम ही नहीं लेती है।

177. **टका-सा जवाब देनाः** (साफ मना कर देना) = मैंने प्रेम से पुस्तक मांगी, तो उसने मुझे **टका-सा जवाब दे दिया**।
178. **टोपी उछालनाः** (अपमानित करना) = उसने भरी सभा में अपने पड़ोसी की **टोपी उछाल दी**।
179. **टूट पड़नाः** (आक्रमण करना) = वीर सैनिक शत्रु की सेना पर अचानक **टूट पड़े**।
180. **टस-से-मस न होनाः** (जरा भी न हटना) = प्रकाश अपने निर्णय से जरा भी **टस-से-मस नहीं हुआ**।
181. **टांग अड़ानाः** (विघ्न डालना) = जब भी मैं कुछ बात करना चाहता हूं, मेरा भाई उसमें **टाँग अड़ा देता** है।
182. **टेढ़ी खीरः** (मुश्किल काम) = काश्मीर समस्या का हल भारत सरकार के लिए **टेढ़ी खीर** है।
183. **ठिकाने लगानाः** (नष्ट करना) = आवारा बेटे ने अपने पूर्वजों की सारी सम्पत्ति **ठिकाने लगा दी**।
184. **ठोकरे खानाः** (भटकना) = जो व्यक्ति **ठोकरें खाने** के बाद भी नहीं संभलता, वह मूर्ख होता है।
185. **ठहाका मारनाः** (जोर से हंसना) = रामलीला में जोकर के दृश्य पर दर्शक **ठहाका मारते** हैं।
186. **ठाठ-बाट से रहनाः** (शान-शौकत से रहना) = निर्धन देश भारतवर्ष के नेता भी **ठाठ-बाट से रहते** हैं।
187. **दुनिया से कूच कर जानाः** (मर जाना) = लम्बी बीमारी के बाद मोहन के पिता **दुनिया से कूच कर गये**।
188. **दांत खट्टे करनाः** (बुरी तरह हराना) = पाण्डवों ने कौरवों की सेना के **दांत खट्टे कर दिए**।
189. **दांतों तले अंगुली दबानाः** (हैरान होना) = ताजमहल को देखकर विदेशी पर्यटक **दांतों तले अंगुली दबाते** हैं।
190. **दाल में कुछ काला होनाः** (कुछ गड़बड़ होना) = अपराधी जिस तरह चुप्पी साध कर बैठे हुए हैं, उसे देखकर ऐसा लगता है कि **दाल में कुछ काला है**।
191. **डकार जानाः** (खा जाना) = श्याम अपनी विधवा मौसी का सारा रुपया **डकार गया**।
192. **डूबते को तिनके का सहारा होनाः** (दुःख में थोड़ी मदद मिलना) = अकाल पीड़ितों की कुछ भी सहायता हो गई होती, तो **डूबते को तिनके का सहारा हो जाता**।

193. **ढाक के तीन पात होनाः** (यथास्थिति बने रहना) = वह कब पैसे वाला हुआ, वह तो सदा ही **ढाक के तीन पात ही है।**
194. **ढिंढोरा पीटनाः** (प्रचार करना) = हरी को तो ज़रा-सी बात का **ढिंढोरा पीटने** की आदत है।
195. **तिल का ताड़ बनानाः** (बात को बढ़ा-चढ़ा कर कहना) = कुछ भी बात हो, वह तो हमेशा **तिल का ताड़ बना देता है।**
196. **तूती बोलनाः** (प्रभाव होना) = आजकल तो सब जगह घनश्याम की ही **तूती बोल रही है।**
197. **त्यौरी चढ़ानाः** (क्रोध प्रकट करना) = अध्यापक के त्यौरी चढ़ाते ही कक्षा में बच्चे खामोश हो गए।
198. **थाली का बैंगन होनाः** (अविश्वासी होना) = नीरज तो **थाली का बैंगन** है, उस पर भरोसा नहीं किया जा सकता है।
199. **दो दिन का मेहमानः** (शीघ्र मरने वाला) = सरोज के नाना जी अब केवल **दो दिन के मेहमान** हैं।
200. **दुम दबा कर भागनाः** (डर कर भागना) = बिल्ली को देखते ही चूहे **दुम दबा कर भाग गए।**
201. **दंग रह जानाः** (हैरान होना) = इतने छोटे-से बच्चे की चालाकी को देखकर सब **दंग रह गए।**
202. **दाल न गलनाः** (वश न चलना) = अपनी पत्नी के सामने राकेश की **दाल नहीं गलती।**
203. **दौड़-धूप करनाः** (बहुत परिश्रम करना) = बहुत **दौड़-धूप करने** के बाद ही उसे यह काम मिला है।
204. **दस्तक देनाः** (खटखटाना) = किसी के कमरे में प्रवेश करने से पहले उसके द्वार पर **दस्तक देनी चाहिए।**
205. **दांत-काटी रोटी होनीः** (अधिक मित्रता होना) = मुकेश और हरीश की तो **दांत काटी रोटी** है।
206. **दाने-दाने को तरसनाः** (खाने के लिए घर में एक दाना भी न होना) = आजकल सुरेश की दशा बहुत खराब है। वह **दाने-दाने को तरस रहा** है।
207. **दिन दूनी-रात चौगुनी होनाः** (बहुत उन्नति करना) = गंगाधर आजकल व्यापार में **दिन दूनी-रात चौगुनी उन्नति** कर रहा है।

208. **दीवार के कान होनाः** (गुप्त बात सुन लेने की सम्भावना होना) = अरे! यहां खड़े क्या योजना बना रहे हो? ध्यान रखो कि **दीवार के भी कान होते** हैं।
209. **दूर के ढोल सुहावने लगनाः** (दूर की वस्तु बहुत अच्छी लगना) = यह वास्तव में कुछ भी नहीं है, केवल **दूर के ढोल सुहावने लगते** हैं।
210. **दिल टूट जानाः** (निराश हो जाना) = इस बार भी जब उसका बेटा पास नहीं हुआ, तो उसका **दिल टूट गया।**
211. **धावा बोलनाः** (आक्रमण करना) = पाकिस्तान ने कई बार भारत पर **धावा बोला** किन्तु असफल रहा।
212. **धुन का पक्काः** (दृढ़ निश्चय वाला) = असलम अपनी **धुन का पक्का** है, जो चाहता है कर बैठता है।
213. **धरती पर पांव न पड़नाः** (घमण्ड में रहना) = रमेश! ऐसा तुम्हें क्या मिल गया है? आजकल तो तुम्हारे **पैर धरती पर नहीं पड़** रहे हैं।
214. **नाक कटनाः** (प्रतिष्ठा जाना) = तुम्हारे कारण उसकी तो **नाक कट** गई, अब तो पीछा छोड़ो।
215. **नौ-दो ग्यारह होनाः** (खिसक जाना) = पुलिस को देखते ही चोर **नौ-दो ग्यारह हो गया।**
216. **नानी याद आनाः** (बहुत घबराना) = परीक्षा में प्रश्न-पत्र देखते ही महेश को **नानी याद आ गई।**
217. **नींद उड़नाः** (बहुत चिन्ता करना) = जब से उसका लड़का घर छोड़कर गया है, उसकी तो आंखों की **नींद उड़ गई** है।
218. **नाकों चने चबानाः** (तंग करना) = झांसी की रानी ने अंग्रेजों को **नाकों चने चबवा** दिए।
219. **नमक-मिर्च लगानाः** (बढ़ा-चढ़ा कर कहना) = लाली ने कक्षा अध्यापक से गीता के विरुद्ध खूब **नमक-मिर्च लगाकर** शिकायत की।
220. **नींद हराम करनाः** (हर समय परेशान करना) = शिवाजी ने औरंगजेब की **नींद हराम कर रखी** थी।
221. **नाक में दम करनाः** (दुःखी करना) = शान्ति के पांच बच्चे हैं। वे हर समय अपनी मां की **नाक में दाम किए रखते** हैं।
222. **पीठ दिखानाः** (मैदान छोड़कर भाग जाना) = राजपूत युद्ध में कभी **पीठ नहीं दिखाते** थे।

223. पेट में चूहे दौड़ना: (भूख लगना) = मैं सुबह से पढ़ रहा हूं, अब तो मेरे **पेट में चूहे दौड़ रहे** हैं।

224. पीठ थपथपाना: (शाबाशी देना) = **पीठ थपथपाने** से व्यक्ति में कार्य के प्रति उत्साह पैदा होता है।

225. पीछे मुड़ कर देखना: (बीती बातों की चिन्ता करना) = साहसी पुरुष कभी **पीछे मुड़ कर नहीं देखते**, वे सदैव आगे की सोचते हैं।

226. पैरों पर खड़ा होना: (स्वावलम्बी होना) = पुत्र! सदैव अपने **पैरों पर खड़ा होने** का प्रयत्न करो।

227. प्राणों से हाथ धोना: (मृत्यु को प्राप्त होना) = युद्ध में दोनों ओर के सैनिकों को प्राणों से हाथ धोना पड़ता है।

228. पानी-पानी होना: (लज्जित होना) = बाजार में अकेली जाते हुए एकदम श्वसुर को देखकर बहू **पानी-पानी हो गई।**

229. पैसे-पैसे को तरसना: (निर्धन होना) = हरि तुम्हारी क्या सहायता करेगा, वह तो स्वयं ही **पैसे-पैसे को तरस रहा है।**

230. पांव कब्र में लटकना: (मरने के निकट होना) = उसके पांव तो **कब्र में लटक रहे** हैं, फिर भी वह काम करता रहता है।

231. पगड़ी उछालना: (दुर्दशा करना) = तुमने भरे समाज में सुरेश की **पगड़ी उछाल कर** ठीक नहीं किया।

232. फूला न समाना: (बहुत प्रसन्न होना) = मन की इच्छा पूरी होने पर मनुष्य **फूला नहीं समाता** है।

233. फूट-फूट कर रोना: (बहुत रोना) = पड़ोस में बच्चे **फूट-फूट कर रो रहे** थे, शायद किसी को कुछ हो गया है।

234. बाल बांका न होना: (कुछ भी न बिगाड़ना) = जिस पर भगवान की कृपा हो, उसका **बाल भी बांका नहीं हो** सकता।

235. बाट देखना/जोहना: (प्रतीक्षा करना) = कल मैं एक घण्टे तक राजीव चौक पर **बाट देखता रहा/जोहता रहा**, परन्तु आप वहां नहीं आए।

236. बाजी मारना: (विजय प्राप्त करना) = हमारे स्कूल की फुटबॉल टीम ने बिड़ला स्कूल की टीम से **बाजी मार ली।**

237. बाल-बाल बचना: (मुश्किल से बचना) = कल एक बालक अचानक नदी में गिर गया, परन्तु वह डूबने से **बाल-बाल बच गया।**

238. **बे-पर की उड़ानाः** (निराधार समाचार फैलाना) = भई! जो सच्ची बात है वही कहो। **बे-पर की क्यों उड़ाते** हो?
239. **बायें हाथ का खेलः** (आसान काम) = बारहवीं कक्षा की परीक्षा पास करना तो मेरा **बायें हाथ का खेल है**।
240. **बुढ़ापे की लकड़ीः** (बुढ़ापे का सहारा) = सुरेन्द्र तो हमारे **बुढ़ापे की लकड़ी** है।
241. **बिल्ली के गले में घंटी बांधनाः** (खतरे का काम करना) = सब यूं ही डरते रहोगे तो **बिल्ली के गले में घंटी कौन बांधेगा?**
242. **बात का धनी होनाः** (वचन निभाने वाला) = रमेश **बात का धनी** है, अतः मैं उसका विश्वास करता हूँ।
243. **भानुमती का पिटाराः** (अनावश्यक या बेमेल संग्रह) = आजकल के बच्चों का बस्ता तो **भानुमती का पिटारा** होता है।
244. **भीगी बिल्ली होनाः** (डर के मारे छुपकर बैठ जाना) = डैडी के सामने तो तुम **भीगी बिल्ली बन जाते हो**, परन्तु उनके पीछे से डींग मारते हो।
245. **भाड़े का टट्टूः** (बिना सिद्धान्त का आदमी) = गौरव तो **भाड़े का टट्टू** है, तुम उसे लालच दे दो, वह तुम्हारे गुण गाने लगेगा।
246. **मुंह की खानाः** (बुरी तरह हारना) = भारत-पाक युद्ध में पाकिस्तान की सेना को **मुंह की खानी पड़ी** थी।
247. **मांग का सिन्दूर पोंछनाः** (सुहागन औरत का विधवा हो जाना) = युद्ध में सैकड़ों-हज़ारों स्त्रियों की **मांग के सिन्दूर पोंछ दिए** जाते हैं।
248. **मिट्टी में मिलनाः** (नष्ट हो जाना) = कपूत की करतूतों से माता-पिता की आशाएं **मिट्टी में मिल जाती** हैं।
249. **मक्खीचूसः** (बहुत कंजूस) = उस **मक्खीचूस** से क्या आशा करते हो, वह कुछ नहीं देगा।
250. **मुंह में पानी भर आनाः** (ललचाना) = अंगूरों को देखकर लोमड़ी के **मुंह में पानी भर** आया।
251. **मिट्टी का माधोः** (महामूर्ख) = सोहन तो निरा **मिट्टी का माधो** है। उसे कितना भी समझाओ उसकी समझ में कुछ नहीं आता है।
252. **मन की मन में रहनाः** (इच्छा पूर्ण न होना) = वह बहुत-कुछ सोच रहा था, पर उसके **मन की मन में ही रह** गई।
253. **मूंछ नीची होनाः** (लज्जित होना) = पठान जब अपने पैसे मांगने आया तो लाला की **मूंछ नीची हो गई।**

254. मेंढकी को जुकाम होनाः (अनहोनी होना) = आजकल तो **मेंढकी को जुकाम** होने लग गया है।

255. नाक पर मक्खी न बैठने देनाः (गर्व से किसी के सामने न झुकना) = निकुंज! तुमने आई॰ए॰एस॰ की परीक्षा क्या पास कर ली, तुम तो अब अपनी नाक पर **मक्खी नहीं बैठने देते** हो।

256. मन मार कर बैठनाः (हताश होना) = उसका इतना नुकसान हो गया कि अब वह **मन मार कर** बैठ गया।

257. यश कमानाः (नाम पाना) = सचिन तेन्दुलकर ने आजकल क्रिकेट में बहुत **यश कमाया** है।

258. युद्ध में काम आनाः (युद्ध में मारा जाना) = जब युद्ध होता है तो लाखों योद्धा **युद्ध में काम आते हैं।**

259. राई का पर्वत बनानाः (थोड़ी-सी बात को बढ़ाना) = बच्चों के मामूली से झगड़े को बड़ों ने **राई का पर्वत बना** दिया।

260. रात-दिन एक करनाः (बहुत परिश्रम करना) = आजकल पैसा कमाने के लिए **रात-दिन एक करना** पड़ता है।

261. रंग में भंग होनाः (आनन्द में बाधा पड़ना) = विवाह के दिन ही दूल्हे की मां के मरने से **रंग में भंग पड़** गया।

262. रंगा सियार होनाः (कपटी होना) = राजा एकदम **रंगा सियार** है, उससे बचकर रहना।

263. रफूचक्कर होनाः (भाग जाना) = पुलिस को देखते ही चोर **रफूचक्कर हो** गया।

264. रात-दिन का रोनाः (सदा का दुःख) = उसका तो **रात-दिन का रोना** है, तुम उसका कब तक साथ दोगे?

265. लोहा माननाः (सिक्का मानना) = लघु उद्योग क्षेत्र में संसार जापान का **लोहा मानता** है।

266. लाल-पीला होनाः (बहुत क्रोधित होना) = रंजन ने अपनी घड़ी खो दी, इस पर उसके पिता उस पर बहुत **लाल-पीले हो गए।**

267. लोहे के चने चबानाः (बहुत कष्ट सहन करना या मेहनत करना) = एम॰बी॰बी॰एस॰ की परीक्षा पास करना **लोहे के चने चबाना** है।

268. लकीर पीटते रहनाः (पुराने रीति-रिवाज़ ही मानना) = **लकीर पीटने वाले** लोग कभी प्रगति नहीं कर सकते।

269. **लोहा लेनाः** (टक्कर लेना) = भारत की सेना ने पाकिस्तान की सेना से डटकर **लोहा लिया।**
270. **लहू के घूंट पी कर रह जानाः** (क्रोध को मन में रखना) = चन्द्रसेन की बातें सुनकर मैं **लहू के घूंट पी कर रह** गया।
271. **वचन देनाः** (प्रतिज्ञा करना) = **वचन देकर** मुकरना अच्छे मनुष्य का काम नहीं है।
272. **वीरगति को प्राप्त होनाः** (मर जाना) = झांसी की रानी लक्ष्मीबाई अंग्रेजों से लड़ते-लड़ते **वीरगति को प्राप्त हो गई।**
273. **श्रीगणेश करनाः** (काम आरम्भ करना) = हमें नए कार्य का **श्रीगणेश** अच्छे मुहूर्त में करना चाहिए।
274. **शैतान के कान काटनाः** (शैतान से भी अधिक होशियार होना) = तुम्हारा पुत्र तो **शैतान के भी कान काटता** है।
275. **शोक के बादल छानाः** (दुःखपूर्ण वातावरण होना) = राजीव गांधी की हत्या पर देश-भर में **शोक के बादल छा** गए।
276. **सन्नाटा छा जानाः** (एकदम खामोशी होना) = चुनाव में पराजय की खबर सुनकर पार्टी-भवन में **सन्नाटा छा गया।**
277. **साहस से काम लेनाः** (हिम्मत रखना) = हमें संकट के समय **साहस से काम लेना** चाहिए।
278. **साक्षात् चंडी-सीः** (भयानक) = झांसी की रानी लक्ष्मीबाई युद्ध के मैदान में **साक्षात् चंडी-सी** दिखाई देने लगी।
279. **स्वाहा करनाः** (नष्ट कर देना) = पिता के मरते ही बेटे ने सारी सम्पत्ति **स्वाहा कर दी।**
280. **सब्जबाग दिखानाः** (चालबाजी खेलना) = हरीश **सब्जबाग दिखाकर** मुझे ठग ले गया।
281. **सांप के बिल में हाथ डालनाः** (जानबूझ कर खतरा मोल लेना) = जब **सांप के बिल में हाथ डाल ही दिया** है तो अब घबराते क्यों हो?
282. **सुख-दुःख का साथीः** (घनिष्ठ मित्र) = **सुख-दुःख** के साथी बिना जीवन नीरस है।
283. **स्वर्ग सिधारनाः** (मृत्यु को प्राप्त होना) = पिता जी के **स्वर्ग सिधारते** ही भाइयों में सम्पत्ति-विवाद प्रारम्भ हो गया।
284. **सहम जानाः** (भयभीत होना) = मृत्युदण्ड का निर्णय सुनकर अपराधी तुरन्त **सहम गया।**

285. **सिर ओखली में देनाः** (आफत में पड़ना) = जब **सिर ओखली में दे ही दिया** है, तो मूसलों से क्या डरना?
286. **हवाई किले बनानाः** (ऊंची कल्पना करना) = रोहतास से होता तो कुछ नहीं, बस **हवाई किले ही बनाता** रहता है।
287. **हाथ मलनाः** (पछताना) = नीना! अब भी नहीं पढ़ोगी, तो बाद में **हाथ मलती** रहोगी।
288. **हवा का रुख पहचाननाः** (वक्त के अनुसार चलना) = सदैव **हवा के रुख पहचान** कर ही काम करना चाहिए।
289. **हाथ फैलानाः** (मांगना) = हमें सभी के आगे **हाथ नहीं फैलाने** चाहिएं।
290. **हथेली पर सरसों जमानाः** (असम्भव को सम्भव बनाना) = **हथेली पर सरसों जमाने** की न सोचो, कुछ करके दिखलाओ।
291. **हाथ-पांव फूलनाः** (घबरा जाना) = पहाड़ी पर चढ़ते हुए ज्योंही मैंने खड़ी पहाड़ी देखी, मेरे **हाथ-पांव फूल गए।**
292. **हाथों-हाथः** (शीघ्रता से) = देरी मत करो! यह काम तो **हाथों-हाथ** करना है।
293. **हाथ धोकर पीछे पड़नाः** (बुरी तरह पीछे पड़ना) = तुम तो अपना काम करवाने के लिए शम्भू के पीछे **हाथ धोकर पड़े हो।**
294. **हवा से बातें करनाः** (बहुत तेज दौड़ना) = महाराणा प्रताप का घोड़ा चेतक **हवा से बातें करता** था।
295. **हृदय पर सांप लोटनाः** (ईर्ष्या होना) = मोहन के आलीशान मकान को देखकर सुनील के **हृदय पर सांप लोटने** लगा।
296. **हक्का-बक्का रह जानाः** (हैरान हो जाना) = हमें घर में बैठे देखकर प्रदीप **हक्का-बक्का रह गया।**
297. **हाथों के तोते उड़ जानाः** (अक्ल मारी जाना) = बदमाशों के चंगुल में फंस कर मेरे **हाथों के तोते उड़ गये।**
298. **हिम्मत न हारनाः** (साहस न छोड़ना) = संकट की घड़ी में हमें कभी **हिम्मत नहीं हारनी** चाहिए।
299. **हाथ बंटानाः** (सहयोग देना) = घर के काम-काज में पति-पत्नी दोनों का **हाथ बंटाना** परिवार की उन्नति के लिए आवश्यक है।
300. **हाथ खींचनाः** (सहायता बन्द करना) = आजकल अमेरिका ने भारत की ओर से अपना **हाथ खींच** लिया है। ❏❏❏

लोकोक्तियों (कहावतों) का प्रयोग

1. **अन्त भले का भला:** (अच्छे काम का परिणाम अच्छा होता है) = हमें श्रेष्ठ कार्यों में रुचि लेनी चाहिए, **अन्त भले का भला** ही होता है।
2. **अन्धों में काना राजा:** (मूर्खों में थोड़ा समझदार भी सम्मान पाता है) = पूरे गांव में हरिसिंह के पिता जी ही दसवीं पास हैं। वे **अन्धों में काना राजा** के समान हैं।
3. **अकेला चना भाड़ नहीं फोड़ सकता:** (अकेला व्यक्ति कुछ नहीं कर सकता है) = पूरी कक्षा शोर कर रही थी, अकेले मोहन के चाहने से कक्षा चुप न हो सकी क्योंकि **अकेला चना भाड़ नहीं फोड़ सकता।**
4. **अन्धा क्या चाहे दो आंखें:** (मनचाही वस्तु प्राप्त करने की इच्छा) = जब किसी व्यक्ति को अपनी लड़की के लिए योग्य वर और अच्छा घर मिल जाता है तो वह कहता है कि **अन्धा क्या चाहे दो आंखें।**
5. **अन्धी पीसे कुत्ता खाए:** (मेहनत कोई करे, खाए कोई) = प्रताप परिवार के लिए रात-दिन पसीना बहाता है और उसके लड़के निठल्ले घूमते हैं, इसे कहते हैं **अन्धी पीसे कुत्ता खाए।**
6. **अब पछताए होत क्या, जब चिड़ियां चुग गईं खेत:** (समय बीतने पर पछताना बेकार) = बेटा! सारा वर्ष तो खेलते रहे, अब परीक्षा में असफल होने पर पछताने से क्या लाभ? **अब पछताए होत क्या, जब चिड़ियां चुग गईं खेत।**
7. **अपनी गली में कुत्ता भी शेर होता है:** (अपने घर में कमजोर भी साहस दिखाता है) = तुम अपने घर में बैठ कर बहुत बढ़-चढ़ कर मत बोलो। **अपनी गली में तो कुत्ता भी शेर होता** है।
8. **अपनी करनी, पार उतरनी:** (अपने काम करने से ही सफलता मिलती है) = आर्थिक स्थिति अच्छी बनाए रखने के लिए रात-दिन परिश्रम तथा बचत करनी पड़ेगी। **अपनी करनी, पार उतरनी।**
9. **अपनी-अपनी ढपली, अपना-अपना राग:** (सबकी राय या बातें या विचार अलग होना) = आज भारत की सभी पार्टियों के सिद्धान्त अलग-अलग हैं। उन सबकी **अपनी-अपनी ढपली, अपना-अपना राग** है।

10. **अन्धेर नगरी चौपट राजा:** (अधिकारियों के अयोग्य होने पर राज्य में धांधली होना) = यदि घर का बड़ा आदमी ही परिवार की भलाई के लिए नहीं सोचता है तो परिवार धीरे-धीरे अवनति की ओर जाने लगता है। इसे कहते हैं **अन्धेर नगरी चौपट राजा।**

11. **आंख के अन्धे गांठ के पूरे:** (मूर्ख, परन्तु धनवान) = वीना मूर्ख औरत है, परन्तु वह करोड़पति है। ऐसे लोगों के लिए कहा गया है- **आंख के अन्धे गांठ के पूरे।**

12. **आम के आम और गुठलियों के दाम:** (एक काम से दोगुना लाभ) = जो व्यक्ति सेना में भर्ती हो जाता है, उसके लिए तो **आम के आम और गुठलियों के दाम** हैं। इससे उसे एक ओर अच्छा वेतन तथा दूसरी ओर देश-सेवा का फल मिलता है।

13. **आ बैल मुझे मार:** (बिना कारण विपत्ति मोल लेना) = तुम अपने उच्च अधिकारियों से उलझकर व्यर्थ में नौकरी से हाथ धो बैठोगे। **आ बैल मुझे मार वाली** बातों से दूर रहो।

14. **आसमान से गिरा खजूर में अटका:** (एक विपत्ति से निकल कर दूसरी विपत्ति में फंस जाना) = पिछले कई वर्षों से भारत में वर्षा न होने के कारण सूखा पड़ रहा था। अबकी बार वर्षा हुई तो इतनी अधिक कि बाढ़ आ गई। भारत का दुर्भाग्य है कि वह **आसमान से गिरकर खजूर में अटका।**

15. **उल्टा चोर कोतवाल को डांटे:** (उल्टा दोष लगाना) = एक ग्राहक ने दुकानदार को कम तोलते हुए पकड़ लिया। जैसे ही ग्राहक ने दुकानदार को टोका, दुकानदार ग्राहक को उल्टी-सीधी कहने लगा। यह तो ऐसा हुआ कि **उल्टा चोर कोतवाल को डांटे।**

16. **ऊंट के मुंह में जीरा:** (बड़े आदमी के लिए छोटी-सी वस्तु) = मुझ जैसे नवयुवक के लिए केवल दो चपाती! यह तो **ऊँट के मुँह में जीरा** है।

17. **ऊँची दुकान फीका पकवान:** (ऊपरी दिखावा) = दुकान बाहर से तो बहुत सुन्दर है, परन्तु अन्दर जाकर लगता है कि सारा सामान घटिया है। इसे कहते हैं **ऊँची दुकान फीका पकवान।**

18. **एक अनार सौ बीमार:** (एक वस्तु के अनेक मांगने वाले) = विद्यालय में लिपिक का एक स्थान रिक्त था जिसके लिए लगभग सौ व्यक्तियों ने आवेदन-पत्र भेजे। इसे कहते हैं **एक अनार सौ बीमार।**

19. **एक पंथ दो काज:** (एक काम से दो लाभ) = जितेन्द्र परीक्षा देने दिल्ली आया था, यहां आकर उसने लालकिला, कुतुबमीनार, जामा मस्जिद आदि भी देख लिए। इसे कहते हैं **एक पंथ दो काज।**
20. **एक-एक ग्यारह:** (एकता में बल है) = तुम मेरी सहायता करो, मैं तुम्हारी सहायता करता हूं, **एक-एक ग्यारह होते हैं।**
21. **एक थैली के चट्टे-बट्टे:** (एक जैसा होना) = उनकी बात क्या करते हो, सब एक **थैली के चट्टे-बट्टे हैं;** कोई एक रुपया भी देने वाला नहीं है।
22. **ओस चाटे प्यास नहीं बुझती:** (थोड़ी (छोटी) वस्तु से काम नहीं चलता) = आज की महंगाई में छोटी (चपरासी की) नौकरी में गुजारा नहीं चलता, **ओस चाटे प्यास नहीं बुझती।**
23. **कंगाली में आटा गीला:** (विपत्ति पर विपत्ति आना) = पहले तो बीमारी में अनावश्यक खर्च हुआ, फिर नौकरी से जवाब मिल गया और घर आते-आते ट्रेन में बक्सा रह गया। इस बार तो ऐसा हुआ कि **कंगाली में आटा गीला।**
24. **कहां राजा भोज कहां गंगू तेली:** (बेमेल तुलना) = आज के नेताओं की तुलना सरदार पटेल या नेहरू जी से करना व्यर्थ है। **कहां राजा भोज कहां गंगू तेली।**
25. **काला अक्षर भैंस बराबर:** (अशिक्षित व्यक्ति) = मनोज के लिए **काला अक्षर भैंस बराबर** है, किन्तु बुद्धिमान् इतना है कि पढ़े-लिखे भी उसके आगे टिक नहीं पाते (पानी भरते) हैं।
26. **कोयले की दलाली में मुंह काला:** (बुरी संगत से कलंक ही लगता है) = चलते-चलते मोहित तनिक जुआ देखने को खड़ा हो गया था, इतने में पुलिस ने छापा मारा और जुआरियों के साथ मोहित भी पकड़ा गया। किसी ने सच ही कहा है कि **कोयले की दलाली में मुंह काला।**
27. **का बरखा जब कृषि सुखाने:** (बरबाद होने के बाद सहायता) = समय पर तो आपने सहायता नहीं की। अब तो मैं अपने पैरों पर खड़ा हूं। **का बरखा जब कृषि सुखाने।**
28. **काठ की हांडी बार-बार नहीं चढ़ती:** (छल-कपट से एक ही बार काम निकल पाता है) = मसालों में रद्दी वस्तुएं मिलाने से ललित को आरम्भ में खूब धन मिला। अन्त में मिलावट पाई जाने पर उसे जेल की हवा खानी पड़ी। **काठ की हांडी बार-बार नहीं चढ़ती** है।

29. **काम को काम सिखाता है:** (काम करने से अनुभव या ज्ञान प्राप्त होता है) = किसी भी क्षेत्र में प्रवेश करो, परन्तु मेहनत से काम करो, क्योंकि **काम को काम सिखाता है**।
30. **खोदा पहाड़ निकली चुहिया:** (परिश्रम अधिक, लाभ बहुत कम) = संजीव को दिन-रात परिश्रम करता देखकर सभी को आशा थी कि वह प्रथम आएगा। परन्तु जब वह तृतीय श्रेणी में उत्तीर्ण हुआ तो सभी को कहना पड़ा– **खोदा पहाड़ निकली चुहिया**।
31. **गागर में सागर भरना:** (थोड़े में बहुत कहना) = **गागर में सागर भरने** के लिए बहुत ज्ञान और चिन्तन-मनन की आवश्यकता होती है।
32. **गंगा गए गंगा राम, जमुना गए जमुना दास:** (समय के अनुसार बदल जाना) = आजकल के नेता अपने स्वार्थ के लिए अपने दल को बदल लेते हैं। ये **गंगा गए तो गंगा राम, जमुना गए तो जमुना दास** बन जाते हैं।
33. **घर का भेदी लंका ढाये:** (आपस की फूट से अपना नाश होता है) = इतिहास साक्षी है कि देशद्रोही ही सदैव भारत की पराजय का कारण बने। अतः **घर का भेदी ही लंका ढाने के** कारण रहे।
34. **घाट-घाट का पानी पीना:** (अनुभवी होना) = श्री श्याम लाल ने **घाट-घाट का पानी पी** रखा है, उनको चकमा देने की बात मत सोचना।
35. **चार दिन की चांदनी, फिर अंधेरी रात:** (सुख स्थायी नहीं होता) = हमें अपनी सुख-समृद्धि पर कभी गर्व नहीं करना चाहिए। यह तो **चार दिन की चांदनी फिर अंधेरी रात** के समान है।
36. **चिराग तले अंधेरा:** (प्रसिद्ध जगह गलत काम) = पं॰ विष्णु दत्त जी स्वयं इतने विद्वान् हैं परन्तु उनके तीनों पुत्र पढ़ने में असफल रहे। इसे कहते हैं **चिराग तले अंधेरा**।
37. **चोर की दाढ़ी में तिनका:** (दोषी व्यक्ति अपने दोष के कारण स्वयं भयभीत रहता है) = जब तुमने चोरी नहीं की, तो इस तरह क्यों डरते हो? इस तरह के व्यवहार से तुम लोगों की दृष्टि में अपराधी बने रहोगे, क्योंकि **चोर की दाढ़ी में तिनका**।
38. **छाती पर सांप लोटना:** (ईर्ष्या की जलन होना) = अपनी पड़ोसन को सजी-धजी देखकर नीलम की **छाती पर सांप लोट गया**।

39. **जिसकी लाठी उसकी भैंसः** (शक्तिशाली की ही जीत होती है) = आज के युग में दुर्बल राष्ट्रों को कोई नहीं पूछता है। आजकल तो **जिसकी लाठी है, उसकी भैंस** है।

40. **जो गरजते हैं, वे बरसते नहींः** (अधिक डींग मारने वाले कम काम करते हैं) = सोहन सबसे कहता रहता था कि वह 400 मी॰ की दौड़ में प्रथम आएगा। परन्तु वह दौड़ होने पर सबसे पीछे रहा। सच है **जो गरजते हैं, वे बरसते नहीं**।

41. **जैसी करनी वैसी भरनीः** (कार्य के अनुसार फल की प्राप्ति) = राम ने दिन-रात परिश्रम किया, वह प्रथम आयाः परन्तु दिनेश ने वर्ष-भर खूब मौज उड़ाई, वह अनुत्तीर्ण हो गया। सच ही है – **जैसी करनी वैसी भरनी**।

42. **जल में रहकर मगर से बैरः** (जिसके आश्रय में रहना, उसी से दुश्मनी रखना) = प्रताप ने गली-मुहल्ले के लोगों से कह दिया कि वह इस इलाके का दादा है, कोई **जल में रहकर मगर से बैर** करने की हिम्मत न करे।

43. **जाको राखे साइयां, मार सके न कोयः** (ईश्वर जिसकी रक्षा करता है, उसका कुछ भी नहीं बिगड़ता) = इतनी बड़ी रेल-दुर्घटना में सैकड़ों यात्री मारे गए, लेकिन दो बच्चे बिल्कुल बच गए अर्थात् **जाको राखे साइयां, मार सके न कोय**।

44. **जितने मुंह उतनी बातेंः** (हरेक के अपने विचार होते हैं) = नेता कोई विश्वास योग्य नहीं होता। उनके आपस में कभी विचार नहीं मिलते हैं। उनका यही हाल है **जितने मुंह उतनी ही बातें**।

45. **जब तक सांस तब तक आसः** (जीवन में हमेशा आशा बनी रहती है) = जीवन में चाहे कितने ही उतार-चढ़ाव आएं, परन्तु **जब तक सांस है तब तक आस बनी** रहती है।

46. **डूबते को तिनके का सहाराः** (परेशानी में थोड़ी सहायता भी बहुत होती है) = रामसिंह अपनी लड़की की शादी के लिए परेशान था, उसके एक मित्र ने अपने लड़के के लिए उसकी लड़की का हाथ मांग लिया। **डूबते रामसिंह को तिनके का सहारा** मिला।

47. **ढाक के वही तीन पातः** (सदा एक-सी स्थिति में रहना) = आज के युग में मेरे सब मित्र उन्नति कर गए, परन्तु हमारे तो **ढाक के वही तीन पात** हैं।

48. **ताली एक हाथ से नहीं बजती:** (झगड़े में थोड़े-बहुत दोनों दोषी होते हैं) = सास-बहू के झगड़े हर घर में नित्य होते रहते हैं। उनमें से किसी एक को पूरी तरह दोषी बताना उचित नहीं है। क्योंकि **ताली एक हाथ से नहीं बजती** है।

49. **तेते पांव पसारिए, जेती लाम्बी सौर:** (सामर्थ्य के अनुसार काम करना चाहिए) = सदा व्यर्थ के खर्च से बचो, झूठी शान-शौकत छोड़ो, सीधा-सरल जीवन जीओ। इतनी कम आय में **तेते पांव पसारिए, जेती लाम्बी सौर।**

50. **थोथा चना बाजे घना:** (वास्तविकता कम, दिखावा अधिक) = उसमें न तो योग्यता है और न ही सामर्थ्य, फिर भी वह अपनी प्रशंसा करता रहता है। वह तो उसी तरह से है जैसे **थोथा चना बाजे घना।**

51. **दो नावों में पैर रखना:** (दुविधा में होना) = एक तरफ वह व्यापार करने की सोचता है, दूसरी ओर वह नौकरी के लिए चक्कर काट रहा है। मेरी बात मानो – **दो नावों में पैर मत रखो।**

52. **दूध का दूध, पानी का पानी:** (उचित निर्णय करना) = मुगल सम्राट जहांगीर अपने न्याय के लिए सर्वप्रसिद्ध थे। वे निर्णय देते समय **दूध का दूध, पानी का पानी** कर देते थे।

53. **दूर के ढोल सुहावने:** (दूर की वस्तुएं अच्छी लगती हैं) = जब हम किसी दूसरे की ओर देखते हैं, तो वह बहुत सुखी दिखाई देता है, परन्तु यह सब **दूर के ढोल सुहावने** के समान है।

54. **दीवार के भी कान होते हैं:** (गुप्त बात प्रगट हो जाने का डर होना) = मेरे मित्र! सावधानी से बोलो। कोई सुन सकता है। **दीवार के भी कान होते हैं।**

55. **दोनों हाथों में लड्डू:** (लाभ ही लाभ) = एक बार नेता बन जाओ, कुर्सी पर बैठकर हुक्म चलाओ। भ्रष्टाचारी लोगों से मित्रता करो, करोड़ों कमाओ। नेता के तो **दोनों हाथों में लड्डू** होते हैं।

56. **धोबी का कुत्ता घर का न घाट का:** (न इधर का, न उधर का अर्थात् कहीं का भी नहीं) = मनोहर का जब से काम छूटा है तब से उसे घर में भी दुत्कार मिलती है और मित्र भी उसे अपने पास नहीं बैठने देते हैं। उसकी तो वही दशा है कि **धोबी का कुत्ता घर का न घाट का।**

57. **नाच न जाने आंगन टेढ़ा:** (काम तो होता नहीं, बस बहाने करना) = अरुण से पढ़ना तो आता नहीं, परन्तु कहता है कि साफ नहीं लिखा। इसे कहते हैं – **नाच न जाने आंगन टेढ़ा।**

58. **नेकी कर कुएं में डालः** (उपकार करके भूल जाना चाहिए) = भलाई करो, करते रहो, परन्तु दूसरे व्यक्ति को बार-बार न जताओ। **नेकी करो और कुएं में डालो।**
59. **नौ नगद न तेरह उधारः** (जो वस्तु तत्काल मिले वही श्रेष्ठ है) = उपन्यासकार ने प्रकाशक से कहा कि मेरी कृति (रचना) का जो कुछ देना है, अभी दे दें। क्योंकि **नौ नगद (अच्छे हैं) न तेरह उधार(अच्छे नहीं)।**
60. **पांचो अंगुलियां बराबर नहीं होतीं:** (सभी लोग एक जैसे नहीं होते) = रावण के परिवार में सभी क्रोधी, अहंकारी तथा दुष्ट थे; परन्तु विभीषण अत्यन्त विनम्र एवं भक्त थे। इसे कहते हैं **पांचों अंगुलियां बराबर नहीं होती** हैं।
61. **पैसा, पैसे को कमाता हैः** (धन से ही धन कमाया जाता है) = सुशील ने व्यापार में बहुत पैसा लगाया। अब उसका काम बड़े पैमाने पर चल निकला। ठीक ही कहते हैं – **पैसा, पैसे को कमाता है।**
62. **मान न मान मैं तेरा मेहमानः** (जबरदस्ती गले पड़ना) = ढीठ मनुष्य को कितना ही डांट लो, परन्तु वह **मान न मान मैं तेरा मेहमान** बनकर अपना काम निकालने तक चिपटा रहता है।
63. **मुंह में राम बगल में छुरीः** (बाहर से सज्जन दीखे परन्तु अन्दर दुष्टता भरी हो) = चीनियों के 'हिन्दी-चीनी भाई-भाई' के नारे **मुंह में राम बगल में छुरी** सिद्ध हुए हैं।
64. **बन्दर क्या जाने अदरक का स्वादः** (अनजान व्यक्ति द्वारा किसी अच्छी वस्तु की कद्र न करना) = यह खद्दर का सा सफारी क्या खरीदा, कोई बढ़िया-सा लेते। बंधु! यह रॉ सिल्क है। सच ही कहा कि **बन्दर क्या जाने अदरक का स्वाद।**
65. **बिन सेवा, मेवा नहीं:** (कष्ट उठाकर ही सब कुछ मिलता है) = अगली परीक्षा के लिए अभी से आवश्यक तैयारी करो, तभी प्रथम श्रेणी प्राप्त होगी। **बिन सेवा के मेवा नहीं मिलता।**
66. **बेकार से बेगार भलीः** (न करने से कुछ करना अच्छा है) = हरी अच्छी नौकरी की तलाश में भटकता फिरा, परन्तु असफल रहा। अब वह कुछ समय के लिए पार्ट-टाइम (अस्थाई) काम करने को तैयार हो गया है अर्थात् **बेकार से बेगार भली।**

67. **विष की औषधि विष है:** (कांटे से कांटा निकलता है) = मानसिंह दुर्जन है। उसके साथ तो बुरा व्यवहार वाला व्यक्ति ही सफल हो सकता है क्योंकि **विष की औषधि विष है।**
68. **सांच को आंच नहीं:** (सच को डर नहीं है) = भाई साहब! मैं तो स्पष्ट शब्दों में कह दूंगा, मुझे इसमें घबराने की आवश्यकता क्या है, क्योंकि **सांच को आंच नहीं है।**
69. **सावन हरे न भादों सूखे:** (सदैव एक ही स्थिति में रहना) = क्यों भाई, आपने भी इस युद्ध काल में कुछ कमाया, लोग तो रातों-रात धनवान बन गए हैं। उन्होंने उत्तर दिया, भाई। हमारा तो यह हाल है कि **सावन हरे न भादों सूखे**।
70. **सांप भी मर जाए और लाठी भी न टूटे:** (कार्य भी सिद्ध हो जाए और हानि भी न हो) = शत्रु को भी अपने व्यवहार से ऐसी मीठी मार मारी जाए जिससे **सांप भी मर जाए और लाठी भी न टूटे।**
71. **सीधी अंगुलियों से घी नहीं निकलता:** (सीधेपन से कार्य में सफलता नहीं मिलती) = मुझे हरीशंकर से 5,000 रुपये लेने थे। जब मैंने उससे रुपये मांगे, तो उसने मुझे आंखें दिखाईं परन्तु जब मैंने उसकी गर्दन पकड़ ली, तो उसने वे पैसे तुरन्त दे दिए। अतः **सीधी अंगुलियों से घी नहीं निकलता**।
72. **रस्सी जल गई, पर बल न गया:** (बहुत कष्ट होने पर भी अकड़ न छोड़ना) = कृष्ण कई बार जेल गया, परन्तु उसकी अक्ल ठिकाने न आई। ठीक ही कहा है कि **रस्सी जल गई, पर बल नहीं गया।**
73. **हाथी के दांत खाने के और दिखाने के और:** (कपटी मनुष्य अन्दर से कुछ और, बाहर से कुछ और होता है) = चीन ने पहले तो भारत से मित्रता गांठी और फिर भारत पर आक्रमण कर दिया। अतः **हाथी के दांत खाने के और दिखाने के और** वाली कहावत चरितार्थ हुई।
74. **लातों के भूत बातों से नहीं मानते:** (दुष्ट व्यक्ति प्यार से नहीं समझते) = चोर को बहुत समझाया कि वह अपनी गलती मान ले और चोरी का सामान वापस कर दे, पर उस पर कुछ भी प्रभाव नहीं पड़ा। जैसे ही पुलिस के डण्डे पड़े, उसने अपना अपराध स्वीकार कर लिया। सही ही कहा गया है – **लातों के भूत बातों से नहीं मानते**।

❑❑❑

पर्यायवाची शब्द (समानार्थक शब्द)

अग्नि = आग, अनल, पावक, वह्नि, शिखी, ज्वाला

अर्थ = धन, वित्त, मुद्रा, लक्ष्मी, द्रव्य, मतलब

असुर = दैत्य, राक्षस, दानव, रजनीचर, दनुज, निशाचर, दिति–सुत

अश्व = तुरंग, हय, घोड़ा, बाजी, सैन्धव, घोटक

अन्तर = मध्य, छिद्र, व्यवधान, अवधि, अवकाश

अतिथि = मेहमान, आगन्तुक, पाहुना, अभ्यागत

अमृत = सुधा, अमिय, सोम, पीयूष

अनुपम = अपूर्व, अनोखा, अद्भुत, विचित्र, निरुपम, आश्चर्यजनक, अतुल, अनन्य, अद्वितीय, अनूठा, निराला

अंग = अंश, गात्र, हिस्सा, अवयव, शरीर का एक भाग

अधम = नीच, निकृष्ट, पतित

अपमान = अनादर, तिरस्कार

अक्षर = वर्ण, हरफ

अंक = गोद, संख्या, परिच्छेद, नाटक का अंक

अरण्य = वन, विपिन, जंगल, कानन

अहंकार = अभिमान, दर्प, घमण्ड, दंभ

अर्जुन = धनंजय, कौन्तेय, पार्थ, कपिध्वज, गुडाकेश

अभिव्यक्ति = स्पष्टीकरण, प्रकटन, प्रकाशन

अन्धकार = अंधेरा, तम, तिमिर, तमिस्त्र

अनी = फौज, कटक, वाहिनी, चमू, दल, सेना, सैन्य

अम्बर = आकाश, वस्त्र

अक्ष = आत्मा, आंख, धुरी

अचानक = एकाएक, सहसा

अद्भुत = विचित्र, आश्चर्यजनक

अवसर = मौका, सुयोग

अविरल = घना, सघन

आकाश = नभ, व्योम, गगन, अम्बर, आसमान, अनन्त

आंख = नेत्र, नयन, लोचन, चक्षु, दृग

आनन्द = हर्ष, प्रसन्नता, उल्लास, मोद, प्रमोद, खुशी
आम = आम्र, रसाल, सहकार
आत्मा = जीव, चैतन्य, क्षेत्रज्ञ, देव
आलि = सखी, पंक्ति
आदमी = मनुष्य, मानव, नर, व्यक्ति, जन
आभूषण = गहना, भूषण, आभरण, अलंकार
आक्रमण = हमला, चढ़ाई
आज़ादी = स्वतंत्रता, स्वाधीनता
आयु = उम्र, अवस्था
आश्चर्य = अचम्भा, विस्मय, हैरानी
आदर = मान, सम्मान, प्रतिष्ठा, इज्जत
इच्छा = चाह, कामना, लालसा, अभिलाषा, आकांक्षा, मनोरथ, उत्कण्ठा
इन्द्र = सुरेश, सुरपति, देवेन्द्र, मघवा, देवराज, पुरन्दर, शचीपति, सुरेन्द्र, स्वर्गपति
इन्द्राणी = इन्दिरा, पुलोमजा, इन्द्रवधू, शची
इशारा = इंगित, संकेत
ईश्वर = परमात्मा, परमेश्वर, प्रभु, हरि, अन्तर्यामी, भगवान, जगदाधार, जगदीश, सच्चिदानन्द, ईश, ओम्, ब्रह्म
उदय = उन्नति, चढ़ना, प्रकट होना, आरोहण
उपवन = वाटिका, बगीचा, बाग, उद्यान
उन्नति = उत्थान, उत्कर्ष, उन्नयन, प्रगति, विकास, अभ्युदय, वृद्धि, तरक्की
उजाला = प्रकाश, तेज, प्रभा, आलोक, दीप्ति, द्युति
उत्तर = उत्तर दिशा, पश्चात्, जवाब
उदार = महान्, दानशील, उच्चाशय, असंकीर्ण
उपदेश = सीख, सलाह, शिक्षा
उपलब्ध = प्राप्त, ज्ञात
उपस्थित = हाज़िर, मौजूद
उल्लास = आह्लाद, हर्ष
कपट = छल, धोखाधड़ी, वंचना, धोखा
कला = कौशल, विद्या, हुनर
कपड़ा = वसन, पट, अम्बर, चीर, दुकूल, वस्त्र

कमल = शतदल, जलज, सरोज, पंकज, पद्‌म, राजीव, सरसिज, इन्दीवर, वारिज, नीरज
कल्याण = क्षेम, शुभ, मंगल, शिव
कामदेव = मदन, मनसिज, मन्मथ, कन्दर्प, अनंग, मनोज, पुष्पधन्वा, रतिपति
कान = श्रोत्र, श्रवण, श्रुतिपट, कर्ण
काल = मृत्यु, अन्त, मौत, अवसान
किरण = मरीचि, मयूख, कर, रश्मि, अंशु
किनारा = तट, कगार, छोर, कूल, तीर
कानून = नियम, विधि
कुबेर = यक्षराज, धनद, धनाधिप, धनपति
कुमारी = कन्या, अनूठा, अविवाहिता
कुरूप = असुन्दर, भद्दा
कोप = गुस्सा, रोष, क्रोध, अमर्ष
कोयल = कोकिला, पिक, वनप्रिया, परमृत, वसन्तदूत
कृषि = खेती, जोतना-बोना
कृष्ण = पीताम्बर, मुरलीधर, घनश्याम, माधव, गोविन्द, ब्रजराज, वंशीधर, यदुनाथ, ब्रजेश, गोपाल, हरि, द्वारिकाधीश, कंसारि
कृपा = मेहरबानी, करुणा, अनुग्रह, अनुकम्पा
गणेश = गणपति, विनायक, गजानन, गजवदन, लम्बोदर, एकदन्त, विघ्न विनाशक, मूषक वाहन
गधा = गर्दभ, धूहर, रासभ, खर
गंगा = सुरसरिता, भागीरथी, जाह्नवी, देवापगा, मंदाकिनी, देवनदी, त्रिपथगा, सुरसरि, अलकनन्दा
गरीब = कंगाल, निर्धन, कंगला
गगन = आसमान, आकाश
गुरु = अध्यापक, आचार्य, शिक्षक
गृह = मकान, निकेतन, सदन, धाम, निवास, आवास
घाटा = क्षति, हानि, नुकसान
घी = घृत, आज्य, सर्पि, हव्य
घर = गृह, सदन, आलय, मकान, धाम
घोड़ा = हय, घोटक, अश्व, तुरंग, सैन्धव

चन्द्र = चांद, सोम, विधु, हिमांशु, निशापति, निशाकर, रजनीकर रजनीश, सुधाकर, इन्दु, मयंक, शशि, चन्द्रमा, राकेश
चतुर = दक्ष, प्रवीण, कुशल, विज्ञ, पटु, निपुण, चालाक
चिकित्सा = इलाज, उपचार
चित्र = तस्वीर, छायाकृति
चांदनी = चन्द्रिका, कौमुदी, ज्योत्स्ना, चन्द्रमरीची
चांदी = रजत, जातरूप
चोर = तस्कर, रजनीचर, दस्यु
जल = नीर, पानी, सलिल, तोय, वारि, पय, अमृत, जीवन, उदक, अम्बु
जमुना = यमुना, रविसुता, सूर्यसुता, कालिन्दी, तरणि-तनूजा, कृष्णा
जन्म = पैदाइश, उत्पत्ति, उदय, उद्भव, आविर्भाव
जंगल = अरण्य, विपिन, वन, कानन
जमीन = भूमि, धरती, धरा
जवाब = उत्तर, प्रत्युत्तर
जुबान = जीभ, रसना
झण्डा = ध्वजा, केतन, पताका, वैजयन्ती, ध्वज
झूठ = असत्य, मिथ्या, निराधार, अतथ्य
तलवार = कृपाण, खड्ग, करवाल, असि
तालाब = जलाशय, सरोवर, तड़ाग, ताल, सर, पुष्कर
तरु = पेड़, वृक्ष
तान = संगीतस्वर, तानना
तारक = तारा, नखत, उडु, नक्षत्र, सितारा
तीर = बाण, शर, शिलीमुख, नाराच
ढलना = छिपना, बीतना
थिरकना = नाचना, नृत्य
दिन = वार, वासर, दिवस, दिवा, अह्न
दास = सेवक, भृत्य, नौकर, अनुचर, किंकर, चाकर, परिचारक
देवता = देव, सुर, अमर, आदित्य, अज, अमर्त्य, निर्जर
देह = काया, शरीर, तन, घट, वपु, काय
दीन = गरीब, हीन, मलीन, निर्धन, दरिद्र, दुर्गत

दुःख = यातना, क्लेश, वेदना, क्षोभ, कष्ट, संताप, पीड़ा, व्यथा, संकट, शोक, विपत्ति
दुर्गा = चामुण्डा, कामाक्षी, कल्याणी, चण्डिका, सिंहवाहिनी, कालिका
दूध = गोरस, क्षीर, पय, दुग्ध
द्रव्य = धन, दौलत, सम्पदा, वित्त, सम्पत्ति
दानव = राक्षस, असुर
दीपक = दीया, चिराग
दृढ़ = मज़बूत, अशिथिल
दांत = दन्त, दशन, रदन, द्विज, रद
धरती = जमीन, वसुधा, पृथ्वी, भूमि, धरा, वसुन्धरा, धरणी, अवनि, मेदिनी, भू, धरित्री, मही
धनुष = चाप, धनु, कमान, शरासन, कोदण्ड, सारंग
धन = राशि, सम्पत्ति, वित्त, अर्थ, द्रव्य, सम्पदा, दौलत, वसु
ध्वनि = आवाज, शब्द
नरक = यमलोक, यमपुर, यमालय, संघात, दुर्गति
नदी = सरिता, तटिनी, तरंगिणी, आपगा, निर्झरिणी
नमस्कार = अभिवादन, प्रणाम, नमः, नमस्ते
नाश = अवसान, क्षय, प्रलय, ध्वंश, विनाश
नाव = पतंग, तरी, बेड़ी, नौका
निर्मल = पवित्र, स्वच्छ, साफ, शुद्ध
नाच = ताण्डव, नृत्य, नाट्य, नर्तन
निर्धन = दरिद्र, गरीब
निशि = रात, रात्रि
नुकसान = हानि, क्षति
न्यौछावर = कुर्बान, उत्सर्ग
पवन = वायु, समीर, मारुत, अनिल, हवा, पवमान
पर्वत = पहाड़, गिरि, नग, भूधर, मेरू, अचल, भूमिधर, शैल
पंडित = प्रज्ञ, बुद्ध, विचछण, मनीषी, विद्वान्
पुष्प = सुमन, कुसुम, प्रसून, फूल, पुहुप
पुत्र = तनय, बेटा, सुत, पूत, लड़का, आत्मज, तनुज
पेड़ = तरु, द्रुम, पादप, वृक्ष, शाल, विटप, पर्णी

पराग = मकरंद, पुष्परज, पुष्पधूलि, कुसुमरज
पति = स्वामी, अधिपति, आर्यपुत्र, मालिक, भर्त्ता, वल्लभ
पत्नी = भार्या, दारा, नारी, गृहिणी, सहधर्मिणी, अर्द्धांगिनी, वधू, वामा, प्रमदा
पक्षी = खग, विहंग, शकुन, बिहग, विहंगम, पंखी
पृथ्वी = धरा, जमीन, धरती, धरणी, भूमि, वसुन्धरा, अवनि, भू
प्रेम = स्नेह, प्रीति, प्यार, अनुराग
पार्वती = गिरिजा, रुद्राणी, उमा, भवानी, शैलसुता, गौरी, अम्बिका
पुत्री = बेटी, आत्मजा, तनया, सुता, दुहिता, तनुजा
प्रकाश = ज्योति, द्युति, छवि, प्रभा, चमक, रोशनी, उजाला
पत्थर = वाहन, पाषाण, उपल
पानी = जल, तोय, नीर, वारि, सलिल
पत्ता = पत्र, दल, पर्ण, छद
पथिक = मार्गण, बटोही, पंथी, पान्थ, यात्री, बटुक, पर्यटक
पिता = बाप, जनक, पितृ
पशु = जंतु, जानवर
पुस्तक = किताब, ग्रंथ
प्रणाम = नमस्कार, अभिवादन
प्रमुख = प्रधान, श्रेष्ठ
प्राचीन = पुराना, पुरातन
बन्दर = हरि, मर्कट, कपि, वानर, शाखामृग
बाण = शर, सायक, शिलीमुख, तीर
ब्रह्मा = विधाता, प्रजापति, स्वयंभू, विरंचि, लोकेश, पितामह
ब्राह्मण = द्विज, विप्र, भूदेव, अग्रजन्मा
बादल = मेघ, जलद, घन, वारिद, जलधर, पयोद, नीरद, अम्बुद
बिजली = विद्युत, चपला, चंचला, सौदामिनी, दामिनी, तड़ित
भ्रमर = द्विरेफ, मधुप, भौंरा, मधुकर, शिलीमुख, अलि
भ्राता = बन्धु, सहोदर, भाई, भैया
भागीरथी = जाह्नवी, देवापगा, देवनदी, देवसरित्, सुरसरिता, गंगा
भुजा = भुज, बाहू
भोजन = खाना, खाद्य

महादेव = शिव, शंकर, हर, नीलकंठ, भूतनाथ, भूतेश, पिनाकी, गिरिजापति, महेश्वर, चन्द्रशेखर, त्रिलोचन
मित्र = सखा, सुहृद, साथी, सहचर, संगी
मुख = मुंह, आनन
मूर्ख = मूढ़, बुद्धिहीन, अज्ञ, जड़, अबोध
मेघ = जलद, बादल, जलधर, घन, नीरद, अभ्र, पयोद, अंबुद, धाराधर
मछली = जलजीव, मीन, झष, मत्स्य
मदिरा = सुरा, मद्य, हाला, शराब, कादम्बरी, इरा
मैला = मलीन, अपवित्र, अशुचि, म्लान, गंदा, अस्वच्छ
मोल = कीमत, दाम, अर्थ, मूल्य
मोक्ष = सद्गति, निर्वाण, मुक्ति, परमधाम, कैवल्य, परमगति
महेश = पशुपति, उमापति, कैलाशनाथ
मार्ग = पन्थ, पथ, राजपथ, सरणि, पगडण्डी
मनोहर = सुन्दर, मनोज्ञ
मां = माता, जननी, अम्बा, अम्बिका
मृत्यु = मौत, निधन
मेहमान = अतिथि, अभ्यागत
मनुष्य = नर, मानव, आदमी, मनुज
यम = यमराज, धर्मराज, अंतक, कृतांत
यमुना = कृष्णा, सूर्यसुता, तरनितनुजा, कालिन्दी
युद्ध = विग्रह, रण, समर, लड़ाई, संग्राम
रमा = कमला, लक्ष्मी, हरिप्रिया, श्री, पद्मा
रात्रि = रात, यामिनी, रैन, निशा, रजनी, शर्वरी, विभावरी, राका, निशीथ
राम = रघुनाथ, रघुकुल तिलक, सीतापति, राघव, कौशलेन्द्र, दाशरथि, दशरथसुत, मर्यादा पुरुषोत्तम, अवधपति, रघुवीर, रघुनन्दन
रावण = लंकेश, दशानन, दशवदन, दशकंध
राजा = नृप, भूप, नरेश, भूपाल, महीपति, नृपति, भूमिपति, महीप, नरेन्द्र, नरपति, सम्राट, भूपति
रुष्ट = नाराज, क्रुद्ध
राक्षस = असुर, दैत्य, निशाचर, रजनीचर, दिति-सुत

लहर = उर्मि, वीचि, तरंग, लहरी
लक्षण = चिह्न, निशान, पहचान
लक्ष्मी = चंचला, श्री, कमला, हरिप्रिया, रमा, पद्मा, इन्दिरा, पद्मासना
वर्ष = साल, बरस, वत्सर
वर्षा = वृष्टि, मेह, बारिश, पावस
वानर = हरि, मर्कट, कपि, कीश, शाखामृग
वात्सल्य = शिशु-प्रेम, स्नेह, लाड़-प्यार
विष्णु = लक्ष्मीपति, चतुर्भुज, विश्वरूप, दामोदर, जनार्दन, हृषिकेश, अच्युत, श्रीधर, केशव, बैकुण्ठपति, माधव, पीताम्बर, चक्रपाणि, उपेन्द्र, श्रीपति
वृक्ष = द्रुम, पादप, पेड़, विटप, तरु, महीरुह
वायु = पवन, हवा, अनिल, समीर, बयार
विद्वान = पंडित, मनीषी, दूरदर्शी, सुधी, कोविद, बुध
विख्यात = प्रसिद्ध, विश्रुत, प्रख्यात, प्रथित
वसुधा = पृथ्वी, क्षिति
विद्यालय = स्कूल, शाला, पाठशाला, विद्यामन्दिर
व्यक्ति = आदमी, मनुष्य, नर, मानव, मनुज
सर्व = सम्पूर्ण, सब, सकल, समस्त, अखिल
समुद्र = पयोनिधि, उदधि, सागर, सिंधु, नदीश, पयोधि, रत्नाकर, नीरनिधि, जलधि, वारिधि, जलागर
सर्प = भुजंग, भुजंगम, विषधर, नाग, अहि, सांप, उरग, सारंग
समूह = समुदाय, गण, पुंज, जत्थ, दल, यूथ, मंडली, संघ, झुण्ड, टोली
सरस्वती = भाषा, वाणी, भारती, वाचा, गिरा, शारदा, इला, वागीश, वागेश्वरी, वीणापाणि, विमला, महाश्वेता
सूर्य = सूरज, मार्त्तण्ड, मरीची, भास्कर, रवि, प्रभाकर, दिनकर, भानु, दिनेश, दिवाकर, आदित्य
सुन्दर = कमनीय, ललित, रमणीक, मनोहर, कान्त, ललाम, चित्ताकर्षक, मंजुल, रुचिर, सुहावना, मनोरम
सिन्धुर = हस्ती, हाथी, गज, कुंजर, द्विप
स्वर्ग = सुरलोक, देवलोक, अमरलोक, नाक, त्रिदिव, द्युलोक, स्वर्गलोक, परलोक, दिव
सिंह = केसरी, मृगराज, शेर, मृगेन्द्र, शार्दूल, वनराज, वनपति, नाहर, केहरि, पंचानन
सोना = कंचन, कनक, स्वर्ण, हेम, जातरूप, हिरण्य
स्त्री = कान्ता, अवला, बनिता, ललना, नारी, रमणी, कलत्र, औरत, महिला

संकेत = इंगित, इशारा
सन्तान = औलाद, संतति
समीप = निकट, पास
सरिता = नदी, दरिया, तटिनी, निर्झरणी, तरंगणी
सहायता = मदद
साथी = सहायक, सहचर
साधन = उपाय, करण
साहस = हिम्मत, जीवट
सुविधा = सुभीता, आसानी
सेवक = अनुगामी, नौकर, अनुचर
संसार = जग, जगत, लोक, भव, दुनिया, विश्व
सेना = सैन्य, दल, वाहिनी, चमू
शरीर = कलेवर, तनु, देह, बदन, अंग, गात, काया, गात्र
शत्रु = बैरी, दुश्मन, विपक्षी, रिपु, अरि, अराति
शेर = केसरी, नाहर, पंचानन, व्याघ्र
शिकारी = व्याध, लुब्धक, जीवहिंसक, बधिक
शक्ति = बल, ताकत
शिक्षा = विद्या, प्रशिक्षण, तालीम
शिखर = शृंग, चोटी
शीघ्र = जल्द, तुरत, तत्काल, अविलंब, झटपट
शैतान = दुष्ट, धूर्त
हवा = पवन, समीर, वात, अनिल, वायु, प्रकम्पन, समीरण
हाथी = हस्ती, गज, मतंग, करि, दन्ती, वितुंड, द्विप, कुञ्जर, गयन्द, द्विरद, नग, सारंग, गजेन्द्र
हरि = कृष्ण, विष्णु, सूर्य, इन्द्र
हंस = गुरु, आत्मा, एक पक्षी
हार = पराजय, माला
हमेशा = सदा, सर्वदा
हर्ष = प्रसन्न, मोद, खुशी
हिम = ठण्डा, शीतल, बर्फ
हृदय = दिल, अन्तःकरण

❑ ❑ ❑

विलोम शब्द (विपरीतार्थक शब्द)

शब्द	विलोम शब्द	शब्द	विलोम शब्द
अमीर	गरीब	अल्पसंख्यक	बहुसंख्यक
अतिवृष्टि	अनावृष्टि	आलोक	अन्धकार
अमृत	विष	अनुरक्त	विरक्त
अनुराग	विराग	आर्द्र	शुष्क
अपना	पराया	अच्छा	बुरा
आकाश	पाताल	आजादी	गुलामी
अथ	इति	अर्वाचीन	प्राचीन
आय	व्यय	आविर्भाव	तिरोभाव
अर्थ	अनर्थ	अधिक	न्यून
आशा	निराशा	आरोह	अवरोह
अस्थिर	स्थिर	अन्त	आदि
आयात	निर्यात	आर्य	अनार्य
अनुज	अग्रज	अदृश्य	दृश्य
आज्ञा	अवज्ञा	आरम्भ	अन्त
अपराधी	निरपराधी	असत्य	सत्य
आस्तिक	नास्तिक	आधीन	स्वतंत्र
अभिमान	विनम्रता	असभ्य	सभ्य
आलसी	उद्यमी	आचार	अनाचार
अपेक्षा	उपेक्षा	अपवित्र	पवित्र
आदि	अन्त, अनादि	आक्रमण	बचाव
अनन्त	सान्त	अस्वस्थ	स्वस्थ
आदान	प्रदान	आलस्य	स्फूर्ति
अल्प	अधिक	अन्धकार	प्रकाश
आदर्श	यथार्थ	आभ्यन्तर	बाह्य
अनुकूल	प्रतिकूल	अन्तिम	प्रथम, पहला
आदर	निरादर, अनादर	आगमन	विदाई

आधुनिक निबन्ध

शब्द	**विलोम शब्द**	**शब्द**	**विलोम शब्द**
अगला	पिछला	कृतघ्न	कृतज्ञ
आशावादी	निराशावादी	उदय	अस्त
अचेत	सचेत	कर्कश	कोमल
आहूत	अनाहूत	उन्नति	अवनति
असमर्थ	समर्थ	क्रिया	प्रतिक्रिया
आकर्षण	अनाकर्षण	उल्लास	शोक
असहाय	सहायवान	कृत्रिम	प्राकृतिक
आधुनिक	पुरातन	उत्तम	अधम
अपराध	निरपराध	कपटी	निष्कपट
आवश्यक	अनावश्यक	उपचार	अपचार
इच्छा	अनिच्छा	क्रय	विक्रय
एक	अनेक	उपकार	अपकार
इच्छित	अनिच्छित	कृश	स्थूल
ऐक्य	अनेक्य	उदार	अनुदार
इहलोक	परलोक	कड़ुवा	मीठा
एकता	अनेकता	उचित	अनुचित
इष्ट	अनिष्ट	क्रुद्ध	शान्त
ऐश्वर्य	अनैश्वर्य	उत्साहित	हतोत्साहित,
ईश्वर	अनीश्वर	कठिन, कुटिल	सरल
ऐसा	वैसा		निरुत्साहित
ईमानदार	बेईमान	उपाय	निरुपाय
एहिक	पारलौकिक	कमजोर	बलवान
उत्तीर्ण	अनुत्तीर्ण	उद्यम	आलस्य
कृपण	उदार	कच्ची	पक्की
उपयोगी	अनुपयोगी	उपरिलिखित	निम्नलिखित,
कोमल	कठोर	कम	अधिक
उपस्थित	अनुपस्थित		अधोलिखित
कटु	मधुर	उपत्यका	अधिपत्यका
उत्तर	प्रश्न, प्रत्युत्तर	कुशल	अकुशल

आधुनिक निबन्ध

शब्द	विलोम शब्द	शब्द	विलोम शब्द
उत्कर्ष	अपकर्ष	दुर्बल	सबल
कीर्ति	अपकीर्ति	गोल	चौरस
उत्थान	पतन	दानी	याचक
कायर	वीर	घातक	रक्षक
उतार	चढ़ाव	दिवस	रात्रि
खरीदना	बेचना	चंचल	निश्चल
उपयुक्त	अनुपयुक्त	देवता	राक्षस
गुप्त	प्रकट	चिन्तित	निश्चिन्त
उदास	खुश	दयालु	निर्दयी
गरीब	अमीर	चेतना	मूर्च्छा
उत्साह	निरुत्साह	दीनता	प्रभुता
गौरव	लाघव	चेतन	जड़
उजाला	अंधेरा	दोषी	निर्दोष
ग्राम्य	नागर	चल	अचल
ऊपर	नीचे	देव	दानव
ग्राह्य	अग्राह्य	चिरंतन	नश्वर
गुरु	शिष्य	दिन	रात
जीवित	मृत	चपल	गम्भीर
गुण	अवगुण, दोष	दुर्गम	सुगम
ज्यादा	कम	चर	अचर
गर्म	ठण्डा	दुर्गन्ध	सुगन्ध
तीक्ष्ण	मंद	चरित्रवान	चरित्रहीन
गहरा	छिछला, उथला	दुःखी	सुखी
थोक	परचून	चतुर	मूर्ख
गमन	आगमन	दुर्भाग्य	सौभाग्य
थोड़ा	बहुत, ज्यादा	चढ़ाव	उतराव
गर्मी	सर्दी	दूर	निकट
दाता	कृपण	छल	निश्छल
गंदगी	सफाई	दुर्लभ	सुलभ

शब्द	विलोम शब्द	शब्द	विलोम शब्द
छोटा	बड़ा	न्याय	अन्याय
धनी	निर्धन	परिश्रमी	आलसी
जन्म	मरण	न्यून	अधिक
धर्म	अधर्म	पहले	पीछे
जीवन	मृत्यु	नश्वर	अनश्वर
धीर	अधीर	पीछा	आगा
जंगम	स्थावर	निश्चय	अनिश्चय
धीरज	अधीरता	प्रशंसा	निन्दा
जय	पराजय	नेक	बद
ध्वनि	प्रतिध्वनि	प्रकट	गुप्त
जागरण	शयन	नवीन	प्राचीन
धनवान	निर्धन	फुर्ती	सुस्ती
जाग्रत	सुप्त	नरक	स्वर्ग
नया	पुराना	बाहर	भीतर
ज्वार	भाटा	पाप	पुण्य
नूतन	पुरातन	बुराई	भलाई
ज्येष्ठ	कनिष्ठ	प्रकाश	अन्धकार
निकट	दूर	बाह्य	आन्तरिक
जान	अनजान	प्रत्यक्ष	परोक्ष, अप्रत्यक्ष
निर्दय	सदय	बाढ़	सूखा
नित्य	अनित्य	प्रश्न	उत्तर
निषेध	विधि	बर्बर	सभ्य
पण्डित	मूर्ख	प्रातःकाल	सायंकाल
निरोगी	रोगी	बदबू	खुशबू
पश्चात्	पूर्व, पहले	प्राचीन	नवीन, अर्वाचीन
नियत	अनियत	बन्द	खुला
पूर्ण	अपूर्ण	पोषण	शोषण
निन्दा	स्तुति, प्रशंसा	बहादुर	डरपोक
प्रमुख	गौण	पूर्व	पश्चिम

शब्द	विलोम शब्द	शब्द	विलोम शब्द
बन्धन	मुक्ति	मौखिक	लिखित
प्रेम	द्वेष	रुचि	अरुचि
भलाई	बुराई	मित्रता	शत्रुता
पुरस्कार	तिरस्कार, दण्ड	रात	दिन
भूत	वर्तमान	मानव	दानव
प्रवृत्ति	निवृत्ति	लोक	परलोक
भारी	हल्का	मनुष्यता	पशुता
पूर्वाह्न	अपराह्न	लौकिक	अलौकिक
भूगोल	खगोल	मर	अमर
प्रथम	अन्तिम	लाभ	हानि
भोगी	योगी	महान	तुच्छ
पवित्र	अपवित्र	लेन	देन
भाग्य	दुर्भाग्य	मित्र	शत्रु
पूरा	अधूरा	लालसा	अनिच्छा
भाव	अभाव	मार्ग	कुमार्ग
पराजय	विजय, जय	लघु	गुरु
भूषण	दूषण	मुख्य	गौण
पर्याप्त	अपर्याप्त	लाघव	गौरव
भूरि	अल्प	महात्मा	दुरात्मा
प्रसन्न	अप्रसन्न	लाभकारी	हानिकारक
भयभीत	निर्भय	मान	अपमान
पक्षपाती	निष्पक्ष	वीर	कायर
भीतर	बाहर	मंगल	अमंगल
मलिन	स्वच्छ	विजय	पराजय
रुग्ण	स्वस्थ	मोल	अमोल
मीठा	कड़वा, नमकीन	वर्तमान	अतीत
रति	विरति	महत्त्वपूर्ण	महत्त्वहीन
मुक्ति	बन्धन	विपदा	संपदा
रचनात्मक	ध्वंसात्मक	मुश्किल	आसान

शब्द	विलोम शब्द	शब्द	विलोम शब्द
व्यय	आय	सुबुद्धि	दुर्बुद्धि
मूक	वाचाल	साकार	निराकार
विपुल	न्यून	संयोग	वियोग
मधुर	कटु, कर्कश	साफ	गन्दा
विश्वास	अविश्वास	स्वर्ग	नरक
मैत्री	शत्रुता	सुरूप	कुरूप
वैकल्पिक	अनिवार्य	सजीव	निर्जीव
यश	अपयश	शहरी	ग्रामीण
विलास	तपस्या	स्वाधीन	पराधीन
योग्य	अयोग्य	शत्रु	मित्र
विधि	निषेध	स्वार्थ	परमार्थ
युक्त	अयुक्त	शिष्ट	अशिष्ट
विदेश	स्वदेश	सम्भव	असम्भव
योगी	भोगी	शीतल	उष्ण
वर	वधू	सौभाग्य	दुर्भाग्य
युद्ध	शान्ति	शुद्ध	अशुद्ध
विनम्र	ढीठ	सदुपयोग	दुरुपयोग
राजा	रंक	शिक्षित	अशिक्षित
विस्तृत	सीमित, संक्षिप्त	स्वामी	सेवक
रक्षक	भक्षक	शाकाहारी	मांसाहारी
विशाल	लघु	सद्गुण	दुर्गुण
राग	द्वेष	शुभ	अशुभ
विरोध	समर्थन	सार्थक	निरर्थक
रात्रि	दिवस	शकुन	अपशकुन
साकार	निराकार	संपत्ति	विपत्ति
रोगी	निरोगी, स्वस्थ	शयन	जागरण
सज्जन	दुर्जन	स्थूल	सूक्ष्म
सुगन्ध	दुर्गन्ध	शोक	हर्ष
स्वीकार	अस्वीकार	स्वतंत्र	परतंत्र

शब्द	**विलोम शब्द**	**शब्द**	**विलोम शब्द**
शीत	उष्ण	सदाचार	दुराचार
सधवा	विधवा	हिंसा	अहिंसा
शिष्य	गुरु	सामान्य	विशेष
सुपुत्र	कुपुत्र	हल्का	भारी
श्लाघा	निन्दा	स्वकीय	परकीय
सच	झूठ	हरा	सूखा
शान्त	अशान्त	सकाम	निष्काम
सुबोध	दुर्बोध	ह्रास	विकास
शुभ्र	कृष्ण	सौम्य	भीषण
साधारण	असाधारण	हास, हंसी	रुदन
श्वास	उच्छ्वास	स्फूर्ति	आलस्य
सत्	असत्	हेय	प्रशंसनीय
हर्ष	विषाद	सम्मान	अपमान
सम्मुख	विमुख	हित	अनहित, अहित
हानि	लाभ	संकुचन	प्रसारण
		ज्ञान	अज्ञान

❑ ❑ ❑

भाववाचक संज्ञाएं

शब्द	भाववाचक संज्ञाएँ	शब्द	भाववाचक संज्ञाएँ
अपना	अपनापन, अपनत्व	देव	देवत्व
अहं	अहंकार	दानव	दानवता
अच्छा	अच्छाई	दीन	दीनता
आवश्यक	आवश्यकता	दूर	दूरी
आलसी, आलस	आलस्य	दौड़ना	दौड़
उड़ना	उड़ान	दबना	दबाव
उदार	उदारता	दुर्बल	दुर्बलता
कहना	कहावत	धीर	धैर्य
कुमार	कौमार्य	नारी	नारीत्व
कर्कश	कर्कशता	निपुण	निपुणता
कमाना	कमाई	निज	निजत्व
काला	कालिमा, कालिख	निकट	निकटता
कृतज्ञ	कृतज्ञता	पुरुष	पुरुषत्व, पौरुष
कृपण	कृपणता	प्रभु	प्रभुत्व, प्रभुता
कठिन	कठिनाई, कठिनता	परतन्त्र	परतन्त्रता
खट्टा	खटास	पढ़ना	पढ़ाई
खेलना	खेल	पशु	पशुता, पशुत्व
खिलखिलाना	खिलखिलाहट	पण्डित	पाण्डित्य
गुरु	गौरव	प्यासा	प्यास
गहरा	गहराई	पराया	परायापन
गर्म	गर्मी	फुर्तीला	फुर्ती
घबराना	घबराहट	बच्चा	बचपन
चढ़ना	चढ़ाई	बन्धु	बन्धुत्व
चतुर	चातुर्य, चतुरता, चतुराई, चातुरी	बूढ़ा	बुढ़ापा
		स्वस्थ	स्वास्थ्य
चलना	चाल	बुरा	बुराई
चुनना	चुनाव	बनाना	बनावट

शब्द	भाववाचक संज्ञाएँ	शब्द	भाववाचक संज्ञाएँ
चौड़ा	चौड़ाई	बहना	बहाव
ठण्डा	ठण्डक	भारी	भारीपन
डाकू	डकैती	भला	भलाई
डरना	डर	मानव	मानवता
थकना	थकावट, थकान	मम	ममता, ममत्व
मीठा	मिठास	सुन्दर	सुन्दरता, सौन्दर्य
मोटा	मोटापा	सरल	सरलता
मनुष्य	मनुष्यता	स्वतंत्र	स्वतंत्रता
मुस्कुराना	मुस्कुराहट	सजाना	सजावट
मिलना	मेल, मिलाप	स्व	स्वत्व
मैं	ममत्व	समीप	समीपता, सामीप्य
मित्र	मित्रता	संतुलित	संतुलन
मधुर	मधुरता	सींचना	सिंचाई
मूर्ख	मूर्खता	शत्रु	शत्रुता
मारना	मार	शिशु	शैशव
युवक	यौवन	सफल	सफलता
राष्ट्र	राष्ट्रीयता	सफेद	सफेदी
लघु	लघुता	शुद्ध	शुद्धता
लड़का	लड़कपन	शिष्ट	शिष्टता
लिखना	लेख, लिखावट	शीघ्र	शीघ्रता
लूटना	लूट, लुटाई	हंसना	हंसी
लेना-देना	लेन-देन	हिन्दू	हिन्दुत्व
लड़ना	लड़ाई	हरा	हरियाली
लम्बा	लम्बाई	लाल	लाली, लालिमा
लिखना	लिखाई	लोभी	लोभ
विद्वान	विद्वत्ता	विनम्र	विनम्रता
वीर	वीरता	वैराग	वैराग्य
स्त्री	स्त्रीत्व	सच्चा	सच्चाई
सज्जन	सज्जनता	स्वाधीन	स्वाधीनता

❑ ❑ ❑

समास

समास का अर्थः दो या दो से अधिक सम्बन्धित शब्दों को मिलाकर जब एक शब्द में परिवर्तित कर संक्षिप्त कर दिया जाता है तो उसे ही **समास** कहते हैं।

समस्त पदः समास करने के बाद जो एक शब्द बन जाता है उसे ही समस्त पद कहते हैं। जैसे राजमहल, देश-भक्ति आदि शब्द **समस्त पद** हैं।

विग्रहः दाल-रोटी व भर-पेट आदि समस्त पदों को जब अलग-अलग करके पहले की अवस्था में बदल दिया जाता है तो इसे **विग्रह** कहते हैं जैसेः– दाल और रोटी, पेट भर कर आदि।

समास, अर्थ के आधार पर **छः प्रकार** के होते हैं।

1. तत्पुरुष, 2. कर्मधारय, 3. द्विगु, 4. द्वन्द्व, 5. अव्ययीभाव, 6. बहुव्रीहि।

1. तत्पुरुष समासः जिस समास में दूसरा पद प्रधान होता है उसे **तत्पुरुष समास** कहते हैं। समास करने पर कर्त्ता के अतिरिक्त जब अन्य कारकों के चिह्न का जहां लोप हो जाता है, वहां ही **तत्पुरुष समास** होता है। **जैसेः**–

(क) **कर्म कारक की विभक्ति 'को' का लोपः शरणागत** = शरण को आया, **माखनचोर** = माखन को चुराने वाला; **स्वर्ग-प्राप्त** = स्वर्ग को प्राप्त।

(ख) **करण कारक की विभक्ति 'से' या 'के द्वारा' का लोपः**
हस्तलिखित = हस्त (हाथ) से लिखित **या** हस्त के द्वारा लिखित
मुँहमाँगा = मुंह से मांगा ; **रेखांकित** = रेखा से अंकित

(ग) **सम्प्रदान कारक की विभक्ति 'के लिए' का लोपः**
रक्षा-बन्धन = रक्षा के लिए बन्धन
भोजन-सामग्री = भोजन के लिए सामग्री
देश-भक्ति = देश के लिए भक्ति

(घ) **अपादान कारक की विभक्ति 'से' का लोपः**
दृष्टिहीन = दृष्टि से हीन
धर्मभ्रष्ट = धर्म से भ्रष्ट
भयभीत = भय से भीत (डरा हुआ)

(ङ) **संबंध कारक की विभक्ति 'का/की/के' का लोपः**
राजमहल = राजा का महल
राज्य-सीमा = राज्य की सीमा
अयोध्यापति = अयोध्या के पति

(च) **अधिकरण कारक की विभक्ति 'में/पर' का लोपः**

बनवास = वन में वास

आपबीती = आप पर बीती

घुड़सवार = घोड़े पर सवार

2. कर्मधारय समास = जहां दोनों पदों में विशेष्य-विशेषण तथा उपमेय उपमान का सम्बन्ध हो, वह कर्मधारय समास कहलाता है। यह समास तत्पुरुष समास का ही उपभेद है। जैसेः चन्द्रमुख = चन्द्रमा के समान मुख; यहां 'मुख' (उपमेय) की उपमा 'चन्द्र' (उपमान) से दी गई है। तथा नीलकमल = नीला कमल; यहां 'नील' विशेषण है तथा 'कमल' विशेष्य है। यहां विशेषण नील का विशेष्य कमल से सम्बन्ध है। अन्य उदाहरण इस प्रकार हैंः

महापुरुष = महान पुरुष

मृदुवाणी = मृदु वाणी

सज्जन = सत् (अच्छा) जन (व्यक्ति)

चरणकमल = कमल के समान चरण

3. द्विगु समास = जहां पहला पद संख्यावाची हो, उसे द्विगु समास कहते हैं। यह समास भी तत्पुरुष समास का ही उपभेद है। जैसेः

त्रिलोकी = तीन लोकों का समुदाय

नवरत्न = नौ रत्नों का समुदाय

चौराहा = चार राहों का समूह

त्रिफला = तीन फलों का समूह

4. द्वन्द्व समास = जिस समास में दोनों खण्ड समान हों अर्थात् प्रधान हों, वह द्वन्द्व समास कहलाता है। इनका विग्रह करने पर 'और' अथवा 'या' लगता है। जैसे :

माता-पिता = माता और पिता

खरा-खोटा = खरा या खोटा

दाल-भात = दाल और भात

राधेश्याम = राधा और श्याम

5. अव्ययवीभाव समास = जिस समास में पहला पद अव्यय हो और समस्त पद अव्यय बन जाता है, वह अव्ययीभाव समास कहलाता है। इन सभी में पहले शब्द की प्रधानता होती है। जैसे – 'आजीवन' = जीवन भर। इसमें 'जीवन' की ही नहीं 'आ' (भर) की प्रधानता है। इसके अन्य उदाहरण हैंः

यथाशक्ति = शक्ति के अनुसार

आजन्म = जन्म से लेकर

आज्ञानुसार = आज्ञा के अनुसार

प्रतिदिन = दिन-दिन अर्थात् प्रत्येक दिन

6. बहुव्रीहि समास : जिस समास में दोनों पद प्रधान हों तथा समस्त पद किसी अन्य अर्थ का वाचक हो, उसे बहुब्रीहि समास कहते हैं। जैसेः दशानन = दश (दस) हैं आनन (मुँह) जिसके – रावण

इसमें दोनों पद 'दश' तथा 'आनन' की प्रधानता है तथा अन्य अर्थ (रावण) का बोध हो रहा है। अन्य उदाहरण हैं:

पीताम्बर = पीत हैं अम्बर (वस्त्र) जिसके – श्रीकृष्ण

पंचानन = पाँच हैं आनन (मुँह) जिसके – ब्रह्मा

चन्द्रशेखर = चन्द्र है शेखर (मस्तक) पर जिसके – शिव

लम्बोदर = लम्बा है उदर (पेट) जिसका – गणेश

नोटः कई शब्द बहुब्रीहि तथा कर्मधारय दोनों समासों में प्रयुक्त होते हैं। ये किस समास के उदाहरण है – यह उनके विग्रह पर निर्भर करता है। जैसेः- चन्द्रमुख = चन्द्रमा जैसा मुख (कर्मधारय); चन्द्रमुख = चन्द्रमा जैसे मुख वाला (बहुब्रीहि)

समास के कुछ आवश्यक अन्य उदाहरण हैं:

समस्त पद	**विग्रह**	**समास का नाम**
नवरात्र	नौ रात्रियों का समूह	द्विगु
सुख-दुःख	सुख या (और) दुःख	द्वन्द्व
बारहसिंगा	बारह हैं सींग जिसके (मृग विशेष)	बहुव्रीहि
नीलकण्ठ	नीला कण्ठ	कर्मधारय
दिनचर्या	दिन की चर्या	तत्पुरुष
सेनापति	सेना का पति	तत्पुरुष
गुरु-शिष्य	गुरु एवं शिष्य	द्वन्द्व
रसोईघर	रसोई के लिए घर	तत्पुरुष
चीख-पुकार	चीख और पुकार	द्वन्द्व
दोपहर	दो पहरों का समूह	द्विगु
हिमालय	हिम का आलय	तत्पुरुष
बैलगाड़ी	बैल और गाड़ी	द्वन्द्व
मुँहमाँगा	मुँह से माँगा हुआ	तत्पुरुष

❑❑❑

सन्धि

'सन्धि' शब्द का अर्थ: दो अक्षरों व वर्णों के अत्यन्त समीप होने से उनके आपस में मिल जाने के कारण जो विकार (परिवर्तन) होता है, उसे सन्धि कहते हैं।

'सन्धि' के प्रमुख भेद: इसके निम्नलिखित तीन भेद हैं:
1. स्वर सन्धि, 2. व्यंजन सन्धि, 3. विसर्ग सन्धि।

1. स्वर सन्धि

अर्थ: स्वर के पश्चात् स्वर होने पर उसमें जो परिवर्तन आता है, उसे स्वर सन्धि कहते हैं। इसके पाँच प्रकार हैं – दीर्घ, गुण, यण, वृद्धि और अयादि।

इनसे सम्बन्धित कुछ उदाहरण निम्नलिखित हैं:

(1) **अ + अ = आ**
राम + अवतार = रामावतार ; धर्म + अर्थ = धर्मार्थ

(2) **अ + आ = आ**
हिम + आलय = हिमालय ; छात्र + आवास = छात्रावास

(3) **आ + अ = आ**
विद्या + अर्थी = विद्यार्थी ; पूजा + अर्चन = पूजार्चन

(4) **आ + आ = आ**
वृत्ता + आकार = वृत्ताकार ; महा + आत्मा = महात्मा

(5) **इ + ई = ई**
रवि + इन्द्र = रवीन्द्र ; कवि + इन्द्र = कवीन्द्र

(6) **इ + ई = ई**
कवि + ईश = कवीश ; गिरि + ईश = गिरीश

(7) **ई + इ = ई**
मही + इन्द्र = महीन्द्र ; शची + इन्द्र = शचीन्द्र

(8) **ई + ई = ई**
नारी + ईश्वर = नारीश्वर ; सती + ईश = सतीश

(9) **उ + उ = ऊ**
गुरु + उपदेश = गुरूपदेश ; सु + उक्ति = सूक्ति

(10) **उ + ऊ = ऊ तथा ऊ + उ = ऊ**
लघु + ऊर्मि = लघूर्मि ; वधू + उत्सव = वधूत्सव

(11) **ऊ + ऊ = ऊ** = वधू + ऊर्जा = वधूर्जा

(12) **अ + इ = ए**
सुर + इन्द्र = सुरेन्द्र ; धर्म + इन्द्र = धर्मेन्द्र

(13) **आ + इ = ए तथा अ + ई = ए**
महा + इन्द्र = महेन्द्र ; परम + ईश्वर = परमेश्वर

(14) **आ + ई = ए तथा अ + उ = ओ**
रमा + ईश = रमेश ; पर + उपकार = परोपकार

(15) **आ + उ = ओ तथा अ + ऊ = ओ**
महा + उदधि = महोदधि ; जल + ऊर्मि = जलोर्मि

(16) **आ + ऊ = ओ तथा अ + ऋ = अर्**
यमुना + ऊर्मि = यमुनोर्मि ; ब्रह्म + ऋषि = ब्रह्मर्षि

(17) **आ + ऋ = अर् तथा अ + ए = ऐ**
महा + ऋषि = महर्षि ; हर + एक = हरेक

(18) **अ + ऐ = ऐ तथा आ + ए = ऐ**
मत + ऐक्य = मतैक्य ; सदा + एव = सदैव

(19) **आ + ऐ = ऐ तथा अ + ओ = औ**
महा + ऐश्वर्य = महैश्वर्य ; जल + ओध = जलौध

(20) **आ + ओ = औ तथा अ + औ = औ**
महा + ओज = महौज ; वन + औषध = वनौषध

(21) **आ + औ = औ तथा इ + अ = य**
महा + औषध = महौषध ; अति + अधिक = अत्यधिक

(22) **ई + अ = य तथा इ + आ = या**
देवी + अर्पण = देव्यर्पण ; अति + आवश्यक = अत्यावश्यक

(23) **ई + आ = या तथा इ + उ = यु**
नदी + आगमन = नद्‌यागमन ; प्रति + उपकार = प्रत्युपकार

(24) **इ + ए = ये तथा उ + अ = व**
प्रति + एक = प्रत्येक ; अनु + अय = अन्वय

(25) **उ + आ = वा तथा ऋ + आ = रा**
लघु + आकार = लघ्वाकार ; पितृ + आज्ञा = पित्राज्ञा

(26) **ए + अ = अय तथा ऐ + अ = आय**
ने + अन = नयन ; नै + अक = नायक

(27) **ऐ + इ = आइ तथा ओ + अ = अव**
नै + इका = नायिका ; भो + अन = भवन

(28) **औ + अ = आव तथा ओ + इ = अवि**
पौ + अक = पावक ; पो + इत्र = पवित्र

(29) **औ + इ = आवि तथा औ + उ = आवु**
नौ + इक = नाविक ; भौ + उक = भावुक

2. व्यंजन संन्धि

अर्थः व्यंजन का व्यंजन से अथवा किसी स्वर से मेल होने पर व्यंजन में जो परिवर्तन होता है, उसे **व्यंजन सन्धि** कहते हैं। जैसेः जगत् + ईश = जगदीश। व्यंजन सन्धि को तीन वर्गों में विभाजित किया जा सकता हैः

(i) व्यंजन और स्वर का मेल जैसेः सत् + उपयोग = सदुपयोग [त् (व्यंजन) + उ (स्वर)]
(ii) स्वर और व्यंजन का मेल जैसेः अनु + छेद = अनुच्छेद [उ (स्वर) + छ (व्यंजन)]
(iii) व्यंजन और व्यंजन का मेल जैसेः जगत् + जननी = जगज्जननी [त् (व्यंजन) + ज (व्यंजन)]

व्यंजन सन्धि के कुछ उदाहरण इस प्रकार हैंः

दिक् + दर्शन = दिग्दर्शन   दिक् + गज = दिग्गज

षट् + दर्शन = षड्दर्शन	उत् + लास = उल्लास
वाक् + मुख = वाङ्मुख	निर् + रोग = नीरोग
उत् + जल = उज्ज्वल	उत् + चारण = उच्चारण
शरत् + चन्द्र = शरच्चंद्र	सम् + कल्प = संकल्प
राम + अयन = रामायण	भूष् + अन = भूषण
नि + सेध = निषेध	षट् + आनन = षडानन
सम् + तोष = संतोष	वि + सम = विषम

३. विसर्ग संधि

अर्थः विसर्ग (:) के साथ स्वर अथवा व्यंजन के मेल से जो परिवर्तन होता है, उसे **विसर्ग सन्धि** कहा जाता है। जैसेः निः + छल = निश्छल; नमः + ते = नमस्ते।

विसर्ग सन्धि के अन्य उदाहरण इस प्रकार हैः

मनः + ताप = मनस्ताप	निः + चल = निश्चल
निः + कपट = निष्कपट	निः + धन = निर्धन
दुः + कर्म = दुष्कर्म	निः + सन्देह = निस्संदेह
अतः + एव = अतएव	मनः + योग = मनोयोग
मनः + हर = मनोहर	निः + नय = निर्णय
निः + रव = नीरव	दुः + लभ = दुर्लभ
मनः + रंजन = मनोरंजन	दुः + गुण = दुर्गुण
निः + आकार = निराकार	निः + जन = निर्जन
दुः + बल = दुर्बल	निः + रस = नीरस
मनः + रथ = मनोरथ	निः + फल = निष्फल

सन्धि-विच्छेद से सम्बन्धित कुछ आवश्यक उदाहरण

शब्द	सन्धि-विच्छेद	सन्धि का नाम
वनांचल	वन + अंचल	स्वर
निष्पाप	निः + पाप	विसर्ग
उद्धार	उत् + हार	व्यंजन
एकैक	एक + एक	स्वर

शब्द	सन्धि-विच्छेद	सन्धि का नाम
श्वेताम्बर	श्वेत + अम्बर	स्वर
दिगम्बर	दिक् + अम्बर	व्यंजन
नरेन्द्र	नर + इन्द्र	स्वर
आशीर्वाद	आशीः + वाद	विसर्ग
सम्बन्ध	सम् + बन्ध	व्यंजन
सारांश	सार + अंश	स्वर
जगदीश	जगत् + ईश	व्यंजन
संयोग	सम् + योग	व्यंजन
रेखांश	रेखा + अंश	स्वर
भूताभूत	भूत + अभूत	स्वर
ज्ञानातिरेक	ज्ञान + अतिरेक	स्वर
शीतोष्ण	शीत + उष्ण	स्वर
सुरासुर	सुर + असुर	स्वर
एकाधिक	एक + अधिक	स्वर
तद्भव	तत् + भव	व्यंजन
पवन	पो + अन	स्वर
प्रत्युत्तर	प्रति + उत्तर	स्वर
संध्या	सम् + ध्या	व्यंजन
भावार्थ	भाव + अर्थ	स्वर
सदाचार	सत् + आचार	व्यंजन
स्वागत	सु + आगत	स्वर
नद्यागमन	नदी + आगमन	स्वर
महोत्सव	महा + उत्सव	स्वर
उन्मत्त	उत् + मत्त	व्यंजन
आद्यन्त	आदि + अन्त	स्वर
दन्तोष्ठ	दन्त + ओष्ठ	स्वर
लोकोक्ति	लोक + उक्ति	स्वर

❑❑❑

अनेक शब्दों/वाक्यांशों/वाक्यों के लिए एक शब्द

अनेक शब्द/वाक्यांश या वाक्य	एक शब्द
जो कभी बूढ़ा न हो	अजर
जो सभी के मन की बात जानता हो	अन्तर्यामी
जो देखा न जा सके	अगोचर, अदृश्य
जो बात बिल्कुल संभव न हो	असम्भव
जो बिना वेतन के काम करे	अवैतनिक
जिसका अन्त न हो	अनन्त
जिसका आदि न हो	अनादि
जिसकी तुलना न हो	अतुलनीय
जो कभी मरता न हो	अमर
जिसका कोई शत्रु पैदा न हुआ हो	अजातशत्रु
जिस पर विश्वास न किया जा सके	अविश्वस्त, अविश्वसनीय
जिसका नाश न हो	अनश्वर, अविनाशी
ऐसे स्थान पर निवास जहाँ का कोई पता न पा सके	अज्ञातवास
जिसके समान कोई दूसरा न हो	अद्वितीय
जिसके माता-पिता न हों	अनाथ, यतीम
जिसका वर्णन न हो सके	अवर्णनीय
जिसकी कोई कीमत न हो	अमूल्य
जिसका इलाज न हो सके	असाध्य
जिसकी आयु छोटी हो	अल्पायु
जो इस लोक का न हो	अलौकिक
जो पढ़ा-लिखा न हो	अपढ़, अनपढ़
जो बीत चुका हो	अतीत
जो नीचे लिखित (लिखा) हो	अधोलिखित, निम्नलिखित
अनेक राष्ट्रों से परस्पर सम्बन्ध रखने वाला	अन्तर्राष्ट्रीय
जो जीता न जा सके	अजेय
जो बिल्कुल न चले	अचल, स्थावर
जो कहा न जा सके	अकथनीय
जिस पर मुकदमा चल रहा हो	अभियुक्त
जिस पर अपराध सिद्ध हो चुका हो	अपराधी

आधुनिक निबन्ध

अनेक शब्द/वाक्यांश या वाक्य	एक शब्द
जो अभिनय करता है	अभिनेता
जहाँ इलाज के लिए जाते हैं	अस्पताल, चिकित्सालय
जो ईश्वर को मानता हो	आस्तिक
जो माँस खाता हो	आमिषभोजी, मांसाहारी
जिसमें कपट न हो	निष्कपट
अपनी हत्या आप करने वाला	आत्मघाती
जो साग-सब्जी खाने वाला हो	शाकाहारी, निरामिष
जिसे लज्जा न आती हो	निर्लज्ज
प्रतिदिन होने वाला	दैनिक
प्रति सप्ताह होने वाला	साप्ताहिक
प्रति मास होने वाला	मासिक
जो तीन महीने में एक बार हो	त्रैमासिक
मधुर वचन बोलने वाला	मधुरभाषी
साफ (स्पष्ट) बात कहने वाला	स्पष्टवादी, स्पष्टभाषी
जो सब जगह व्याप्त (फैला) हो	सर्वव्यापक
आकाश को छूने वाला	गगनचुम्बी
पूरे राष्ट्र से सम्बन्ध रखने वाला	राष्ट्रीय
जिसका कोई आकार न हो	निराकार
ऊपर कहा गया	उपर्युक्त
बिना शुल्क के अथवा जिसका कोई शुल्क न हो	निःशुल्क
जिसकी पत्नी मर चुकी हो	विधुर
जिसका पति मर गया हो	विधवा
जो ईश्वर को नहीं मानता	नास्तिक
जो किए हुए उपकार को नहीं मानता हो	कृतघ्न
जिसका भूगोल से सम्बन्ध हो	भौगोलिक
जिसका इतिहास से सम्बन्ध हो	ऐतिहासिक
जो अपना ही स्वार्थ देखने वाला हो	स्वार्थी
बहुत बढ़-चढ़ कर बोलने वाला	वाचाल
जिसका आचार (आचरण) अच्छा हो	सदाचारी
जिसका आचार (आचरण) अच्छा न हो	दुराचारी
किए हुए उपकार को मानने वाला	कृतज्ञ
जो बहुत रूप धारण करता हो	बहुरूपिया

अनेक शब्द/वाक्यांश या वाक्य	एक शब्द
जो प्रशंसा के योग्य हो	प्रशंसनीय
जो सदा बदलने वाला हो	परिवर्तनशील
शक्ति के अनुसार	यथाशक्ति
सतोगुण (अच्छे गुणों) वाला	सात्विक
तमोगुण (बुरे गुणों) वाला	तामसिक
जिसमें दया की भावना न हो	निर्दयी
जनता का राज्य	जनतंत्र
जो पूर्व समय में हो चुका हो	भूतपूर्व
जो क्षमा न किया जा सके	अक्षम्य
वर्षा के चार महीनों का समूह	चौमासा
जो चिन्ता से घिरा हुआ हो	चिन्ताग्रस्त
जो नाप-तोल कर खर्च करे	मितव्ययी
जिसको लज्जा न आती हो	निर्लज्ज
जो नई वस्तु की खोज करे	आविष्कारक
जिसने इन्द्रियों को जीत लिया हो	जितेन्द्रिय
जो दर्शन-शास्त्रों का ज्ञाता हो	दार्शनिक
अपनी इच्छा से सेवा करने वाला	स्वयंसेवक
सदा रहने वाला	शाश्वत
काम से जी चुराने वाला	कामचोर
जो किसी का पक्ष न ले	निष्पक्ष
नभ (आकाश) में घूमने वाला	नभचर
जल में रहने वाला	जलचर
किसी सम्प्रदाय से सम्बन्ध रखने वाला	साम्प्रदायिक
रोंगटे खड़े कर देने वाला	रोमांचकारी
एक भाषा की बात दूसरी भाषा में अनुवाद करने वाला	दुभाषिया
भूत, भविष्य तथा वर्तमान को जानने वाला	त्रिकालदर्शी
दूसरों के दोष ढूंढने वाला	छिद्रान्वेषी
जिसे दण्ड का भय न हो	उद्दण्ड
जो सहन कर सकता हो	सहिष्णु
जो हिंसा में विश्वास न रखता हो	अहिंसक
मोक्ष चाहने वाला	मुमुक्षु
किसी की ओर से बोलने वाला	प्रवक्ता

अनेक शब्द/वाक्यांश या वाक्य	**एक शब्द**
वीर को जन्म देने वाली	वीर प्रसूता
गोद लिया (पुत्र या पुत्री) हुआ	दत्तक (पुत्र या पुत्री)
भरण-पोषण करने वाला	भर्त्ता
सेना के ठहरने या रखने का स्थान	छावनी
शिव-भक्ति करने वाला	शैव
पुराणों से सम्बन्ध रखने वाला	पौराणिक
भावना में बहने वाला	भावुक
जो उपकार का कार्य करे	परोपकारी
जो परिचित न हो	अपिरिचत
एक साथ मिलकर गाया जाने वाला	सहगान
आयुर्वेद सम्बन्धी	आयुर्वेदिक
जिसकी चार भुजाएँ हों	चतुर्भुज
जिसकी तीन भुजाएँ हों	त्रिभुज
जिसकी बहुत (अनेक) भुजाएँ हों	बहुभुज
जो एक ही जाति के हों	सजातीय
जो देर तक स्मरण किया जाने वाला हो	स्मरणीय
जो उचित समय पर न हो	असामयिक
पति तथा पत्नी	दम्पती
विद्या की इच्छा रखने वाला या पढ़ने वाला	विद्यार्थी
आशा से बढ़कर (अधिक)	आशातीत
जो काम करने में उत्साही हो	कर्मठ
पलभर के लिए टिकने वाला	क्षणिक
जो किसी की हत्या करता हो	हत्यारा
जिसकी गहराई का पता न हो	अथाह
जो सामान्य से हट कर (विरुद्ध) हो	अपवाद
वेदों से सम्बन्धित	वैदिक
जो जानने का इच्छुक हो	जिज्ञासु
उच्च कुल से सम्बन्ध रखने वाला	कुलीन
देश की सेवा करने वाला	देशभक्त
फल खाकर निर्वाह करने वाला	फलाहारी
जिसका पति जीवित हो	सधवा
जहाँ पहुँचना कठिन हो	दुर्गम

अनेक शब्द/वाक्यांश या वाक्य	एक शब्द
जिसकी उपमा न हो सके	अनुपम
समाज से सम्बन्ध रखने वाली वस्तु	सामाजिक
जिसे कर्त्तव्य न सूझ रहा हो	किंकर्त्तव्यविमूढ़
जो नष्ट होने वाला हो	नश्वर
(पन्द्रह दिन) पक्ष में होने वाला हो	पाक्षिक
प्रजा द्वारा चलाया जाने वाला राज्य	प्रजातन्त्र
हिंसा करने वाला	हिंसक
जो छुआ न गया हो	अछूता
नीति को जानने वाला	नीतिज्ञ
जिसमें सन्देह न हो	निस्संदेह
समान अधिकार पर विश्वास करने वाला	समाजवादी
जो व्याकरण का ज्ञाता (विद्वान) हो	वैयाकरण, व्याकरण ज्ञाता
जिसके हाथ में चक्र हो	चक्रपाणि
जो सुधार करने वाला हो	सुधारक
रचना करने वाला	रचयिता
दस मुँह हों जिसके	दशानन
गांधीजी के विचारों को मानने वाला	गांधीवादी
विष्णु की उपासना करने वाला	वैष्णव
जो बोल नहीं सकता	मूक
जो सुन नहीं सकता	बधिर
जिसके चार पैर हों	चतुष्पद
अण्डे से पैदा होने वाला	अण्डज
कलाकार द्वारा बनाई वस्तु	कलाकृति
चार मुँह वाला	चतुरानन
जो आँखों के सामने हो	प्रत्यक्ष
जो आँखों के सामने न हो	परोक्ष
तर्कशास्त्र का ज्ञाता	तर्कशास्त्री
जो अच्छा बोलता हो	सुवक्ता

अनेकार्थक शब्द

कुछ शब्दों के अर्थ एक से अधिक होते हैं ऐसे शब्द ही अनेकार्थी कहलाते हैं। इन शब्दों का अर्थ प्रसंग के अनुसार लिया जाता है। कुछ अनेकार्थी शब्दों की सूची दी जा रही है–

अर्क	—	सूर्य, आक, पेड़, रस।
अर्थ	—	अभिप्राय, कारण, धन, लिए।
अंक	—	संख्या, भाग्य, प्रकरण, चिह्न, अध्याय, गिनती के अंक।
अमृत	—	स्वर्ण, जल, दूध, पारा, अन्य, एक रस जिसे पीकर देवता अमर हुए।
अरुण	—	सास, सूर्य, सूर्य का सारथी।
अक्षर	—	वर्ण, ईश्वर, न नष्ट होने वाला, धर्म, मोक्ष, सत्य, जल।
अज	—	दशरथ के पिता, बकरा, ब्रह्मा, जीवात्मा, जन्म न लेने वाला।
अक्ष	—	आँख, ज्ञान, मण्डल, धुरी, पहिया, आत्मा, कील।
अपेक्षा	—	जरूरत, आकांक्षा, आवश्यकता, आशा, इच्छा, बनिस्बत।
अम्बर	—	कपड़ा, आकाश, एक सुगन्धित द्रव्य।
अतिथि	—	मेहमान, साधु, अपरिचित व्यक्ति, यज्ञ में सोमलता लाने वाला।
आम	—	सर्वसाधारण, एक फल, सामान्य, मामूली।
उत्तर	—	जवाब, एक दिशा, इस, बाद का।
कल	—	चैन, मशीन, बीता हुआ दिन, आगामी दिन।
कला	—	हुनर, कौशल, अंश।
कर	—	हाथ, सूँड़, किरण, टैक्स
काम	—	कार्य, इच्छा, कामदेव
कोटि	—	करोड़, प्रकार, श्रेणी, धनुष का सिरा
खर	—	एक राक्षस, दुष्ट, गदहा, तिनका, अधिक भुन जाना।
खग	—	पक्षी, तारा, गंधर्व, बाण।
गज	—	तीन फीट की नाप, नींव, हाथी।
गति	—	मोक्ष, चाल, हालत
गण	—	समुदाय, नर, प्रेतादि, छन्द के गण, भगवान् शिव के गण।
गुण	—	शील, रस्सी, कौशल, स्वभाव

गुरु	–	शिक्षक, एक ग्रह, एक दिन, श्रेष्ठ, भार,
गो	–	इन्द्रियाँ, स्वर्ग, सूर्य, पृथ्वी, गाय, सरस्वती
चर	–	चलने वाला, जासूस, कौड़ी, नदी के किनारे की गीली भूमि, खंजन पक्षी।
जलज	–	कमल, मोती, शंख, चन्द्रमा, सेवार।
जाल	–	षड्यंत्र, बुनावट, मछली आदि पकड़ने का जाल।
जीवन	–	जल, जीविका, वायु, जिन्दगी, परम प्रिय।
टेक	–	हठ, सहारा, गीत का प्रथम पद।
तारा	–	बालि की पत्नी, नक्षत्र, आँख की पुतली, वृहस्पति की पत्नी।
दल	–	झुण्ड, समूह, पक्ष, पत्ता, समिति, पार्टी।
द्रव्य	–	वस्तु, धन।
द्विज	–	ब्राह्मण, पक्षी, दाँत।
धर्म	–	स्वभाव, कर्त्तव्य, सम्प्रदाय, प्रकृति, श्रेष्ठ आचरण।
धन	–	जोड़, सम्पदा, योग।
हस्ती	–	हाथी, अस्तित्त्व, सामर्थ्य।
हंस	–	प्राण, आत्मा, एक पक्षी।
हर	–	प्रत्येक, महादेव, अंकगणित में हर, हरा रंग।
हरकत	–	चेष्टा, चंचलता, नटखटपन, गति।
हरि	–	विष्णु, मेंढ़क, सूर्य, इन्द्र, सर्प, घोड़ा, तालाब, हवा, वानर, पहाड़, हाथी, कामदेव।
राग	–	क्रोध, प्रेम, गाने की ध्वनि, लाल रंग, द्वेष।
लक्ष्य	–	निशाना, उद्देश्य।
लाल	–	पुत्र, सम्बोधन, एक रंग, एक छोटी चिड़िया, माणिक्य।
वर	–	श्रेष्ठ, पति, दूल्हा, उत्तम, वरदान।
वर्ण	–	जाति, रंग, अक्षर।
पद	–	पैर, शब्द, ओहदा, भजन, तरुणी।
पक्ष	–	पखवारा, पंख, तरफ, सहाय, दस।
पतंग	–	सूर्य, पक्षी, नाव, गुड्डी फतिंगा, टिड्डी, गेंद।

❑❑❑

1711

www.ingramcontent.com/pod-product-compliance
Lightning Source LLC
Chambersburg PA
CBHW050555170426
43201CB00011B/1707
* 9 7 8 9 3 5 0 1 2 6 1 5 8 *